Rolf Thissen

SEX VERKLÄRT

DER DEUTSCHE AUFKLÄRUNGSFILM

Originalausgabe

WILHELM HEYNE VERLAG
MÜNCHEN

HEYNE FILMBIBLIOTHEK
32/220

Herausgegeben von Bernhard Matt
Redaktion: Christa-Maria Bandmann

Für meine Mutter

(und alle Leidensgenossinnen und -genossen,
die auch Fünfer sind – jene Spezies,
die Helen Palmer die »Beobachter« nennt)

Umschlagfoto: Film-Archiv Lothar R. Just, München
Rückseitenfoto: Atlas Film
Herstellung: H + G Lidl, München
Umschlaggestaltung: Atelier Ingrid Schütz, München
Satz: Fotosatz Völkl, Puchheim
Printed in Germany 1995
Druck und Verarbeitung: Ebner Ulm

ISBN 4-453-09005-5

Inhalt

Zu diesem Buch:
Was kann sonst noch schiefgehen?

Sind Sie aufgeklärt worden? Können Sie sich noch erinnern?
Bin ich aufgeklärt worden? Ich kann mich nicht erinnern. Es hat
nichts zu bedeuten. Nichts hat etwas zu bedeuten. Aber davon
später mehr.

Mein erstes aufregendes erotisches Erlebnis fand im Alter von
16 Jahren während einer »Summernight Cruise« vor der englischen Küste statt. Ein wenig Sex war auch dabei. Ich besuchte
eine »Summer School«, sollte und wollte ordentlich Englisch
lernen und lernte noch einiges mehr. Weil ich schon damals viel
las, glaubte ich, worauf vieles und viele hindeuteten: Liebe hat
immer etwas mit Leiden zu tun. Was für ein Quatsch. Aber
wenn man schon derlei Programmierungen vornimmt, dann
kommt es auch so. Als mein Freund Rusty, aufgebracht wie
meist, einen Guru einmal fragte: »What else can go wrong – Was
kann sonst noch schiefgehen?«, bekam er, ganz sanft, die Antwort: »Whatever you like – Was auch immer du willst!«

Ich hatte viele gute Lehrerinnen und sagte mir immer wieder:
Sex macht Spaß. Als Zwanzigjähriger war ich mittendrin, was
man euphemistisch »sexuelle Revolution« genannt hat. Die
Aufklärungsfilme (Ende der sechziger Jahre) und die Sex-Plot-
ten (Anfang der siebziger Jahre) – mit wenigen Ausnahmen –
taten ein übriges, auf falsche Fährten zu locken. Immerhin: Einige Dinge gerieten in Bewegung.

Kino und Sex respektive Erotik gehören zusammen wie Adam
und Eva. Und der Sündenfall wird gleich mitgeliefert. Denn die
Kino-Situation macht den Zuschauer zwangsläufig zum Voyeur.
Konsequenterweise handelte mein erstes Buch von Kino und
Erotik: »Pioniere und Prominente des modernen Sexfilms«.

Knapp zehn Jahre später kam die große Krise: Wieder war eine
Beziehung in die Brüche gegangen, und ich wurde drei Wochen
lang täglich von Weinkrämpfen geschüttelt. Kaum glaubte ich,
mich wieder gefaßt zu haben, setzte ich ein Drehbuch in den
Sand und schoß damit – da es sich um den Pilotfilm zu einer
Serie handelte – die Aussicht auf etwa eine viertel Million Mark
an Honoraren in den Wind. Die Folge war eine mehrmonatige
Schreibblockade. Geld kam auch keines mehr. Das zusammen

Der (vorläufige) Endpunkt der Entwicklung: Video-Aufklärung Anno 1992: ›Sex – Lust und Leben‹

reichte. Der Leidensdruck war groß genug geworden. Jetzt erst konnte ich erkennen: Du brauchst Hilfe. Ich besorgte mir Geld, flog in die USA und ließ mich in Esalen in einem vierwöchigen Workshop zum Hypnotherapeuten ausbilden. Die für die Ausbildung unverzichtbare innere Bestandsaufnahme vibriert noch heute nach. Deshalb befinden sich in diesem Buch weit mehr »sachfremde« Exkurse und Zitate als in meinen vorangegangenen Büchern.

Welchen Sinn kann Aufklärung, können Aufklärungsfilme haben? Doch nur den, uns zu helfen, aus dem Schlaf aufzuwachen, den wir gemeinhin Leben oder Realität nennen. Dann wäre endlich Schluß mit dem Leiden. Manche nennen das Erleuchtung. Aber das ist ein zu großes Wort. Auch davon später mehr. Nur eines kann ich schon an dieser Stelle guten Gewissens versichern: Wenn man wach ist oder anfängt, wach zu werden, wird das Leben nicht nur schöner und macht mehr Spaß, sondern man bekommt auch das, was man braucht – und zum richtigen Zeitpunkt (aber nur dann, wenn man es nicht zwingen will).

Ganz herzlichen Dank möchte ich hier aussprechen an folgende Freunde, Lehrer, Helfer und Begleiter: Hans Peter Kochenrath und Alexander Bohr vom ZDF, weil sie die Steine ins Rollen

›Sex – Lust und Leben‹ (siehe dazu auch Kapitel 10)

brachten und dann nicht lockerließen; Ute Kesten und Eberhard Rauch vom ZDF, von denen man stets Freundlichkeit und
Fairneß erwarten kann; Herrn Klein und Herrn Rümenap vom
ZDF, denen wir zwangsläufig viel Arbeit andienen mußten; Bodo Fründt und Dr. Gernot »Pablo« Eigler, die mit großem Engagement und ebensolchem Einsatz an *Was Sie schon immer
über Sex wissen sollten* arbeiteten; Marie-Do de la Patellière und
Jochen Girsch von *Brussels Ave*, die für Back-up in jeder Hinsicht sorgten; Jimmy McKissick in Cannes, der nicht müde ward,
an die ganz einfachen und so wichtigen Dinge des Lebens zu erinnern; Gisela Weilemann, die eine Reihe von Schocks auslöste
und mich dadurch wieder lernfähig machte; Silvia Koller und
Matthias Lau, die in Weyarn viel zu einer angenehmen Arbeits-
atmosphäre beitrugen; Guido Fietz, der uns in Dresden unter-
stützte und unter anderem mit der BRN (Bunte Republik Neu-
stadt) vertraut machte; Wieland Speck, dem wir erst einmal
nicht so weit entgegenkommen konnten, wie er uns; »Roadrun-
ner« Günther Fissmer, der uns mit seiner Gelassenheit ein Beispiel war und obendrein seine Wohnung zur Verfügung stellte;
Robert Fischer und Lothar Just, die kräftig zur Optik beitrugen;
Uwe Wilk, der vor seiner Beförderung noch umfangreiche Re-
cherchenarbeit leistete; Cyrus Kube, der mich nicht vergessen

hat und im richtigen Moment seine Diplomarbeit schickte; Sabrina Lorenz, die auf mein hochtrabendes Geschwafel stets ernüchternd reagierte; Dr. Uta Martin, die mir half, Perspektiven zurechtzurücken; Andrea Held, die einfach ein Schatz ist; Karolina und Norbert Preuss, für die Nachbarschaft und Freundschaft keine leeren Worte sind; Katha und Felix, die mir so viel beibringen; Christa-Maria Bandmann und Bernhard Matt, die heiter und gelassen ihren Job machten.

Ausdrücklich gedankt sei auch all jenen Profis, die durch ihre zahllosen Hinweise und Hilfestellungen zum Entstehen und Gelingen der Sendung und des Buches beitrugen: Frau Teschner, Frau Martin und Herrn Freund vom Bundesfilmarchiv in Berlin; Frau Schneider, Frau Dr. Nentwig, Frau Fischer und Herrn Dr. Roth vom Deutschen Hygiene-Museum in Dresden; Frau Capitain, Herrn Koschnitzki und Herrn Mieles vom Deutschen Institut für Filmkunde in Frankfurt/Main; Frau Weiss von der Friedrich-Wilhelm-Murnau-Stiftung in Wiesbaden; Frau van der Zee und Walther Seidler von der Stiftung Deutsche Kinemathek in Berlin; Frau Schulz von Progress Film und Frau Lommatzsch von Dokfilm in Berlin; Herrn Kessel von Profamilia; Jochem Strate von Exportfilm Bischoff und Herrn Hussmann von VCL; Frau Pander und Frau Eiler von der K-Gruppe; Frau Krause von der Transit Film; Frau Niekau und Herrn Backes von Atlas Film; Herrn Jovy von TSC Communications; Herrn Cämmerer von Transatlantik Film; sowie Frau Petelkau und Frau Widmann von der Commerzbank.

Bad Company leistete mir hervorragend gute Gesellschaft, ebenso wie *The Kinks* (unter anderem mit *Muswell Hillbillies*) und Tanya Tucker (die schon einmal bei einem Buch dabei war), und die *Pipes and Drums and Military Band of the Scottish Division Dreghorn* trieb mir mit ihrer Version von *Amazing Grace* immer noch die Tränen in die Augen. Ansonsten kann ich hier abschließend nur Poonjaji zitieren (vom Anfang des Buchs *Wake Up and Roar – Satsang with H. W. L. Poonja*): »Es gibt einen Fluß von Gedankenwellen. Jeder wird den Fluß hinuntergespült. Jeder klammert sich an diese Gedanken und wird weggespült. Laß einfach den einzelnen Gedanken aufsteigen ›Ich will frei sein‹. Dieser Gedanke wird selten aus der gesamten Bevölkerung kommen. Die gesamte Bevölkerung des Planeten bewegt sich flußabwärts. Sie ist nicht dafür bestimmt, den

10

Gedanken aufsteigen zu lassen ›Ich will in genau dieser Zeitspanne erleuchtet sein‹. So bezeichne ich diesen Gedanken von Freiheit als gegen den Strom gehend und hin zur Quelle. Es braucht keinerlei Bemühung, diesen Gedanken aufsteigen zu lassen. Der Gedanke wird dir Freiheit bringen. Es ist der seltenste aller Gedanken. Aus der gesamten Bevölkerung von sechs Milliarden läßt nur eine Handvoll diesen Gedanken aufsteigen.« (S. 1)

Wer ist Poonjaji (den manche Papaji nennen), fragen Sie zu Recht. Auch das wird sich klären (man muß es ja ein wenig spannend machen). Obwohl Poonjaji sagt, daß man gar nichts machen muß: »Alles Tun hat ein Ziel. Es beginnt in der Vergangenheit mit einem Konzept und projiziert sich in eine Phan-

Die Gedanken sind frei (?!): Szene aus dem Film ›Die dressierte Frau‹ (1972)

tasie von Zukunft. Tun kann dich niemals an irgendeinen Ort bringen, den du nicht schon kennen würdest oder dir vorstellen könntest. Verfolge die Idee, die das Tun beginnen läßt, zurück zu ihrer Wurzel. Dort wirst du das Ende der Reise finden, die nie begonnen hat. Tun kann dich nie zu dem machen, was du bereits bist.« (S. 81)

Rolf Thissen
Weyarn, 25 Jahre nach 68

KAPITEL 1

Die Vorgeschichte:
Ein Exposé und seine Folgen

Im Herbst 1990 fragte mich Hans Peter Kochenrath, stellvertretender Leiter der Redaktion Spielfilm des ZDF, ob ich als Autor
und Regisseur eine 45-Minuten-Dokumentation im Rahmen
der ZDF-Reihe *Filmforum* zum Thema »Der deutsche Aufklärungsfilm« machen wolle. Ohne lange nachzudenken sagte
ich ja. Derlei Angebote bekommt man als Freischaffender nicht
alle Tage. Niemand konnte ahnen, was als nächstes passieren
würde. Hauptsächlich gar nichts.
Jedenfalls nicht sehr viel. Nach ersten Recherchen verfaßte ich
im Februar 1991 ein Exposé, das ich hier in ungekürzter Form
wiedergebe:

SEX VERKLÄRT – DER DEUTSCHE AUFKLÄRUNGSFILM
Exposé für eine 45-Minuten-Dokumentation
(ZDF-»Filmforum«)

1. Generelles

Definiert man *Aufklärung* allgemein als »systematische Unter-
weisung zum Zweck der Bewußtmachung«, so stellt sich sofort
die Frage, ob der Aufklärungsfilm dies leisten kann, ohne gleichzeitig *Verklärung* aufgrund moralischer, ideologischer und öko-
nomischer Zwänge mitzuliefern.
Da der thematische Rahmen auf den Aufklärungs*film* beschränkt ist (einschließlich der AIDS-Spots der Jetztzeit) und
da das kommerzielle Kino gewissen Gesetzmäßigkeiten unterliegt, kann von der Hypothese ausgegangen werden, daß diese
Zwänge stets virulent sind. Daraus folgt, daß die deutschen Aufklärungsfilme nicht losgelöst von ihrem historischen und gesellschaftlichen Umfeld betrachtet werden können. Sie sind immer
Produkte ihrer Zeit und reflektieren den Wandel herrschender
Moralbegriffe.
So wird die erste große Aufklärungsepoche des deutschen
(Stumm-)Films nach der Novemberrevolution 1918 durch den

Wegfall der Zensur ermöglicht. Nach Wiedereinführung der Zensur in der Weimarer Republik findet man mit sogenannten Kulturfilmen einen neuen Weg. Die Propagandamaschinerie des Dritten Reiches ist vorrangig mit anderen Dingen befaßt. Im Nachkriegs-Deutschland findet der Aufklärungsfilm zunächst keinen Boden, unter anderem, weil die (klassischen) Geschlechtskrankheiten weitgehend ihren Schrecken verloren haben. Erst die sogenannte *sexuelle Revolution* läßt Ende der sechziger und Anfang der siebziger Jahre einen wahren Boom entstehen. Durch die AIDS-Bedrohung in den achtziger Jahren verändert sich wiederum das Bild.

Aufklärungsfilme stehen stets vor dem Dilemma, genau das zeigen zu wollen, was (in der Regel von einer staatlichen Zensur) tabuisiert ist. Meist muß der Mantel der Wissenschaftlichkeit dazu herhalten, das Tabuisierte in gewissen Graden zeigbar zu machen. Zudem haben Aufklärungsfilme mit der Dichotomie zu kämpfen, den – durch die Kinosituation zwangsläufig gegebenen – Voyeurismus der Zuschauer zumindest (schein)befriedigen zu wollen, gleichzeitig aber diese Absicht verschleiern zu müssen. Daraus entstehen oft unfreiwillig komische Darstellungsformen. Nicht zu unterschätzen ist auch die Tatsache, daß Aufklärungsfilme im kommerziellen Kino Profite einspielen müssen (oder zumindest die Herstellungskosten). So stehen bei vielen Filmen spekulative »Reiz«-Effekte im Vordergrund. Statt Aufklärung bieten diese Filme nur Verklärung oder Verschleierung vermeintlich realer Verhältnisse.

Seriöse Filme, denen man einen Aufklärungswillen konzedieren kann, und die über Informationen zur Sexualhygiene hinausgehen, können im Idealfall therapeutische Wirkung haben. Jede sinnvolle Therapie geht von einem gegenwärtigen Zustand aus (hier: Desinformationen über die Gegebenheiten des Sexuallebens oder Deformationen der Sexualität), um einen erwünschten Zustand zu erreichen (hier: »freie« Sexualität). Therapeutische Arbeit kann auf drei Ebenen stattfinden: der Beseitigung unerwünschter Symptome, der Stärkung des Ichs (Egos), und der Transzendierung des Egos. Aber nur ein wirklich freier Mensch, der die Begrenzungen seines Egos hinter sich gelassen hat, kann freie Sexualität praktizieren. Hierzu wird der Aufklärungsfilm kaum beitragen können. Mehr als die Veränderung von Symptomen können Aufklärungsfilme – und das auch nur

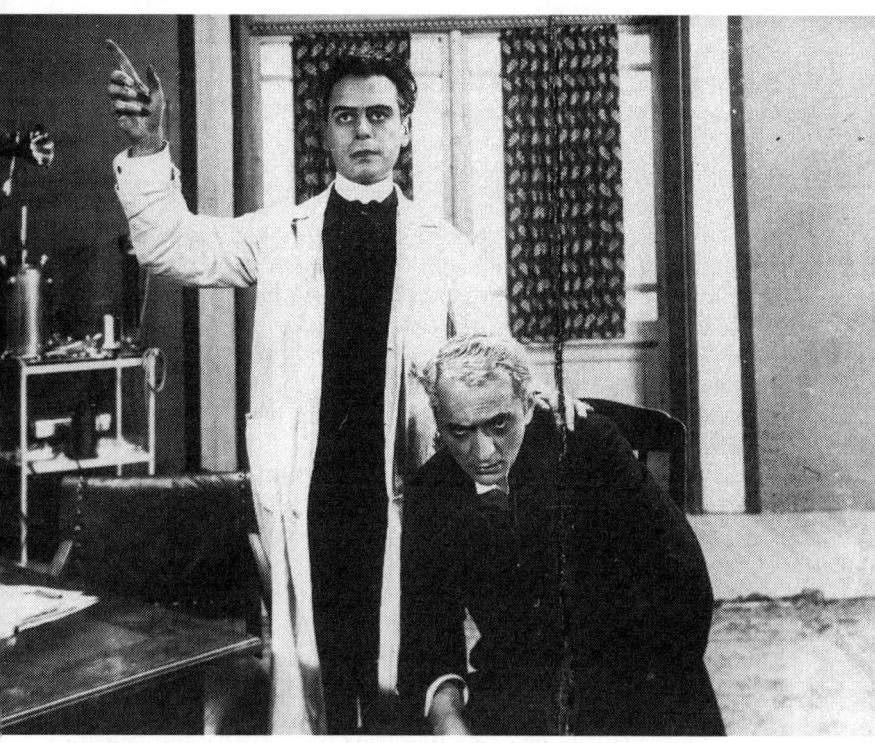

Mit ›Es werde Licht!‹ (1917) von Richard Oswald beginnt die Geschichte des deutschen Aufklärungsfilms

im Idealfall – kaum leisten. Im Regelfall werden nur Scheingefechte geführt.

2. Formelles

Geplant ist eine 45minütige Dokumentation im Rahmen der Sendereihe »Filmforum«. Die Sendung wird zu zwei Dritteln aus Filmausschnitten und Filmfotos bestehen, zu einem Drittel aus Neudrehs. Gedreht werden soll auf 16-Millimeter-Umkehr (Farbe). Der Schnitt soll im Landesstudio Bayern in München-Unterföhring erfolgen, die Endbearbeitung in Mainz.
Als Mitarbeiter sind vorgesehen der Mannheimer Arzt und Filmemacher Dr. Gernot Eigler, der analysierende und kommen-

tierende Texte im On sprechen wird, und Sabrina Lorenz, die die Off-Texte sprechen wird. Beide haben Zusagen zur Mitarbeit gegeben. Alle Texte werden in enger Absprache mit der Redaktion (Hans Peter Kochenrath) entstehen.

3. Inhaltliches

Die Dokumentation ist grob in drei chronologisch geordnete Teile gegliedert: Stummfilmzeit, Nachkriegszeit, Jetztzeit.
Eine kurze Einleitung gibt einen Überblick über die elementare Bedeutung von Sexualität (im Hinblick auf Fortpflanzung, Aggressionsabbau, Sinnesfreude etc.) und bringt einen Verweis auf das große Geschäft mit Sex allgemein und Pornofilmen speziell (800 Sex-Shops in der BRD, jährlich eine Million neuer Pornovideokassetten).
Es folgt ein historischer Rückblick auf die Aufklärungsfilme der Stummfilmzeit, die man damals »Sittenfilme« oder »Triebfilme«, später auch euphemistisch »Kulturfilme« nannte, wie etwa die UFA-Produktion »Wege zu Kraft und Schönheit« (1925), wobei letztere allerdings andere Intentionen verfolgte. Den Anfang machte 1918 Richard Ornstein, der sich Richard Oswald nannte, mit einem Film über das Thema Syphilis: »Es werde Licht!« (1917). Der große Erfolg dieses Films und der Wegfall der Zensur mit der Novemberrevolution ließen nicht nur Oswald eine Reihe weiterer Filme ähnlicher Thematik drehen, sondern riefen auch eine ganze Reihe von Nachahmern auf den Plan. Doch während es Oswald, der auch »normale« Spielfilme von Rang schuf, unter anderem auf die Liberalisierung von Gesetzen ankam, verloren sich seine Nachahmer schnell in den Niederungen der Kolportage, nutzten die neue Freiheit für erotische Unterhaltung oft zweifelhafter Machart. Dennoch kann man die Filme als Antwort auf die repressiven Moralvorstellungen der Kaiserzeit verstehen, obwohl sie nicht gerade lustvolle sexuelle Befreiung propagierten, sondern Sexualität als etwas darstellten, dem die Menschen ausgeliefert sind.
Die zensurfreie Zeit dauerte nur bis Mai 1920. Danach setzte ein Reichsgesetz zur Filmfrage dem liederlichen Treiben auf der Leinwand ein – vorläufiges – Ende. In der zweiten Hälfte der zwanziger Jahre erlebte der Aufklärungsfilm noch einmal eine kurze Blüte. Filme wie »Kreuzzug des Weibes« (1926) traten für

das Recht auf Abtreibung ein oder bemühten sich um eine Reform des Strafrechts bei Sexualdelikten wie »Geschlecht in Fesseln« (1928). Obwohl schon in der UFA-Produktion »Wege zu Kraft und Schönheit« (1925) nationalsozialistisches Gedankengut angeklungen war (im Sinne »sauberer« Nacktheit ohne »schmutzigen« Sex wie später auch bei Leni Riefenstahl) und der

Saubere Sache: Akt aus ›Wege zu Kraft und Schönheit‹ (1925)

Film als Gegengewicht zu den Aufklärungsfilmen gedacht war, so betrieben die Nationalsozialisten während der Dauer ihrer Herrschaft vorzugsweise politische »Aufklärung«, etwa durch die Betonung der Mutterrolle der arisch-deutschen Frau. Auch in der konservativen Adenauer-Ära der Nachkriegszeit war sexuelle Aufklärung kein Thema im Kino. Dafür brachte die mit dem extrem euphemistischen Schlagwort »sexuelle Revolution« bedachte Zeit der späten sechziger Jahre der Bundesrepublik einen wahren Boom von Aufklärungsfilmen, dem in den frühen siebziger Jahren eine Welle von Sexfilmen folgte. Die »Pille« zur Empfängnisverhütung hatte das Sexualverhalten stark verändert. Um der Promiskuität nicht Tür und Tor zu öffnen, sah sich der deutsche Staat (in Gestalt der »Bundeszentrale für gesundheitliche Aufklärung«) zum Eingreifen veranlaßt, initiierte Aufklärungsserien in den Printmedien und auch im Kino: Der Film »Helga« mit Ruth Gassmann, der zwei Kurzfilme der obengenannten Bundesbehörde inkorporierte, wurde 1967 ein Kassenhit und der größte Auslandserfolg des deutschen Films nach 1945.

Allerdings betrieb dieser Film wie viele, die ihm folgten, hauptsächlich biologische Aufklärung. Angekündigter Höhepunkt des Films »Helga und die Männer – Die sexuelle Revolution« (1969): »Erstmals sehen Sie eine weibliche Eizelle vom Sperma umgeben.« Man fing sozusagen am Nullpunkt an. Die Fortpflanzung stand im Mittelpunkt; von der Befreiung unterdrückter Sexualität konnte nicht die Rede sein; revolutionär war allenfalls die Tatsache, daß man nun endlich einen Weg gefunden hatte, ausgiebig nackte Körper zeigen zu können. Von Erotik war zwar oft die Rede, aber visuell vermittelt wurde sie fast nie. Sollte sie auch nicht: Es galt eher, vor der anarchischen Sprengkraft der Erotik zu warnen. Ideologisch hatten Monogamie und die heile Kleinfamilie Priorität vor Bereichen, in denen Aufklärung wirklich vonnöten gewesen wäre, zum Beispiel beim Thema Liebe zum eigenen Geschlecht.

Sauberer Sex war auch in den Filmen des populärwissenschaftlichen Aufklärers und Nudisten-Fans Oswalt Kolle angesagt. In Filmen wie »Deine Frau, das unbekannte Wesen« (1968) ging es in erster Linie um Eheberatung und Ehehygiene. In Kolles eigenen Worten: »Mein Film ist ein Plädoyer gegen verstaubte Autorität, für die Freiheit *in der Familie,* gegen Prügel und Un-

Aufklärung im Auftrag einer Bundesbehörde: Ruth Gassmann als
Helga in ›Helga‹ (1967)

terdrückung, für die Freiheit *auch in der Liebe* ...« (Hervorhe-
bungen vom Autor). Ebensowenig wie bei Kolle jedoch wurden
auch in den meisten anderen Aufklärungsfilmen soziale, kulturelle und ideologische Entwicklungen zur Erklärung von Sexualverhalten herangezogen. Statt dessen dominierten Stereotypen von jungen, schönen, sauberen, relativ wohlhabenden
Menschen.
In den späten sechziger und frühen siebziger Jahren schwappte
eine Welle von pseudowissenschaftlichen »Report«-Filmen
durch die deutschen Kinos. Hier war die vermeintliche Absicht,
über das Sexualverhalten von Schulmädchen, Krankenschwestern, Stewardessen, Hausfrauen, Lehrerinnen (etc., ad nauseam)
aufklären zu wollen, schnell als bloßer Vorwand zu durchschau-
en, um knackige Busen und Popos präsentieren zu können sowie die Simulation diverser Spielarten von Geschlechtsverkehr.

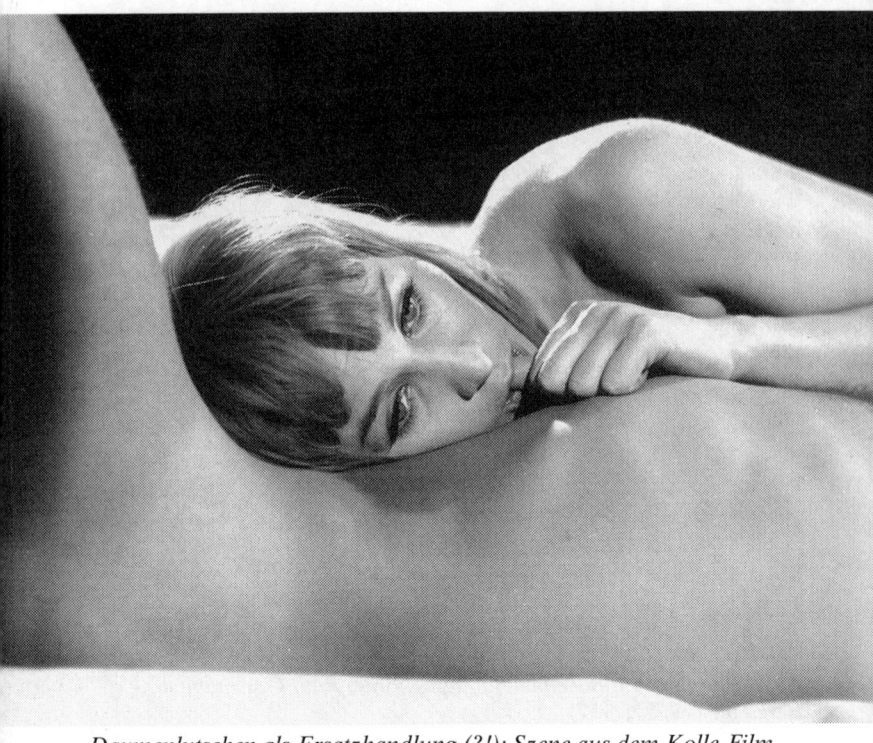

Daumenlutschen als Ersatzhandlung (?!): Szene aus dem Kolle-Film ›Deine Frau – das unbekannte Wesen‹ (1968)

Nur scheinbar wurde auch hier das soziokulturelle Umfeld für die Entwicklung von Sexualverhalten beleuchtet. Folgerichtig führten diese »Report«-Filme zu einem Boom von Sexfilmen, die auf den Aufklärungsvorwand gleich ganz verzichteten und statt dessen mit meist unsäglichem Klamauk zu unterhalten versuchten.

In den achtziger Jahren brachte eine neue »Geißel der Menschheit« die Notwendigkeit mit sich, das Sexualverhalten erneut zu überprüfen: AIDS. Doch die neue Viruskrankheit schlug sich – mit ganz wenigen Ausnahmen – in Kinofilmen nicht nieder. Kurze Spots, die in den Kinos und im Fernsehen geschaltet wurden, beschränkten sich auf eher allgemein gehaltene Warnungen und Ratschläge (»Sicherer Sex« durch Kondombenutzung).

Gelegentlich wurden die tödlichen Gefahren einer AIDS-Infektion auch zur Reaktivierung repressiver Moralvorstellungen mißbraucht. Aus dem Kreis der Betroffenen gab es eine ganze Reihe von (meist 16-Millimeter-)Filmen, die sich mit der Problematik auseinandersetzten – besonders in den USA, wo das Thema AIDS in Fernsehfilmen der kommerziellen Anstalten wiederholt aufgegriffen wurde. Entsprechende Beispiele gibt es auch in der Bundesrepublik.

Prinzipiell kann das Kino als ein Ort verstanden werden, an dem soziale Lernprozesse möglich sind. Ein Rückblick auf die Geschichte und die Entwicklung des deutschen Aufklärungsfilms läßt aber allenfalls den Schluß zu, daß hier nur Anstöße zu einer Diskussion über die Utopie einer befreiten Sexualität geliefert

»Reports« als »reine« Unterhaltung: Sybill Danning in ›Urlaubsreport –
Worüber Reiseleiter nicht sprechen dürfen‹ (1971)

21

wurden. In einer an Leistung, Konsum, Technik und Wissen-schaft orientierten Gesellschaft wird Aufklärung stets – mehr oder minder subtile – Verklärung dieser »gültigen« Werte mit-transportieren.

4. Schlußbemerkung

Erst intensive Recherchen werden ergeben, von welchen Fil-men Ausschnitte überhaupt verfügbar gemacht werden können. Das gilt vor allem für die Stummfilme. Unter Umständen könn-ten Nachforschungen in den alten Bundesländern erfolgreich sein. Zu klären wäre auch, ob eine intensive Nutzung der beiden Kompilationsfilme »Als die Liebe laufen lernte« möglich ist, da man sich dadurch zeit- und kostenintensive Kopienbeschaffung

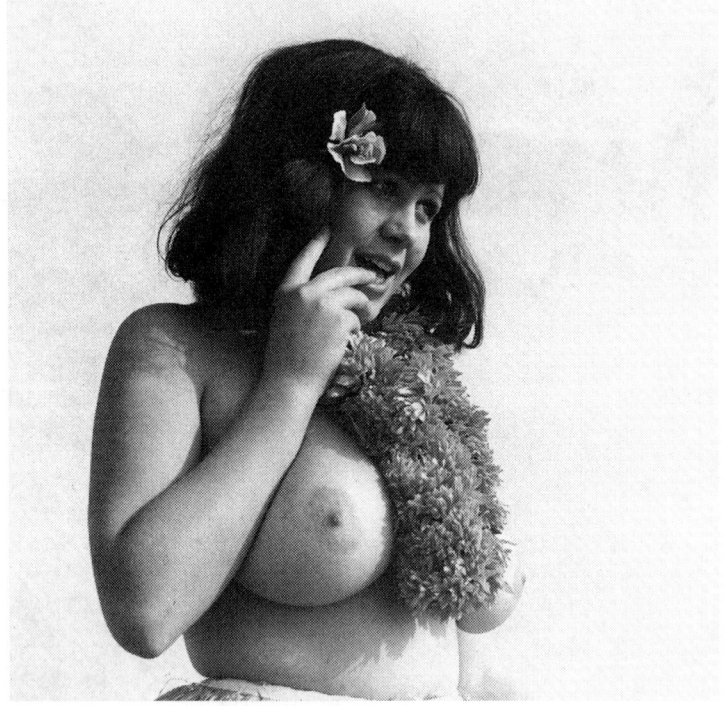

Eine Aufklärerin aus dem Kompilationsfilm ›Als die Liebe laufen lernte‹ (1988)

ersparen könnte. Zu diskutieren ist auch, ob die Sendung Aufklärungsfilme berücksichtigen soll, die für bestimmte Zielgruppen hergestellt wurden.

Soweit das Exposé. Um eine lange Geschichte kurz zu machen: Es dauerte von da an ziemlich exakt zwei Jahre, bis das Projekt in Schwung kam. Dann standen plötzlich zur Realisierung nur drei Monate zur Verfügung. Aber es kam ohnehin (fast) alles ganz anders, als es ursprünglich geplant war: Aus der ZDF-Eigenproduktion wurde eine Auftragsproduktion für die *Nord-Süd-Film* (Bodo Fründt und Rolf Thissen); gedreht wurde nicht auf 16 mm, weil es dafür mittlerweile bei den Fernsehanstalten die entsprechende Technik nicht mehr gab, sondern auf Video (Betacam SP). Die entscheidendste Änderung aber war eine inhaltliche: Die ursprünglich vorgesehene chronologische Struktur wurde zugunsten einer an Themenkomplexen orientierten Gliederung aufgegeben. Während der Recherchen und bei Sichtung des Filmmaterials hatte sich herausgestellt, daß es sinnvoll wäre, Filme aus verschiedenen Zeitepochen nebeneinanderzustellen, da so Gemeinsamkeiten, Widersprüche und Entwicklungen deutlicher gemacht werden konnten – vor allem visuell und im Rahmen der zur Verfügung stehenden Sendezeit.

Für dieses Buch bin ich zu der ursprünglich vorgesehenen chronologischen Struktur zurückgekehrt – in erster Linie, weil ich hier einerseits einen größeren Bogen schlagen und andererseits weit mehr in Details gehen kann. Außerdem bietet sich hier die Möglichkeit, ausführlich Zeitzeugen zu Wort kommen zu lassen, was in der Sendung nicht möglich war. So können historische Entwicklungen greif- und verstehbarer gemacht werden. Zudem finden sich in diesen Zitaten sprachliche Blüten der besonderen Art und inhaltliche Irrungen und Wirrungen, die etwas Erheiterndes an sich haben. Und Spaß bei der Arbeit (beim Lesen) darf allemal sein.

KAPITEL 2

Das Intermezzo:
Eine Fernsehsendung und ihr Echo

Am Montag, den 7. Juni 1993, strahlte das ZDF um 23.50 Uhr die Sendung *Was Sie schon immer über Sex wissen sollten – Zur Geschichte des deutschen Aufklärungsfilms – Filmforum von Gernot Eigler, Bodo Fründt und Rolf Thissen* aus. Den späten Sendetermin hatte der Intendant verfügt. Der einzige erigierte Schwanz, den man in den 45 Minuten (kurz) hätte sehen können, mußte auf Anordnung eines Vorgesetzten der für uns zuständigen Redakteure schleunigst entfernt werden, bevor die Dokumentation über den Sender ging.

Der Charakter der Sendung war wesentlich geprägt durch die Texte unseres wissenschaftlichen Beraters, Dr. med. Gernot Eigler, der sich auch als Moderator zur Verfügung stellte, um die einzelnen Kapitel der Dokumentation erläuternd und kommentierend zu verbinden. Man hat es ihm wenig gedankt, wie einige Kritiken zeigen. Doch da Gernot Eiglers Texte Qualitäten aufweisen, die man heute nur selten findet, nutze ich die Gelegenheit, sie hier in voller Länge wiederzugeben.

Nach einem Ausschnitt aus dem Film *Ehepaar sucht gleichgesinntes,* bei dem einige mehr oder weniger nackte Körper beiderlei Geschlechts beim Liebesspiel – auf dem auch die Titel der Sendung liegen – zu sehen sind , sagt Dr. Eigler:

»Sehen und gesehen werden – die Tendenz freilich geht vom ›Etwas sehen‹ zum ›Alles sehen‹.

Liebe freundliche Menschen, wo immer Sie zuschauen: Wir wollen Sie aufklären über die Geschichte des Aufklärungsfilms, des DEUTSCHEN Aufklärungsfilms.

Übrigens, wenn Sie schon einmal einen dieser Filme gesehen haben, werden Sie sich erinnern, daß da meist ein Arzt oder ein Wissenschaftler auftritt, der das Sehen verklärt oder erklärt, während die Akteure – meistens Frauen – mehr oder weniger entblößt zu sehen sind.

Genau so wollen wir es wieder machen. Also ist die Erklärung auch eine Entschuldigung für das, was man bisher vielleicht nicht zeigen darf. Es ging und geht um Sexualität.

So wie Sexualität als tiefste emotionelle Erfahrung, dazu beglückend und positiv empfunden wird, so ist die Information über dieses wesentliche Lebensgefühl von der herrschenden bürgerlichen Moral abhängig. Sex ist die Gesamterfahrung der Sinne. Dabei hat das Auge den Vorrang. Zu allen Zeiten hat es hierzu visuelle Anreize gegeben.

Und als die Bilder laufen lernten, war im Film ein fast ideales Medium zur Vorlust mit dem Auge gefunden. Schon seit den frühen Stummfilmjahren gab es zwei Gründe, Aufklärungsfilme zu machen: Einmal mit der ehrlichen Absicht, den Menschen in einer verklemmten, kontrollierten, unwissenden – weil staatlich-kirchlichen – Beherrschtheit zu wirklichem Bewußtsein zu verhelfen. Aber auch mit der spekulativen Absicht, mittels Geschlechtskrankheiten beispielsweise Dinge zu zeigen, die sonst im Film verboten waren.

So mußte schon damals Geschlechtlichkeit mit Krankheit und mit Medizin in Verbindung gebracht werden, wo es eigentlich nur um Lust und Freude gehen sollte.

Vergessen wir nicht, daß uns diese ersten Beispiele, aber auch die, die erst zehn Jahre alt sind, sehr naiv erscheinen. Aber sie waren für die jeweilige Zeit fortschrittlich. Aufklärungsfilm ist darum immer Ausdruck der jeweiligen kulturellen und politischen Situation einer Gesellschaft.

Freilich ist immer eine Aufklärung zum Besseren nötig. Wirklich nötig? Müssen etwa Kinder mehr aufgeklärt werden, als daß man sie vor möglichen Krankheiten warnt? Kann nicht manipulierte Aufklärung eine Form von Unterdrückung des einzelnen Menschen sein? Bis hin zur AIDS-Zeit, wo angemahnte Vorsicht auch zum entfremdenden Mißtrauen beim Partner werden kann.

Wir wollen das Thema von fünf Seiten beleuchten. Zunächst zum Oberbegriff ›Volksgesundheit‹, auf gut deutsch dürfte man auch sagen: ›Wege zu Kraft und Schönheit‹ …«

Nach Ausschnitten aus den Filmen *Wege zu Kraft und Schönheit, Opfer der Vergangenheit, Helga* und *Geschlechtsorgane* leitet Eigler über zum zweiten Kapitel:
»Zwischen Information und Spekulation. Das soll das Thema sein. Wir wissen nicht, wie Sie das Gesehene beurteilen, aber beim Betrachten schienen uns die offiziellen Produktionen der

ehemaligen DDR gar nicht so übel zu sein. Auch nicht der Beitrag ›Helga‹ der Bundesrepublik, der sich nachträglich zu einem Kassenschlager im Kino entwickelt hat. Wenn man will, kann man beides im verklärenden Licht der Geschichte belächeln.

Ob ein Film redlich informieren will oder schale Lust im Sonderangebot anbietet: es fällt auf, daß die Inhalte entweder staatstragend sind oder der Neigung der Menschen entgegenkommen, etwas Heimliches sehen zu wollen. Das heimliche Bild ist dann am wirksamsten, wenn es scheinbar der öffentlichen Überwachung entzogen ist. Mit halber Illegalität ist ja auch mehr Geld zu machen. Alles beides – blankgeputzte Information und Spekulation hinter vorgehaltener Hand – tötet etwas Wesentliches: das Geheimnis in der Erotik. Eros ist ja das paradoxerweise Versteckt-Enthüllte von etwas Erwartetem. Eros ist das innere Geheimnis aller Sehnsüchte und das Wesen der Schönheit, zu der jeder Mensch befähigt ist. – Wenn er will.

Aufklärung im deutschen Film hatte dieses Ziel nicht. Tiefe erotische Schönheit wird dort ersetzt, wie schon gesagt, durch nackte Frauen oder durch didaktisch-politische Ziele. So dienen manche Filme gar dem Gegenteil von Aufklärung. Es scheint, als wolle mit solchen – in Anführungszeichen – Enthüllungen Männerwahn und Rassismus, spießige Verklemmung und geile Griesgrämerei, also Verdummung insgesamt, gefördert werden ...«

Es folgen Ausschnitte aus den Filmen *Mädchenhandel, Teufel im Fleisch, Schulmädchen-Report* und *Mädchen beim Frauenarzt.* Im nächsten Kapitel geht es um Homosexualität und Abtreibung:

»Wir meinen, daß dies vorwiegend Ausschnitte aus Filmen waren, bei denen die spekulative Absicht vordergründig ist, wo der aufklärerische Anspruch nur aufgesetzt ist.

In der noch immer heftig diskutierten Frage des Paragraphen 218 machte sich schon damals der Aufklärungsfilm den Widerstreit der Parteien zunutze – man wärmt sich ja gern die Hände an heißen Eisen –, um entblößte Frauen beim Gynäkologen zu zeigen, und wie zufällig läuft eine Kamera dabei.

Den Ärzten schien es stille Befriedigung zu verschaffen, auch in der Frage der Abtreibung als letzte Instanz anerkannt zu sein. Vielleicht weil sich damit die Gesellschaft solch hoher Verantwortung zu entledigen suchte. Und wir wissen inzwischen, daß der Weg zu einer Lösung in dieser Frage eher mühsamer geworden ist. In den Filmen wurden und werden in fragwürdiger Weise Tabus angekratzt, statt Lösungen zu erstreiten. Das führt allenfalls zu einer libertinen Haltung, sagen wir einmal aus Überdruß am ständig wiederholt Diskutierten. Das führt aber nie über ein demokratisches Bewußtsein zu einer menschlichen Lösung im Sinne von Befreiung.

Wie aber auch kann eine allgemeine Formel in der Frage der Abtreibung gefunden werden angesichts der explodierenden Weltbevölkerung, angesichts immer noch bestehender Verhütungstabus. Und auf der anderen Seite zum stets gültigen Naturgesetz, daß Liebe im Sex den höchsten Ausdruck findet und daß dessen Dokument das Kind ist.

Fast könnte man sagen glückhafterweise, haben sich die Homosexuellen diesem Problem entzogen. Freilich um in ihrer sexuellen Bestimmung sich vielfältigere und tiefere Probleme aufzuhalsen – jene der gesellschaftlichen Akzeptanz. Schon der Stummfilm hat sich mutig mit dem Thema beschäftigt, zu einer Zeit, als die Homosexualität nicht geringer verbreitet war, wohl aber vom Gesetz streng geahndet wurde.

Es ist noch nicht so lange her, als der Paragraph 175 zahlreiche Menschenschicksale bis in die Konzentrationslager hinein vernichten konnte. Der unentwickelte einzelne kann es offenbar bis heute nicht lassen, mit selbstgültigem Maß andere Menschen zu bewerten. Wir wollen dieser minderen Haltung entraten. Wir wollen Ihnen weitere Beispiele von Filmen zeigen, die sich mit Abtreibung und mit Homosexualität beschäftigen, zeitbedingt naiv, geschickt oder weniger gelungen. Das aber sollen Sie selbst beurteilen ...«

Nach den Filmbeispielen *Kreuzzug des Weibes, Abgetrieben* und *Anders als die Andern* folgt die Überleitung zum Thema Syphilis und AIDS:

»Als der Paragraph 175 noch in alter Form bestand, waren Homosexuelle also ausgegrenzt und erpreßbar. Sind sie es heute noch? Vielleicht indirekt? In den Familien, im Beruf? Lust und Lebensfreude müßten doch ohne jedes Verbot auskommen. Geübte Sexualität und Verbote schließen einander aus. Doch gerade am Beispiel der Homosexuellen wuchern generationenlang überkommene Vorurteile weiter. Tabuisierung und schamhaftes Verschweigen unterstützen weiter alte Meinungen. Allerdings möchten wir, fern jeder Bewertung des Wesens gleichgeschlechtlicher Liebe, vermelden, daß Emanzipationsziele in der Szene oft lärmig und zu schrill in die Medien drängen. Als wäre das sogenannte Anderssein oder einfach Sosein das einzig wesentliche dramatische Ereignis in der deutschen Gegenwart. Aber vielleicht ist das nur überschießende Bejahung.

Frühe mutige Filme zu diesem Thema bis zur lauten Gegenwart zeigen wiederum spiegelgleich den gesellschaftlichen Gesamtstatus. Und weiter werden Vorurteile geschürt innerhalb der Diskussion über Geschlechtskrankheiten. Insbesonders beim Thema AIDS, wo leider festzustellen war – die Betonung liegt auf war –, daß Homosexuelle zuerst und überwiegend die Krankheit verbreitet haben. Das führte bei manchen wohl zu der Erkenntnis, daß es sich bei dem Virus um ein göttliches Strafgericht handele. Unachtsame Arglosigkeit und Promiskuität haben dazu beigetragen, von der seriösen Abhandlung des Themas AIDS erneut ins Vorurteil abzugleiten. Waren in der Vor-AIDS-Zeit nicht auch Syphilis und Gonorrhöe Gottesgerichte?

Wieder stellen wir fest, wie Sex und Lust über Krankheit durch Medizin und Justiz bewertet werden. »Der beste Schutz ist Enthaltsamkeit«, so lautet das Nonplusultra der Verhütungstheoretiker. Zumindest aber Treue. Nicht schlecht. Treue ist ein gutes Ziel. Alle Geschlechtskrankheiten wären eingedämmt und beherrschbar. Was aber sind Voraussetzungen zur Treue? Müßten hierzu nicht gesellschaftliche Mankos beseitigt werden, wie Einsamkeit, selbstbefindliches Fremdsein, tosender Medienlärm, und so fort? Doch werden wir uns weiterhin, und zwar heute global, mit Geschlechtskrankheiten auseinandersetzen müssen – und zwar mit absolut tödlichen ...«

Filmausschnitte aus dem AIDS-Spot *Lust-Raum,* dem Spielfilm *Ein Virus kennt keine Moral,* der Dokumentation *AIDS – Liebe ohne Angst* und den medizinischen Aufklärungswerken *Feind im Blut* und *Schleichendes Gift* erläutern die Thematik, ehe Gernot Eigler zum Schlußkapitel überleitet:

»Geschlechtskrankheiten als Maß von Befreiung und bloßer Libertinage. Als weltweit den Fortbestand der Menschheit bedrohendes Problem. Denn Fortpflanzung kann weder ethisch

28

noch Lust moralisch verhindert werden.Sex ist elementare Lust. Darum in der AIDS-Zeit im Wiederspruch zum Leben selbst. Ist das kein bemerkenswertes Ergebnis? Die Lust vom Tod bedroht. Aufklärung in Filmen erscheint dabei fast zwingend hilflos, verspätet und immer noch moralischen Gesichtspunkten untergeordnet.

Aufklärungsziele sind somit dringender denn je Verhütung von tödlichen Krankheiten. Übrigens vermissen wir in diesem Zusammenhang filmische Hinweise darauf, wie Pilz- oder bakterielle Infektionen im Geschlechtsbereich, die wenig oder gar keine Symptome machen, als Schwellenkrankheit den Eintritt des AIDS-Virus in den Körper begünstigen.

Dieser Hinweis ist dann besonders wichtig, wenn in Aufklärungsfilmen die totale Freiheit der Liebe propagiert wurde und wird. Auch wenn nur die Befreiung der Sexualität von Unterdrückung und Tabus gemeint war.

Geschlechtskrankheiten, ihre Verhütung und sexuelle Befreiung sollten in Zukunft getrennt betrachtet werden. Zur Vergangenheit jedoch noch einige Filmbeispiele, auch aus der ehemaligen DDR, die man vermutlich heute nicht mehr so drehen würde …«

Es folgen die Beispiele aus *Geschlecht in Fesseln, Ehepaar sucht gleichgesinntes, Freiheit für die Liebe, Die goldene Pille, Mit 15 schwanger?, Oswalt Kolle – Das Wunder der Liebe, Mann und Frau intim* und *Mädchenhandel* sowie dem Video-Programm *Sex – Lust und Leben,* ehe Dr. Eigler das Schlußwort spricht:

»Alle gezeigten Filmbeispiele aus der Geschichte des deutschen Aufklärungsfilms zwischen Spekulation und Information geben Anlaß zu ein paar zusammenfassenden Gedanken.
- Die Tendenz vom verbotenen Sehen zum Allessehen hat sich heute in die allgemein zugängliche Video-Pornographie ins detailgeile, sinnlich entleerte Bild verstiegen. Aber auch die Information zum Thema Aufklärung bedient sich immer häufiger des leihbaren oder käuflichen Videos. Der seriöse Aufklärungsfilm im Kino oder im Fernsehen ist eigentlich vergessen. Ist Sexualität dort immer noch ein Tabu?
- Sex ist auch in der befreiten Übung ein intimer Vorgang. Gute Aufklärung kann also nur bewirken, daß sich Menschen

in der Sexualität ohne Vorurteile begegnen. Die Grenzen sind: Alles tun dürfen, was sich und andere nicht nötigt, beschädigt oder verletzt. Weder an Leib noch an Geist. Wir vermissen sinnliche Gegenwartsfilme hierzu.

– So wie wir die befreite Gesellschaft vermissen, haben Sie gesehen, daß wir auch das befreite Bild in den sogenannten Aufklärungsfilmen vermissen. Befreites Bild würde heißen: über Spekulation und Information hinaus in den Film wieder Eros einzuführen. Erotik über befreite Sexualität als selbstbestimmte Lebensbejahung. Die Wiederentdeckung des Geheimnisses Eros im Bild. Vielleicht hätten dann Gewaltdarstellungen und Pornographie keinen so breiten Markt. Weil es um die Liebe geht.«

Soweit Gernot Eigler. – Eine tapfere Minderheit von zwei Prozent der deutschen Fernsehzuschauer hatte zu später Stunde ausgeharrt, bei einem »Marktanteil« von 17 Prozent für uns (d. h. 17 Prozent aller Fernsehzuschauer, die zu der Zeit noch vor ihrem Apparat saßen, sahen diese ZDF-Sendung). Für uns kein schlechtes Ergebnis. Wer schaut sich um Mitternacht schon noch Kritisch-Kulturelles an?

Abgesehen von der Statistik stellt sich auch die Frage nach der Befriedigung von Erwartungshaltungen. Ein Teil der deutschen Fernsehkritiker sah die ihren wohl nicht erfüllt – und reagierte zum Teil mit boshafter Häme. Hier ein besonders gelungenes Beispiel, das am 7.6.1993 im Berliner *Tagesspiegel* als Programmankündigung unter der Überschrift »Doktor Gernot Eigler klärt auf – Volkshochschule ZDF: Was Sie schon immer über Sex wissen sollten« (mit dem Autorenkürzel »tha«) abgedruckt wurde: »Irgendwie ist Dr. Gernot Eigler sehr unwohl. Nächtens im Rotlichtviertel steht er wie schutzsuchend dicht gedrängt an der schwarzgekachelten Wand, im Rücken diesen Schaukasten mit den nackten Versprechungen. Der Mann in den besten Jahren macht die Figur eines eben ertappten Pennälers, krampfhaft lässig schiebt sich das Spielbein nach vorn – Achtung Kamera läuft. Einen Schnitt später kauert Dr. Eigler auf dem Hocker einer Nachtbar; sichtlich um die auswendig gelernten Sätze ringend, formen seine Lippen eine vernichtende Bilanz des ›deutschen Aufklärungsfilms‹: Dort ›wurde Erotik‹ nämlich ›durch nackte Frauen ersetzt, wurden Rassismus und Männerwahn,

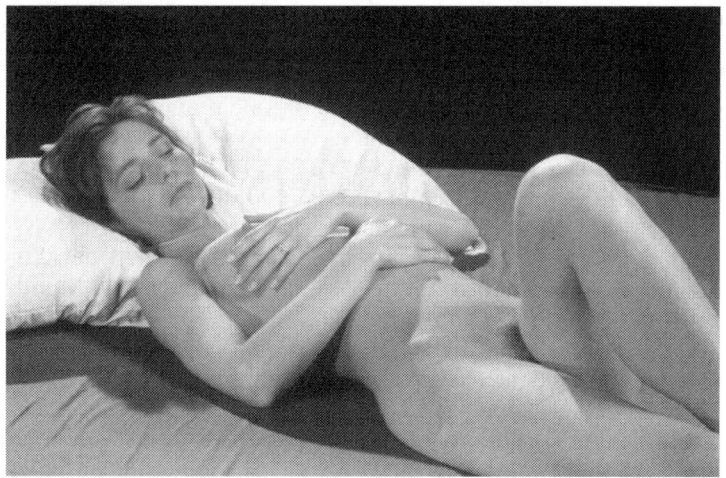

»Befreit« mögen die Bilder aus dem Aufklärungsvideo ›Sex – Lust und Leben‹ noch nicht sein, aber sie sind ehrlich und deutlich und damit hoffnungsvollerweise auch hilfreich

spießige Verklemmtheit und geile Griesgrämerei gefördert‹! Um es vorwegzunehmen: Wer nächstens um 23 Uhr 50 die ZDF-Sendung mit dem Titel ›Was Sie schon immer über Sex wissen sollten‹ einschaltet, wird am Ende leider nicht wissen, welchen sexuellen Aggregatzustand die ›geile Griesgrämerei‹ bezeichnet. In diesem Punkt schweigt der Moderator Dr. Eigler wie ein Grab. Bei seinem Rundgang durch die 70jährige Geschichte des ›Sitten- und Aufklärungsfilms‹ in Deutschland wird das Publikum auch die von der Redaktion annoncierte ›unterhaltsame, launige und bisweilen ironische‹ Machart missen müssen. Werke wie ›Teufel im Fleisch‹ (BRD 1963) und ›Kreuzzug des Weibes‹ (Deutschland 1926), ›Mädchen beim Frauenarzt‹ (BRD 1970) oder schlicht und einfach ›Geschlechtsorgane‹ (DDR 1983) dienen den offenbar fischblütigen Kommentarschreibern Bodo Fründt und Rolf Thissen nur als Anschauungsmaterial zu gleichbleibend bierernsten Betrachtungen. Hinzu kommt, daß sie der Fülle des Materials und der Vielfalt seiner Aspekte nicht recht Herr werden; so taumelt ihr Rückblick von Oswalt Kolle zu Rosa von Praunheim, verwurstet die AIDS-Spots mit dem ›Schulmädchen-Report‹ und der ›Körperkultur‹. Doch für all diese schwerwiegenden Mängel wird der Zuschauer durch die unfreiwillige Komik des Moderators Dr. Gernot Eigler mehr als entschädigt. Selten noch hat man ein solches Maß an aufgeklärter Verklemmtheit ins offene Messer der vor dem Apparat versammelten Schadenfreude rennen sehen. Und dafür lohnt es sich aufzubleiben.«

Und zwei Tage später setzte der *Tagesspiegel* noch eins drauf: Am 9.6.1993 schreibt Joachim Huber unter der Rubrik »Kritisch gesehen« folgendes: »Es bleibt dabei: wenn das Mainzer Programm und Geschlechtliches zusammenprallen, muß der Zuschauer seinen Glauben an die Zwillingszeugung durch Mund-zu-Mund-Beatmung reaktivieren. Da stimmte einfach gar nichts, als die Herren Gernot Eigler, Bodo Fründt und Rolf Thissen die Geschichte des deutschen Aufklärungsfilms schrieben. So in etwa muß es gekommen sein: Fründt und Thissen – der Nachspann nannte sie verantwortlich für Buch und Regie – rannten in die Archive, wühlten, wählten Schnipsel, klebten sie nach der Erkenntnis ›Ein Schwarzweißfilm entstand immer vor einem Farbfilm‹ aneinander; dann merkten sie, daß zur Sendelänge von einer Dreiviertelstunde noch zehn Minuten fehlten und baten Dr. med. Gernot Eigler vor Kamera und Mikrofon. Das machte dem Film endgültig den Garaus. Bei diesem Chaos der Gedanken, Facetten und Belege, bei diesem Stilwillen vom Zick zum Zack in 70 Jahren filmischer Aufklärung rettete den Zuschauer nur ein Seufzer vor mitternächtlicher Depression: Eigler, Fründt und Thissen haben nie einen Aufklärungsfilm gedreht. Er hätte das Ende aller Lust eingeläutet.«

Immerhin sind die Namen richtig geschrieben.

Ähnlich erging es einigen Kollegen vom und beim ZDF (dem Kulturredakteur Ingo Hermann sowie den Autoren Klaus Pacharzina und Michael Heuer), die sich 1986 in einer fünfteiligen Dokumentation mit dem Titel »Sexualität heute« aufs dünne Eis begeben hatten. Auch sie konnten es niemandem recht machen: »Die Bitternis der anwesenden Frauen (nach einer Pressevorführung, Anm. d. A.) entzündete sich an der ›extrem männerorientierten‹ Optik des Films, während die Männer verärgert registrierten, ihresgleichen trete überwiegend als ›impotenter Schlappi‹ ins Bild. Den Zorn der Progressiven erregten die ›peinliche Kleinbürgerei‹ und der ›pastorale Kommentatoren-Ton‹. Den Feuilletonisten schlug die ›angestrengte Soziologen-Dramaturgie‹ auf die Sinne. Und die Sex-Maniacs gähnten in

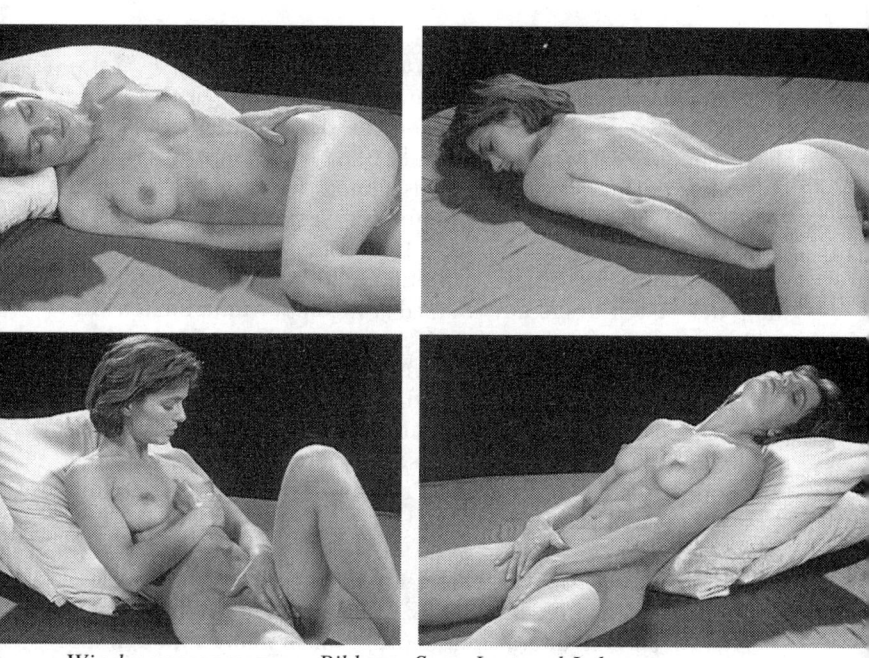

Wie das vorangegangene Bild aus ›Sex – Lust und Leben‹ demonstrieren auch diese Fotos ohne falsche Scham die Technik der Selbstbefriedigung

den Raum, das sei doch ›alles kalter Kaffee‹. (…) Der Film klärt die Zuschauer mit einer geradezu sensationellen These auf: ›Sexualität ist kein Beiwerk, sondern ein Grundstein im Menschen.‹ In der Auftaktsendung (…) wird die steinerne These an drei lebenden Opfern verifiziert: Am Beispiel ›altgewordener Erdenbürger‹, die zwar ›Tiere beobachten‹, aber oft meinen, ›Sexualität solle nicht (auch) ihr eigen sein‹. Am Beispiel einer Zweierbeziehung mit Kind, der aus dem Off zugerufen wird: ›Augenblick und Dauer, Nähe und Distanz, Verschiedenheit und Gleichheit: zwischen diesen Polen pendeln wir.‹ Und am Beispiel eines lesbischen Paares: ›Wenn Birgit von ihrer Freundin Jennifer von der Schule abgeholt wird, kann man das ruhig ganz wörtlich verstehen.‹ Wörtlich vielleicht, aber verstehen wohl nicht.« (*Der Spiegel,* 15/1986)

In der Züricher *Weltwoche* kam Morpheus (am 10.4.1986)

schlicht zu dem Schluß: »Die Sendung sieht aus wie Helmut Kohl: verschwiemelt und pathetisch hohl.«

Fünf Tage später kann man dann, zum Beispiel in der *Saarbrücker Zeitung,* lesen: »Der Intendant des Zweiten Deutschen Fernsehens, Prof. Dieter Stolte, hat am gestrigen Montag, unmittelbar nach der Rückkehr aus seinem Urlaub, die sofortige Absetzung der Fernsehdokumentation ›Sexualität heute‹ veranlaßt. Nach einer Mitteilung des Mainzer Senders verfügte Stolte die Absetzung mit der Begründung, daß bereits die Ausstrahlung der ersten Folge am 7. April ›Fragen der inhaltlichen Bewältigung wie der formalen Vermittlung dieses Themas im Fernsehen‹ aufgeworfen habe. Unter welchen Voraussetzungen dieses für das menschliche Zusammenleben und die Würde des Menschen zentrale Thema erneut ins Programm aufgenommen wird, bedürfe nunmehr einer ausführlichen Diskussion mit den zuständigen Redakteuren und Programmverantwortlichen, die Fragen der Überarbeitung und geeigneten Sendebegleitung einschließe.«

Mehr als vier Monate später, am 27.8.1986, vermeldet die *Frankfurter Rundschau:* »Die ZDF-Reihe ›Sexualität heute‹ (...) wird derzeit überarbeitet. (...) Ein Sendetermin für die überarbeitete Form steht allerdings noch nicht fest. (...) Der Gesamtstoff soll in diesem Sinne (d. h. gemäß Stoltes Wunsch, »stärker soziale und familiäre Bezüge« herauszustellen, Anm. d. A.) neu geordnet und ergänzt werden, um damit auch in höherem Maße Wertvorstellungen einzubringen und Fragen nach Sinn sowie Rechten und Pflichten akzentuiert zu stellen. Themenbereiche wie Prostitution und Homosexualität sollen dagegen nicht mehr in dem zunächst vorgesehenen Maße berücksichtigt werden. Von der Darstellung soll alles ausgenommen werden, was voyeuristische Reflexe auslösen könnte (Auflage: ›Keine Turnübungen vor der Kamera‹).«

Nun ja, das ist schon lange her. Und sehr verbreitet war Prüderie in den achtziger Jahren auch nicht, oder doch? Wie es weiterging? Nach telefonischer Auskunft von ZDF-Redakteur Ingo Hermann (vom 13.7.1993) wurden aus dem vorhandenen und aus neu gedrehtem Material zwei Sendungen von jeweils 45 Minuten Länge erstellt, die 1987 gesendet wurden – ohne besonderes Echo in der Presse und ohne besondere Zuschauerreaktionen. Heute, angesichts der gegenwärtigen Programmlandschaft, betrachtet Hermann die damalige Aufregung als »Sturm im Wasserglas«, wobei vor allem ein »Widerwille gegen die Darstellung von Alterssex und die Realistik der Reihe« bei manchen Verantwortlichen »einen schlechten Geschmack auf der Zunge hinterlassen habe«.

Noch einmal kurz zurück zu unserer Sendung. Zumindest eine weitere Kritik möchte ich hier doch noch zitieren; wenigstens einer also hat unsere Intentionen verstanden. Am 9.6.1993 schreibt Matthias (der Nachname ist in der mir vom ZDF übermittelten Fotokopie nicht erkennbar und die vom ZDF genannte Quelle ist, wie ich herausgefunden habe, nicht stimmig – es wird also ein Mysterium bleiben, wo der Text erschienen ist und von wem er stammt): »Es geht also auch anders, nämlich ohne Ironie. Eine Geschichte des deutschen Aufklärungsfilms ist an sich eine dankbare Vorlage für alberne Wortspielchen, die unsere Hemmungen im Angesicht noch albernerer Bilder kompensieren. Nichts dergleichen bei Gernot Eigler, Bodo Fründt und Rolf Thissen. Ihr Film ist in jeder Sekunde das Ergebnis tiefgehender Beschäftigung mit den kultursoziologischen Verankerungen des heiklen Genres. Überraschungen gibt es zuhauf, denn welcher Spätgeborene wußte, daß schon der Stummfilm Themen wie Geschlechtskrankheiten und Homosexualität adaptierte, lange bevor das Dritte Reich Aufklärung zur teuflischen Propaganda mißbrauchte. Eigler gereicht zur Ehre, daß er auch Werke der DDR-Filmfabriken miteinbezog in seine klar gegliederte, sachliche, geschliffen formulierte Betrachtung. Verklemmte Bilder einer verklemmten Gesellschaft: dieser Film animiert zu detaillierterer wissenschaftlicher Beschäftigung. Voyeure mußten leider draußen bleiben. Dafür allergrößtes Lob.«

Zeit für einen Schlußstrich, lassen wir die Vergangenheit ruhig ruhen. Poonjaji, der wache und weise Mann aus Indien, meint ohnehin: »Der gegenwärtige Moment ist Freiheit. Betrachte den gegenwärtigen Moment. Freiheit selbst. Du betrachtest immer die vergangenen Momente. Wann hast du dem gegenwärtigen Moment eine Chance gegeben, sich zu manifestieren? Du hast diesem gegenwärtigen Moment nie eine Chance gegeben. Du bist immer nur auf die Vergangenheit bezogen. Du gibst deine Gedanken nicht diesem Augenblick. Dieser Augenblick ist der gegenwärtige Moment. Betrachte ihn. Dann wirst du dein Antlitz sehen.«

KAPITEL 3

Der nächste Schritt:
Ein Buch und seine Zitate

Zwei Monate, bevor ich begann, dieses Buch zu schreiben, habe ich mir zehn Regeln aufgestellt, die man auch »Gebote« nennen könnte und über die ich mir die Geschichte erzählte, sie stellten so etwas wie die Summe meiner 45jährigen Erfahrungen, Erlebnisse und Erwägungen dar. Hier sind sie:

1. Du sollst dich nicht belügen.
2. Du sollst deinen Gedanken nicht glauben.
3. Du sollst dich nicht verkaufen – für Liebe, Geld oder Macht.
4. Du sollst nicht glauben, du seist deine Gedanken, deine Gefühle, dein Körper.
5. Du sollst keine Agenda haben.
6. Du sollst nicht tun.
7. Du sollst nicht urteilen.
8. Du sollst bewußt, leer und mitfühlend sein.
9. Du sollst das Unerträgliche ertragen.
10. Du sollst im Moment leben.

Was das mit Aufklärung zu tun hat? Alles – und nichts. Nur Geduld, es wird sich klären. Allerdings sind zu diesen zehn Punkten hier ein paar klärende Worte vonnöten. Der erste Punkt ist wohl klar – es kann nur ganz schön hart werden. Bei Punkt 2 geht es unter anderem um unsere innere Stimme, die ja pausenlos vor sich hin plappert (und allenfalls durch Meditation zeitweise zum Schweigen zu bringen ist). Ohne Ende erzählt sie uns Geschichten über das, was wir selbst tun, was andere tun, was wir selbst empfinden, was andere (möglicherweise) empfinden. Glaubt man diesen Geschichten/Gedanken nicht mehr, macht man sich das Leben wesentlich einfacher. Erst dann kann man Menschen und Situationen akzeptieren, wie sie sind. Punkt 3 ist wohl auch klar – denn das machen wir unaufhörlich: tagaus – tagein. Punkt 4 bräuchte eine sehr umfassende Erläuterung, die aber hier nur in Kurzform gegeben werden kann: Weise Frauen und Männer sagen, man sei in dem Moment frei, in dem man sich die Frage beantwortet: »Wer bin ich?« Solange man sich aber mit seinem Körper, seinen Gedanken, seinen Gefühlen identifiziert, ist es nicht möglich, zu erkennen, daß es nichts anderes gibt als das, was von den weisen Frauen und Männern mit dem Begriff »Selbst« umschrieben wird. Bei Punkt 5 ist die Rede von Planungen: Da es keine Vergangenheit und auch keine Zukunft gibt, sondern nur diesen Moment, sind Planungen ohnehin hinfällig. Obendrein verbauen sie die Möglichkeit, im Moment zu bleiben und auf den Moment zu reagieren. In der Praxis darf man sich schon Planungen erlauben – solange man nicht daran glaubt, daß sie auch eintreten werden oder eintreten müssen. Punkt 6 ist so schwer zu erläutern wie zu realisieren: Jedenfalls ist nicht gemeint, daß man die Hände in den Schoß und die Beine hochlegen soll; der Hintern und das Hirn dürfen schon in Bewegung bleiben. Es geht vielmehr darum, das »angestrengte« Tun loszulassen, Versuche zu vermeiden, etwas zu erzwingen, Geduld und Gelassenheit zu üben, und bald wird man feststellen, daß die Dinge und die Menschen auf einen zukommen. Punkt 7 hat etwas mit Punkt 2 zu tun, denn unsere innere Stimme beschäftigt sich ununterbrochen damit, alles, was wir und andere tun, denken oder fühlen, nach selbst- und fremdbestimmten Wertmaßstäben zu beurteilen. Damit machen wir uns das Leben unnötig schwer und verbauen uns die Möglichkeit, zu *sehen* und zu *hören*. Punkt 8 nennt die wichtigsten Voraussetzungen, die ein Hypnotherapeut in seine Arbeit einbringen muß. Statt »bewußt« könnte man auch sagen »aufmerksam«, »leer sein« bezeichnet eine Haltung, die nicht eigene Erfahrungen über die des Klienten stülpt, denn dann ist keine Verständigung mehr möglich, und statt »mitfühlend« könnte auch »liebend« stehen, aber Liebe ist ein so großes Wort. Die Therapeut-Klient-Situation gilt analog für jede zwischenmenschliche Begegnung. Punkt 9 spricht jene Erfahrungen und Erlebnisse an, bei denen sich oft Traumata kristallisiert haben, so daß bei den ersten Anzeichen einer »unerträglichen« Situation Fluchtmechanismen greifen. Aber wenn wir das »Unerträgliche« nicht an uns heran, durch uns durch und dann loslassen, kommen wir keinen Schritt weiter. Punkt 10 klingt einfach, hat es aber in sich, weil wir meist mit ganz anderen Dingen befaßt sind als denen, die im Moment geschehen. Eines sollte man sich aber immer wieder vergegenwärtigen: *Wir tun das Beste, das wir können.*

Wie könnte ich annehmen, daß irgend jemand mich in diesen Dingen als Autorität betrachten würde. Also lassen wir einen wirklich weisen Mann zu Wort kommen: Buddha kam mit acht Regeln aus; Janwillem van de Wetering (der Krimi-Autor) hat den »achtfachen Weg« einmal so zusammengefaßt:

1. *Richtiges Verständnis,* also Begreifen der vier Wahrheiten: wissen, daß das Leben Leiden ist, daß die ewige Begierde nach Haben und Sein die Ursache des Leidens ist, daß die Begierde abgelegt werden kann und daß dies durch Begehen des achtfachen Weges erreicht werden kann;
2. *richtiger Vorsatz,* also allzeit den Weg gehen wollen;
3. *richtiges Sprechen,* also freundlich sein und Menschen nicht beleidigen oder verletzen;
4. *richtiges Handeln,* also alles so gut wie möglich zu tun versuchen;
5. *richtige Lebensweise,* also auf anständige Art seinen Unterhalt verdienen;
6. *richtige Bemühung,* also ständig die Energie zum Weitermachen aufbringen;
7. *richtiges Bewußtsein,* also die Situation erkennen, in der man sich befindet, damit man seine Reaktionen darauf unter Kontrolle hat;
8. *richtige Meditation.*

Poonjaji sagt über den achtfachen Weg des Buddha: »Erleuchtete Wesen erkennen, daß auch die Moral selbst leer ist, wie alles andere auch. Deshalb mögen richtiges Handeln, richtiges Sprechen und der achtfache Weg des Buddha als Konsequenz von Leere kommen, aber sie werden niemals zur Leere führen. Daher strebt ein Wahrheitssucher nur nach Leere, und alles andere folgt.« (S. 82)
Werden wir erst einmal etwas konkreter: Die Anonymen Alkoholiker haben für ihre Selbsthilfepraxis zwölf Schritte aufgestellt. Dabei kommt das Wort »Alkohol« und »Alkoholiker« nur jeweils einmal vor. Man kann diese Worte ohne weiteres durch »Sex« und »Sexsüchtige« ersetzen – die zwölf Schritte würden auch in diesem Fall analog gelten. Hier sind sie:

1. Wir geben zu, daß wir dem Alkohol gegenüber machtlos sind – und unser Leben nicht mehr meistern können.

2. Wir kamen zu dem Glauben, daß eine Macht, größer als wir selbst, uns unsere geistige Gesundheit wiedergeben kann.

3. Wir faßten den Entschluß, unseren Willen und unser Leben der Sorge Gottes – wie wir ihn verstanden – anzuvertrauen.

4. Wir machten eine gründliche und furchtlose Inventur in unserem Innern.

5. Wir gaben Gott, uns selbst und einem anderen Menschen gegenüber unverhüllt unsere Fehler zu.

6. Wir waren völlig bereit, all diese Charakterfehler von Gott beseitigen zu lassen.

7. Demütig baten wir ihn, unsere Mängel von uns zu nehmen.

8. Wir machten eine Liste aller Personen, denen wir Schaden zugefügt hatten, und wurden willig, ihn bei allen wiedergutzumachen.

9. Wir machten bei diesen Menschen alles wieder gut – wo immer es möglich war –, es sei denn, wir hätten dadurch sie oder andere verletzt.

10. Wir setzten die Inventur bei uns fort, und wenn wir unrecht hatten, gaben wir es sofort zu.

11. Wir suchten durch Gebet und Besinnung die bewußte Verbindung zu Gott – wie wir ihn verstanden – zu vertiefen. Wir baten ihn nur, uns seinen Willen erkennbar werden zu lassen und uns die Kraft zu geben, ihn auszuführen.

12. Nachdem wir durch diese Schritte ein spirituelles Erwachen erlebt hatten, versuchten wir, diese Botschaft an Alkoholiker weiterzugeben und unser tägliches Leben nach diesen Grundsätzen auszurichten.

Man darf sich an dem großen Wort Gott nicht stören, denn es geht um etwas ganz anderes, wie Cyrus Kube und Rüdiger von Scheven in ihrer Diplomarbeit *Spiritus contra spiritum – Selbsthilfe als Alternative zur professionellen Suchtkrankenhilfe* (Aachen 1993) ausführen: »Professionelle Angebote sehen es in der Regel nicht als ihre Aufgabe, auf religiöse oder spirituelle Bedürfnisse von Süchtigen einzugehen. (…) Für die Selbsthilfegruppen ist Spiritualität die Grundlage des Genesungsprogramms. Die ›höhere Macht‹ ist zentraler Bestandteil der zwölf Schritte. Aus der Erfahrung, daß der Begriff ›Gott‹ bei vielen Süchtigen Widerstände hervorrief, wählten die Gründer von AA die Formulierung ›Gott – wie wir ihn verstehen‹. Wichtiges

Moment ist die allumfassende Toleranz, die jedem einzelnen zugesteht, daß diese Formulierung selbstverständlich auch völliges Unverständnis einschließen kann und jegliche Stellungnahme für irgendeine konkrete Religionsgemeinschaft ausdrücklich ausschließt. Jeder hat die uneingeschränkte Freiheit zu einem eigenen Gottesverständnis. Wie auch C. G. Jung feststellt, scheinen hier die Selbsthilfegruppen einen zentralen Aspekt der Suchtkrankheit zu erfassen, den professionelle Hilfe meist ausspart. Jung sagte klar über einen alkoholkranken Patienten: ›Sein Drang nach Alkohol war – auf einer niedrigen Stufe – das Äquivalent für den spirituellen Durst unseres Wesens nach Ganzheit – in der mittelalterlichen Sprache ausgedrückt: nach der Einigung mit Gott.‹«

Das Zitat von Jung stammt aus einem Brief an Bill Wilson, einen der Gründer von AA, den er am 30. Januar 1960 verfaßte und dem Kube und von Scheven auch Titel und Motto ihrer hochgelobten Arbeit entnahmen: »Sie wissen ja: ›alcohol‹ entspricht dem lateinischen Wort ›spiritus‹, und man gebraucht dasselbe Wort für die höchste religiöse Erfahrung ebenso wie für das erniedrigendste Gift. Die hilfreiche Formel ist darum: Spiritus contra spiritum.«

Geist gegen Weingeist. Aufklärung gegen Ungeist. Freiheit durch Nichtgeist. Sucht ist Flucht, und Sex kann eine Droge sein. Am Anfang aller Erkenntnis steht meist eine Krise, eine Periode intensiven Leidens. Eines ist klar: Sex und der Umgang mit Sex können nicht isoliert betrachtet werden von den Charakterstrukturen und Lebensbedingungen eines Menschen, genausowenig wie eine Drogensucht davon losgelöst betrachtet werden kann. Anders gesagt: Auch in Sachen Sex, ob Sucht oder nicht, darf der spirituelle Aspekt nicht vernachlässigt werden.

Zu diesem Schluß kommen auch Cyrus Kube und Rüdiger von Scheven, die selbst beide lange Jahre mit Drogenproblemen zu kämpfen hatten – und sie überwunden haben. Nachdem sie herausgefunden haben, daß heute 80 Prozent der Suchtkranken-Hilfe Selbsthilfe ist, stellen sie abschließend fest: »In einer Zeit, in der sich zumindest in Deutschland immer mehr Menschen in Gleichgültigkeit von den großen Religionen abwenden, ist es erstaunlich, daß ein auf spirituellen Prinzipien beruhendes Genesungsprogramm das mindestens zahlenmäßig erfolgreichste

Cyrus Kube und Rüdiger von Scheven

spiritus
contra
Selbsthilfe als Alternative zur professionellen Suchtkrankenhilfe

Diplomarbeit im Fach Sozialpädagogik
Betreuer: Prof. Dr. Herbert Feser, Dipl. theol. Gerd Jungblut

Mittel bei der Bewältigung von Drogenabhängigkeit ist. Sinnlosigkeit, Verzweiflung und Leere waren Grundgefühle, die uns beide über die letzten Jahre, in denen wir Drogen nahmen, begleiteten. Süchtige versuchen mit der Droge einen zutiefst empfundenen inneren Mangel von außen zu stillen. Sie nehmen mehr, immer mehr Drogen, um ihre Leere auszufüllen, und sind

nicht mehr in der Lage zu verhindern, daß sie nur eines erreichen: Selbstvernichtung. Hilfe, die bei medizinischen, psychologischen und sozialen Maßnahmen ein Ende hat, läßt die Frage
nach dem Sinn ohne Antwort.«

Kein Zweifel: Viele von uns tun sich sehr schwer bei der Sinn-
suche, und vor allem schafft man es immer wieder, sich selbst im
Weg zu stehen – nicht zuletzt deshalb, weil wir uns beigebracht
haben, robotermäßig auf viele – und besonders die vermeintlich
traumatischen – Situationen zu reagieren. Im Zeitalter der totalen Vernetzung könnte man auch sagen: Wir haben uns – meist
schon sehr frühzeitig – auf bestimmte Verhaltensweisen für bestimmte Situationen programmiert (wobei andere auch ihren
Teil dazu beigetragen haben, indem sie uns vorgefertigte Programme angedient oder aufgezwungen haben).

Doch hier verbirgt sich letztendlich auch die gute Nachricht:
Der Roboter kann umgebaut, das Netzwerk umprogrammiert
werden. Es braucht nicht viel mehr, als häufiger die innere
Löschtaste zu benutzen. Und irgendwann geht es dann nicht
mehr um eine Re-Programmierung, sondern darum, alle Programme von der Festplatte zu kippen. Der Workshop-Leiter des
Therapiekurses formulierte es sehr plastisch, indem er es in folgende Metapher kleidete: »In den ersten zwei Wochen zeige ich
euch erst einmal, wie viele Programme ihr auf eurem Fernseher
habt, von denen ihr gar nichts wißt – und dann ziehe ich den
Stecker aus der Wand.«

Als ein probates Hilfsmittel, die Roboterprogramme überhaupt
erst einmal zu erkennen, hat sich das Enneagramm erwiesen –
ein aus nicht genau geklärten asiatischen Quellen stammendes,
seit langen Jahrhunderten mündlich überliefertes und erst vor
wenigen Jahren schriftlich fixiertes System, mit dem sich neun
Persönlichkeitstypen unterscheiden lassen, die man auch Cha-
rakterfixierungen nennt. Inzwischen sind auch in Deutschland
etwa ein Dutzend Bücher über das Enneagramm erschienen –
von unterschiedlicher Qualität. An dem ersten, hierzulande
1989 erschienenen Buch, *Die neun Zahlen des Lebens* von Eli
Jaxon-Bear, habe ich (ungenannt) als Übersetzer mitgearbeitet.
Deshalb – und weil mir das Erkennen der eigenen Fixierung extrem geholfen hat – will ich an dieser Stelle das etwas gewagte
Unterfangen angehen, das Enneagramm und die neun Charak-
terfixierungen kurz zu referieren.

»Wir leben alle in Trance«: Aktfoto aus den zwanziger Jahren mit dem Titel »Jugend«

Eli Jaxon-Bear schreibt am Anfang seines Buches unter der Überschrift »Erwachen«: »Wir leben alle in Trance. Solange wir nicht erkennen, daß wir in der Tat in einer Art Trance schlafwandeln, haben wir kaum eine Chance aufzuwachen. Das mag ein verwirrender Gedanke sein, und doch ist dies nicht geheimnisvoller als die Widersprüche unseres täglichen Lebens. Die Schichten der Trance aufzulösen ähnelt dem Häuten einer Zwiebel. Beim Entfernen jeder durchscheinenden, glasigen Schicht enthüllt sich die nächste. Es kann beim Ablösen ein paar Tränen geben, und je weiter du nach innen kommst, desto zarter und saftiger, dünner und leuchtender werden die Schichten. Wenn du den Mittelpunkt erreichst, ist nichts da. Dort ist die strahlende, latente Kraft, die die Buddhisten das ›Ungeborene‹ nennen, das vor Zeit und Raum, vor Energie und Materie steht. Hier ist unser Ausgangspunkt. Hier sind wir bereits erleuchtet, wach und kreativ. Die Auflösung der Schichten unseres Egos wird zur Reise in die Heimat.«

Zum Gebrauch des Enneagramms führt Jaxon-Bear folgendes aus: »Das Enneagramm (…) gibt uns die Möglichkeit, die mechanisierte Funktionsweise des Egos zu sehen, mit der wir uns identifiziert haben. Oft ist es ein schmerzlicher Prozeß, aufzuwachen und festzustellen, daß das, was wir für einen einzigartigen Ausdruck unseres Selbst hielten, in Wirklichkeit ein Verhaltensmuster ist und so vorhersagbar wie ein Computerprogramm. (…) Mit Hilfe dieses Systems können wir anfangen, die Muster in uns selbst und in unseren Beziehungen zu erkennen. Wenn wir entdecken, daß jeder von uns ein bißchen anders ›verdrahtet‹ ist und daß jeder beim Erfüllen derselben Aufgabe einen anderen Prozeß durchläuft, dann wird Verzeihen möglich. Wir können beginnen, uns selbst zu verzeihen, unseren Partnern, Eltern und Kindern. Wir können aufhören, von den Menschen in unserem Leben zu verlangen, sie sollten anders sein, als sie sind. (…) Wenn wir uns nicht mehr mit den mechanischen Mustern der Egofixierung identifizieren, hören wir auf, das Leben persönlich zu nehmen. Angst, Schuld und Beschuldigungen verlieren ihre Gültigkeit, wenn wir begreifen, wie mechanisch der größte Teil unseres Lebens abläuft. (…) Um das Enneagramm als Werkzeug zum Aufwachen zu benutzen, müssen wir uns selbst gegenüber erbarmungslos ehrlich sein. Wir müssen bereit sein, uns in jedem Augenblick zu erkennen, und uns be-

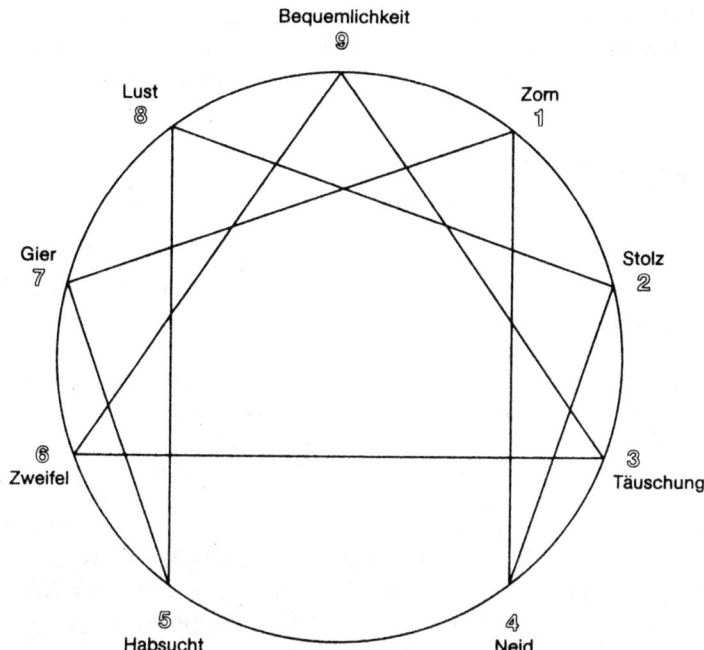

Bequemlichkeit
9

Lust
8

Zorn
1

Gier
7

Stolz
2

6
Zweifel

3
Täuschung

5
Habsucht

4
Neid

*In dieser schematischen Darstellung des Enneagramms sind die
zentralen Energien benannt, von denen die einzelnen Fixierungen
angetrieben werden*

wußt nicht mit den mechanischen Mustern identifizieren, die wir
das Selbst nennen. Auf diese Weise werden wir zu unserem eigenen Lehrer und Führer. Das Schöne an diesem System ist, daß
es uns erlaubt, an uns selbst zu arbeiten – von der leichtesten bis
zur tiefgreifendsten Schicht unseres Wesens.«

Das Sympathische am Enneagramm ist die Tatsache, daß es sich
um ein *dynamisches* System handelt. Wir eignen uns die Fixierung schon in der Kindheit an, behalten sie unser Leben lang –
und lernen, auf verschiedene Arten damit umgehen. Außerdem
bewegen wir uns, wenn wir unter Streß stehen und unser Herz
offen ist, in andere Fixierungen hinein, deren Züge wir für eine
bestimmte Zeit annehmen. Das Enneagramm beschreibt sehr
präzise, welche psychischen Energien wann wohin fließen. Es
gibt drei zentrale Fixierungen: die Neun, die Drei und die Sechs.
Die Energie, die die Neun antreibt, heißt Zorn; bei der Drei

heißt sie Image, bei der Sechs ist es die Angst. Von diesen zentralen Fixierungen gibt es jeweils eine innerliche und eine äußerliche Version: Die Eins ist die innerliche Version der Neun, die Acht die äußerliche Version; die Vier ist die innerliche Version der Drei, die Zwei ihre äußerliche; die innerliche Version der Sechs ist die Fünf, die äußerliche die Sieben.

Man kann die zentralen Fixierungen und ihre innerliche und äußerliche Version auch anders beschreiben: Acht, Neun und Eins sind zwanghaft-besessen, ihre Fixierung liegt im physischen Bereich; Zwei, Drei und Vier sind hysterisch, ihre Fixierung liegt im emotionalen Bereich; Fünf, Sechs und Sieben sind paranoid, ihre Fixierung liegt im mentalen Bereich. Man kann auch von Bauch-, Herz- und Kopfmenschen sprechen.

Nehmen wir als Beispiel die Neun: Sie ist definiert als »die träge Persönlichkeit«. Folgt die Neun der heiligen Idee, die für sie »Liebe« heißt, geht sie den heiligen Weg, der »richtiges Handeln« genannt wird, heißt sie im befreiten Zustand (den Jaxon-Bear »höhere Oktave« nennt) »der Heilige«. Ihre Leidenschaft – das, was sie »ticken« läßt – heißt »Bequemlichkeit«. Wenn die Neun sich idealisiert, sagt sie: »Ich fühle mich wohl.« Ihr Redestil ist die »Saga«. Wenn sie in ihre Falle tappt, ist sie der »Sucher«. Ihr Abwehrmechanismus heißt »Selbstbetäubung«. Das, was sie stets vermeidet, ist »Konflikt«. Sie schwankt zwischen der Dichotomie von »gläubig/zweifelnd«. Steht die Neun unter Streß, benimmt sie sich wie eine Sechs, ist ihr Herz offen, benimmt sie sich wie eine Drei. Bekannte Neuner sind Albert Einstein, Gerald Ford, Ringo Starr, Ronald Reagan, Buckminster Fuller.

Zur Erläuterung kann ich hier nur, ohne den Rahmen zu sprengen, die Beispiele zitieren, die Jaxon-Bear an bekannten Neunern anführt; das macht die Sache weniger abstrakt: »Albert Einsteins Frau strich die Haustür rot an, damit er nach Hause fand. Er pflegte so in Gedanken vertieft zu sein, daß er die Tür übersah, und weiter durch die Straßen wanderte. (...) Der amerikanische Präsident Gerald Ford ist ein sehr gutes Beispiel für eine Neun. Ich sehe ihn noch vor mir, wie er sich jedesmal den Kopf anstieß, wenn er aus dem Flugzeug stieg. Entweder stieß er sich den Kopf an, oder er stolperte die Treppe hinunter. Ein weiterer bekannter Vertreter der Neun war Laurence Olivier. Neuner können hervorragende Schauspieler sein, da sie sich jeden Standpunkt zu eigen machen können. Olivier konnte die unterschiedlichsten Rollen verkörpern. Wenn eine Acht eine Rolle darstellt, spielt die Acht immer eine Acht. Eine Neun dagegen kann mit jedem Charakter verschmelzen. Neuner besitzen diese Flexibilität. Alfred Hitchcock war eine Neun. Er liebte es, Filme zu machen, indem er sich vorher hinsetzte und jede Szene genauestens und bis ins kleinste Detail austüftelte, so daß er beim Drehen nicht einmal am Ort zu sein brauchte. Er kannte jede Einstellung der Kamera im voraus, er wußte, in welchem Winkel sie sich bewegen würde, wann Grace Kellys Hand im Bild sein sollte und an welcher Stelle der Dialog kommen mußte. Was Hitchcock am Filmemachen wirklich gefiel, war der technische Aspekt. Seine Stärke lag nicht im Erzählen einer Geschichte oder in der Entwicklung von Charakteren. Alle Hitchcock-Filme sind brillant in Kameraführung und Komplexität der Struktur, während die Figuren flach wirken. In einem berühmt-berüchtigten Presseinterview verglich er einmal die Schauspieler mit einer Rinderherde. Und so sah er sie: wie Schachfiguren, die man herumschiebt. Hier zeigt sich wieder das Mechanische der Neun. (...) Österreich ist ein Neuner-Land. Zwischen Ost und West, zwischen Sozialismus und Kapitalismus gelegen, vermittelt Österreich den Eindruck einer lässigen Lockerheit, die es sehr von den anderen germanischen Kulturkreisen unterscheidet. Man hat dort mehr das Gefühl von Gemütlichkeit und Sorglosigkeit als im benachbarten Deutschland, einer Sechser-Kultur, oder in der Schweiz, einer Einser-Kultur. Als Hitler in Österreich einmarschierte, begrüßten ihn die Massen mit Hochrufen. Als die Alliierten einmarschierten, wurden sie genauso empfangen. Österreich kann alle Standpunkte annehmen und mittendrin einschlafen.«

Um möglicherweise ein wenig Neugier zu erwecken, folgen hier Stenogrammbeschreibungen der übrigen Fixierungen, orientiert an den zentralen Punkten; der, den das langweilt, kann die folgenden Seiten überschlagen.

Die Acht: die mißbrauchtreibende Persönlichkeit

Heiliger Weg: Unschuld
Heilige Idee: Wahrheit
Höhere Oktave: der Krieger
Leidenschaft: Lust

*Nicht jeder, der leidenschaftlich Lust empfindet, muß eine Acht sein:
Szene aus ›Falsche Scham‹ (1926)*

Idealisierung: Ich bin kompetent
Redestil: Bevormunden
Falle: Gerechtigkeit
Abwehrmechanismus: Verleugnung
Vermeidung: Schwäche
Dichotomie: Puritaner/Hedonist
Bewegungen: im Streß zur Fünf, im Herzen zur Zwei
Bekannte Achter: Jack Nicholson, Idi Amin, Katharine Hepburn, Ludwig van Beethoven, Josef Stalin, Debra Winger, Lyndon B. Johnson, Anthony Quinn, Mae West, Robert De Niro.

Die Eins: die perfektionistische Persönlichkeit

Heiliger Weg: heitere Ruhe
Heilige Idee: Perfektion
Höhere Oktave: der Herrscher
Leidenschaft: Zorn

Idealisierung: Ich bin gerecht
Redestil: Predigen
Falle: Perfektion
Abwehrmechanismus: Reaktionsbildung
Vermeidung: Zorn
Dichotomie: starr/empfindsam
Bewegungen: im Streß zur Vier, im Herzen zur Sieben
Bekannte Einser: Martin Luther King, Gandhi, Ayatollah Khomeini, Martin Luther, Robespierre, Margaret Thatcher, Prince Charles, George Bernard Shaw, John Lennon, Clint Eastwood, Abraham Lincoln, Leo Tolstoi.

Die Drei: die effiziente Persönlichkeit

Heiliger Weg: Wahrhaftigkeit
Heilige Idee: das Gesetz
Höhere Oktave: der Magier
Leidenschaft: Täuschung
Idealisierung: Ich bin erfolgreich
Redestil: Propaganda
Falle: Effizienz
Abwehrmechanismus: Identifikation
Vermeidung: Versagen
Dichotomie: überaktiv/phantasievoll
Bewegungen: im Streß zur Neun, im Herzen zur Sechs
Bekannte Dreier: John F. Kennedy, Jimmy Carter, Paul Newman, Mick Jagger, Doris Day, Faye Dunaway, Shirley Temple, Shirley MacLaine, Johnny Carson.

Die Zwei: die hilfreiche Persönlichkeit

Heiliger Weg: Demut
Heilige Idee: Freiheit
Höhere Oktave: die göttliche Mutter
Leidenschaft: Stolz
Idealisierung: Ich bin hilfreich
Redestil: Ratschläge geben
Falle: Wille
Abwehrmechanismus: Verdrängung
Vermeidung: Bedürfnisse
Dichotomie: militant/libertin
Bewegungen: im Streß zur Acht, im Herzen zur Vier

Bekannte Zweier: Marilyn Monroe, Elvis Presley, Elizabeth Taylor, Little Richard, Barbra Streisand, Michael Jackson, Dolly Parton, Liberace.

Die Vier: die melancholische Persönlichkeit

Heiliger Weg: Gleichmut
Heilige Idee: Ursprung
Höhere Oktave: der Künstler
Leidenschaft: Neid
Idealisierung: Ich bin erstklassig
Redestil: Wehklagen
Falle: Authentizität
Abwehrmechanismus: Introjektion
Vermeidung: sich verloren fühlen
Dichotomie: analytisch/desorientiert
Bewegungen: im Streß zur Zwei, im Herzen zur Eins
Bekannte Vierer: Orson Welles, Bette Davis, Marlon Brando, Judy Garland, Billie Holiday, Ingrid Bergman, Simone de Beauvoir, Peter Lorre, James Mason, Joni Mitchell, Baudelaire, Edith Piaf, Andy Warhol, Charlie Chaplin, Heinrich Heine, Prince.

Die Sechs: die paranoide Persönlichkeit

Heiliger Weg: Mut
Heilige Idee: Vertrauen
Höhere Oktave: der Held
Leidenschaft: Zweifel
Idealisierung: Ich bin loyal
Redestil: Grenzen setzen
Falle: Sicherheit
Abwehrmechanismus: Projektion
Vermeidung: abweichendes Verhalten
Dichotomie: antreiben/sich unterwerfen
Bewegungen: im Streß zur Drei, im Herzen zur Neun
Bekannte Sechser: Woody Allen, Sigmund Freud, Adolf Hitler, Steve McQueen, Humphrey Bogart, Lenin, Napoleon.

Die Fünf: die zurückgezogene Persönlichkeit

Heiliger Weg: Nicht-Anhaften
Heilige Idee: Allwissenheit
Höhere Oktave: der mystische Philosoph

Spielt in ›Anders als die Andern‹ (1919) eine melancholische Vier, die an sich selbst und der Welt leidet: Conrad Veidt

Leidenschaft: Habsucht
Idealisierung: Ich weiß
Redestil: Abhandlung
Falle: Beobachten
Abwehrmechanismus: Isolation
Vermeidung: Leere
Dichotomie: sozial/unsozial
Bewegungen: im Streß zur Sieben, im Herzen zur Acht
Bekannte Fünfer: Howard Hughes, Marlene Dietrich, Buddha, Karl Marx, W. C. Fields, Bob Dylan, J. R. Tolkien, Franz Kafka, Albert Camus, Rainer Maria Rilke, Aldous Huxley, Laotse, Meryl Streep, William Hurt (weniger bekannter Fünfer: der Autor).

Die Sieben: die planende Persönlichkeit

Heiliger Weg: Nüchternheit
Heilige Idee: heilige Arbeit
Höhere Oktave: das magische Kind
Leidenschaft: Gier
Idealisierung: Ich bin okay
Redestil: Geschichten
Falle: Idealismus
Abwehrmechanismus: Rationalisieren
Vermeidung: Schmerz
Dichotomie: unterlegen/überlegen
Bewegungen: im Streß zur Eins, im Herzen zur Fünf
Bekannte Siebener: Timothy Leary, Bhagwan, Rousseau, Cary Grant, David Niven, Bo Derek, Walt Disney, Danny Kaye.

Angesichts der erwähnten Beispiele muß noch hinzugefügt werden, daß Menschen mit gleicher Charakterfixierung sehr unterschiedliche Persönlichkeiten sein können, obwohl sie in bestimmten Situationen gleich reagieren. Bildlich kann man sich das so vorstellen: Die Persönlichkeit ist um die Charakterfixierung herumgewickelt, und die Charakterfixierung ist herumgewickelt um das, was wir wirklich sind (das Selbst).

Zu erkennen, welche Fixierung man hat, ist der erste Schritt; der zweite – umzugehen damit. Für mich war es ein schwerer Schock, als ich feststellte, daß ich trotz intensivster Beschäftigung mit dem Text (Übersetzung, wiederholtes Lesen) nur wenig von dem begriffen hatte, was da stand. Wir können schon extrem blind und taub sein. Doch wer sich mit dem Enneagramm zum erstenmal befaßt und sehr schnell sagt: »Das bin ich« oder: »Das bin ich mit Sicherheit nicht«, hat genauso wenig begriffen wie ich: Dieses schnelle Urteil kann ein Hinweis darauf sein, daß das Ego sich gegen eine »Entlarvung« sträubt – wie es sich später dagegen sträuben wird, überhaupt keine Rolle mehr zu spielen.

Wenn wir das werden, was wir schon immer waren, stellt Sex kein Problem mehr dar. Doch solange das noch nicht so ist, tut Aufklärung not.

Wer die Gelegenheit hat, an Satsang teilzunehmen, sollte sie

Rechte Seite: Poonjaji

WAKE UP AND ROAR

satsang with H.W.L. Poonja

wahrnehmen. Poonjaji sagt über Satsang: »Laß mich dir erklären, was *Satsang* bedeutet. *Sangha* ist Assoziation (im Sinne von »In-Verbindung-Sein«, Anm. d. A.). *Sat* ist Selbst. Also, Satsang ist Selbstassoziation. Deine Assoziation mit dem Selbst ist der ultimative Satsang. Wenn du nicht erkennst, wo dein Selbst ist für diese Assoziation, dann finde einen Lehrer, der sein Selbst realisiert hat. Das ist das Nächstbeste für dich. Sei still. Nichts zu denken. Schweigen. Sei einfach still. In der Stille, im Schweigen, erhebt sich das Selbst von selbst. Das ist der beste Satsang. Wenn du kein Vertrauen in dein eigenes Selbst hast, dann suchst du jemanden. Und per Zufall, wenn du ehrlich bist, wenn du ernsthaft bist und seriös, wird dieses Selbst dich an einen anderen Ort führen, wo du genau dasselbe Selbst treffen wirst, das dir sagen wird: ›Ich bin dein eigenes Selbst.‹« (S. 140/141)

Man muß es mir ja nicht glauben, aber ich habe in Satsang-Sitzungen mit Gangaji, einer Schülerin von Poonjaji, Erfahrungen gemacht und Erlebnisse gehabt, die gleichzeitig verdammt verstörend waren und extrem elementar. So ging einmal mein Konzept von »Zeit« innerhalb eines (sehr kurzen) Zeitraums, den ich hinterher nicht bestimmen konnte (sic!), den Bach hinunter. In einer anderen Sitzung löste sich ein Knoten, an dem ich 20 Jahre gebosselt hatte, quasi mit einem Fingerschnipsen: Damals, ich saß unter dem Einfluß einer hochwirksamen Substanz im Kino, war der Film erst immer langsamer geworden, dann ganz stehengeblieben. Aber das Bild verbrannte nicht im Projektor, was unweigerlich passiert, wenn ein Film stehenbleibt. Also war die Zeit »stehengeblieben«, und ich kam zu dem Schluß, nun sei ich tot. Ich war es nicht, aber 20 Jahre lang habe ich nur meine Todesangst gesehen – und nicht die Tatsache, daß ich überlebt hatte. So it goes …

Die Zitate in den folgenden Kapiteln dieses Buches werden sachlicher auf das Thema Aufklärungsfilm bezogen sein als die Zitate in diesem Kapitel. Es war mir aber, wie man so sagt, ein echtes Anliegen, das Thema des Buches auf ein größeres Ganzes zu beziehen und einige Hinweise zu liefern für alle, die *lesen* können – und wollen.

Poonjaji sagt: »Was immer du praktizierst, fahre fort damit, bis es dich verläßt. Oder, falls du dich dazu entscheidest aufzuhören, tue dies mit Respekt. Es hat dich so weit gebracht und muß mit Respekt behandelt werden. Einmal kam ein Junge zu mir, als ich mich in Rishikesh am Ufer des Ganga (Ganges) aufhielt. Nach einem Tag mit mir nahm er mich mit in sein Hotelzimmer. Er zeigte mir, daß er alle seine Bücher weggeworfen hatte. Er sagte, er habe 14 Jahre lang die Lektionen aus diesen Büchern praktiziert, und in einem Tag mit mir habe er realisiert, wie wertlos sie seien. Ich sagte dem Jungen, er solle die Bücher nehmen und sie respektvoll einpacken und dem Ganga offerieren. Wir gingen zusammen hin, und er warf seine Bücher in den Ganga mit Dank dafür, daß sie ihn so weit gebracht hatten.« (S. 78)

KAPITEL 4

Nach dem Ersten Weltkrieg:
»Es werde Licht!«

»Es ist ein altes weltgeschichtliches Gesetz, daß immer nach einem beendeten Krieg eine Zeit völliger Verwirrnis, Demoralisierung, Degeneration in allen ihren Spielarten folgt. Die Menschheit, zermürbt von den Entbehrungen, zerrüttet von den seelischen und wirtschaftlichen Erschütterungen, ausgehungert, verroht und verwildert von den Grauen des Krieges, reagiert all diese Schrecknisse ab in einem Taumel in das Extrem. Man dürstet nach dem Langentbehrten, nach Hingabe an friedlich ungestörten Genuß des Lebens. Es hat zu allen Zeiten nie an Leuten gefehlt, die die Nutznießer dieses Symptoms waren, die die Konjunktur erfaßten. Sie waren daher auch beim Film unausbleiblich. Die ersten ›pikanten Filmaufnahmen‹, die gern für Herrenabende gekauft wurden, kamen aus Frankreich. Es waren Aktbilder, wie die ›Fee im Walde‹, ›Im Bade‹, ›Die Quellennymphe‹, alles ›freie Aufnahmen‹ in herrlichen Landschaften – ›Kunstwerke‹ mit ›Modellen‹ fraglichster Herkunft. Solche Filme haben wir in Deutschland öffentlich natürlich niemals gesehen. Unsere Polizei war auf dem Posten. Anfang 1917 drehte Richard Oswald den Film ›Es werde Licht‹, der die Gefahren der Syphilis behandelte. Oswald hatte sich angeblich vorgenommen, einen Film zu schaffen, der in interessanter dramatischer Entwicklung gleichsam belehrend wirken und zeigen sollte, wie dem Gespenst der bösen Infektion zu begegnen ist. Es wurde nach den damaligen Begriffen ein Riesenfilm, der unter der Ägide der ›Gesellschaft zur Bekämpfung der Geschlechtskrankheiten‹ mit Bernd Aldor, Hugo Flink und Leontine Kühnberg in den Hauptrollen großes Aufsehen erregte.«
Seine geistige Gesinnung verrät der Chronist aus der Zeit des »1000jährigen Reiches«, der hier in einem zu jenen unseligen Zeiten populären mehrbändigen Werk, in das man selbst Sammelbilder einkleben mußte, »Vom Werden deutscher Filmkunst« erzählt, erst durch manche Formulierungen und einige Gänsefüße in den folgenden Abschnitten.
»Viele haben schon 1917 Richard Oswald den guten Aufklä-

Richard Oswald (um 1920)

rungswillen abgestritten und ihn bezichtigt, mit der Aufklärung des Volkes Spekulation zu treiben. In diesen Verdacht wäre er vielleicht nicht gekommen, wenn er nur den ersten Teil von ›Es werde Licht‹ gemacht hätte. So aber steht er vor uns als der spekulativ lachende Filmfabrikant, der mit dem Erfolg des ersten Teils seiner ›Aufklärung‹ nicht schnell genug auf der materiel-

DIE PROSTITUTION
SOCIALHYGIENISCHES FILMWERK

RICHARD
OSWALD
UNTER MITARBEIT
VON SAN. RAT DR.
MAGNUS
HIRSCHFELD

MARMORHAUS
KURFÜRSTENDAMM 236 DIR. SIEGBERT GOLDSCHMIDT *

Zeitgenössisches Filmplakat

len Erfolgsbahn weiterschreiten konnte. Anfang 1918 erschien
der zweite Teil von ›Es werde Licht‹ unter Mitregie von E. A.
Dupont und unter Mithilfe von I. Bloch (!). Dem ›interessanten‹

Thema wurden wieder neue Seiten abgewonnen. Schnell noch einen dritten Teil Mitte 1918! Wie in der Konfektion die Kollektionen auf der Stange. Die Novemberrevolution hatte die Zensur beseitigt. Schnell schlossen der ›Wissenschaftler‹ Magnus Hirschfeld und der Konjunkturritter Richard Oswald ein inniges Bündnis: noch einen Teil von ›Es werde Licht!‹ Anschließend ›Prostitution!‹ und ›Anders als die anderen (§ 175)!‹ Dem vom überstandenen Weltkrieg her an Leib und Seele erholungsbedürftigen deutschen Menschen wurden hier die Freudenhäuser, Zuhälter, Dirnen, Sadisten, Homosexuellen eindringlich und schaukräftig vor Augen geführt, und Anita Berber stellte das Freudenmädchen dar, wie es natürlicher kaum dargestellt werden konnte. Die Degeneration in Greifbarkeit. (…) Der Gewinn aus diesen ekelerregenden Filmen war für einen kurzen Augenblick der Konjunktur zu fett. Diese Konjunktur mußte erfaßt werden. Man führte den deutschen Menschen immer tiefer in die Niederungen menschlichen Trieblebens. Richard Oswald machte sogar für den Film ›Prostitution‹ eine spannende Fortsetzung: ›Die sich verkaufen‹ …«

Hier wird schon entschieden klarer, woher der Wind weht. Aber der Verfasser wird noch deutlicher. Zuerst aber weist er auf ein Phänomen hin, das sich in ähnlicher Weise 50 Jahre später wiederholt: Neben die auch so bezeichneten »Aufklärungsfilme« treten die damals »Sittenfilme« genannten Werke, so wie neben die in ihren Intentionen durchaus ernsthaften Aufklärungsfilme von Oswalt Kolle gegen Ende der sechziger Jahre rein spekulative Werke vieler Trittbrettfahrer treten. Der deutsche Aufklärungsfilm hat sich also von Anfang an im Spannungsfeld von Information und Spekulation bewegt:

»Schließlich war die Produktion der Sittenfilme auf der ganzen Linie in Gang gekommen: ›Die Verführten‹ von Hans Hyan, ›Die Geschichte einer Gefallenen‹ mit Lya Mara, ›Das Tagebuch einer Verlorenen‹ nach dem Roman von Margarete Böhme mit Erna Morena, ›Vom Rande des Sumpfes‹ mit Lu Synd, ›Frauen, die der Abgrund verschlingt‹, ›Prinz Kuckuck‹ – die Höllenfahrt eines Wollüstlings nach Otto Julius Bierbaum, ›Verlorene Töchter‹, ›Die Nackten‹, ›Polygamie‹, ›Sündiges Blut‹, ›Freie Liebe‹, ›Hyänen der Lust‹, ›Arme kleine Eva‹ (Verbrechen gegen das keimende Leben), ›Das Paradies der Dirnen‹, ›Wenn ein Weib den Weg verliert‹, ›Halbwelt‹ (eine

Sittentrilogie), ›Fräulein Mutter‹, ›Die Laune eines Lebemannes‹ u. a. m. In Düsseldorf stürmten die Kinobesucher bei dem Filmwerk ›Gelübde der Keuschheit‹ auf die Bühne und zerrissen die Leinwand. In Baden wurden die in Umlauf befindlichen Kopien des Films ›Prostitution‹ von der Staatsanwaltschaft beschlagnahmt. Gegen den Hersteller des Bildes, Richard Ornstein, genannt Oswald, wurde wegen Verbreitung unzüchtiger Schriften Strafantrag gestellt. Die Empörung wurde schließlich so groß, daß in den süddeutschen Landtagen immer wieder Anträge gestellt wurden, die Kinos zu kommunalisieren und die ganze deutsche Filmindustrie zu sozialisieren, um in Zukunft die Sexualfilme unmöglich zu machen. Man muß schon feststellen, daß das Jahr 1919 den moralischen Tiefstand des deutschen Films darstellt, dem in der gesamten Auslandspresse die ›hohe Moral‹ der lateinischen und angelsächsischen Rasse entgegengestellt wurde. Anstand und gute Sitte schienen aus dem deutschen Kino und Film vertrieben zu sein. Mit diesen Sexual-Aufklärungsfilmen unter pseudowissenschaftlicher Flagge war der internationale Filmweltmarkt natürlich nicht zu erobern. Alles wartete auf die gesunde Reaktion.«

Im Grunde warten wir immer noch darauf.

Was schon in der Weimarer Republik an »gesunder Reaktion« einsetzte, kam von reaktionärer Seite (so wurde bereits im Mai 1920 die Zensur wieder eingeführt), und diese Tendenz setzte sich bis zum Dritten Reich und innerhalb desselben kräftig fort. Doch wie stellt der belgische Wissenschaftler Dr. Jos van Ussel in seinem 1970 für die rororo-Reihe »Sexologie« verfaßten Buch *Sexualunterdrückung* lakonisch fest: »Nicht die Besten übten zu ihrer Zeit den größten Einfluß aus.«

Zur (sexual-)politischen Situation im ersten Jahrzehnt unseres Jahrhunderts stellt Dr. van Ussel fest: »Bis zum Ersten Weltkrieg waren sich alle Politiker darüber einig, daß etwas gegen Geschlechtskrankheiten, Prostitution, außereheliche Mutterschaft und Abtreibung getan werden müßte. Die Progressiven wollten mit kräftigem Durchgreifen diese Probleme endgültig lösen. Ihr Programm enthielt außerdem noch die Gleichstellung von Mann und Frau, die Ehereform, Ehescheidungsgesetze sowie ernste Maßnahmen gegen die ausbeuterische Frauen- und Kinderarbeit. Für die meisten Progressiven war die Aufhebung der sexuellen Entmündigung nur ein Teil der totalen Befreiung.

Darüber empörten sich damals staatliche Moralhüter: Szene aus Richard Oswalds ›Prostitution‹ (1919)

Wenn für Arbeit und anständige Entlohnung gesorgt würde, brauchte die Arbeiterin sich nicht mehr für Brot und Kleidung zu prostituieren. Wenn menschenwürdige Wohnungen gebaut würden, dann würden auch die Kinder nicht mehr in einem Milieu der Unsittlichkeit aufwachsen. Man sollte dafür sorgen, daß die Armen erfahren, was die Reichen schon wissen, nämlich was man tun kann, um die Geburten zu regeln. Die Konservativen forderten mehr Zensur, verstärkte Maßnahmen zum Schutz der öffentlichen Sicherheit (was den Kampf gegen die Kontrazeption bedeutete); sie verlangten mehr Gesetze, die den Staat dazu berechtigten, dem einzelnen ein Leben nach dem sittlichen Verhaltensmuster des Bürgers aufzuzwingen.«

Irgendwie sind wir auch fast 100 Jahre später noch nicht sehr viel weiter gekommen. Zugegebenermaßen fanden damals durchgreifendere Umwälzungen auf sexuellem Gebiet statt als heute, wie Klaus Kreimeier in seinem Artikel *Aufklärung, Kommerzialismus und Demokratie oder: Der Bankrott des deutschen Mannes* referiert (in dem 1990 erschienenen Buch *Richard Oswald – Regisseur und Produzent*): »Revolution *und* Krieg hatten in der Einstellung zum Sexuellen eine Umwertung der Werte, die sich seit den Anfängen der Industrialisierung vorbereitet hatte, mit brachialer Gewalt vollendet. In der kämpfenden Truppe des Ersten Weltkriegs war das Fronterlebnis – verbunden mit langer Enthaltsamkeit einerseits, der drakonischen Organisation der Triebbefriedigung mittels Mannschafts- und Offiziersbordellen andererseits – Ursache einer zuvor unvorstellbaren Entmenschlichung des Eros. In allen Jahrhunderten hatten die Kriege auch ihre ›Sittengeschichte‹ – die des ersten Massenvernichtungskrieges ist jedoch wie keine andere in Dokumenten, Dossiers, Erlebnisberichten, Romanen, Briefen, Karikaturen und Fotografien belegt, und ihre Veröffentlichung hat zur Unterminierung jenes im wilhelminischen Bürgertum noch immer gültigen Gefüges aus Patriotismus, Prüderie, Verdrängung und Sex-Phobie beigetragen, das als dichter Verhau selbstverordneter Lügen den Blick auf die Wirklichkeit versperrt hatte. Der Krieg hatte den Körper des Mannes, der in jeder Sekunde von einer Granate zerfetzt werden konnte, auch in der Liebe auf seine biologische Materialität, auf Drill und Gewalt reduziert. ›Die Mannschaftsbordelle erregten überall, wo sie sich befanden, unliebsames Aufsehen durch die lange Reihe der vor der Tür schlangestehenden Soldaten. Diese Polonaisen wurden gewissermaßen zu einer ständigen und charakteristischen Einrichtung des Massenkrieges‹ – so zu lesen in einer auf den Forschungen Magnus Hirschfelds basierenden ›Sittengeschichte des Ersten Weltkriegs‹.«

So wird verständlicher, daß am Ende des Ersten Weltkriegs zum ersten und einzigen Mal in Deutschland revolutionäre und anarchische Kräfte eine reale Chance haben. Und Richard Oswald gehört definitiv zu den ersten, die in Sachen Film die Zeichen der Zeit erkennen. Kreimeier dazu: »Die Filme Oswalds hatten ebenso wie die mit marktschreierischem Reklameaufwand auf

»Klassenübergreifendes Phänomen«: Aktfoto aus den zwanziger Jahren

den Markt gebrachten ›Sittenfilme‹ ihren Anteil an einer gewiß oberflächlichen, aber an ihrer Oberfläche grell und suggestiv schillernden Demokratisierung des großstädtischen Alltags und an einer nicht nur scheinhaften Egalisierung der gesellschaftlichen Schichten im urbanen Milieu – zumindest Berlins. Erotisch stimulierte Schaulust und Neugier für die Sinnlichkeit des Sexuellen, nach Jahrhunderten der Tabuisierung und Verdrängung öffentlich rehabilitiert und mit öffentlich gezeigten Bildern beliefert, erwiesen sich als menschenverbindende und klassenübergreifende Phänomene und wurden so zu einem Element der Demokratisierung des öffentlichen Lebens und des kulturellen Diskurses in der jungen Republik. Wenn Oswalds Aufklärungsfilme, wie Kaul schreibt, ›als Tribüne der Zeit, als Tendenz und Plakat und auch als Kunst‹ wirksam wurden, so verdankten sie dies erst in zweiter Linie ihrer vordergründigen, ›aufklärerischen‹, volkspädagogischen und sexualpolitischen ›Tendenz‹; in erster Linie waren sie Tribünen und plakative Indikatoren eines urbanen Demokratismus in Sachen Liebe und Sexualität und insoweit genuin aufklärerisch im Sinne des bürgerlichen Emanzipationsgedankens, ein Element im ›Strukturwandel der bürgerlichen Öffentlichkeit‹ (Habermas).«

Zu den auch von Kreimeier erwähnten »Sittenfilmen«, zu denen er noch die schönen Titel *Asphaltschmetterlinge, Der Kelch der Keuschheit, Saal der Sieben Sünden, Eine Frauenschönheit unter dem Seziermesser, Am Weibe zerschellt, In den Krallen der Sünde, Warum das Weib am Manne und der Mann am Weibe leidet* sowie *Tragödie eines europäischen Rasseweibes* hinzuzufügen weiß, sind an dieser Stelle ein paar Anmerkungen angebracht: Alle diese Filme gelten heute als verschollen, so daß nicht mehr nachzuprüfen ist, ob und welche Perlen der Filmkunst sich darunter befunden haben. Man darf sich allerdings wohl kaum vorstellen, daß sich hier hemmungslos Pornographisches auf der Leinwand breitgemacht hat. Es dürfte kaum mit dem vergleichbar sein, was heute jede Videothek in der Abteilung »ab 18« anzubieten hat. Vielmehr bedienten sich auch diese Filme der Form des Melodrams, und allenfalls die Themenwahl darf als »gewagt« gelten – jedenfalls mehr als die Art und Weise der Darstellung. Hier hatten clevere Geschäftemacher nur die Chancen genutzt, die die Aufhebung der Zensur (am 12. November 1918) bot. Die Reaktion der Reaktionäre ließ nicht lan-

ge auf sich warten. So titelte der Münchener Arzt Dr. Schweis-
heimer – die Bayern scheinen in manchen Bereichen gerne Vor-
reiterrollen zu übernehmen – die »Sittenfilme« in »Animierfil-
me« um, was sie sicherlich auch waren: »Niemand wird es einfallen, eine Animierbar, die dem Zwecke dient, zum Genuß von
alkoholischen Getränken und auf diesem Umweg zum Mißbrauch der Venus zu animieren, deshalb, weil manche jungen
Leute ihre ersten sexuellen Erlebnisse in derartigen Lokalen haben, als eine ›Aufklärungsbar‹ zu bezeichnen. In gleicher Weise
ist es ein Mißbrauch mit einem feststehenden Begriff, das Wort
›Aufklärungsfilm‹ auf Darstellungen anzuwenden, die lediglich
darauf ausgehen, sinnliche Gelüste der Zuschauer aufzusta-
cheln und mit der Anziehungskraft sexueller Stoffe ein Geschäft
zu treiben.« Logisch. Aber schade ist es doch, daß die »Ani-
mierfilme« heute nicht mehr greifbar sind.
Gelegentlich fällt damals auch das Wort »Tendenzfilme«, womit
man im großen und ganzen Filme meint, die eine bestimmte
Meinung (»Tendenz«) in bezug auf bestimmte Themen vertre-
ten. So warnen um 1918/19 herum aufklärerische Filmwerke mit
programmatischen Titeln wie *Alkohol* oder *Morphium* vor den
Gefahren der entsprechenden Gifte. Als Fragment erhalten geblieben ist der Film *Opium,* der im Januar 1919 uraufgeführt
wurde. Weit stärker als die Filme von Richard Oswald wirkt die-
ser für damalige Verhältnisse mit großem Aufwand produzierte
Film heutzutage über weite Strecken unfreiwillig komisch, da
hypermelodramatisch. Und in der Tat tritt der aufklärerische
Impetus zurück hinter den mit einigen entblößten Damen in
Szene gesetzten Opiumträumen.
Damals freilich sieht man das alles noch mit anderen Augen. So
schreibt Heinz Schmid-Dimsch anläßlich der Münchener und
Frankfurter Uraufführung von *Opium* in *Der Film* vom 11.1.1919:
»Mit Freude ist festzustellen, daß Robert Reinert es verstanden
hat, mit seinem Monumental-Filmwerk ›Opium‹ einen Film zu
schaffen, der als ein Meisterwerk deutscher Filmkunst anzu-
sprechen ist und keine ausländische Konkurrenz zu scheuen hat.
(…) Die reiche Handlung ist in der Fülle abwechselnder Bilder
und Situationen nur andeutungsweise wiederzugeben. Professor
Gesellius hat auf seiner Forschungsreise in China ein Mädchen
aus einer Opiumhöhle befreit, das von einem haßerfüllten Chinesen gefangengehalten wurde, das Mädchen folgt ihm voll

Dankbarkeit in die Heimat, ihren Spuren folgt aber auch der Chinese. In seiner Heimat beschließt Professor Gesellius, sein Haus für alle Opiumkranken zu einem Hause des Glückes und der Genesung zu machen, ohne zu ahnen, daß er in Wirklichkeit selbst kein Haus des Glückes mehr besitzt, da ihm ein junger Freund des Hauses die Liebe seiner Frau geraubt. Dies bleibt Gesellius nicht verborgen. Er gibt sich Opiumträumen hin, die ihm den Tod des Rivalen vorgaukeln. Als er nach einigen Stunden gefaßt an dessen Bett tritt, findet er ihn tot vor. Seine Frau bezichtigt ihn des Mordes. Voll Gram nimmt Gesellius einen Antrag der Regierung an, der ihn zu neuen Opiumforschungen nach Indien führt. In den reichsten und schwersten Opiumträumen vermag er aber auch dort seinen Schmerz nicht zu vergessen. Bei dem Feste eines indischen Fürsten läßt er sich im Opiumrausch von dessen Lieblingsfrau umstricken; die rasende Eifersucht des Fürsten peitscht diesen zu einer furchtbaren Rache auf: Er läßt den Gelehrten wehrlos auf ein Pferd geschnallt in die Dschungel jagen. Durch die Chinesin, die ihm treu ergeben auch nach Indien gefolgt ist, und seinen Diener wird er gerettet und kehrt leiblich und seelisch gebrochen in die Heimat zurück. Hier klärt sich auch nach weiteren Wirrungen der Tod des Rivalen auf: Dieser hat sich seinerzeit aus Reue selbst den Tod gegeben. Beruhigt bereitet sich Gesellius nun zum Sterben vor: Er nimmt das Opiumgift des Chinesen und geht in seligen Träumen in den ewigen Schlaf ein.«

So wenig wie sich aus dieser Inhaltsangabe eine aufklärerische Absicht erkennen läßt, so wenig ist sie zu erkennen an dem überlieferten Fragment des Films; aus dem man sich nur schwer einen Reim machen kann. Obendrein sind die angeblich doch so gefährlichen Opiumträume recht reizvoll in Szene gesetzt, und Exotisches wird in Hülle und Fülle geboten. Egon Jacobsohn meint in *Der Kinematograph* vom 5.2.1919: »Das größte Lob an dieser Arbeit gebührt dem Spielleiter Reinert. Mit welchen überzeugenden Mitteln hat er es verstanden, die Schönheiten Chinas und Indiens in Neubabelsberg erstehen zu lassen! Wenn man nicht weiß, wo das Werk aufgenommen wurde, kommt man wohl schwerlich dahinter, daß all das – Chinesenviertel, Indierstadt, Löwendschungel – in einem Vorort Berlins von kundiger Hand für eine flüchtige Aufnahme erbaut worden ist. Von besonderer Wirkung ist die Wiedergabe der (...) Opiumträume:

Im Rausch wirbeln Erlebnisse und Phantasie in unkenntlichem Durcheinander vorbei. Es gibt keine andere Darstellungsmöglichkeit, die die Wirkungen des Opiumgiftes in einer derartigen Lebenswahrheit wiederzugeben vermag. Hier versagen Bühne und Buch; nur die Technik des Kinematographen triumphiert.« Voll des Lobes ist auch der Rezensent der *Lichtbild-Bühne* (Nr. 5, 1919): »Im Kern eine gut durchdachte und exakt durchgeführte Handlung, das Beiwerk effektvoll bis ins kleinste, mit großem Kostenaufwand aufgebaut, von vollendeter Technik und niemals langweilend. Zugleich ein Aufklärungsfilm, der uns vor den schrecklichen Folgen jenes zerrüttenden Giftes eindringlich warnen will. Hier werfen wir einen Blick in die Lasterhöhlen Indiens und Chinas, dort sehen wir prächtige indische Feste mit großartig gestellten Massenszenen, da wieder die Könige der Tierwelt in unübertrefflicher Natürlichkeit. (Ein kleiner Fehler: Im indischen Dschungelgebiet herrscht der Tiger

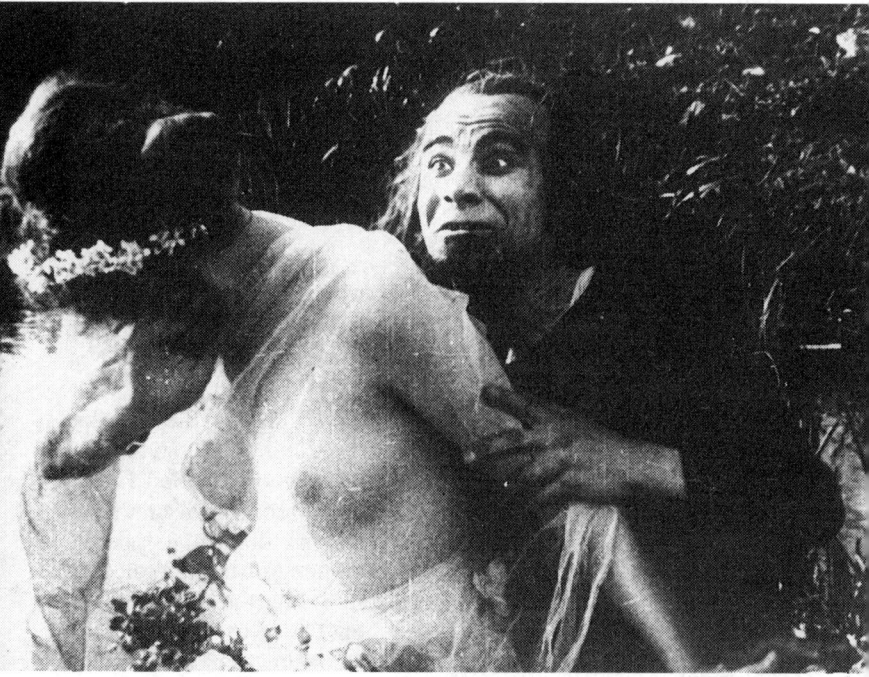

Recht reizvoll in Szene gesetzt: Rauschtraum in ›Opium‹

und nicht der Löwe.) Die Traumphantasien des Opiumrauchers gaben der Regie Gelegenheit, die technische Vollkommenheit unserer Apparate in einigen wunderbaren Szenen, bei denen etwas reichlich viel Nacktkultur getrieben wurde, zu beweisen.« Die hier sehr sanft anklingende Kritik an spekulativen Elementen des Films ist einige Jahre später bei Curt Moreck in seiner 1926 in Dresden erschienenen *Sittengeschichte des Kinos* umgeschlagen in geiferndes, hochmoralisches Entrüstetsein: »Der Film erzählt Hunderttausenden von diesen wunderschönen, wollüstigen Träumen, und mit seinen verführerischen Bildern macht er sie ungemein lüstern auf diese Genüsse. Tausende, die bisher vom Opium nichts wußten als höchstens den Namen, empfinden für wenigstens einen Augenblick den Anreiz, diesem verbotenen Genuß zu frönen. Die wenigen aber, die dem Laster verfallen sind, werden von den veranschaulichten Folgen kaum geschreckt, denn zu mächtig ist der Bann des Dämons. Aber selbst wenn dieser Film keinen Zuschauer auch nur aus Neugierde zum Opiumrauchen verführt haben sollte, so hat er doch die sexuelle Lüsternheit mit der Vorführung nackter Frauenleiber, die in den Träumen des Opiumrausches die Hauptsache sind, aufgepeitscht. Dreimal (…) muß der arme Opiumprofessor den Weg in diese Lasterhöhle finden, damit der Kinoregisseur in klug berechneter Steigerung dreimal diese nackten Dirnen mit ihren geilen und verführerischen Bewegungen auf der Bildfläche erscheinen lassen kann.«

Man mag über das prüde Gesabbere von Herrn Moreck sieben Jahre nach Erscheinen des Films noch mehr lächeln als über den Film selbst, doch das vergeht einem schnell, wenn man bedenkt, daß wiederum sieben Jahre später die Machtergreifung der Nazis reibungslos über die Bühne geht.

Bevor die Aufklärungsfilme Oswaldscher Prägung, die er selbst als »sozialhygienische Filmwerke« zu bezeichnen pflegt, am Ende des ersten Jahrzehnts dieses Jahrhunderts so großen Erfolg hatten, waren auf Initiative der »Deutschen Gesellschaft zur Bekämpfung der Geschlechtskrankheiten« damals »Volksbelehrungsfilme« genannte Dokumentationen entstanden, die sich mit Gonorrhöe und Syphilis befaßten. Sie hatten einen schweren Nachteil: Niemand wollte sie sehen. Curt Moreck berichtet: »Die ›Deutsche Gesellschaft zur Bekämpfung der Geschlechtskrankheiten‹ darf es sich als Verdienst anrechnen, die Möglich-

›Es werde Licht!‹

keiten des Films ihren Zielen der Aufklärung dienstbar gemacht zu haben. Unter ihrer Mitwirkung entstanden die frühesten Volksbelehrungsfilme, die das medizinische Filmarchiv der Kulturabteilung der UFA enthält. Sie behandeln in allgemeinverständlicher Darstellung den schlimmsten und verheerendsten Feind der heutigen Menschheit, die Geschlechtskrankheiten und ihre Folgen: Gonorrhöe und Syphilis. Sie belehren die Massen in Form einer rein sachlichen Darstellung, ohne das fragliche Thema mit einer Romanhandlung zu umgeben. Hätte man mit diesen Belehrungsfilmen wirklich die Massen erfassen und zu allen sprechen können, auf die es ankam, so wäre der weitere Versuch einer Aufklärung mit anderen Mitteln des Films überflüssig gewesen. Aber es scheint, daß das große Publikum sich für eine so sachliche Darstellung nicht erwärmen konnte und die Kinos, die ihm diese Filme vorsetzen wollten, gemieden hat.«

Das ist genau der Punkt, an dem Richard Oswald ansetzt. Als er

1916 an der ersten Folge von *Es werde Licht!* zu arbeiten beginnt, ist er in der Filmbranche kein Neuling mehr. Susanne Weingarten schildert Oswalds Werdegang am 8.12.1989 in der *FAZ,* nachdem sich in Hamburg ein filmhistorischer Kongreß mit der Person Oswalds auseinandergesetzt hatte: »Er wird 1880 als Richard W. Ornstein in Wien geboren, beginnt seine Karriere wenig erfolgreich als Schriftsteller und als Theaterschauspieler. 1914 kommt er in Berlin zum Film. Geheuert wird er als Dramaturg und Reklamefachmann, doch schon im selben Jahr führt er zum erstenmal Regie. Daß im Verlauf des Ersten Weltkriegs der deutsche Film als Propagandamittel gefördert, die Zensur gelockert und die ausländische Konkurrenz vom Markt verbannt wird, hilft Oswald – wie vielen anderen – auf seinem Weg zum Erfolg. Er arbeitet pausenlos. Die meisten seiner Filme sind pure Unterhaltung, angesiedelt zwischen den Groschenroman-Träumen der Zeit und trivialisierten Versatzstücken des Bildungsbürgertums. Richard Oswald inszeniert unter anderem ›Hoffmanns Erzählungen‹ und Oscar Wildes ›Bildnis des Dorian Gray‹. Beide Filme entstehen schon in Oswalds eigener Produktionsfirma, die er 1916 gründet. Drei Jahre später besitzt er außerdem eine Kinokette. (…) Oswald schafft auch den Sprung vom Stumm- zum Tonfilm. Der Tenor Josef Schmidt spielt die Hauptrolle in ›Ein Lied geht um die Welt‹ von 1933, Oswalds letztem Film in Deutschland. ›Ein Lied geht durch Deutschland‹ betitelt im selben Jahr die Zeitung ›Filmkurier‹ einen nationalsozialistischen Hetzartikel, der auf Richard Oswald gemünzt ist. Oswald, der assimilierte Jude, muß emigrieren. In den folgenden Jahren kann er gerade ein halbes Dutzend Filme im europäischen Ausland drehen; als er 1938, mit fast sechzig Jahren, nach Amerika geht, findet er kaum noch Anschluß an die Hollywood-Industrie. Oswald kehrt schließlich nach Deutschland zurück, ohne hier jemals wieder als Regisseur zu arbeiten. Er stirbt 1963 in Düsseldorf.«

Hinzuzufügen ist, daß Richard Oswalds Sohn Gerd (1919–1989), der das Filmhandwerk als Assistent bei seinem Vater gelernt hat, in den fünfziger Jahren ein erfolgreicher Film- und Fernsehregisseur wurde, der sowohl in Hollywood als auch in Europa gearbeitet hat.

Der erste Teil von *Es werde Licht!,* der im März 1917 in Berlin uraufgeführt wird (und ebenso wie die anderen Teile heute als verschollen gilt), handelt von einem jungen Maler, der sich mit Syphilis infiziert, von einem Kurpfuscher scheinbar geheilt wird und der dann seinem Bruder, der Arzt ist, die Braut abspenstig macht. Sie bekommt ein syphilitisches Kind, stirbt selbst an den Folgen der Ansteckung. Ihr Mann macht sich aus dem Staub. Sein Bruder heilt das kleine Mädchen und gibt es später seinem Sohn zur Frau. Der an Leib und Seele gebrochene Vater stirbt in den Armen der Tochter.

Richard Oswald selbst dreht 1926 ein Remake dieser Story unter dem Titel *Dürfen wir schweigen?*, diesmal mit Conrad Veidt in der Hauptrolle. Der melodramatische Stil Oswalds ist schon in der obigen kurzen Inhaltsangabe erkennbar. Er wird noch deutlicher in der im folgenden nach Curt Moreck zitierten, allerdings mit zweifelhaften Kommentaren durchsetzten Inhalts-

Melodramatischer Stil: Richard Oswalds ›Es werde Licht!‹-Remake ›Dürfen wir schweigen?‹ (1926)

angabe des zweiten Teils, der im Januar 1918 uraufgeführt wird: »Die zeitgeschichtliche Bedeutung dieses Syphilis-Films zwingt uns, einen Blick auf die Form der dargebotenen Belehrung zu werfen, zu sehen, in welcher Weise man es zu erreichen wußte, daß die Warnerstimme in die Massen drang. Der Film war bestimmt, junge Männer vor der venerischen Ansteckung, vor laxer Behandlung der Krankheit und vor allem vor der leichtsinnigen Verbreitung derselben zu warnen. Die Erinnerung an einen verstorbenen Syphilisspezialisten, Dr. Mauthner, der das Publikum zuerst über die Gefahren der Lustseuche aufgeklärt und durch seine Kunst Tausende von ihren Folgen geheilt hat, wird von Studenten und Studentinnen der Medizin unter Beisein seines Enkels, Dr. Erich Mauthner, gefeiert. Nur einer aus der Gesellschaft schließt sich von der allgemeinen Begeisterung aus, Wolfgang Sandow. Er stimmt nicht mit Mauthners Auffassung überein, daß die Krankheit ein Unglück sei. Sie ist in seinen Augen vielmehr eine Schande. Als moralischer Asket ist er den Versuchungen immer aus dem Wege gegangen. Für ihn gibt es keine Entschuldigung, wenn ein junger Mann sich vor der Ehe vergißt und dabei ansteckt. Mauthner junior, der ihm als Vertreter der anderen Ansicht gegenübersteht, macht die Entdeckung, daß der junge Fabrikant Ernst Hartwig, der Verlobte der Schwester Sandows, von der Krankheit angesteckt ist. Er verbietet ihm, in absehbarer Zeit zu heiraten. Hartwig tut es dennoch und schlägt die Gefahr, seine Braut in der Ehe unglücklich zu machen, in den Wind. Aber noch in letzter Stunde, beim Hochzeitsmahl, redet ihm Dr. Mauthner ins Gewissen. Er überzeugt ihn davon, daß er schon mit Rücksicht auf seine junge Frau die Ehe nicht vollziehen dürfe. In heller Verzweiflung erschießt sich der junge Ehemann, ehe das Furchtbare geschieht. Nun bricht auch über Sandow das Unglück herein. Der keusche Junggeselle unterliegt der Versuchung. Er macht die Bekanntschaft einer unsoliden Person, der Baronin von Coßmann (...). Sie führt im geheimen ein zügelloses Leben, dessen Zeugen wir bei ihren nächtlichen Orgien sind. Bald kommt sie ebenfalls als Patientin zu Dr. Mauthner. Er empfiehlt ihr größte Vorsicht, schon ein Kuß könne die Übertragung der Krankheit herbeiführen. In einem Augenblick der Leidenschaft raubt sich Sandow diesen Kuß, den sie ihm vergeblich zu verweigern sucht. Zu der Gewißheit, daß er sich angesteckt hat, kommt er durch

Untersuchung seines eigenen Blutes. Da bricht sein ganzes moralisches Gebäude zusammen. Er greift zur Giftphiole, die ihm Erlösung von einem verpfuschten Leben bringen soll.«

Äußerst giftig wird von hier an auch Moreck, der plötzlich seinen Schreibstil radikal ändert: »Und nun kommt der Höhepunkt, auf den der ›Dichter‹ offenbar sehr stolz gewesen ist, ein sentimentaler Kitsch schlimmster Art, bestimmt für ästhetische Trottel und hysterische Weiber. Mit der Absicht, Abschied vom Leben zu nehmen, tritt Sandow ans Fenster – ein zweiter Faust. Sein Blick fällt auf eine kleine Kirche gegenüber. In hellen Scharen strömen die Gemeindemitglieder zur Morgenandacht. Machtvoll erklingt das Geläute der Glocken. Die Wolken teilen sich, die Sonne bricht durch. Ein heller Strahl fällt durch das Fenster ins Gemach. Und diese goldene Morgensonne weckt in dem Verzweifelten neue Triebe und neue Kräfte, neuen Mut und neue Energie. Er beschließt, sein Leben fortan der guten Sache zu widmen. Hoffnungsvoll breitet er der Sonne die Arme entgegen, und wie eine Bitte, wie einen Triumph ruft er hinaus in den sich vollendenden Tag: ›Es werde Licht!‹ Er geht dann zu Dr. Mauthner und gibt mit den Worten: ›Auch ich!‹ seine ganze Theorie der Moral und Enthaltsamkeit auf. Mauthner heilt ihn, wenn auch erst nach Jahren. Und nun stellt er sein neues Leben in den Dienst der guten Sache. Aufklärend zieht er von Ort zu Ort, um dem Volke die Augen zu öffnen: ›Die Krankheit zu bekommen ist ein Unglück, sie aber weiterzugeben ein Verbrechen. Auch ich war krank, ich schäme mich nicht, es zu bekennen. Aber das Vertrauen zur Wissenschaft hat den furchtbaren inneren Feind besiegt.‹«

Auch der dritte Teil von *Es werde Licht!* beschäftigt sich noch mit dem Thema Syphilis: »Unter den krankhaften Anfällen eines Gutsbesitzers, der Syphilitiker ist, hat eine Frau sehr zu leiden. Der Mann ist Wüstling, der die Braut seines Försters verführt und in den Tod treibt. Seine Gattin bringt kurz vor dem Tode ihres Mannes ihr kleines Söhnchen in eine Pension, um ihm dem Einfluß des Vaters zu entziehen und um ihm die Vergangenheit seines Erzeugers zu verheimlichen. Nach Jahren erfährt der Sohn von der Krankheit seines Vaters und wird von dem Wahn (Phobie) befallen, erblich belastet zu sein.« (*Der Kinematograph*, 27.3.1918)

Erst mit dem vierten Teil von *Es werde Licht!* (Uraufführung

November 1918), der auch den Titel *Sündige Mütter (Strafgesetz § 218)* trägt, nimmt sich Oswald ein Thema vor, das von Aufklärungsfilmen auch künftig immer wieder aufgegriffen wird – bis hin zu Norbert Kückelmanns *Abgetrieben* aus dem Jahr 1992. In verschiedenen Episoden, die ein älteres Fabrikanten-Ehepaar, einen Buchhalter und eine glückliche Familie involvieren, beleuchtet Oswald das Unheil, das Kurpfuscher und Engelmacherinnen anrichten, weil das Strafgesetz Abtreibungen verbietet. Konsequenterweise beschäftigt sich Richard Oswald in seinem nächsten sozialhygienischen Film mit einem weiteren Paragraphen des Strafgesetzbuches und leistet damit erneut Pionierarbeit, denn Homosexualität (§ 175) ist bis dahin als Thema ein Tabu im deutschen Stummfilm: *Anders als die Andern* (1919) ist heute nur noch als Fragment vorhanden, in einer ukrainischen Fassung, die wiederum Teil einer Dokumentation von Sexualwissenschaftler Dr. Magnus Hirschfeld war, die er 1927 erstellte (Titel: *Gesetze der Liebe*). Hirschfeld, Leiter des Instituts für Sexualwissenschaft in Berlin und Gründer des Wissenschaftlich-humanitären Komitees, hatte an *Anders als die Andern* als Berater mitgearbeitet, tritt aber auch selbst mehrmals im Film auf. Die ursprüngliche Handlung von *Anders als die Andern,* zitiert (in voller Länge) nach dem *Jahrbuch für sexuelle Zwischenstufen,* Leipzig 1919:

»Der berühmte Geigenkünstler Paul Körner blättert in Zeitungen und findet darin Notizen über drei Selbstmorde: ein Fabrikant nahm sich das Leben am Tage vor der Hochzeit, desgleichen gingen ein Landgerichtsdirektor und ein Student freiwillig in den Tod – alle aus unbekannten Motiven. Körner starrt ernst und nachdenklich vor sich hin, er ahnt die Zusammenhänge, es wird ihm zur Gewißheit, daß diesen Bedauernswerten das über ihnen schwebende Damoklesschwert eines Gesetzesparagraphen das Leben unmöglich machte, und im Geiste sieht er einen endlosen Zug dieser Unglücklichen – seiner Schicksalsgenossen – aus allen Zeiten und Ländern an sich vorüberziehen.

Bald darauf kommt der junge Kurt Sivers, der den Künstler in einem Konzert gehört hat, zu Körner, um ihm begeistert seine Bewunderung auszusprechen. Körner findet Gefallen an dem jungen Manne. Kurt fühlt sich immer mehr zu Körner hingezogen, wird sein eifrigster Schüler und bringt täglich Stunden mit Geigenspiel und Unterhaltung bei ihm zu.

*Der Künstler und sein Freund: Conrad Veidt und Fritz Schulz in
›Anders als die Andern‹*

Kurts Eltern fällt dieser Verkehr auf. ›Kurt ist ja in diesen Gei-
ger wie vernarrt‹, sagen sie, und der Vater erklärt ärgerlich:
›Nein, Musiker soll er nicht werden, er muß einen praktischen
Beruf ergreifen.‹ Else aber, Kurts Schwester, die den Künstler
auch kennengelernt hat und gleichfalls eine tiefe Neigung zu
ihm gefaßt hat, sucht die Eltern zu beruhigen.
Paul Körners Familie, die schon längst wegen seiner Abneigung
gegen das weibliche Geschlecht befremdet ist, beschließt, ihn
endlich zu einer Heirat zu bewegen. Sein Vater und sein Schwa-
ger suchen ihn auf und bestimmen den anfänglich Widerstre-
benden, an dem Gesellschaftsabend der Frau Hellborn teilzunehmen. Diese, eine junge reiche Witwe, sucht den ahnungslo-
sen und zurückhaltenden Körner durch bestrickende Liebens-
würdigkeit zu gewinnen. Als sie aber zärtlich wird, merkt Körner ihre Absicht, erhebt sich peinlich berührt und verabschiedet
sich schnell von ihr, die zu den sich gleichfalls dann verabschie-

denden Eltern Körners natürlich sehr kühl ist. Paul Körner schickt seine Eltern statt jeder eigenen Erklärung zu einem Arzt, der seine Veranlagung kennt und die bestürzten Eltern nun über die Homosexualität ihres Sohnes aufklärt. ›Sie dürfen‹, so schließt er die Unterredung, ›über Ihren Sohn nicht schlecht denken, weil er homosexuell ist. Seine Veranlagung ist völlig unverschuldet. Sie ist weder ein Laster noch ein Verbrechen, ja nicht einmal eine Krankheit, sondern eine Variante, einer der Grenzfälle, wie sie in der Natur zahlreich vorhanden sind. Ihr Sohn leidet nicht unter seinem Zustand, sondern unter dessen falscher Beurteilung; es ist die gesetzliche und gesellschaftliche Ächtung seiner Empfindungen und ihrer meist verkannten Betätigung.‹

Inzwischen ist das Verhältnis zwischen Paul Körner und Kurt Sivers immer inniger geworden. Da begegnet beiden auf einem Spaziergange ein junger Mann, der Körner dreist anstarrt und anspricht. Dieser erkennt in ihm Franz Bollek, mit dem er einmal in flüchtige Beziehung getreten ist. Körner ist von dieser Begegnung höchst unangenehm berührt und zieht den erstaunten Kurt schnell mit sich fort.

Zu Hause werden Kurt heftige Vorwürfe gemacht, daß er über seinem Geigenspiel alles andere vernachlässige, und die Eltern verbieten ihm den weiteren Umgang mit Körner. Kurt ist untröstlich und bittet seine Schwester Else, doch Körner aufzusuchen und ihm zu sagen, daß er ohne ihn und seine Musik nicht leben könne. Else geht zu Körner, und dieser verspricht ihr, selbst mit ihren Eltern darüber zu reden.

Als Else das Haus verläßt, begegnet ihr Franz Bollek, der bei dem entsetzten Körner eindringt, von ihm in unverschämter Weise eine größere Summe erpreßt, eine goldene Uhr und eine kostbare Zigarettendose mitgehen läßt und sein Opfer gebrochen zurückläßt.

Später begibt sich Körner seinem Versprechen gemäß zu Kurts Eltern, die von ihm angenehm enttäuscht sind. Seiner Bitte, ihm den jungen begabten Freund zu lassen, um einen Künstler aus ihm zu machen, kommen sie, wenn auch nach einigem Zögern, nach. Kurt ist darüber außerordentlich glücklich und übt fleißig, um sich auf sein erstes öffentliches Auftreten vorzubereiten.

Franz Bollek, der die erpreßte Summe bald durchgebracht hat, schreibt einen Brief an Körner, in dem er ihn um 10.000 Mark

bittet, widrigenfalls er ihn bei der Staatsanwaltschaft anzeigen würde. Körner ist über diesen neuen Erpressungsversuch bestürzt, aber entschlossen, dem Erpresser nichts mehr zu geben. Er antwortet kurz: ›Meine Geduld ist zu Ende. Ich lasse mich nicht mehr erpressen. Ich gebe Ihnen keinen Pfennig mehr.‹
Bollek sitzt in einem Kaffeehause, als ein Komplize von ihm herantritt, ihm ein Zeitungsblatt zeigt, in welchem ein Geigenkonzert Paul Körners und das erste Auftreten seines Schülers Kurt Sivers angekündigt ist, und ihn fragt, ob da ›nichts zu machen‹ sei. Bollek verneint und zeigt den empfangenen Ablehnungsbrief Körners, worauf sich der andere entfernt, während Bollek über neuen Plänen brütet.
In dem nunmehr stattfindenden Konzert ernten Paul Körner und Kurt Sivers reichlich Beifall. Währenddessen schleicht sich Bollek in die Wohnung Körners und ist gerade dabei, dessen

Der Erpresser sucht den Künstler heim: Reinhold Schünzel und Conrad Veidt in ›Anders als die Andern‹

Schreibtisch zu öffnen, als Kurt zurückkehrt. Dieser stürzt sich auf den Einbrecher, ringt mit ihm, wird aber von dem stärkeren Gegner zu Boden geworfen. In diesem kritischen Augenblick erscheint auch Körner, der seinen Freund aus den Händen Bolleks befreit. Dieser richtet sich auf und ruft Kurt höhnisch zu: ›Mach dich hier nicht so wichtig. Du bist ja auch nur von ihm bezahlt!‹

Wie ein Peitschenhieb treffen diese Worte Kurt, der seine Neigung zu Paul Körner so schändlich verunglimpft sieht. Körner aber stürzt sich erneut auf Bollek und drängt ihn nach erbittertem Ringen zur Tür hinaus. Vergebens versucht er dann Kurt zu trösten und zu beruhigen, doch dieser reißt sich unter Tränen von dem in völliger Verzweiflung zurückbleibenden Paul Körner los.

Seitdem ist Kurt verschwunden, und seine Familie ist in großer Sorge um ihn. Da kommt ein Brief von ihm an Else: ›Was habe ich erleben müssen! Ich will und werde meinen Weg allein finden. Forschet nicht nach mir.‹

Else eilt mit diesem Brief zu Körner und fragt ihn, warum denn Kurt fortgegangen sei. Körner sinkt ganz niedergebeugt in den Sessel. Else tröstet ihn und streicht ihm zärtlich übers Haar. Da erkennt er zu seinem Schrecken, daß sie ihn liebt. Er entzieht sich hastig ihrer Zärtlichkeit und sagt ihr einige beruhigende Worte, worauf sich Else betroffen entfernt.

Kurt verdient sich indessen durch Spielen in Vorstadt-Lokalen seinen Lebensunterhalt. In einem solchen Lokal verliebt sich die Tochter des Wirts in ihn und lädt ihn zum Wein ein. Als sie aber immer zudringlicher wird und ihn schließlich küßt, stößt er sie entrüstet von sich. Dem hinzukommenden Vater gegenüber beschuldigt sie ihn aber, daß er sie geküßt habe, worauf der Wirt ihn hinausweist. Traurig setzt sich Kurt auf eine Bank am Wege nieder, und als er voll Sehnsucht an Paul Körner und an die schönen früher mit ihm verlebten Tage denkt, bricht er schluchzend zusammen.

Paul Körner, einsam und verlassen, sinnt über sein Schicksal nach, und sein bisheriges Leben zieht im Geist an ihm vorüber. Er sieht sich als Schüler, wie er einem Freunde bei der Arbeit hilft und ihn dabei zärtlich umfaßt, worüber der hinzukommende Lehrer ihnen heftige Vorwürfe macht. Er sieht abends im Schlafsaal denselben Freund über jenen Vorfall weinen, sieht, wie er ihn tröstete und liebevoll an die Brust drückte, wie der Lehrer sie auch in diesem Augenblick überraschte und er, fälschlicherweise der Verführung des Kameraden bezichtigt, aus der Schule verwiesen wurde. Auch jener Vorfall aus seiner Studienzeit, als ihn Kommilitonen gewaltsam in ein Bordell schleppen, wo die Mädchen ihn umringten, er sich jedoch voll Ekel losriß und davoneilte, zieht an ihm vorüber. Er denkt daran, wie er einen bekannten Sexualforscher um Rat ersuchte, da er ›anders als die Andern‹ sei, wie der Gelehrte ihn beruhigte und aufrichtete und zu ihm sagte: ›Verzagen Sie nicht! Sie können auch als Homosexueller der Menschheit wertvolle Dienste leisten!‹ Auch erinnerte er sich daran, daß er sich bei einem anderen Arzte einer hypnotischen Kur unterzog, die ihn von seiner abnormen Neigung heilen sollte, aber ohne Erfolg. Dann steht ihm deutlich noch jener Tag vor Augen, an dem er auf einer Festlichkeit Franz Bollek kennenlernte und mit in seine Wohnung nahm, wie Bollek dort gleich unter Hinweis auf § 175 mit seinen Erpressungen begann und was er bis jetzt von diesem Erpresser zu erdulden hatte.

Plötzlich wird er durch einen Brief, der ihm unter die Hände kommt, aus seinen Erinnerungen gerissen – wieder ein Schreiben von Franz Bollek: ›Wenn Sie mir nicht innerhalb drei Tagen 3000 Mk Schweigegeld übersenden, haben Sie die Folgen selbst zu tragen.‹ Angeekelt zerreißt er den Brief und wirft die Stücke in den Kamin.

Nicht lange danach erhält Körner Karten zu einem sexualwissenschaftlichen Vortrag und schickt eine Karte an Else Sivers, damit sie über die homosexuelle Frage und seine Veranlagung aufgeklärt werde. In dem nun folgenden Vortrag führt der Sexualforscher folgendes aus:

›Die Natur ist in ihren Geschöpfen unerschöpflich. Zwischen allen Gegensätzen gibt es Übergänge, so auch zwischen den Geschlechtern. Daher gibt es außer Mann und Weib auch Männer mit körperlichen und seelischen Eigenschaften einer Frau und Frauen mit allerlei männlichen Eigenschaften. Ich zeige Ihnen hier im Bilde zunächst Frauen, die wie Männer lebten, arbeiteten und empfanden. Jetzt das Gegenstück: Männer mit weiblichen Einschlägen.‹

Er fährt fort: ›Feminismus und Homosexualität fallen oft, aber keineswegs immer zusammen; es gibt also feminine Männer, die nicht homosexuell sind, und Homosexuelle, die nur geringen oder gar keinen weiblichen Eindruck machen.‹ Der Gelehrte zeigt mehrere diesbezügliche Bilder und spricht weiter: ›Daß auch die anscheinend nur seelischen Zwischenstufen körperlich bedingt sind, lehren mit Sicherheit die Versuche Prof. Steinachs in Wien, der durch Überpflanzung entsprechender Keimdrüsen männliche Tiere körperlich und seelisch verweiblichte und weibliche vermännlichte.‹ –

›Die Verfolgung der Homosexuellen gehört in dasselbe traurige Kapitel der Menschheitsgeschichte, in dem die Ketzer- und Hexenverfolgungen verzeichnet stehen. Mit Feuer und Schwert ging man 1500 Jahre (vom 3.–18. Jahrhundert) gegen diese Unglücklichen vor. Erst die Französische Revolution brachte hier eine Umwälzung. Überall, wo der Code Napoléon eingeführt wurde, fielen die Gesetze gegen die Homosexuellen, weil man in ihnen einen Eingriff in die Grundrechte der Persönlichkeit erblickte. In vielen Ländern ging man unmittelbar von der bisherigen Todesstrafe zu völliger Straflosigkeit über. In Deutschland aber besteht trotz wissenschaftlicher Forschungsarbeit von nunmehr 50 Jahren auf diesem Gebiet die gesetzliche Ächtung der Homosexuellen noch unverändert fort.

Ich zeige Ihnen zum Schluß noch das Bild eines der ersten deutschen Vorkämpfer gegen diesen schwerwiegenden Justizirrtum, des Professors der Psychiatrie R. v. Krafft-Ebing. Möge recht bald auch auf diesem Gebiet das Recht über Unrecht, die Wissenschaft über den Aberglauben, die Menschenliebe über den Menschenhaß den Sieg erringen!‹

Körner und Else sind dem Vortrag mit größter Aufmerksamkeit gefolgt, und Else geht die Erkenntnis von der wahren Natur Körners auf. Trotzdem befragt sie aber doch noch den Sexualforscher, ob wirklich keine Aussicht bestehe, Körner durch ihre Liebe zu heilen, worauf ihr die Antwort wird: ›So schwer es Ihnen wird, Sie müssen verzichten. Solche Menschen eignen sich nicht zur Ehe. Die Natur verbietet es.‹ Darauf begibt sich Else zu Körner und erklärt ihm: ›Jetzt begreife ich alles. Ich will Ihnen mein Leben weihen. Nur eine treue Kameradin will ich Ihnen sein.‹

Inzwischen hatte Körner den ihn weiter bedrängenden Bollek der Polizei übergeben. Aus Rache hat dieser ihn angezeigt, sich mit ihm gegen § 175 R.-Str.-G.-B. vergangen zu haben.

Während nun Else noch mit Körner spricht, treten Kriminalbeamte ein und verhaften ihn.

Else fleht den Arzt um Beistand für Paul an, den jener auch zusagt. Der Tag der Gerichtsverhandlung sieht Körner mit dem Erpresser auf der Anklagebank. Das Urteil lautet: ›Der Angeklagte Bollek ist wegen räuberischer Erpressung im Rückfall zu drei Jahren Zuchthaus verurteilt. Auch sein Opfer, der Angeklagte Körner, konnte nicht straffrei ausgehen. Nach den Darlegungen des Sachverständigen sind wir überzeugt, daß er eine ehrenwerte Persönlichkeit ist, die niemanden geschädigt hat. Der Richter ist aber nur Vollstrecker der Gesetze. Solange der § 175 existiert, sind wir zu einem Freispruch nicht berechtigt. Der Gerichtshof hat daher auf eine Woche Gefängnis erkannt.‹ Während Bollek höhnisch lächelt, sinkt Körner nach der Urteilsverkündung ohnmächtig zusammen.

Bis zum Antritt der Strafe wird Körner auf freiem Fuße belassen und macht leider bald die Erfahrung, daß er nunmehr geächtet ist. Seine Bekannten grüßen ihn nicht mehr, er wird aufgefordert, seine Konzerte abzusagen und alle Ehrenämter in seinen Vereinen niederzulegen; selbst seine Angehörigen machen ihm Vorwürfe. – Da zieht an seinem Geiste wieder jener Zug der Opfer des Strafgesetzes vorüber, dessen letztes nun selbst ist, und in seiner unbeschreiblichen Verzweiflung – nimmt er Gift.

Kurt liest in der Zeitung von dem Selbstmord Körners und eilt in dessen Wohnung. Er findet Paul dort aufgebahrt und die Familie Körners und seine Schwester Else anwesend. Bei seinem Eintritt wenden sich die Verwandten verächtlich ab, Else aber ruft ihnen zu: ›Wendet euch nur ab, ihr und die menschliche Gesellschaft habt seinen Tod auf dem Gewissen!‹

Während die Verwandten gehen, sinkt Kurt weinend an der Bahre seines Freundes nieder. Der Arzt kommt und spricht Kurt Mut zu, doch dieser ist nicht zu beruhigen, springt vielmehr auf und will sich gleichfalls töten. Der Gelehrte aber hält ihn zurück und sagt: ›Wenn Sie das Andenken Ihres Freundes ehren wollen, dürfen Sie sich nicht das Leben nehmen, sondern müssen es sich erhalten, um die Vorurteile zu ändern, deren Opfer – eines der unendlich vielen – auch dieser Tote geworden ist. Das ist die Lebensaufgabe, die ich Ihnen weise. Wie Zola für einen kämpfte, der unschuldig im Gefängnis schmachtete, so gilt es hier, vielen Tausenden vor uns, mit uns und nach uns Recht und Ehre wiederzugeben. Durch die Wissenschaft zur Gerechtigkeit!‹

Eine Allegorie bildet den Schluß dieses Aufklärungswerkes: Eine Hand erscheint und löscht in dem aufgeschlagenen Strafgesetzbuch der Deutschen Republik den unseligen § 175, an dem so viel Blut und Tränen kleben, für alle Zeiten aus.«

Wenn man sich diese Handlung allerheftigst gemimt vorstellt, was Conrad Veidt als Körner, Reinhold Schünzel als Bollek und die (als Nackttänzerin bekannt gewordene) Anita Berber als Else bestens beherrschen, kann man sich ein ziemlich gutes Bild von *Anders als die Andern* machen.

In dem überlieferten ukrainischen Fragment, das wir im Bundesfilmarchiv sichten und protokollieren konnten, stellt sich die Story teilweise ganz anders dar; vor allem wurde die Dramaturgie durch Umstellungen erheblich verändert. Die hier im Folgenden in Anführungen gesetzten Texte sind Rückübersetzungen der ukrainischen Zwischentitel. Der Film beginnt mit Szenen in einer Schule: »Paul Körner wird in einem Schulinternat in einer kleinen Stadt erzogen. Tiefe freundschaftliche Bindungen verbanden ihn mit Max.« Max muß eine Strafarbeit machen, Paul ist im Schlafzimmer dabei, ein Lehrer kommt herein und schimpft: »Mir gefällt es überhaupt nicht, daß ihr immer zusammen seid.« Man sieht Paul im Matrosenanzug, er studiert eifrig. »Es vergingen Jahre. Der Student Paul lebt selbständig und abgeschlossen. Er beschäftigt sich nur mit der Wissenschaft.« Einige Kommilitonen suchen ihn auf, wollen ihn zu einem Studentenabend einladen: »Du mußt auch gehen! Die Mädchen lachen dich schon aus, weil du nicht zu sehen bist.« Paul läßt sich überreden, sitzt neben zwei Mädchen – die aber »… waren nicht nach seinem Geschmack«.

Paul wird Violinvirtuose, gibt Konzerte. Sein früherer Kommilitone Kurt sitzt wie immer im Publikum, holt sich hinterher ein Autogramm von Paul, besucht ihn am nächsten Tag zu Hause: »Wenn Sie einverstanden wären, mich zu unterrichten, würde sich mein größter Wunsch erfüllen.« Die beiden spielen zusammen, Paul Klavier, Kurt Violine. Zusammen besuchen Paul und Kurt einen Kostümball. Dort läßt sich ein junger Mann von Paul mit nach Hause nehmen. Als der junge Mann (Bollek) dort sieht, daß Paul wohlhabend ist, will er Geld. Paul: »Ich kann dir Geld

Der prominente und progressive Sexual-Wissenschaftler Dr. Magnus Hirschfeld (rechts) berät Conrad Veidt: Szene aus ›Anders als die Andern‹

geben, aber ich kann dich der Erpressung anklagen.« Bollek: »Aber ich dich des Artikels 175.« Später denkt Paul über seine Situation nach und liest in der Zeitung: »Der Student W. E. hat sich mit Zyankali vergiftet. Die Eltern sind sehr betroffen von dieser unüberlegten Handlung des jungen Mannes, die ihre besten Hoffnungen zunichte gemacht hat. – Aus unbekannten Gründen hat sich der werte Gerichtsvorsitzende G. W. erschossen.«
Eines Tages bekommt Paul einen Brief: »Lieber Paul! Ich benötige innerhalb einer Stunde 5000 Mark. Laß mich nicht lange warten mit dem Geld, wenn du nicht willst, daß die gesamte Stadtobrigkeit und die Journalisten erfahren, was du für einer bist – Franz Bollek.« Paul beschließt daraufhin, den Versuch zu unternehmen, sich durch Hypnose heilen zu lassen. »Als dies ergebnislos verlief, wendete er sich an einen Sexualforscher.« Paul sitzt mit Dr. Magnus Hirschfeld auf einer Couch; der Wissenschaftler erklärt: »Ihre Liebe zu Vertretern des eigenen Geschlechts ist eine anormale, von Natur aus bedingte Neigung, die

nicht Ihrem Willen untersteht. Besonders Ihre Neigung unterliegt keiner Heilung. Sie müssen sich ausreden, daß dies zur Unzucht führt. Außerdem bestraft das Gesetz streng jede Verbindung mit denen, für die das Jugendschutzgesetz zutrifft.«
Bollek kassiert weiter ab, klaut in Pauls Haus auch eine wertvolle Uhr. Paul wirft ihn hinaus. Eines Tages begegnet Bollek im Park Paul, der dort mit Kurt spazierengeht. Daraufhin schickt er einen neuen Erpresserbrief. In einem Schwulenlokal, in dem Männer mit Männern tanzen, bringt man Bollek Pauls Antwort: »Ich mache mit dieser Erpressung Schluß. Ich gebe nichts mehr.« Bollek schleicht sich in Pauls Haus, es kommt zu einem Kampf mit Kurt. Paul kommt dazu und gerät so in Rage, daß er jetzt gegen Bollek wegen Erpressung klagt. Aber: »Bollek klagte aus Rache auch gegen ihn.«
Vor Gericht hält der Staatsanwalt sein Plädoyer: »Ich beantrage für Bollek drei Monate Gefängnis wegen Erpressung, aber für jeden der beiden Angeklagten drei Monate Gefängnis wegen unzüchtigen Verhaltens, wie es unsere Gesetze bestimmen.« Der Verteidiger hält dagegen: »Der Angeklagte Körner ist, so sprechen die Fakten, ein Homosexualist. Aber er erwartet Milde, weil er niemandem Böses zugefügt hat. Er wurde ein Opfer seiner naturbedingten Neigungen. Man kann ihn nicht zu den Gewalttätigen, zu den Mördern und anderen Verbrechern rechnen. Deshalb beantrage ich die geringste Strafe – einen Tag Gefängnis.« Der Richter verurteilt beide Angeklagten zu drei Monaten. Paul bekommt daraufhin von seiner Agentur einen Brief, in dem man ihm mitteilt, daß man eine Konzerttournee abgesagt habe und es ablehne, weiterhin als sein Geschäftsvermittler tätig zu sein. Paul ist am Ende seiner Kräfte, er bricht zusammen (und das ist bei Conrad Veidt eine spektakuläre Angelegenheit, die längere Zeit in Anspruch nimmt).
Am Ende hält Dr. Magnus Hirschfeld einen Vortrag vor vollem Hörsaal: »Sehr geehrte Damen und Herren! Wir wollen alle hoffen, daß so schnell wie möglich die Stunde anbricht, in der solche Tragödien unmöglich werden, weil die Wissenschaft die Dunkelheit besiegt, die Wahrheit die Lüge, die Liebe den Haß.« Doch nur wenige Jahre nach diesem mutigen und liberalen Plädoyer für eine Entkriminalisierung der Homosexualität steuert Deutschland mit mächtigen Schritten wieder der Dunkelheit entgegen. Curt Moreck 1926: »Wenn Dr. Magnus Hirschfeld

sich für die Herstellung dieses Films, dessen Titel ›Anders als die Anderen‹ schon einen allzu romanhaften Beigeschmack hat, so stark einsetzte, so verrät sich darin nur der Eifer des Spezialisten, der hier eine willkommene Möglichkeit zur Propagierung der Idee erblickte, der seine Lebensarbeit gilt. Ganz andere Motive waren für den Hersteller maßgebend: Er witterte das Geschäft, und er soll nicht enttäuscht worden sein. Allein selbst in den Kreisen der Kinoindustrie wurden Proteste laut, und die öffentliche Meinung wandte sich mit einem vielstimmigen Chor gegen das Wagnis, perverse Erscheinungen des Sexuallebens zum Inhalt von Aufklärungsfilmen zu machen. ›Anders als die Anderen‹ schildert das Schicksal eines pervers veranlagten Violinvirtuosen, der durch seine krankhafte Neigung in die Hände eines Erpressers fällt und vor die Schranken des Gerichts kommt, so daß er sich schließlich, um der Strafe zu entgehen, vergiftet. Am Schluß erscheint das Strafgesetzbuch selbst, in dem ein dicker Pinsel den sich gegen die Homosexualität richtenden Paragraphen 175 durchstreicht, nachdem mit allen Mitteln des Kinos für eine mildere strafrichterliche Beurteilung der sich aus dem homosexuellen Geschlechtsleben ergebenden Vergehen geworben worden ist. Ein Zeitungsbericht über die Berliner Aufführung dieses Films schließt mit den Worten: ›Man kann einen geistigen Brechreiz bekommen angesichts dieser Aufklärung.‹ Ein anderer Bericht vermerkt, daß bei einer Vorführung ebenfalls in Berlin eine Anzahl Soldaten, die sonst nicht zum prüdesten Teil des Publikums gehören, mit Protest den Saal verlassen hätten. ›Ihr Exodus war begleitet von dem höhnischen Grinsen rassefremder Besucher, die ostensibel sitzen blieben, um diese Köstlichkeit bis zu Ende genießen zu können.‹«

Nun ja, wenige Jahre später hatten rassefremde Besucher weder in den Kinos noch sonstwo etwas zu lachen. Auch Oswald, der dann emigrieren muß, wird schon 1919 kräftig angefeindet, so daß er sich (im *Film-Kurier* vom 3.7.1919) zu der Äußerung veranlaßt sieht: »Gegen die Unterstellung, daß ich jemals unter der Marke ›Aufklärungsfilme‹ Obszönfilme hergestellt hätte, verwahre ich mich nicht nur, sondern werde gegen jeden, der diese oder eine ähnliche Behauptung zukünftig aufstellt, strafrechtlich vorgehen.«

In einigen Städten, so zum Beispiel in Berlin und Hamburg, war es bei ersten Vorführungen von *Anders als die Andern* zu Protesten und Tumulten gekommen. Die Richard Oswald-Film Ges.m.b.H. veröffentlicht daraufhin in der *Lichtbild-Bühne* (am 19.7.1919) Anzeigen mit positiven Gegenstimmen. »Im Prinzeßtheater veranstaltete gestern Richard Oswald vor einem kleinen geladenen Kreis eine wirksame Protestkundgebung gegen die Hetze, die in der letzten Zeit von verschiedenen Seiten gegen den Film ›Anders als die Andern‹ betrieben worden ist. Der Film war unter dem Vorwand, daß es sich um eine Bewegung gegen die Aufklärungsfilme handele, zu einer antisemitischen Propaganda benutzt worden. Ärzte, Wissenschaftler, Vertreter der Behörden und Schriftsteller, die der Vorführung beiwohnten, waren sich darüber einig, daß die einwandfreie Durchführung der Filmhandlung weder indezent noch unmoralisch wirke.« (*B.Z. am Mittag*, 18.8.1919)

In einer Anzeige in der *Lichtbild-Bühne* vom 26.7.1919 läßt Oswald die Volkswacht Breslau zu Wort kommen: »›Anders als die Andern‹ betitelt sich ein sozialhygienisches Filmwerk, das in den D. K. Lichtspielen zur Aufführung gelangt. In packenden Bildern wird uns da das Leben eines Mitleid erregenden, homosexuell veranlagten Geigenkünstlers vor Augen geführt, und durch dieses Menschenschicksal das Unheil gezeigt, das durch den § 175 gestiftet wurde und wird. Obwohl Homosexualität durch sachverständige Ärzte als unglückliche Naturveranlagung erwiesen ist, wurde kaum für Aufhebung des § 175 eingeschritten. Hier tritt der Aufklärungsfilm in Kraft und fordert vom Standpunkt der *Menschenliebe* und der *Gerechtigkeit* aus die Ausschaltung des Paragraphen. Wer diesen Film, der mit zartfühlender Vorsicht das äußerst heikle Thema behandelt, gesehen hat und zu dem Urteil kommt, Dr. Magnus Hirschfeld und andere, die an diesem Film beteiligt sind, hätten die Absicht, sich einen großen Namen und einen vollen Geldbeutel zu schaffen, die Schaulust des Publikums zu reizen und seine Nerven zu kitzeln, und wer die edle Absicht dieser Männer leugnet, ist entweder vom Parteihaß verblendet oder hat kein Herz im Leibe. Abgesehen davon, daß dieser § 175 den größten Widerspruch enthält und eine Blöße des deutschen Gesetzbuches darstellt, daß er homosexuelle Neigungen bei dem männlichen Geschlecht bestraft, beim weiblichen dabei durchgehen läßt, erhebt sich durch diesen Film eine sittliche Forderung, die jedes

Im Namen der Menschenliebe und der Gerechtigkeit: Anita Berber, Ilse von Tasso-Lind und Conrad Veidt in ›Anders als die Andern‹

fühlende Herz dazu veranlassen muß, für das Recht zu kämpfen. Und wenn Leute bei diesem Aufklärungsfilm Unsittlichkeit wittern und sein Verbot fordern, so ist das gewiß ein Zeichen tiefstehender Kultur und Entsittlichung, daß die ›Gesellschaft‹ des deutschen Volkes einen solchen Film nicht mit ruhigen Nerven und ohne Nebengedanken betrachten kann.«

Allein schon die Tatsache, daß *Anders als die Andern* in der Öffentlichkeit eine starke Kontroverse auslöste, zeigt deutlich, daß Richard Oswald sich eines tabuisierten Themas angenommen hatte, das nach Diskussion drängte und nach einer aufklärerischen Tat verlangte, auch wenn sie in die eher traditionelle Form des Melodrams gekleidet war. Klaus Kreimeier definiert den aufklärerischen Aspekt in einem umfassenderen Sinn und verweist (in *Richard Oswald – Regisseur und Produzent*) auf die Aktualität der Filme: »Oswalds neurasthenische, stets am Rande der inneren Zerrüttung lavierende Mannsbilder, gleichermaßen Produkte des Krieges und einer gescheiterten Revolution, reflektieren das Schicksal deutscher Männlichkeit in jener abgründigen Ära zwischen Nietzsche und Hitler, in der den Deutschen der Kompaß für ihre geschichtliche Entwicklung, für ihre Position im internationalen Kräftespiel und ihren kulturellen Fähigkeiten abhanden kam. In dieser seismographisch-hellseherischen Qualität liegt ein weitaus radikalerer aufklärerischer Ansatz als sich oberflächlich in der Agitationsgeste der ›Aufklärungsfilme‹ zu erkennen gibt. Und daß Oswald gesellschaftliche Defekte und Defizite, die sich bald als Unfähigkeit zur Politik herausstellen und in eine neue Katastrophe münden werden, gleichsam mikroskopisch im sexuellen Mißlingen, im Verhältnis der Geschlechter zueinander (und in dem des Mannes zu sich selbst) ausfindig machte, läßt seine Filme gleichermaßen kontemporär und aktuell im Sinne auch heute noch keineswegs überwundener Blockierungen erscheinen.«

Eine ganze Reihe anderer Blockierungen, die ebenfalls bis heute nicht oder allenfalls teilweise überwunden scheinen, spielen in zahlreichen Filmen, die während der Weimarer Republik entstehen, eine zentrale Rolle.

KAPITEL 5

In der Weimarer Republik:
»Geschlecht in Fesseln«

Das kaiserliche Deutschland hatte zwar den Krieg verloren, doch es war der Novemberrevolution nicht gelungen, die politischen und ökonomischen Grundlagen des Deutschen Reiches zu zerschlagen. Die Produktionsmittel bleiben in kapitalistischen Händen, und die Großbourgeoisie nutzt das Propaganda-Instrument Film nach Kräften. Der rechtskonservative Kapitalist Hugenberg kontrolliert nicht nur zahlreiche Zeitungen (und trägt wesentlich zum Aufkommen des Hitlerismus bei), sondern über die Deutsche Bank übt er auch Einfluß auf die größte deutsche Filmproduktions- und Verleihgesellschaft aus, die Universum-Film Aktiengesellschaft, kurz Ufa genannt. Progressive Filmemacher sind in der Minderzahl.

Dr. Jos van Ussel merkt zur sexualpolitischen Situation zwischen den beiden Weltkriegen an: »Der Inhalt des sexuellen Problems, wie man es nannte, änderte sich ein wenig. In (Wilhelm) *Reichs* Analyse waren tiefenpsychologische Mechanismen enthalten: Er wies auf die Erstickung der Vitaltriebe bei Kindern hin, auf die Tötung der Sexualität bei Adoleszenten, auf kommerzielle Ausbeutung des Sexuellen und der Liebe, auf die Pornographie und auf die Millionen von Menschen, die psychisch und physisch krank sind als Folge des sexuellen Tabus. (...) Großen Einfluß übte der Film aus. Die Jugendlichen hatten nicht nur die Möglichkeit, im Saal Kontakt zu finden, auch das große Publikum lernte vielerlei Typen selbst exotischer Frauen und verführerischer Männer kennen. Der Film zeigte auch, wie die Geschlechter miteinander umgehen können; er belehrte darüber, wie die Symptome des fälligen Kusses zu erkennen sind, wie man ihn hervorlocken oder abwehren kann, er offenbarte die Beredsamkeit des weiblichen Auges, wie ein Mann durch einen Blick zurückgehalten, abgewehrt oder ermutigt werden kann. Der Film, hartnäckig von Anstandsfanatikern bekämpft, verdrängte beispielsweise auch die ländlichen Verhaltensweisen zugunsten des städtischen Verhaltensmusters. Allerdings führte er auch zu Übersimplifikationen und zu In-

fantilismus. Aber die sexuelle Aufklärungsliteratur war weitaus
infantiler, romantischer und irreführender, und dabei behaupte-
te sie noch, es so gut zu wissen und so sittlich erhaben zu sein.«
Van Ussel referiert den 1925 von einem führenden amerikanischen Jugendrichter veröffentlichten Vorschlag einer »Kame-
radschaftsehe«, mit der man den promisken vorehelichen Verkehr von Jugendlichen in einer Art »Probeehe« regeln könne;
solange keine Kinder da seien, könne diese Ehe ohne weitere
Verpflichtungen wieder gelöst werden. Van Ussel dazu: »Ein
ähnlicher Vorschlag wurde bereits im 18. Jahrhundert gemacht,
aber auch jetzt hatte er wieder keine Chancen. In den folgenden
Jahren machte die Emanzipation weitere Fortschritte. 1928
gründen *Forel, Ellis* und *Hirschfeld* den Weltbund für Sexualre-
form. Im gleichen Jahr erschien von *Van de Velde* ›Die vollkommene Ehe‹. Das Werk übte einen großen Einfluß aus, und
man versuchte es zu verbieten. *Van de Velde* beschrieb eine
größere Variabilität im sexuellen Verkehr zwischen Mann und
Frau. (Genau 40 Jahre später dient das Buch des holländischen
Frauenarztes als Vorlage eines bundesrepublikanischen Aufklärungsfilms, Anm. d. A.) Um 1927 verbreitete sich der Einfluß
Hodanns. Er forderte vollständige sexuelle Freiheit, freie Liebe,
das Recht auf Abtreibung, Gleichberechtigung der außerehelichen Mutter. Jegliche Ehebindung sei überflüssig. Der Sexualpädagoge *Düring* nannte diese Forderungen äußerst irreal, ob-
gleich sie in einigen Ländern realisiert wurden.«
Da mit Wiedereinführung der Zensur durch das Deutsche
Lichtspielgesetz Mitte 1920 auf den Leinwänden des Reichs erst
einmal Sitte und Ordnung wiederkehren, verwundert es nicht,
daß der erste Aufklärungsfilm der Weimarer Republik reichlich
bieder und sachlich daherkommt. *Der Kinematograph* vermeldet am 14.10.1923: »Der große populär-wissenschaftliche Film
›Hygiene der Ehe‹, im Vertrieb der Deutsch-Amerikanischen
Film-Union Akt.-Ges., ist reichszensiert. Bis auf wenige Ein-
zelszenen sind die sehr dezenten Darstellungen dieses heiklen
Themas, darunter auch der natürliche Geburtsvorgang, von der
Zensur wegen ihres hohen volkserzieherischen Wertes unbean-
standet belassen worden. Der Film wird im Herbst d. J. in die
Öffentlichkeit gebracht werden.«
Allem Anschein nach, das kann man jedenfalls den Titeln der
erhaltenen Kopie entnehmen, handelt es sich um eine in Prag

Großer Einfluß auf Jugendliche: Filmtheater in den zwanziger Jahren (in einer Szene aus ›Falsche Scham‹)

entstandene Produktion, die von einer Berliner Filmgesellschaft »bearbeitet und ergänzt« wurde. »Das letzte Kolleg« von Medizinstudenten dient als Rahmenhandlung. Der erste Teil des Films heißt: »Nur Gesunde dürfen heiraten«. In der Eheberatungsstelle eines Gesundheitsamtes untersucht ein Arzt eine Frau, die lungenkrank ist. Sie soll sich erst auskurieren, lautet die Anweisung des Arztes, sonst würden ihr später kranke Kinder zur Last fallen. Die Frau geht in eine Heilanstalt, wo sie »viel Ruhe« genießt, künstliche Höhensonne und anderes.

Der zweite Teil heißt: »Verschwiegene Krankheit ist Verbrechen«. Man erfährt, daß nach überstandener Geschlechtskrankheit eine Genehmigung zur Ehe erforderlich ist. Der Wassermann-Test (zur Erkennung von Syphilis) wird vorgeführt. Nach einer Syphilis-Erkrankung sind alle zwei Jahre Untersuchungen nötig. Sonst könnten die Folgen Rückenmarkschwund und Gehirnerweichung sein. An schematischen Zeichnungen werden die Folgen von nicht behandeltem Tripper gezeigt. Kinder können in solchen Fällen unter anderem an Augenkrankheiten leiden. Als Fallbeispiel dient eine Mutter mit rachitischem Kind. Es kann in einer Klinik geheilt werden.

Der dritte Teil heißt: »Geschlechtliches darf nicht Geheimnis sein«. Eine Hand zeichnet schematisch weibliche Geschlechtsorgane. Am Modell und mit Trickaufnahmen wird gezeigt, wie ein Ei in die Gebärmutter wandert. »Während der Dauer der Menstruation ist der Geschlechtsverkehr zu unterlassen«, fordert ein Zwischentitel. Die männlichen Geschlechtsorgane werden gezeigt. Trickaufnahmen machen deutlich, wie Samenfäden »in wildem Wettlauf« auf das weibliche Ei zustreben und es befruchten. Ein weiterer Zwischentitel erteilt den Ratschlag: »Strengste Reinlichkeit besonders vor und nach dem Geschlechtsverkehr ist unbedingt erforderlich. Das beste Reinigungsmittel ist warmes Wasser.«

Der vierte Teil heißt: »Schwangerschaft und Geburt sind heilige Naturerscheinungen«. Ein Paar beim Arzt: Sie hat Angst vor dem Kinderkriegen, der Arzt erklärt verschiedene Beckenverformungen (die sie nicht hat). Vor Schwangerschaftsunterbrechung wird gewarnt: Es sei ein Verbrechen und bedeute Todesgefahr. Im Modell sieht man einen drei Wochen alten, fünf Zentimeter großen Embryo. Der Vorgang der Geburt wird schematisch per Trickaufnahmen dargestellt, dann sieht man ein reales Baby nach der Abnabelung.

Der fünfte Teil heißt: »Das Glück der Ehe sind gesunde Kinder«. Sehr frei nach Wilhelm Busch erfahren wir: »Kinder kriegen ist nicht schwer! Kinder haben aber sehr.« Dann wird demonstriert, wie man ein Baby richtig badet, richtig stillt, wie man Muttermilch abpumpt, welche Futtermengen angebracht sind. Zum Schluß sehen wir fröhliche Babys und ältere Kinder bei Tanz und Spiel.

Zwei Jahre nach der Freigabe und Aufführung von *Hygiene der Ehe,* einem nicht nur aus heutiger Sicht definitiv unaufregenden Aufklärungsfilm, beantragt die badische Regierung dennoch, wie im *Reichsfilmblatt* vom 7.3.1925 nachzulesen ist, »die Zulassung des Bildstreifens dahingehend einzuschränken, daß 1. der Bildstreifen grundsätzlich in Lichtspieltheatern nicht öffentlich vorgeführt werden darf, 2. der Bildstreifen nur als Sonderveranstaltung oder für Zwecke der Volksbildung oder Volkswohlfahrt vorgeführt werden darf, 3. daß der Vorführung in allen Fällen der erschöpfende Vortrag eines approbierten Arztes vorausgehen muß. Diese Anträge werden von der Badischen Regierung damit begründet, daß der Bildstreifen trotz seiner Wissenschaftlichkeit und des sittlichen Ernstes seiner Darstellung bei einer Vorführung in öffentlichen Lichtspielhäusern geeignet sei, insbesonders auf Jugendliche zwischen 18 und 25 Jahren *entsittlichend* zu wirken. Bei solchen Personen werde durch die Vorführung die Neugierde angeregt und eine verderbliche Wirkung erzielt, sofern hierbei nicht eine Trennung der Geschlechter eintrete.«

Die Film-Oberprüfstelle kann sich der Argumentation in Sachen »Entsittlichung« nicht anschließen – immerhin. Von Interesse sind ihre weiteren Ausführungen insofern, als darin auf eine frühere Praxis – die der Geschlechtertrennung in Kinos – verwiesen wird: »Gegenüber dem weiteren Antrag der Badischen Regierung, die Vorführung des Bildstreifens in öffentlichen Lichtspieltheatern auszuschließen und sie nur als Sonderveranstaltung oder für Zwecke der Volksbildung und Volkswohlfahrt zuzulassen, bezieht sich die Oberprüfstelle auf ihre Entscheidung in dem Widerrufsverfahren betreffend den Bildstreifen ›Die Geschlechtskrankheiten‹, in der aufgeführt ist, daß es nicht im Interesse der Volksaufklärung liegen würde, ein wissenschaftlich einwandfreies Filmwerk wie das vorliegende in Vereinsveranstaltungen und damit in die Halböffentlichkeit zu verweisen. Von dieser Vorentscheidung ist jedoch insofern abgewichen worden, als die Oberprüfstelle sich vorliegend nicht entschließen konnte, die für den Geschlechtskrankenfilm vorgesehene, von der Badischen Regierung ebenfalls geforderte Trennung der Zuschauer nach Geschlechtern auch hier anzuordnen. Dies einmal, weil es sich bei dem Geschlechtskrankenfilm um Demonstrationen am lebenden Menschen, mithin um die teilweise in Großaufnahme erfolgte Wiedergabe menschlicher Geschlechtsteile gehandelt hat, während vorliegend nur lineare Trickdarstellungen verwendet wurden, wie sie zur Darstellung des Schwangerschaftsverlaufs und des Geburtsaktes schlechthin nicht entbehrt werden können. Sodann macht die auch von dem Sachverständigen anerkannte außerordentliche Dezenz dieser Darstellung eine solche Maßnahme entbehrlich.«

(Eine kurze Anmerkung: Bei dem oben erwähnten Film *Die*

Geschlechtskrankheiten handelt es sich um eine österreichische Produktion, über die am 24.1.1925 im *Reichsfilmblatt* zu lesen ist:»Dieser in der Finger'schen Universitätsklinik in Wien und am Steinhof hergestellte, aus Originalaufnahmen von an Lues und Gonorrhöe erkrankten Personen bestehende Aufklärungsfilm zur Bekämpfung der Geschlechtskrankheiten hat nichts mehr gemein mit dem Aufklärungsfilm alten Stils, der etwa, um von der Prostitution abzuschrecken, diese erst fünf Akte lang in den glühendsten und verlockendsten Farben malte, um sie dann im sechsten einer zufälligen Sühne auszuliefern, oder mit dem Aufklärungsfilm neueren Stils, der fast nur aus Texten, Trickzeichnungen und Statistiken besteht. Es handelt sich hier um Aufnahmen an lebenden Personen, an Männern, Jünglingen, Frauen, Kindern, wobei das Ekelhafteste und Abschreckendste an Ausschlag und Geschwür ausgewählt wurde, was diese Krankheiten liefern. Grausigeres und Unappetitlicheres ist wohl nie über die weiße Leinwand gelaufen als diese Bilder. Statistiken und aufklärende Texte ergeben zusammen mit dem begleitenden Vortrag eines Arztes die Auswertung des vorgeführten Bildmaterials.«)

Die ganze Aufregung der badischen Regierung erscheint um so unverständlicher, da im gleichen Jahre 1925 eine Ufa-Produktion in die Kinos kommt, in der es wirklich einiges zu sehen gibt – zum Beispiel lebende nackte Menschen beiderlei Geschlechts. Die Rede ist von dem »Kulturfilm« (so nannte man eine bestimmte Spielart der Aufklärungsfilme Mitte der zwanziger Jahre) *Wege zu Kraft und Schönheit,* hergestellt von der Kulturabteilung der Ufa (Regie Wilhelm Prager), der es im Inland wie auch im Ausland zu erheblicher Popularität bringt.

Uns lag eine englische Fassung von *Wege zu Kraft und Schönheit* (mit dem Titel *The Golden Road to Health and Beauty*) vor; die erwähnten Zwischentitel sind daher Rückübersetzungen. Der erste Teil heißt:»Das antike Griechenland und die modernen Zeiten« und beginnt, was sich immer gut macht, mit einem Goethe-Zitat: Erst der Rückblick auf die Antike, so meint das Dichtergenie, lasse uns überhaupt erst erkennen, wozu der Mensch fähig sei. Dann sieht man zuerst mehrere Beispiele nervöser moderner Menschen. Dem werden griechische Statuen und ein »Gymnasium« im eigentlichen Wortsinne gegenübergestellt, wo (fast) nackte Jungmänner allerlei Sport betreiben. Wir werden darüber belehrt, daß in heutigen Zeiten wegen der Maschinen und der Großstadt und der Bars der Körper vernachlässigt wird. Als positives Beispiel wird Herr Gottschling, 59, als Marathonläufer vorgestellt. Wieder eine »nervöse« Familie; da klappt es bei einem eiligen Familienvater mit der Krawatte nicht.

Der zweite Teil stellt »körperlichen Drill um der Gesundheit willen und hygienische Gymnastik« vor. Major Neumann-Neurode aus Berlin führt seine Methode von Babygymnastik vor;

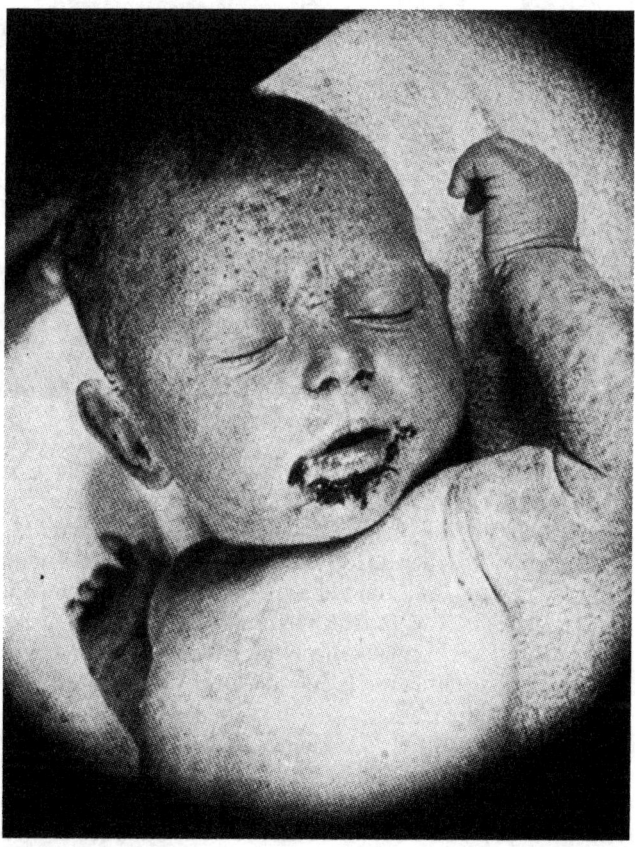

Ein syphilitisches Baby zeigt 1926 auch der deutsche Film
›Falsche Scham‹

Griechisches »Gymnasium«: Szene aus ›Wege zu Kraft und Schönheit‹

das Kind sieht dabei nicht sehr glücklich aus. Zahlreiche Jungmädchen (mit bloßem Oberkörper) führen Kriechübungen vor. Andere Mädchen zeigen Gymnastikübungen, die man täglich ausführen soll. Zwischendurch sehen wir, wie man sich an einem Sonntagnachmittag auf der Themse entspannt. Drei Männer führen schwedische Gymnastik vor. Danach kommen Atmungsübungen dran. Zeichentrickaufnahmen zeigen die ungesunden Folgen zu eng geschnürter Korsetts. Drei Grazien stellen sich dem Urteil des Paris.

Der dritte Teil behandelt die »Schönheit von Form und Bewegung«. Rhythmische Bewegungen des Meers, eines Kornfelds und von Rehen in freier Wildbahn leiten das Thema ein. Vorgestellt wird die Schule von Hellerau von Jacques Dalcroze. Mädels, die das tragen, was man heute »Bodies« nennen würde, treten in militärischer Formation auf. Kinder lernen durch musikalisch-rhythmische Übungen »führen und gehorchen«. Zwei Männer und eine Gruppe von Mädchen demonstrieren schematisierte Alltagsbewegungen. Fräulein Niddy Impekoven zeigt im Clownskostüm ihre »dekadente Puppe«. Herr Rudolf Laban de Voralja führt auch einen Tanz vor. Drei Männer zeigen einen »Rhythmustanz«. Die Loheland-Schule demonstriert natürliche Atmung, ebenso die in hautenge Bodies gekleideten Mädchen einer Berliner Schule. Mehrere Jungdamen führen »Hochspannungsschritte« vor, eine einzelne auch das, was man als »Stechschritt« bezeichnet. Schließlich hüpfen sie alle munter durch Wald und Wiese. Wir sehen »Übungen für den weiblichen Körper« nach der US-Ärztin Dr. Bess Mensendieck, und schließlich teils mit Trikots bekleidete, teils unbekleidete Damen in allerlei stilisierten Stellungen und Bewegungen.

Teil vier heißt schlicht »Der Tanz« und beginnt mit Folkloristischem aus Afrika, Hawaii, Japan und Birma. Es folgt eine »bayrische Phantasie«, in der zwei Lederhosen-Buam seltsam umeinander und miteinander tanzen. Nach einem »spanischen Tanz« sieht man erst eine Pantomime, dann ein »Tanzdrama« mit dem Titel »Das lebende Idol«. Dussia Bereska führt oben ohne ihre »Orchidee« vor. Niddy Impekoven demonstriert »Blühen und Sterben«, Miß Jenny Hasselquist »die weiße Rose«, gefolgt von der russischen Tänzerin Tamara Karsavina. Den Abschluß dieses Teils bildet die Tanzschule von Mary Wigman, deren Damen den »Exodus« darstellen. Unter ihnen, so ist überliefert, befindet sich auch Leni Riefenstahl. Wir konnten sie nicht erkennen. Vielleicht hat sich aber diese Passage auch ein Liebhaber unter den Nagel gerissen.

Im fünften Teil geht es um »Sport«. Hier treten einst bekannte, heute vergessene Sportler und Sportlerinnen aus verschiedenen Ländern auf. Ein Kuriosum: Deutsche Recken springen über mehrere nebeneinander aufgestellte Pferde.

Der sechste Teil heißt »Luft, Sonne und Wasser«; er beginnt mit einem nackten Hammerwerfer. Männer hantieren mit einem dicken Medizinball, Schotten demonstrieren ihr berühmtes Baumstamm-Werfen. Herr Müller zeigt sein »System«: ein Bad im Schnee. Als nächstes sehen wir die vier bayerischen Brüder Neff bei ihrer Morgentoilette, selbstverständlich auch im Schnee. Man sieht kurz John D. Rockefeller, 85, und Gerhart Hauptmann mit seiner Gattin am Strand von Rapallo, danach Schulkinder an frischer Luft und beim Sonnenbaden. Das geht nahtlos über in die Spielszene »Das Bad einer römischen Dame«, wobei die Szenen »von einem Archäologen des Berliner Museums exakt rekonstruiert« wurden. Mehr oder minder bekleidete Sklavinnen umsorgen ihre Herrin, rasieren ihr die Beine, führen sie in diverse Bäder. Es endet mit Militär- und Massensport.

Ganz klar, daß mit diesem divergenten Material vor allem der durch monotone Industriearbeit geschädigte und in engen Wohnungen hausende Großstadtmensch »getrimmt« werden sollte, wozu man ihm noch einige entblößte Schmankerl als Zugabe liefert. Letztere mögen am großen Erfolg des sonst eher wirren Werks Anteil gehabt haben – obwohl die Ufa ein gutes Jahr später eine »erneuerte Ausgabe« – will sagen: entschärfte Ausgabe – herausbringt. Dazu schreibt der wissenschaftliche Bearbeiter Dr. med. Nicholas Kaufmann, der auch für das Manuskript des Films verantwortlich zeichnet:

»14 Monate ist es jetzt her, daß die Ufa ihren Körperkultur-Film unter dem Titel ›Wege zu Kraft und Schönheit‹ ankündigte. Seitdem ist dieser Titel zu einem der beliebtesten Schlagworte geworden. Buchstäblich in aller Munde, erfreut es sich einer so großen Popularität, daß kaum ein Tag vergeht, an dem es nicht für alle möglichen und unmöglichen Zwecke propagandistisch eingespannt wird. Ein Blick auf die Litfaßsäulen und Zeitungsannoncen lehrt, daß da wie dort bald ein neues gymnastisches System oder ein Buch darüber, bald ein epochales Hühneraugen- oder Entfettungsmittel, bald die angeblich beste Gummibandage und Plattfußeinlage, bald irgendeine Wunderseife oder Zahnpasta als der garantiert sicherste und schnellste Weg zu Kraft und Schönheit angepriesen wird.

War diese Wirkung unseres Films auch nicht von uns beabsichtigt, so beweist sie doch, daß der heutige Mensch dauernd auf der Suche nach Wegen ist, die zu Kraft und Schönheit führen, denn solche Anpreisungen würden sonst nicht wirken. Allem Anschein nach wirken sie aber in hohem Maße, denn sonst würden sie nicht wieder mit solcher Beharrlichkeit und Häufigkeit auftreten.

Für uns freilich bedurfte es dieses indirekten Erfolgsbeweises nicht, denn wir sahen, wie die Massen sich zu unserem Film drängten, und sahen gleichzeitig aus der fast unübersehbaren

Entblößte Damen als optische Schmankerl: ›Wege zu Kraft und Schönheit‹

Fülle von bemerkenswerten Zuschriften und Anregungen, die uns dauernd zugingen und noch immer zugehen, daß unser Erfolg nicht etwa von müßiger Sensationslust, sondern von ernstem Verständnis und tief wurzelndem Bedürfnis getragen war. Und endlich sahen wir, wie befruchtend unser Film auf die gymnastische Betätigung und das gesundheitliche Denken des ganzen Volkes gewirkt hatte.

Es lag daher nahe, die starke Bewegung, die wir entfesselt hatten, nicht einschlafen zu lassen, sondern den begonnenen Faden weiterzuspinnen, zumal die uns gewordenen Anregungen zum Teil recht wertvoll waren. Nicht alle freilich, denn es wurde uns z. B. auch dringend empfohlen, doch ja die Körperbewegungen einer braven Hausfrau beim Bettenmachen, Staubwedeln und Bohnern zur Grundlage einer künstlerischen Morgengymnastik auszubauen und der staunenden Mitwelt vorzuführen! ...

Jetzt präsentiert sich unser Film in grundlegend veränderter Gestalt. Weit mehr als die Hälfte aller Bilder ist vollkommen neu. Im einzelnen aber waren es vornehmlich drei Gesichtspunkte, die für die Erneuerung des Films maßgebend waren. Er wurde straff auf die brennendsten Fragen der modernen Körperkultur konzentriert; er wurde noch mehr als bisher den praktischen Bedürfnissen des modernen Menschen, der wenig Zeit und – meistens – wenig Geld hat, angepaßt; er wurde durch Aufnahme aller wesentlichen Neuerscheinungen und großen Ereignisse, die auf dem Gebiete der Körperkultur und des Sports im letzten Jahre zu verzeichnen waren, dem Stand des heutigen Tages entsprechend modernisiert.

Mancher wird jetzt vielleicht einige Bilder aus der Körperkultur der antiken Völker vermissen. Aber abgesehen davon, daß der gestrenge Zensor auf der Streichung dieser Bilder bestand, gewann die Regie Wilhelm Pragers dadurch Raum und Gelegenheit, Neues zu bringen, das dem Gestrichenen mindestens gleichwertig ist (z. B. die bedeutsame Studie an einem griechischen Vasenbild). Außerdem nimmt die ›Gymnastik des kleinen Mannes‹, die Anleitung zu den täglichen Übungen, die jeder machen sollte, jetzt einen noch breiteren Raum ein als früher. Wir zeigen nunmehr nicht nur die Gefahren und Schädigungen, denen der arbeitende Mensch von heute ausgesetzt ist, sondern wir bringen einen solchen ›kleinen Mann‹ bei seinen täglichen Übungen, und zeigen auch, wie jede Frau, die unter ihrer Körperfülle leidet, durch leichte Übungen nach den verschiedenen gymnastischen Systemen, die wir noch ausführlicher zeigen als in der alten Fassung, schlank und beweglich werden kann. Einfachste Apparate, wie ein Springseil, ein Gleit- oder Rollbrett, werden in ihren Möglichkeiten geschildert, vor allem aber sind zahlreiche neue Bilder der Gymnastik unserer Kinder in gesunden und in kranken Tagen, in Anstalt, Haus und Garten gewidmet.

Der rapiden Entwicklung, die erfreulicherweise speziell die Gymnastik der Frau augenblicklich nimmt, entsprechen zahlreiche Bilder. Wir sehen die Schule Hellerau in ihrem neuen Heim, Schloß Laxenburg bei Wien, wo sich die alte Gymnastik von

Dalcroze zu einem segensreichen Höhepunkt entwickelt und zahlreiche Jüngerinnen durch ihre Vielseitigkeit gewonnen hat. Neuere gute Schulen werden zum ersten Male mit ihren wichtigsten Übungen im Film gezeigt, so die feinsinnige rhythmische Erziehung der Schülerinnen von Ilse Larsen im Mozarteum zu Salzburg, die Schule von Alice Bloch in Stuttgart und die von A. Glucker, die in glücklicher Weise die für den Großstädter so enorm wichtige Ausbildung der meist schwer vernachlässigten

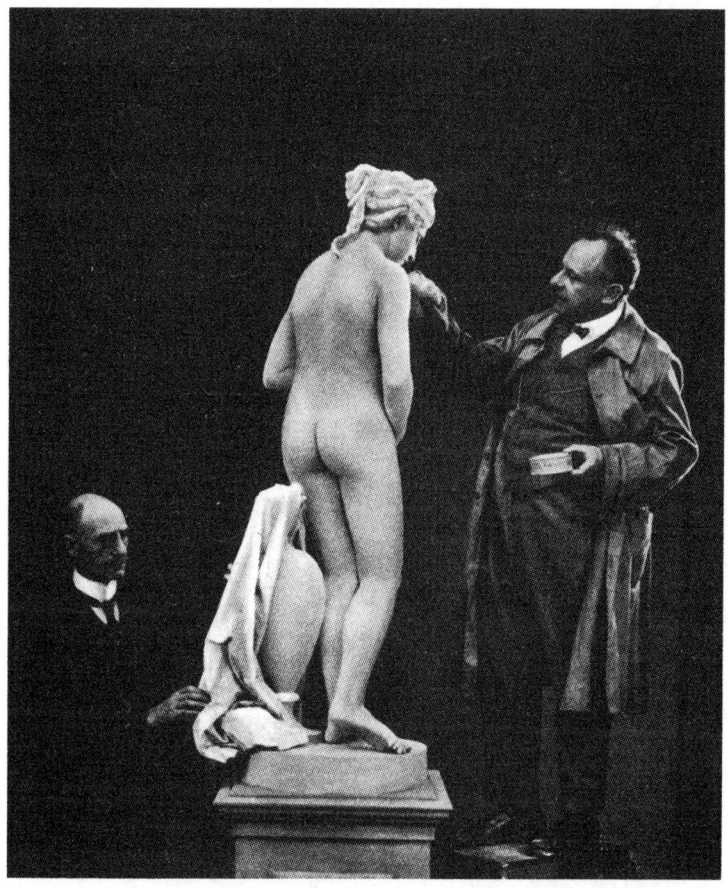

Hier ist es nur schwer zu erkennen, doch diese Venus lebt: Am Ende der Szene in ›Wege zu Kraft und Schönheit‹ bewegt sich die Dame

101

Atmung mit gesundheitlich-künstlerischer Gymnastik verbindet. Alle diese Übungen offenbaren dem Beschauer mit besonderer Eindringlichkeit die ethische, man möchte fast sagen religiöse Bedeutung der Körperkultur. ›Für den Christen bilden Leib und Seele eine Einheit, aber so, daß die Seele die Königin im Hause ist.‹ Diesen Satz eines katholischen Kritikers möchte ich fast zum Motto, nicht nur unseres Filmkapitels über rhythmische Gymnastik, sondern für den ganzen Film erwählen. Der Körper als Gefäß der Seele, das ist in Wahrheit das Thema des neuen Films, und gerade heute besonders bedeutungsvoll, da wir mehr denn je einer seelischen Gesundung bedürfen. Wer etwa die Übungen der ›Deutschen Mensendieck-Gymnastik‹ aus der Schule Hedwig Hagemann, Hamburg, um nur diese herauszugreifen, unbefangen auf sich wirken läßt, der wird zugeben, daß gerade das Seelische bei der Körperkultur und in diesem Film, der ihr gewidmet ist, mitnichten zu kurz kommt!

Was schließlich die sportlichen Ereignisse betrifft, die in reichster Fülle während des letzten Jahres und bis zum heutigen Tage aufgenommen und dem Film einverleibt wurden, so würde es zu weit führen, wollte ich sie hier alle nennen. Es genüge daher, wenn ich hierbei auf den Film selbst verweise und nur orientierend erwähne, daß weder die internationalen Tennis-Wettkämpfe mit Suzanne Lenglen und Helen Wills, die in diesem Frühjahr an der Riviera stattfanden, noch das diesjährige klassische Ruderrennen zwischen den Achtern von Oxford und Cambridge fehlen, daß Franz Diener beim Boxen und Erich Rademacher beim Wettschwimmen in interessantem Vergleich mit ihren amerikanischen ›Kollegen‹ Jack Dempsey und Jonny Weismüller zu sehen sind, desgleichen alle internationalen Größen auf dem Gebiete der Leichtathletik wie Charlie Hoff, Harald Osborn, Paddock, Murchison, Riley usw., und daß es zu guter Letzt mit List und Tücke gelungen ist, auch den scheuen, fast kurbelfeindlichen Nurmi so ausführlich mit und ohne Zeitlupe auf das Filmband zu bannen, daß jeder Freund der Körperkultur wertvollen Aufschluß über dieses einzigartige Läufer-Phänomen erhält. Endlich ist der Film noch durch eine wohlgelungene Sammlung von Aufnahmen aus allen Gebieten des Wintersports in einer Weise ergänzt, die den Freunden des ›weißen Sports‹ und allen, die es werden wollen, wertvolle Anregungen zu geben vermag.

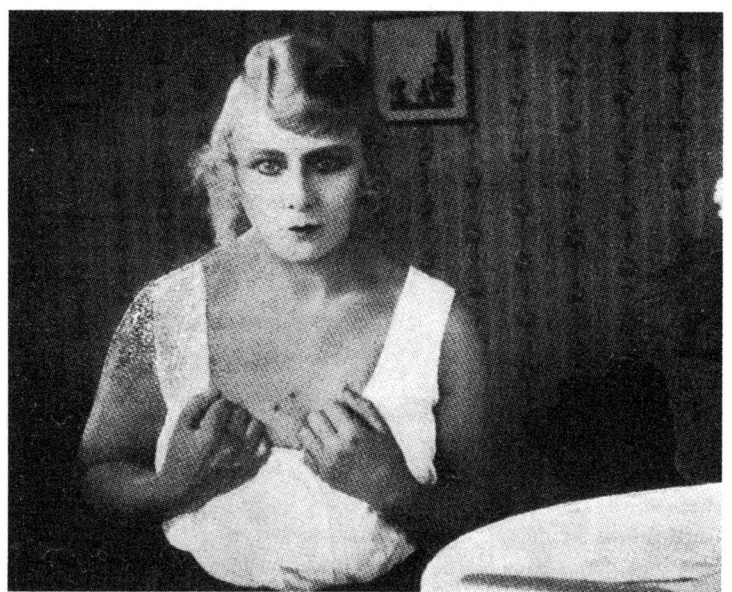

Auch damit beschäftigte sich die Ufa: eine mit Syphilis infizierte Frau in ›Falsche Scham‹

Hoffentlich gewinnt unser erneuerter Film viele neue Freunde zu den alten, hoffentlich zieht er diejenigen, die bisher noch abseits standen, in seinen Bann und regt sie, wie sein Vorgänger es in so hohem Maße getan hat, zu heilbringender und glückhafter Betätigung an – in blauer Flut, auf grünem Rasen, auf weißem Feld, unter freiem Himmel, in Sonne, Luft und Licht!«
Sancta Simplicitas.
Gleichwohl – ultrarechten Elementen geht selbst dieses harmlose Filmchen entschieden zu weit (obwohl in ihm schon Gedankengut anklingt, das die Nazis später für sich reklamieren), so daß sich Dr. Oskar Kalbus in einem »Nacktkultur und Körperkultur« betitelten Essay bemüßigt sieht, *Wege zu Kraft und Schönheit* vor den Angriffen seiner Gegner in Schutz zu nehmen, nachdem er festgestellt hat, daß der Film eine »Volksbewegung« ausgelöst hat: »Trotzdem hat der Film, so unglaublich es klingt, vielfach Gegnerschaft gefunden. Diese Gegnerschaft stützte sich vornehmlich auf die völlig unzutreffende Behauptung, daß er nicht nur Körperkultur predige, sondern, darüber

hinausgehend, die Nacktkultur verherrliche, weil er an nackten Menschen die mannigfachen Wege zu Kraft und Schönheit zeige und damit zu einem sich angeblich daraus entwickelnden verantwortungslosen Sexualismus führe. Das ist eine infame Verleumdung, gegen die nicht scharf genug und bestimmt genug und gerade jetzt vorgegangen werden muß, wo der Film im neuen Gewande seine Wanderung durch Deutschland und hoffentlich auch durch das Ausland antreten wird.

Die Kulturabteilung der Ufa, die als wissenschaftliches Filminstitut nach siebenjährigem Ringen heute Weltruf hat, ist über diese Verdächtigungen erhaben, mit ihrem Film die ›heidnisch-humanistischen‹ Ideen der Nacktkultur preisen und sich damit in den Dienst einer Sache stellen zu wollen, die bisher nur ein paar Tausend Menschen angeht und außerdem noch recht umstritten ist. Die Ufa ist kein Propaganda-Institut für Nacktkultur und überläßt solche Werbearbeit anderen. (...)

Den geistigen Vätern des Films schwebte in Wirklichkeit einzig und allein die beste und zugleich künstlerischste Lösung der Frage ›Körperpflege‹ mit dem Ziel der Erstarkung und Kräftigung der Volkskraft vor. Nacktkultur und Körperpflege sind aber zwei grundverschiedene Dinge. Jeder vernünftige Mensch wird heute mit den Leitsätzen der Fuldaer Bischofskonferenz vom Januar 1925 einer Meinung sein, daß in Europa die Menschen noch lange nicht ethisch und ästhetisch so fein abgestimmt sind, vom Klima ganz zu schweigen, um ohne Gefahr für das eigene Ich und die anderen nackt herumlaufen zu dürfen. Die in dem Körperpflege-Film gezeigten nackten oder mit Trikots und Schurz bekleideten Menschen sind einzig und allein nur Demonstrationsmaterial für die Ergebnisse einer systematischen Pflege und sportlichen Disziplinierung des menschlichen Körpers. (...) Ergebnisse der Körperkultur *müssen* nun einmal am durchgebildeten Körper demonstriert werden, an einer Nacktheit als gesund bringenden Grundlage. Es ist fast beschämend, daß die Ufa oft und immer wieder vor der Zensur und der Öffentlichkeit betonen mußte, daß lautere Motive hier am Werke sind – Beweis genug, wie schief die Wert- und Einschätzung des Körperlichen bei uns ist und wie weit wir noch entfernt sind vom Natürlichen, wenn der Regisseur des Films aus Zensurrücksichten sich nur auf seitliche und Rückansichten des menschlichen Körpers beschränken mußte.

Es kann auch nicht genug betont werden, daß die Hersteller des Ufa-Werkes mit vollendetem Geschmack eine absolute *Keuschheit* bei jeder Gestalt und Pose im Film gewahrt, bis ins kleinste auf schämige Gemüter taktvoll Rücksicht genommen und dadurch alle angefaulten Nebengedanken im Keime erstickt haben. Die nackten Körper im Film der Ufa sind Kunstwerke, weil er natürliche Nacktheit, niemals ›Ausgezogensein‹ demonstriert. Kunst weckt aber stets den gesunden Sinn für die Natürlichkeit.« (Solange es sich nicht, sollte man vielleicht hinzufügen, um »entartete« Kunst handelt, von der in Deutschland bald darauf die Rede sein wird.)

1926, im gleichen Jahr, in dem die erneuerte Fassung von *Wege zu Kraft und Schönheit* in die Kinos kommt, bringt die Kulturabteilung der Ufa auch einen – eher gängigen Mustern folgenden – Aufklärungsfilm über Geschlechtskrankheiten heraus: *Falsche Scham – Vier Episoden aus dem Leben eines Arztes.* Um die Figur eines Sanitätsrats, der von Regisseur Rudolf Biebrach

›*Falsche Scham*‹: *Ein Sanitätsrat weist zwei Schülern den rechten Weg*

gespielt wird, ranken sich vier Spielhandlungen, die dazu benutzt werden, wissenschaftliche Vorträge über die Ansteckung mit und die Folgen von verschiedenen Geschlechtskrankheiten an den Zuschauer zu bringen.

Der Film vermeldet in Nummer 11/1926 zu *Falsche Scham:* »Es bleibt zu betonen, daß auch mit diesem Film die ideale Lösung des Kulturfilm-Problems nicht gefunden ist. Und wenn in den einführenden Worten der Hoffnung Ausdruck gegeben wurde, daß dieser Film denselben durchschlagenden Erfolg und die gleiche Wirkung erzielen würde wie ›Wege zu Kraft und Schönheit‹, so darf bei dieser Parallele nicht übersehen werden, daß hier mit glücklichstem Sinn für Aktualität die positive Förderung eines neuen Zeitideals betrieben wurde, während dieser Film, der über die furchtbaren Gefahren der Geschlechtskrankheiten aufklären und belehren will, die wesentlich undankbarere Aufgabe hat, Themen anzuschlagen, die man trotz aller Fortschritte in der Aufklärungsarbeit gemieden sehen möchte. Dennoch muß dieser tapfere und unerschrockene Versuch, mit Hilfe des zugkräftigsten Propagandamittels, des Films, mitzuarbeiten an der Bekämpfung der Volksseuchen, aufs freudigste begrüßt werden. Es muß ferner anerkannt werden, daß in der Verbindung von Spielhandlung und Lehrstoff vom Regisseur Rudolf Biebrach viele glückliche Ansätze gemacht worden sind, um das übliche Auseinanderfallen des Kulturfilms zu vermeiden. Das wissenschaftliche Material ist sinnfällig und höchst anschaulich mit Hilfe von Trickzeichnungen verarbeitet worden, wenngleich die Fülle der klinischen Fälle beschnitten werden müßte, um dem Film das Odium des Abschreckungsmittels zu nehmen. Die schauspielerischen Leistungen haben Niveau, das sich in einer kurzen Szene, die Frieda Richard zu spielen hat, außerordentlich steigert, so daß, alles in allem genommen, die Kulturfilmabteilung der Ufa diesen Film, der von der Reichszensurbehörde auch für Jugendliche freigegeben worden ist, als neuen großen Erfolg für sich buchen kann.«

Parallel zum Film bringt die Ufa ein Buch gleichen Titels heraus, in dem die Filmhandlungen in Erzählform und die wissenschaftlichen Vorträge mit zahlreichen Abbildungen von dem Film-(Ko-)Autor Dr. Curt Thomalla wiedergegeben werden. Die Eingangsepisode »Erste Versuchung« beginnt mit dem (schon älteren) Sanitätsrat, der einen Abstrich untersucht, der von

einem gefallenen Mädchen stammt und in dem er einen »dieser schmarotzenden Vernichter der Menschheit« entdeckt. Da er weiß, wo das Mädchen »abends seine Fallen stellt«, begibt er sich dorthin: »Bald steht er am Eingang des als Vergnügungspark angelegten großen Rummelplatzes, der mit seinen Tuten, Pauken, mit seinen Leierkästen und toller Jahrmarktsmusik die Massen an sich lockt. Wahrhaftig, da steht sie! Schon will er eilig auf sie zu, ihr die niederschmetternde Mitteilung machen, damit sie nicht etwa neues Unheil verbreite. Da stockt sein Fuß. Er sieht eine der typischen Nachtgestalten der Großstadt an das Ohr des Mädchens gebeugt, er folgt dem lauernden Blick des niedrigen Gesellen, er sieht die Dirne davoneilen und zwei Bürschchen anreden. Schüler sind es, mit der bunten Mütze auf dem Kopfe, die einen freien Abend müßig vertrödeln und sich einmal als Erwachsene, als Herren aufspielen wollen. Er sieht, wie die Jungens mit geschmeicheltem Lächeln den falschen Lockungen lauschen, wie sie sich nur mühsam mit verlegener Ausrede freimachen. Aber sie verabreden ein späteres Zusammentreffen. Plötzlich versinkt sein Interesse für die Kranke, Verseuchte und Verlorene vor der tief in ihm erwachten Anteilnahme an den beiden Knaben, die noch gesund und unberührt, unwissend und ahnungslos mit lebensdurstigem Verlangen in unbekannte Gefahren und Versuchungen hineintaumeln.«
Der Arzt folgt den beiden Schülern zu einer Bude, die mit jugendlichen Boxkämpferinnen lockt, spricht sie an und empfiehlt ihnen, statt dessen doch lieber in die (gegenüberliegende!) Ausstellung zum Thema Geschlechtskrankheiten zu gehen, die er selbst dort eingerichtet hat, »um die beiden Hauptfeinde zu treffen: die falsche Scham und die Unwissenheit«. Hier sehen die Schüler unter anderem »lebensechte Nachbildungen syphilitischer Erkrankungen«, dann hält ein junger Arzt einen Vortrag, in dem es zuerst um Filzläuse, dann um Krätzemilben, schließlich um weichen Schanker und Tripper (Gonorrhöe) geht, wonach die beiden Schüler dann mit der Dirne nichts mehr zu tun haben wollen.
In der zweiten Episode mit dem Titel »Wenn man das vorher gewußt hätte …!« trifft der Sanitätsrat einen Studenten aus wohlhabendem Hause, der ihm gesteht, »er habe die berückend schöne Bardame, der er schon seit Wochen vergeblich nachstelle, in einem vornehmen Tanzlokal getroffen. An diesem Abend

Tanzlokalszene aus ›Falsche Scham‹

sei ihm das ›Glück‹ hold gewesen. Eifersüchtig gemacht durch
eine Nebenbuhlerin, habe das Mädchen ihn selbst aufgefordert,
sich mit ihr aus dem Taumel der Tanzenden und Trinkenden
hinwegzustehlen. Sie habe ihn in eine kleine, sehr üppige Wohnung geführt, und berauscht von schweren Likören, berauscht

von der aufreizenden Schönheit ihres wohlgepflegten Körpers, habe er sich ihr besinnungslos hingegeben« – und angesteckt.
Die Diagnose des Arztes am nächsten Tag: Gonorrhöe. Da der Student die Trippererkrankung auf die leichte Schulter nimmt, führt ihn der Sanitätsrat durch seine Klinik, wo er ihm Fälle von Trippergelenkrheumatismus und Nierenbeckenentzündung zeigt, an Modellen auf mögliche Herzinnenhaut- und Herzklappenentzündung hinweist, ihn durch einen großen Krankensaal mit weiblichen Patienten führt (»alle sind Opfer leichtsinniger Männer«), von denen viele operiert werden müssen. Den Fall einer jungen Frau erzählt der Arzt dem Studenten: Unaufgeklärt hat sie geheiratet, wird von ihrem Ehemann angesteckt, verschweigt die Erkrankung, bis sie zusammenbricht und operiert werden muß, wonach sie keine Kinder mehr bekommen kann. Zuletzt führt der Arzt seinem entsetzten Patienten einen Augentripper bei einem Säugling vor. Wochen später treffen

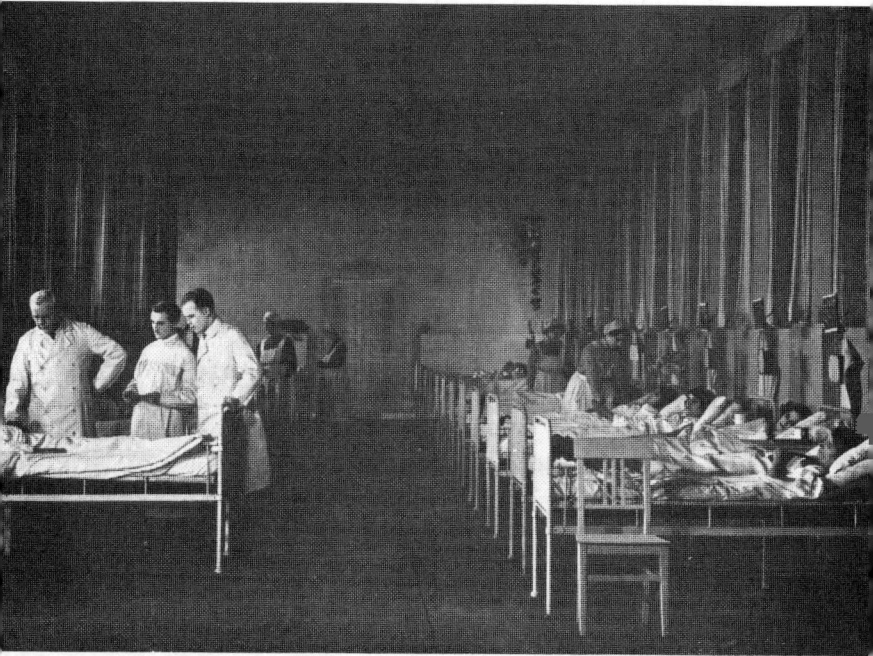

Klinikszene aus ›Falsche Scham‹

sich die beiden wieder, reden über Schutzmaßnahmen und Statistiken (1923 kommen auf 1000 Männer 133 an Gonorrhöe erkrankte; bis 1925 ist die Zahl auf 67 gesunken).

Die dritte Episode, »Geißel der Menschheit«, rankt sich um eine junge Frau, die bei einer befreundeten Familie des Sanitätsrats als Amme engagiert wird, sich mit einem jungen Mann einläßt, der aber bald verschwindet. Obwohl sie kurz danach einen Hautausschlag an der Brustwarze feststellt, säugt sie das Kind weiter, das ein Geschwür an der Lippe bekommt. Der schließlich von der Mutter gerufene Arzt diagnostiziert sofort: Syphilis. Die Amme hatte sich in ihrer Unwissenheit von einem Kurpfuscher behandeln lassen, was natürlich keinen Erfolg zeitigte. Daraufhin erklärt der Sanitätsrat den Eltern und der Amme Entstehung und Verlauf der Syphiliserkrankung. Das Mädchen, das von den Eltern entlassen wird, engagiert der Arzt als Aufwärterin für seine Klinik, wo sie sowohl behandelt wird als auch Präparate von verseuchten Organen betrachten kann und das ganze Elend von Syphiliskranken in verschiedenen Stadien erlebt. Am Ende reichen die Eltern des geheilten Babys der geläuterten Amme verzeihend die Hand.

In der vierten und letzten Episode »Durch Wissen zur Heilung« erfährt der Sanitätsrat vom Schicksal einer jungen Patientin, die mit Syphilis im zweiten Stadium an ihn überwiesen worden ist. Als Waise war sie von ihrer Tante und ihrem Onkel, die auf einem Bauernhof lebten, adoptiert worden. Beide waren schwer syphilitisch, wie ihr der Onkel erzählt, als sie 18 ist. Er hat sich als junger Mann angesteckt, ist behandelt worden, aber nach seiner Heirat hat seine Frau immer nur Totgeburten zur Welt gebracht. Er selbst litt an Rückenmarkschwindsucht. Die Tante erkrankt an Gehirnerweichung. Der Hof muß verkauft werden, die Tante kommt ins Irrenhaus, der Onkel ins Siechenhaus. In der Stadt trifft die junge Waise einen freundlichen jungen Mann, der ihr eine Stelle als Verkäuferin besorgt. Nach Wochen schlafen sie auch miteinander, und zwei Monate später entdeckt sie einen Ausschlag, geht aber eingedenk ihrer Erfahrungen mit Tante und Onkel gleich zum Arzt. Der junge Mann verläßt sie sofort, und in ihrer Verzweiflung wendet sie sich an die Polizei, die den Mann vorlädt und ihm die »Verordnung der Reichsregierung vom 11. Dezember 1918 zur Bekämpfung der Geschlechtskrankheiten« erläutert.

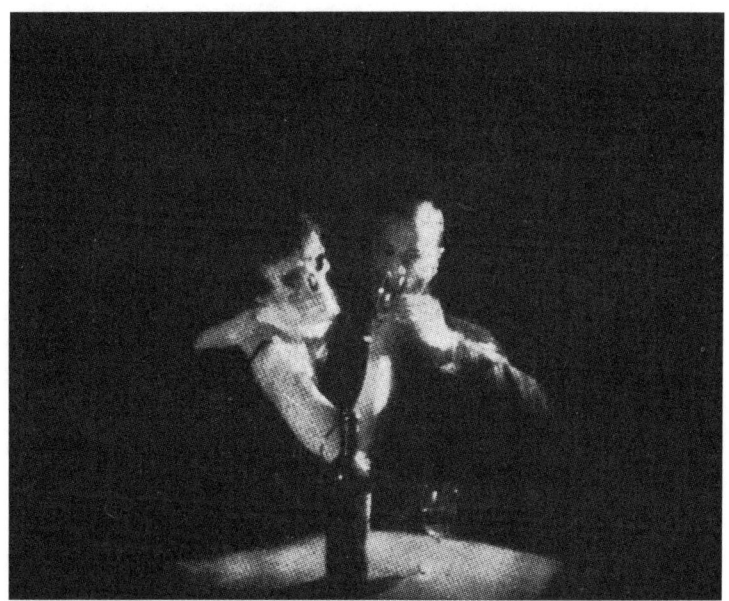

Deutlich droht das Unheil der Unzucht: ›Falsche Scham‹

Der junge Mann offenbart seine ernsten Absichten, zumal Verheiratete und Verlobte nur auf Antrag verfolgt werden können. Er ist auch mit beim Arzt erschienen und erklärt, daß er eine Ansteckung zwar ordnungsgemäß, aber nicht lange genug hat behandeln lassen. Auch in der Folge erweist er sich als ungeduldig, rennt eines Abends in eines der Lokale, in denen er sich früher herumgetrieben hat, will sich wieder mit lockeren Weibern einlassen, aber seine Verlobte folgt ihm und rettet ihn aus den Klauen eines Mädchens, dessen Kopf sie als Totenschädel sieht. Danach geraten sie in ein Kino, wo sie im letzten Akt des dort laufenden Aufklärungsfilms von Syphilis entstellte Türken und an ererbter Syphilis leidende Kinder sehen. Der Mann rennt geschockt davon, und der Sanitätsrat rät dem Mädchen, sich von ihm zu trennen, da sie zwar gesund, er aber noch nicht geheilt sei. Sie folgt dem Rat unter Tränen. Wochen später erscheint der Mann mit einigen Flohstichen, die er für einen erneuten Ausbruch der Krankheit hält, bei dem Arzt. Der nutzt die Gelegenheit, ihm ins Gewissen zu reden, und diesmal kann

Happy-End in ›Falsche Scham‹: Der Sanitätsrat wird Pate

die Behandlung bis zur endgültigen Heilung durchgeführt werden. Das Mädchen und der Mann heiraten, bekommen nach Jahren ein gesundes Kind und laden den Sanitätsrat ein, Pate zu sein.

Mit diesem eher naiven Rührstück, das mit Bildern durchsetzt ist, die das Gruseln lehren können, kann die Ufa nicht an den Erfolg von *Wege zu Kraft und Schönheit* anknüpfen. *So genau* wollten die Zuschauer offenbar nicht aufgeklärt werden. Was Richard Oswald zum gleichen Zeitpunkt bewegt haben mag, ebenfalls einen Film zum Thema Syphilis herzustellen, kann man heute nicht mehr feststellen. Mit *Dürfen wir schweigen?* greift er 1926 auf die Story zurück, die er 1917 im ersten Teil von *Es werde Licht!* schon einmal erzählt hatte – nur ist diesmal die Besetzung hochkarätiger: Conrad Veidt spielt die Hauptrolle des leichtlebigen Künstlers, Walter Rilla den verantwortungsbewußten Arzt, und Fritz Kortner ist in einer kurzen Szene als Quacksalber zu sehen.

Dürfen wir schweigen? ist in einer fast vollständigen Fassung erhalten mit »Blitztiteln« (d. h. mit Zwischentiteln, die in dieser Kopie nur ein Feld lang – genau eine vierundzwanzigstel Sekunde – zu sehen sind und die für die Vorführkopie im Kino durch Standkopierung verlängert wurden). Paul Hartwig malt in seinem Atelier ein junges weibliches Modell. Der Arzt Georg Mauthner kann einen jungen Patienten als (von einer Geschlechtskrankheit) geheilt entlassen. Im Wartezimmer sitzen zahlreiche weitere Patienten. Mauthners Assistentin geht ans Telefon – seine Braut Leonie möchte wissen, ob er mit ihr in die Oper geht. Ihr Vater, der Stadtrat, sitzt neben ihr und qualmt eine dicke Zigarre. Mauthner läßt seine Assistentin ausrichten, daß er noch einen Krankenbesuch zu machen habe.

Einige Tage später: Der Maler liegt verkatert im Bett. Der Arzt verbietet einer Patientin das Stillen. Leonie kommt in die Praxis, beklagt sich bei der Assistentin, daß sie sich vernachlässigt fühlt. Sie ringt Mauthner das Versprechen ab, sie auf eine Party zu begleiten. Es handelt sich um ein Kostümfest bei Paul Hartwig, der sich an Leonie heranmacht, obwohl Georg sie als seine Braut vorstellt. Paul säuft reichlich, verlangt nach Leonie. Am frühen Morgen, die meisten Gäste sind schon gegangen, begibt sich Paul mit einigen Freunden in eine Kellerkneipe. Eine dicke Sängerin gibt ein Lied zum besten. Paul kauft vom Wirt Kokain, schnupft es und halluziniert in der dicken Sängerin Leonie.

Auf Leonies Bitten malt Paul sie. Der Vater ist dabei, schläft aber ein. Paul nutzt die Gelegenheit, Leonie anzufassen. Der Vater wird wach, wundert sich. Der Arzt geht ganz in seiner Arbeit auf. Seine Assistentin meint, er brauche dringend Erholung.

Wieder im Atelier. Leonie gefällt das Bild nicht. Paul malt erst weiter, stürzt sich dann aber lieber auf Leonie. Sie ziert sich. Der Vater kommt dazu. Die beiden erklären sich als verlobt. Paul erscheint in der Praxis von Georg, der ihn zu einer Blutuntersuchung überredet. Der Wassermann-Test ist positiv: Paul hat Syphilis. Nach zwei Jahren könne er heiraten, erklärt ihm Georg, wenn er jetzt mit der Behandlung beginne. Paul bezichtigt Georg der Eifersucht und geht zu einem »Schnellheiler« namens Professor Miller, der ihn in drei Wochen heilen will und dafür kräftig abkassiert. Wenig später findet die Heirat von Paul und Leonie statt.

Nach einigen Jahren: Georg und seine Assistentin haben geheiratet und einen gesunden Sohn – Leonie und Paul eine Tochter, die kränkelt. Paul – wie früher – säuft und hurt. Leonies Kind wird krank, und Georg wird geholt, der erfährt, daß Leonie eine Totgeburt hinter sich hat. Paul kommt schwer angeschlagen nach Hause und weint, als er das Elend sieht.

Leonies Krankheit greift auf das Gehirn über, und sie stirbt. Paul verschwindet. Georg nimmt Leonies und Pauls Tochter Inge in seinem Kinderhort auf.

Einige Jahre später. Paul arbeitet als Anstreicher auf dem Bau, trinkt – wie früher. Inge ist inzwischen eine junge Frau, Georgs Sohn ein erwachsener Mann geworden und in Inge verliebt. Georg ist besorgt und erzählt seinem Sohn die Geschichte von Inges Vater. Inge ist gesund – trotzdem, Georg hält seinen Sohn noch für zu jung, um zu heiraten, und schickt ihn auf die Universität.

Paul, inzwischen zum Penner geworden, irrt durch die Straßen Berlins. In einer Kellerkneipe bricht er schnapstrinkend zusammen, rappelt sich auf, verläßt die Kneipe und fällt auf der Straße endgültig in sich zusammen. Er wird ins Krankenhaus eingeliefert und verlangt nach Dr. Mauthner. Georg kommt, und angesichts des schlechten Zustands verständigt er Pauls Tochter Inge. Paul will wissen, ob sie gesund ist, und als Georg das bejaht, überzieht ein glückliches Lächeln des Todkranken Gesicht.

Bemerkenswert ist *Dürfen wir schweigen?* in erster Linie ob der schauspielerischen Leistung Conrad Veidts, der seine Darstellungskünste seit *Anders als die Andern* ebenso verfeinert hat wie Richard Oswald seine Inszenierungskünste. Das Ganze ist ein sorgfältig konstruiertes, sorgfältig inszeniertes und sorgfältig ge-

Maler und Modell: Szene aus ›Dürfen wir schweigen?‹

spieltes Melodram. So ähnlich sieht es auch der Rezensent im *Reichsfilmblatt* (Nr. 15/1926): »Über die Verquickung von Kultur- und Spielfilm ist in letzter Zeit wieder viel gestritten worden. Eine recht glückliche Lösung war beispielsweise der Film ›Falsche Scham‹, der geschickt Kulturthema und Spielhandlung ohne Konzessionen nach irgendeiner Seite zusammenfügte. Richard Oswald hat wohl, indem er ein früher von ihm schon verfilmtes Thema wieder aufgriff, kaum dieselbe Absicht gehabt. Es kam ihm wohl in erster Linie auf einen handfesten Spielfilm an, der nur ein eingängliches Thema und eine straffe Handlung nötig hat, um einen Publikumserfolg zu verbürgen. Der Kern des Ganzen, die Warnung vor Leichtsinn, die Warnung vor geschlechtlicher Ausschweifung, bleibt hier nun eigentlich etwas im Hintergrund. Man könnte das für dezent, für wohltuende Zurückhaltung, man könnte es aber auch für einen

– willkommenen – Anlaß nehmen, einen wirkungssicheren Film zu machen. Es ist im Grunde auch gleichgültig: Richard Oswald, mit seiner hier etwas verfeinerten Routine, die wir an ihm kennen, hat uns hier einen Film bereitet, der in unterhaltenden Bildern das Drama eines leichtsinnigen Menschen, der seine Familie und sich ins Unglück reißt, entrollt. Das wird heute, wenn auch die Dramaturgie etwas leichtgeschürzt arbeitet, von jedem Besserwollenden als eine positive und begrüßenswerte Leistung anerkannt werden. Der Film ruht auf den Schultern von Conrad Veidt. Er stattet die Gestalt mit den Farben aus, die sein Künstlertum gerade in neuerer Zeit belebt haben. Besonders in den letzten Szenen gibt er der Tragödie des Leichtsinns eine endgültige Prägung. Fritz Kortners markanter Kopf blitzt in einigen wohl etwas scharf zur Satire zugespitzten Kurpfuscher-Szenen auf.«

Wie *Falsche Scham* wird auch *Dürfen wir schweigen?* 1926 im Rahmen der »Reichs-Gesundheits-Woche« eingesetzt. Steht in ersterem Film die Information über die Gefahren der Geschlechtskrankheiten im Vordergrund, stellt die Spielhandlung eher Beiwerk oder Verpackung dar, so ist es in Oswalds Film umgekehrt; hier ist die Information über die Folgen der Syphilis eher eine Zugabe zur melodramatischen Story. In einem dritten, ebenfalls 1926 erschienenen Spielfilm dagegen dient die Information über die Gefahren, denen sich junge Mädchen im Ausland gegenübersehen, lediglich als Vorwand für eine spekulative Kolportage-Story, die ebenso grotesk wie rassistisch angehaucht ist: *Mädchenhandel* (Regie Jaap Speyer) schildert das »Schicksal« von zwei jungen deutschen Mädchen, denen in der Fremde übel mitgespielt wird.

Das erste Opfer der Mädchenhändler ist die junge Tänzerin Ida Schulz, die sich Geld für ihre Tanzstunden verdient, indem sie in Nachtlokalen Zigaretten verkauft. Als ihr ein distinguierter Gast ein Engagement für das Budapester Varieté »Purpur-Paradies« anbietet, nimmt sie das Angebot mit Zustimmung ihrer Eltern an – in der Meinung, im Ausland schneller Karriere machen zu können. Das zweite Opfer ist die Malerin Irene Wendtland, die Braut von Geza Farkacz, Leutnant der Budapester Polizei. Sie übernimmt auf Vermittlung eines Athener Kollegen von Geza eine Stelle als Reisebegleiterin der vornehmen Frau von Erdödyi. Die und der vermeintliche Athener Polizeidezernent Arut Akkunian, der bei Bedarf als asiatischer Hausierer, deutscher Professor oder seriöser Großkaufmann auftritt, sind Mädchenhändler.

Es kommt, wie es kommen muß: Die Mädchen landen im »Elysium«, dem berühmtesten Freudenhaus von Athen. Mit Hilfe von Matrosen können sie sich befreien; die Mädchenhändler entkommen. Geza verfolgt sie in Begleitung der beiden Damen nach Konstantinopel, wo es den Mädchenhändlern gelingt, die beiden Mädchen erneut zu entführen. Erst mit einer Polizei-Großaktion können die Damen wieder befreit und die Übeltäter überwältigt werden.

Die »Botschaft« am Ende des Films lautet: »Dringende Warnung an auswandernde Mädchen! Nimm keine Stellung im Ausland an ohne sichere Erkundung. Wende dich in Not und Gefahr an das Deutsche Nationalkomitee zur Bekämpfung des Mädchenhandels« – die Quintessenz der latent ausländerfeindlichen respektive nationalistischen Tendenz des Films; und überdeutlich die jüdischen Züge, die die Darsteller Klein-Rogge und Regisseur Speyer der Figur des Mädchenhändlers in den unterschiedlichen Verkleidungen verleihen. Man nützt auch weidlich die Gelegenheit, in den Bordellszenen die Damen leichtgeschürzt auftreten zu lassen, und selbstverständlich macht eine Negerband die Musik zum dekadenten Treiben. Da kann auch eine Szene am Anfang nur bedingt entschädigen, in der das Schlagwort vom Geschlechterkampf wörtlich genommen wird: Nach dem Zwischentitel »Ein modernes Brautpaar« gehen der Polizeileutnant und seine Verlobte mit Boxhandschuhen aufeinander los – um sich am Ende des Kampfes innig zu küssen.

Dem Rezensenten der *Filmwoche* bleibt die spekulative Absicht von *Mädchenhandel* keineswegs verborgen, wie sein launiger Text vom 19.1.1927 beweist: »Eine schmissige Sache, die sich sozusagen in den Dienst der Bekämpfung des weißen Sklavengeschäftes stellt. Wir Mitteleuropäer glauben gelegentlich gar nicht an das Vorhandensein des Mädchenhandels, und nur wenn man von Zeit zu Zeit die Propagandaschriften irgendeines Anti-Verbandes in die Hand bekommt, hat man das Gefühl, als ob ganz Hamburg oder ganz Bremen nur auf der Lauer lägen nach zu exportierenden ›Baumwollsäcken‹ oder anderen harmlosen Dingen. Nun, wenn Südamerika tatsächlich einen so starken Bedarf an dergleichen ›Ware‹ haben sollte, so sind diese Filme

Bedrohte Unschuld: ›Mädchenhandel‹

natürlich ein verdienstvolles Werk. Aber auch wenn die Anti-Verbände die Gefahr übertreiben und die Bordelle in Argentinien gar nicht so aufnahmefähig sein sollten, so bliebe doch der Film noch immer verdienstvoll im Hinblick auf die Kinokassen, denn auch hier gibt es Meriten zu erlangen. Hier also hat Regisseur Jaap Speyer ein dankbares Motiv verwandt, Mary Kid und Vera Engels sind stark mitleiderregende Opfer der Dramaturgen, Klein-Rogge ist ein ganz Gehenkter, dem man eine so niederträchtige Handlungsweise schon zutrauen kann – und die übrigen Darsteller kommen wie aus der Pistole geschossen im rechten Augenblick in die jeweilige Dekoration, damit Handlung und Spannung nie abreißen. Ein gut gemachter Film, der ohne Ehrgeiz seinem Ziel, zu unterhalten, gerecht wird.«

Mit Ehrgeiz gemacht, und zwar, um die Diskussion über die Abtreibung und den entsprechenden Paragraphen des Gesetzbuchs (218) beziehungsweise seine Abschaffung oder Änderung weiterzuführen, ist der ebenfalls 1926 gestartete Spielfilm *Kreuzzug des Weibes* von Martin Berger. Mit einer dramatischen Hinterhaus/Vorderhaus-Geschichte und einer hochkarätigen Besetzung (Conrad Veidt als Staatsanwalt, Maly Delschaft als seine Verlobte, Werner Krauss als »der idiotische Sohn der Portiersfrau« und Harry Liedtke als Arzt) plädiert der Film für das, was man heute »ethische« und »soziale Indikation« nennen würde.

Es beginnt poetisch: »Und Stürme brausen um die Wette/Vom Meer auf's Land, vom Land auf's Meer/Und bilden wütend eine Kette/Der tiefsten Wirkung ringsumher.« Dann sieht man erst Wolken, Meer, Wellen, Felsen; schließlich die Verlobten. Der Sturm drückt ein Fenster auf, es gibt Scherben. »Wie schön ist die Natur im Sturm«, sagt sie. »Ja. Doch der Mensch darf nicht wie sie hemmungslos seinen Trieben folgen«, antwortet er. »Jeder Zoll ein Staatsanwalt«, stellt sie fest.

Der Arbeiter und die Arbeiterin sind beim Arzt, der die schwangere Frau untersucht. Obwohl das Kind »kränklich sein wird«, will der Arzt keine Abtreibung vornehmen. Gleichzeitig warnt er vor Kurpfuschern und äußert Bedenken, selbst einzugreifen. Szenenwechsel: Der »moderne Ehemann« läßt sich von seiner Zofe bedienen. Die »moderne Ehefrau« kommt dazu – und haut ihm eine runter. Die Verlobte des Staatsanwalts liest derweil einen Brief, der ihre Anstellung als Lehrerin bestätigt. Die Zofe und die Ehefrau erscheinen beim Staatsanwalt, der in der Akte liest. Rückblende: »Für deine Vaterfreuden werde ich meine Figur nicht verderben«, sagt die Ehefrau – ihren Hausarzt fragt sie: »Werden Sie mir helfen?«

Die Portiersfrau rät der Arbeiterin, »es selbst zu machen«, weil das so viele tun. Währenddessen spielt ihr erwachsener, debiler, stets essender Sohn mit einem Schäferhund. Der Hausarzt (des modernen Ehepaars) verteidigt sich beim Staatsanwalt: »Die Blutungen zwangen mich dazu.« Der Staatsanwalt entgegnet: »Die Mutterschaft ist in jedem Fall heilig. Wir werden sie gegen frivole Übergriffe zu schützen wissen.« Doch im vorliegenden Fall ist der Hausarzt exkulpiert, der Staatsanwalt kann nicht gegen ihn vorgehen. Die Arbeiterin stirbt im Bett, umringt von ihren drei Kindern. Ihre älteste Tochter sucht die Portiersfrau, trifft aber auf die Lehrerin. Der Staatsanwalt unterschreibt indessen einen Haftbefehl für das Arbeiter-Ehepaar. Der Arzt kommt zu den Arbeitern: »Hätten Sie diese armen Menschen nicht vor dem Unglück bewahren können«, fragt ihn die Lehrerin. Der Arzt beruft sich auf das Gesetz. Ein Kriminalbeamter verhaftet den Arbeiter. Die Lehrerin sieht auf dem Haftbefehl die Unterschrift ihres Verlobten.

Die dritte Rolle des Films fehlt in der Kopie des Bundesfilmarchivs; wir übernehmen die Inhaltsangabe für diesen Teil des Films aus der *Deutschen Filmwoche* (Nr. 42/1926): »Dies spielt sich in einem Hinterhause ab. Im Vorderhause wohnt eine junge Lehrerin, Verlobte des Staatsanwalts. Sie bemüht sich, den Arbeiter frei zu bekommen. Vergeblich. Ihr Verlobter darf rein menschlichen Empfindungen nicht nachgeben. Und damit klingt der erste Mißton in ihr bisher harmonisches Verhältnis. Nur äußerlich ist der Staatsanwalt der gefühllose Beamte. Wohl versteht er das Empfinden seiner Braut. Um sie zu versöhnen, sendet er ihr eine Aufmerksamkeit in der Gestalt eines Delikateßkorbes. Die Lehrerin ist bei den verwaisten Kindern, und so gibt der Bote den Korb in der Portierswohnung ab. Dort aber ist im Augenblick der Sohn der Portiersfrau, ein Idiot, allein. Er nimmt eine Flasche Sekt aus dem Korb und trinkt sie leer. Im beginnenden Rausche sieht er die Lehrerin nach ihrer Wohnung hinaufgehen. Er stiert ihr nach: Weib! Dann torkelt er hinauf zu ihr!! – Nun stehen sie sich gegenüber. Seine gereizten Sinne fiebern. Die blendende Haut ihres Körpers, die ihm aus ihrem Négligée entgegenschimmert, übt eine faszinierende Wirkung auf ihn aus. Sein animalischer Instinkt bricht los. Und nun, ganz Tier, stürzt er auf sie zu. Er, der Idiot, den sie nie als Mann gewertet. Aus ihrer Betäubung erwacht sie, am Boden liegend. Langsam kommt ihr zur Erkenntnis, was geschehen. Mit einem Entsetzensschrei stürzt sie zum Fenster, will in rasender Verzweiflung um Hilfe rufen. Unten in der Nacht schreitet in gemächlicher Würde ein Schutzmann auf und ab. Ein Beamter! Und blitzschnell reift die Erkenntnis: Der hilft nicht. Nicht mehr. Sobald es die Behörde weiß, ist es um ihren Ruf geschehen. Sie: Objekt

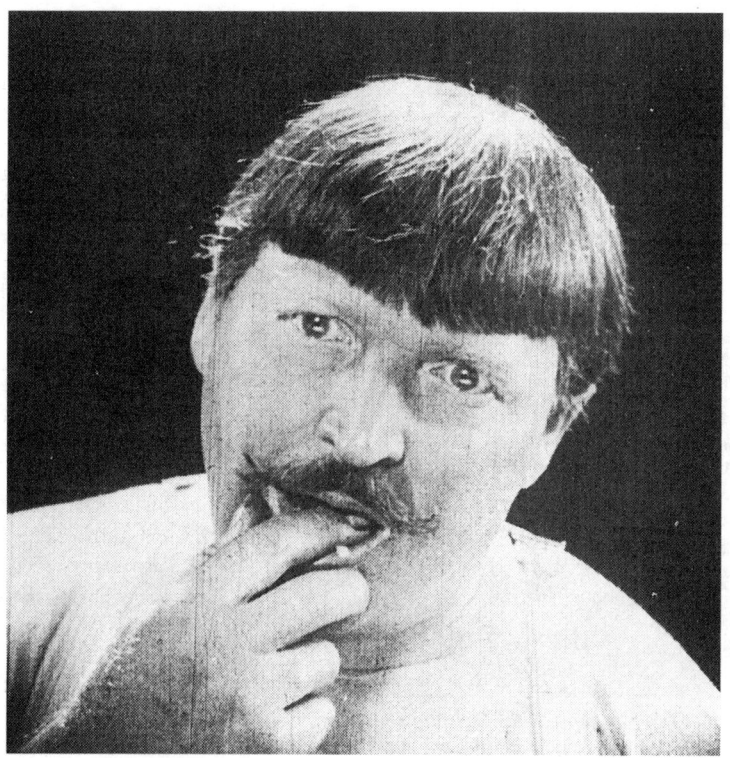

Der Schänder: Werner Krauss als Debiler in ›Kreuzzug des Weibes‹

einer ›Sensation‹, durch den Schmutz geschleift, erbärmlichster Neugier der Öffentlichkeit preisgegeben – verstoßen, verhöhnt! Und das Schlimmste, Unüberwindliche: den Mann, den sie liebt – ihn müßte sie verlieren!«

Der verhaftete Arbeiter versucht, sich vor dem Staatsanwalt zu verteidigen: Er habe nicht gewollt, daß noch ein Kind hungern muß. Die Lehrerin denkt nach, schreibt an den Staatsanwalt, sie wolle allein sein. Der Arzt (der Arbeiter) weist beim Staatsanwalt auf die wirtschaftliche Not der Familie und die mögliche Krankheit des Kindes hin. Der Staatsanwalt erwidert, die Ursache liege in der »moralischen Verlotterung«. Der Arzt hält dagegen, daß nur tiefe Muttergefühle und äußerster Zwang eine Frau so handeln ließen. Er zeigt dem Staatsanwalt ein Buch:

Die Geschändete: Maly Delschaft in ›Kreuzzug des Weibes‹

»Versuch über das Bevölkerungsgesetz oder Eine Betrachtung über seine Folgen für das menschliche Glück« von Pfarrer T. R. Matthus. Ein Zitat lautet: »Gesetzgeber und Staatsmänner beförderten die Volksvermehrung aus Rücksicht auf die Macht zum Angriff oder zur Verteidigung ...« Der Staatsanwalt meint, man könne andere Wege beschreiten, wenn »das Weib sich beherrscht«. Abtreibung bleibe »Mord«. Der Arzt sagt: »Einen kranken Keim zu beseitigen, dient dem Wohl des Volkes.« Einblendung: ein Soldatenfriedhof. Der Staatsanwalt sieht keine Parallele.

Während der Staatsanwalt den Brief der Lehrerin liest, ist der Arzt bei ihr. Sie weint. Sie will von dem Kind – an dessen Entstehen sie unschuldig ist – befreit werden und befürchtet aus dem Staatsdienst entlassen zu werden. Der Arzt sagt, sie müsse dem Staat ihre Unschuld beweisen. Auf der Straße sieht er den

Staatsanwalt kommen. Die Lehrerin weint und will allein gelassen werden. Der Arzt geht, kehrt aber wieder zurück, als er sieht, daß der Staatsanwalt weitergeht. Er will sie von einer »unüberlegten Tat« zurückhalten, erklärt er der Lehrerin, und er »werde einen Ausweg finden«.

In seinem Büro arbeitet der Staatsanwalt Akten durch. Der Arzt sucht ihn auf, schildert ihm den Fall der Lehrerin, ohne ihren Namen zu nennen, und fragt: »Würden Sie sich damit abfinden?« Der Staatsanwalt verbittet sich derart Persönliches. Daraufhin begibt sich der Arzt zu der Lehrerin, erklärt sich bereit, ihr zu helfen und die Verantwortung dafür zu übernehmen. Nachdem er den Eingriff unternommen hat, stellt er sich dem Staatsanwalt. »Wer ist die Frau?« will dieser wissen. Die Antwort ist ein schwerer Schock für ihn. Er geht zu seiner Verlobten und will wissen: »Wer ist der Mann?« Er wolle wohl prüfen, ob sie wirklich schuldlos sei, meint sie und wirft ihn hinaus.

Vor der Wohnung trifft der Staatsanwalt auf den idiotischen Sohn der Portiersfrau, und es kommt zu einem Kampf. Der Arzt – auf dem Weg zu seiner Patientin – trennt die beiden. In seinem Büro hat der Staatsanwalt eine Vision: Seine Braut erscheint ihm, fällt in Ohnmacht, tritt schemenhaft aus ihrem Körper und reiht sich ein in eine lange Schlange nackter Gestalten, die langsam über eine Brücke schreiten – des Gesetzes zahlreiche Opfer. Der Staatsanwalt schreibt einen Brief: Er müsse seine Braut anklagen, könne sie aber moralisch nicht verdammen; er erbittet seine Entlassung aus dem Staatsdienst. Der Arzt berichtet der Lehrerin: Er hat seinen Irrtum erkannt. Der Staatsanwalt kauft Blumen und bringt sie seiner Verlobten. Happy-End.

»Ein charaktervoller Film, ein ehrlicher Film! Eine Arbeit, die sich bemüht, aller Konvention aus dem Wege zu gehen, die Probleme nicht nur aufrollt, sondern auch zu lösen versucht. Ein mutiger Film – und ein Film, der gelungen ist«, urteilte die *Deutsche Filmwoche* (Nr. 43/1926). Und der *Kinematograph* (Nr. 1024/1926) meinte: »Es ist gewiß schon eine Sensation, drei Künstler vom Range Conrad Veidts, Werner Krauss' und Harry Liedtkes in einem Filmwerk zusammen wirken zu sehen. Man muß aber Arthur Ziem (dem Produzenten, Anm. d. A.) attestieren, daß er diese drei prominenten Künstler als Darsteller für seinen Film ›Kreuzzug des Weibes‹ nicht nur gewählt hat, um diese ›Namen‹ zusammen auf dem Programm zu haben. Der heikle Stoff des Films brauchte an Darstellern das Beste, was zu haben war. Der Film behandelt den von Hygienikern und mehr noch von Sozialpolitikern viel umstrittenen § 218. (...) Den Verfassern des Manuskriptes, Dosio Koffler und Martin Berger, ist hoch anzurechnen, daß sie das Thema mit Takt und Geschmack abhandeln.«

Dem ist durchaus zuzustimmen, auch wenn es heute befremden mag, daß eine durchaus progressive »Botschaft« in eine höchst melodramatische, also konventionelle, Form »verpackt« wird. Maly Delschaft als Lehrerin leidet heftig und weint viel, aber das uns heutzutage übertrieben und outriert erscheinende Agieren der Darsteller findet sich ebenso in den (inhaltlich als Pioniertaten zu wertenden) Filmen Oswalds wie in dem 1928 erscheinenden Stummfilm *Geschlecht in Fesseln* von Wilhelm Dieterle, in dem der Regisseur selbst die Hauptrolle spielt.

»Dieser Film wurde hergestellt nach einer Arbeit über die Sexualnot der Strafgefangenen von Franz Höllering und auf Grund tatsächlicher Mitteilungen von Karl Plättner, dem Verfasser des ausführlichen Buches ›Eros im Zuchthaus‹, für das er Material in achtjähriger Haft gesammelt hat«, heißt es am Anfang. Helene, die Frau des Ingenieurs Franz Sommer, putzt das Türschild, auf dem sein Name steht. Ihr Vater kommt für eine Stunde auf der Durchreise zu Besuch. Helene tut, als rufe sie ihren Mann in der Fabrik an, aber tatsächlich ist Franz arbeitslos, was sie dem Vater verheimlicht. Zur Zeit assistiert Franz einem Fotografen. Er trifft seinen früheren Direktor, der ihm eine Empfehlung mitgibt. So wird Franz Vertreter für Staubsauger auf Provisionsbasis.

Bei einer reichen Frau, die eine Zofe und eine Katze hat, führt er den Staubsauger vor. Dann kauft die Frau aber doch nicht, sondern füttert lieber ihre Katze mit Sahne. Franz sieht hungrig zu. Montage: Franz klopft an viele Türen. Er bekommt seine Provision, gibt dem Kassierer Geld zurück, weil der versehentlich zuviel ausbezahlt hat. Helene arbeitet in einem Gartenlokal als Bedienung. Franz besucht sie, und sie beschwert sich bei ihm, daß ein Mann mit Melone sie belästige. Franz stellt den Gast zur Rede, es kommt zu einem Gerangel, der Mann stürzt unglücklich, schlägt mit dem Kopf auf eine Treppe.

Im Untersuchungsgefängnis. Franz wird von seiner Frau besucht. In seiner Zelle schwört der Fabrikant Steinau demjenigen

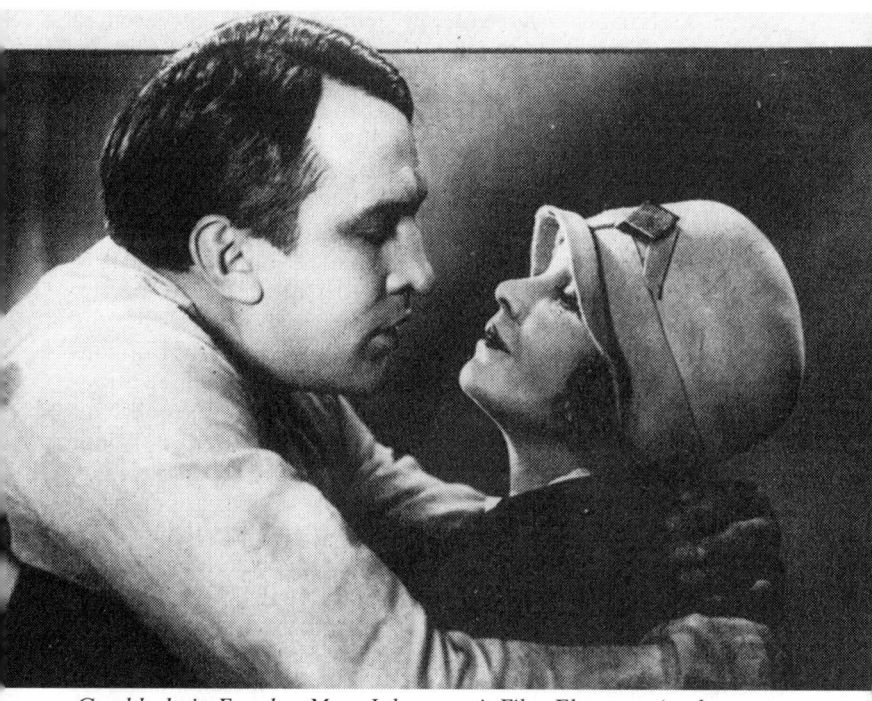

›Geschlecht in Fesseln‹: Mary Johnson mit Film-Ehemann (und Regisseur) Wilhelm Dieterle

Rache, der ihm die Haft eingebrockt hat. Franz sorgt sich um seine Frau. Helene besucht ihren Vater und erklärt ihm, sie wolle sich von Franz scheiden lassen. Der Vater entgegnet daraufhin: »Dann haben wir uns nichts mehr zu sagen.« Franz erhält von seiner Frau ein Paket mit Lebensmitteln, Steinau wird gegen Kaution entlassen. Er verspricht Franz, sich um seine Frau zu kümmern. Was er auch tut: Helene bekommt einen Brief von ihm, woraufhin sie ihn aufsucht. Steinau gibt ihr eine Stelle in seinem Büro. Franz Sommers Anwalt hofft, daß der Verletzte überlebt. Er bietet Franz eine Zigarette an, die dieser nur unwillig raucht, weil er eigentlich Nichtraucher ist. Das Verfahren gegen Steinau wird eingestellt. Er will Schadensersatz.
Helene liest in der Zeitung, daß der Mann, den Franz niedergeschlagen hat, gestorben ist. Sie zeigt die Meldung Steinau, der ihr helfen will. In der Gerichtsverhandlung wird Sommer zu drei

Jahren Gefängnis verurteilt. In seinem Büro legt Steinau Helene einen kalten Umschlag auf die Stirn. Sie sorgt sich, ob man drei Jahre überleben kann. Im Gefängnis wird um neun Uhr abends das Licht gelöscht. Franz träumt von Helene. »Das legt sich auch«, sagt ein älterer Häftling. Steinau schreibt einen Brief: »… muß man den Schuldigen so bestrafen, daß seine Strafe auch den Unschuldigen trifft?« Franz zerkrümelt Brot, ein jüngerer Mitgefangener formt aus dem Brot eine nackte Frau: »Warum dürfen wir essen, trinken, schlafen – nur das nicht?« Steinau will Helene beurlauben, sie aber möchte arbeiten. Im Hof des Gefängnisses gehen die Gefangenen im Kreis herum. Einer sieht eine Scherbe auf dem Boden und denkt an Entmannung. Wärter bringen ihn zum Arzt. Der nennt ihn einen Simulanten, woraufhin der Sträfling die Brille des Arztes zertritt. Helene liest im Büro einen Brief von Franz, in dem er seiner Angst Ausdruck gibt, auch der »Verworfenheit« zu verfallen. Sie zeigt den Brief Steinau. Der will es zu seinem Lebenswerk machen, den Strafgefangenen zu helfen, damit sie nicht an der sittlichen Ordnung verzweifeln. Helene besucht Franz. Er sinkt vor ihr auf die Knie, umfaßt sie, schwitzt heftig. Das Taschentuch, mit dem sie ihm den Schweiß abwischt, nimmt er – obwohl das verboten ist – mit in die Zelle. Es kommt wegen des Taschentuchs zu einer Rangelei mit den anderen Zelleninsassen; Wärter kommen, einer der Sträflinge dreht durch, entwendet einem Wärter die Pistole und erschießt sich. Franz muß drei Tage in die Strafzelle, weil er das Taschentuch mitgenommen hat. Franz träumt wieder von Helene. Montage: Kalender der Jahre 1926/27/28. Helene streicht die Tage durch, streichelt das Kopfkissen neben sich im Bett. Alfred, ein junger Sträfling, wird zu Franz und den anderen in die Zelle eingewiesen. Helene macht mit Steinau einen Auto-Ausflug aufs Land. Sein Ansinnen, sie solle mit zu ihm nach Hause kommen, lehnt sie ab. Er bringt sie nach Hause, und in ihrer Wohnung sieht sie überall Franz. Sie rennt auf die Straße. Steinau hat eine Bar aufgesucht. Helene, außer sich, klopft an das Gefängnistor, verlangt nach ihrem Mann. Ein Wärter und ein Schäferhund vertreiben sie. Helene irrt durch die Straßen, sieht eine Dirne, die mit einem Freier weggeht, landet vor Steinaus Villa, als dieser gerade nach Hause kommt. »Mein Mann!« ruft sie mehrfach aus, dann nur noch: »Mann!« Steinau und sie fallen sich in die Arme.

In einer Doppelbelichtung taucht Helene nackt in der Zelle auf. Alfred legt kurz seinen Kopf auf den Arm von Franz. Sechs Uhr, wecken, duschen. Helene, gesehen durch die Gitterstäbe des eisernen Zauns vor Steinaus Villa. Gottesdienst für die Gefangenen. Alfred malt die Namen Franz und Alfred ins Gebetbuch und zieht einen Kreis darum. Der Geistliche predigt: »Widerstrebt dem Bösen, so euch Versuchung überkommt!« Helene liest einen Brief von Franz, in dem er von ihrer »Treue und Tapferkeit« spricht. Sie will ihm »alles« sagen, teilt sie Steinau mit. Alfred hat Angst, daß Franz ihn verachtet. Sie reichen sich die Hände. Helene sucht den Gefängnisdirektor auf: »Bestrafung sollte kein Racheakt der Gesellschaft sein, sondern eine notwendige Belehrung im Zusammenleben mit Menschen.« Helene fragt, warum es keine Besuchsstunde für Eheleute ohne Beaufsichtigung gebe. Der Gefängnisdirektor will eine Ausnahme machen: »Nur ein Viertelstündchen.« Während der Direktor im Zimmer nebenan mit seiner Familie Kaffee trinkt, geschieht zwischen Helene und Franz nichts. Sie weint, er geht betrübt in

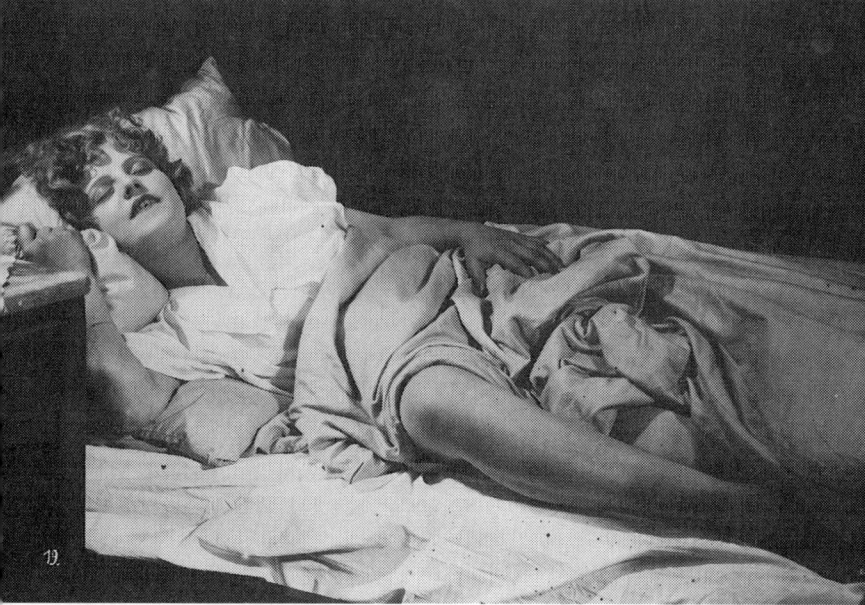

Sehnsucht nach ihrem (oder einem) Mann: ›Geschlecht in Fesseln‹

seine Zelle zurück. Helene erklärt Steinau, sie habe Franz nichts sagen können. Steinau will Helene heiraten, aber sie sagt, sie liebe nur Franz.

Alfred wird entlassen. Steinau will, daß Franz Helene freigibt, sie aber sagt Steinau, er solle sie vergessen. Steinau spricht mit einem Abgeordneten über die Reform des Strafvollzugs. Er fordert Urlaubsmöglichkeiten für die Gefangenen statt Soda und Freiübungen. Der Abgeordnete erklärt, er wolle keine Sofas in die Zellen stellen, woraufhin Steinau ihm erklärt, nun wisse er, wen er nicht mehr wählen würde. Franz wird entlassen, fährt mit Helene im Taxi durch die Stadt. Zu Hause freut er sich über die nicht verschlossenen Türen, macht sie immer wieder auf und zu. Nun könne er wieder überall hingehen, sagt er zu Helene – nur nicht zu ihr. Sie meint, Steinau habe mit ihm gesprochen und kniet vor ihm nieder. Es sei alles anders geworden, sagt er. Und: »Das Gesetz straft gründlich.« Alfred erscheint mit Blumen an der Wohnungstür und bittet Helene, ihm zu verzeihen, falls er ihr Glück zerstört habe. Franz steht am Gashahn. Helene sagt: »Wir gehören zusammen – wie in der Liebe, so in der Schuld.« Franz sagt: »Auch im Ende.« Er dreht den Gashahn auf. Montage von Großstadtbildern. Dann noch einmal Großaufnahmen: Helene und Franz.

Ähnlich wie bei *Hygiene der Ehe* beantragt eine Landesregierung, diesmal die bayerische, zwei Jahre nach der Uraufführung von *Geschlecht in Fesseln* den »Widerruf der Zulassung des Bildstreifens, weil er geeignet erscheint, die öffentliche Ordnung zu gefährden und entsittlichend zu wirken«. Der Antrag der Landesregierung stützt sich im wesentlichen auf die Ausführungen des katholischen Geistlichen der Strafanstalt Zweibrücken, der sich über zahlreiche Szenen des Films süffisant-polemisch mokiert; das wollen wir uns hier ersparen, ebenso wie die zwölfseitige Begründung der Film-Oberprüfstelle, warum der Antrag auf ein Aufführungsverbot abgewiesen wird. Mit Entscheidung vom 16.1.1930 verfügt die Film-Oberprüfstelle gleichzeitig aber folgendes (und nimmt dem Film damit erhebliche Teile seiner Stoßrichtung und Aussage):

»Auf Antrag des Bayerischen Staatsministeriums des Innern wird die durch Entscheidung der Filmprüfstelle Berlin vom 11. Oktober 1928 – Nr. 20390 – ausgesprochene Zulassung folgender Teile des Bildstreifens verboten:

In Akt III die Titel 4 und 11: ›Ich hab' schon erlebt, daß sich einer selbst entmannt hat, nur damit er endlich schlafen konnte‹, sowie die Darstellung des Gefangenen vor und nach Titel 11, der beim Spaziergang auf dem Gefängnishof eine Scherbe erblickt, sich darauf stürzt und alsdann von zwei Aufsehern gepackt wird. Länge: 13,50 m

In Akt IV nach Titel 6: die Taschentuchszene von dem Augenblick an, wo an den das Taschentuch liebkosenden Gefangenen erst einer, dann zwei Mitgefangene herantreten, die ihm das Taschentuch zu entreißen versuchen, worauf eine allgemeine Balgerei entsteht, bis zu dem Augenblick, wo sich die Zellentür öffnet und zwei Aufseher erscheinen. Länge: 8,80 m

In Akt IV nach Titel 12ff: Frau Sommer rast an das Gefängnistor, ein Aufseher öffnet, ein Hund erscheint bellend, worauf sie fortstürzt, einschließlich der Titel 13–18: ›Mein Mann!‹ und ›Mann‹, sowie die Großaufnahme des Kopfes der die Worte ›Mann‹ stammelnden Frau. Länge: 38,60 m

In Akt V vor Titel 1: Ein Gefangener klettert über den Bettrand und liebkost seinen Mitgefangenen. Länge: 9 m

In Akt V, Titel 14: die Worte: ›Die Gesetze der Menschen sind schlecht und brutal; sie reißen uns unbarmherzig in die Tiefe!‹

In Akt VI, Titel 10a: ›Ich weiß, daß es in der Theorie einen modernen Strafvollzug gibt. In der Praxis ist jedoch alles beim alten geblieben.‹

(In Akt II, Titel 6 wird das Wort ›Gefängnis‹ ersetzt durch ›Untersuchungsgefängnis‹.)«

Kurz vor Ende des 20. Jahrhunderts, zu einer Zeit, in der jeder »Text« – das heißt auch Fotos, Filme, Videos – »digitalisiert« und damit gnadenlos manipuliert werden können, wirken derlei zensorische Eingriffe eher harmlos; doch darf man nicht vergessen, daß sie durchaus wirkungsvoll sind, indem sie im vorliegenden Beispiel dem Film *Geschlecht in Fesseln* entscheidende Äußerungen nehmen. Ob dies zwei Jahre nach Uraufführung des Films noch groß ins Gewicht fällt, kann dahingestellt bleiben.

Bei Erscheinen des Films jedenfalls überschlägt sich Curt Kramarski, Filmkritiker der Berliner Zeitung *Welt am Montag,* (am 29.10.1928) geradezu in blumigem Lob für das Dieterle-Werk, nachdem er sich philosophische Gedanken über den Stand der Dinge in der Filmkunst gemacht hat: »Wenn man die technischen Fortschritte des Films betrachtet, ist es erstaunlich, wie sorgsam er sich hütet, sich neue Aufgaben zu suchen, unbetretene Pfade gangbar zu machen. Auch künstlerisch Schritt zu halten mit der rasenden Entwicklung der Technik. Mit dem Stofflichen beginnt's und hört's auf. Der Film, ein Kind noch, in erster Generation, klebt rettungslos am Alten, droht zu ersticken in Traditionen und Konventionen. Nicht Menschen, gleich uns, leben in Filmland, Menschen von Fleisch und Blut, mit ihren Sorgen und Nöten, mit ihren Ängsten und Qualen, sondern Puppen, Mißgeburten leergepumpter Dramaturgengehirne, die in der Geisterstunde ins Leben beurlaubt werden. Alles Neue ist gefährlich, wert, in den – Papierkorb befördert zu werden. Inmitten dieser geistigen Reaktion ist deshalb die Uraufführung im Tauentzien-Palast ›Geschlecht in Fesseln‹ doppelt und dreifach begrüßenswert. Der Film weist auf neue Aufgaben, neue Perspektiven hin und zeigt mit voller Klarheit die großen Auswirkungsmöglichkeiten der Kamera, die bisher völlig unausgeschöpft blieben. Ein Bildstreifen, der nicht banaler Unterhaltung dient. Ein Zweckwerk mit der einen, klar sichtbaren, unverhüllten Tendenz: die Not und die Leiden der Eingekerkerten sowie ihrer in Freiheit lebenden Gefährtinnen so echt und wahr und cindringlich zu schildern, daß das Gewissen aller derer, die schuld an diesem Mißstand sind, wachgerüttelt wird. Ein Werk, geschrieben mit dem ehernen Griffel furchtbarer Realistik, von der Kamera aufgefangen wie von einem menschlichen Auge, das gewöhnt ist, objektiv und ungeschminkt die Dinge zu betrachten. Sexualnöte, Dinge, die man sonst im Flüstertone abzutun pflegt, sind hier mit Ernst und Sachlichkeit, wenn auch mit notwendiger Diskretion so frei und offen behandelt worden, daß man starke Nerven braucht, um der Handlung folgen zu können. *Dieterle* in der Hauptrolle. *Dieterle* als Regisseur. Zwei Kunstleistungen, zwei Gipfelleistungen. Die Darstellung von seltener Einfachheit, unposenhaft, unstarmäßig und gerade deshalb so wirksam, so erschütternd. Von der geschickten, zielsicheren Regieführung profitiert am meisten Mary Johnson, die sich sehr zu ihrem Vorteil verändert hat. Der große Erfolg dieses eigentlich ganz kleinen und – materiell gewertet – billigen Spielfilms weist dem Film die Rolle, die er zu spielen hat: Vorkämpfer neuer Ideen, Mitstreiter im Kampf um alle aktuellen Probleme zu sein. Mehr als alle Kultureinrichtungen, mehr als

130

Theater und Literatur fällt dem Film seiner immer noch unterschätzten Bedeutung wegen die große Aufgabe zu, Pionier alles geistigen Schaffens, alles Lebens im Staate zu sein.«

Man stelle sich nur einmal vor, jemand würde im Jahre des Herrn 1993 so über einen deutschen Film schreiben ...! Und dann stelle man sich vor, über welchen Film ...! Nun ja, das kann man sich abschminken. Wilhelm Dieterle jedenfalls ist nicht gewillt, ein deutscher Regisseur zu bleiben. 1930 geht er nach Hollywood, nennt sich fortan William Dieterle und inszeniert unter anderem *The Story of Louis Pasteur* (1935), *The Life of Emile Zola* (1937), *The Hunchback of Notre Dame* (1940), *All That Money Can Buy* (1941), *Kismet* (1944), *Dark City* (1950), *Salome* (1953) und *Omar Khayyam* (1957). Leslie Halliwell attestiert ihm später »great pictorial style«, der auch schon *Geschlecht in Fesseln* auszeichnet – neben seinem Plädoyer für einen humaneren Strafvollzug. Obwohl der Begriff »Hochsicherheitstrakt« damals noch nicht existiert, wird Isolationshaft zur damaligen Zeit nach Bedarf praktiziert, wie in dem Film zu sehen ist.

1931, die Weimarer Republik liegt in den letzten Zügen, erscheint der Syphilis-Film *Feind im Blut* von Walter Ruttmann, der durch seinen avantgardistischen Dokumentarfilm *Berlin – Symphonie einer Großstadt* (1927) bekannt ist. Eine Art von Symphonie ist auch *Feind im Blut* – und ein Film zwischen den Stilen (von Avantgarde und Konventionellem, von Dokumentation und Spielfilm), zwischen den Zeiten (von Demokratie und Diktatur), zwischen den Filmarten (Stumm- und Tonfilm), zwischen sozialen Extremen (Börsenkrach und Weltwirtschaftskrise 1929, Arbeitsbeschaffungsmaßnahmen der Nazis 1933). Von seiner Ästhetik her ist *Feind im Blut* einer der ungewöhnlichsten und interessantesten Aufklärungsfilme überhaupt.

Uns lag er in einer Fassung mit ungarischen Zwischen- und Untertiteln vor; Teile des Films sind offenbar noch als Stummfilm konzipiert beziehungsweise in der Stummfilmzeit gedreht worden; längere Passagen enthalten synchrone Dialoge, Originalgeräusche und Musik. Zunächst sieht man Blüten, Äpfel, ein Baby, dann faulendes Obst. Eine Frau schreit (im Off) um Hilfe. Männer lachen. Zwischentitel informieren: »Kolumbus entdeckte Amerika, von dort wurde die Syphilis nach Spanien eingeschleppt. Danach wurde sie von spanischen Söldnern verbreitet. Karl VIII. besetzte ohne Schwertstreich Neapel. Dem Sieg

folgte ein Fest von 80 Tagen – wilde Orgien spielten sich zwischen den Söldnern und dem Volk ab. Hier erscheint zum ersten Mal mit beängstigender Kraft die Syphilis. Auf der Spur der heimkehrenden Söldner breitet sie sich wie die Pest in ganz Europa aus. Das Wesen der Geschlechtskrankheiten blieb über Jahrhunderte im dunkeln ... Endlich – Pasteur, der Begründer der Bakteriologie. Albert Neisser entdeckt den Gonococcus, den Krankheitserreger des Tripper. Schaudinn entdeckt den Spirocheta pallidum, den Krankheitserreger der Syphilis. Der neue Feind war entdeckt – nun mußte man über eine Waffe nachdenken, um ihn besiegen zu können. Die Medikamente wurden an Tieren ausprobiert, damit sie später Menschen heilen können. Aufopferungsvolle fiebrige Arbeit begann in den Laboratorien ... Mit mehr als 600 komplizierten Präparaten wurde experimentiert. Ehrlich findet das Salvarsan, das beste Medikament gegen die Syphilis. Der Krieg verbreitet die Syphilis in großem Maße. Jährlich 400 000 neue Erkrankungen! Das Volksvermögen erleidet jährlich viele Millionen Schaden.« Dazu sieht man Fotos, Schriften, den verbrennenden Schriftzug »Syphilis«, Reagenzgläser, Versuchstiere, Jahreszahlen bis 1918, dann weiter bis 1930.
Eine junge Frau kommt zu einem Mann ins Zugabteil. In einer dermatologischen Klinik stehen Exponate zu Geschlechtskrankheiten. Vorlesung in einem Hörsaal. Es geht um andere Ansteckungsmöglichkeiten als durch Geschlechtsverkehr. Ein Student zieht sich an, ein Mädchen betrachtet sein Bild an ihrem Spiegel, geht dann zu ihm. Der Zug kommt an in der Stadt. Der Student geht in die Vorlesung: Schautafeln zeigen die ersten Anzeichen der Syphilis, den sogenannten Primäraffekt (nach Kuß, an der Lippe). Das Mädchen betrachtet ein Foto des Studenten und das eines älteren Mannes. Das zweite Stadium wird an einem lebenden Menschen demonstriert, das dritte Stadium an der schematischen Zeichnung eines Gehirns. Die Studenten klopfen auf die Pulte am Ende der Vorlesung.
Ein Arbeiter in einer Fabrik hat Ekzeme am Arm. Seine Frau zieht zu Hause die Kuckucksuhr auf, kocht. Fünf Uhr, Feierabend. Ein Kollege sagt dem Arbeiter, er solle in die Klinik gehen. Ein anderer Kollege empfiehlt ihm einen »Wunderdoktor«. Hubelmayer, der »Heilkünstler«, sagt dem Arbeiter »Syphilis? Unsinn!« und gibt ihm Tee. Die Frau des Arbeiters ist

Verbrennender Schriftzug in ›Feind im Blut‹ von Walter Ruttmann

schwanger. Der Mann aus dem Zug trifft sich mit dem Studenten. Sie wollen ein Fräulein Lilly besuchen, aber die Dame will nicht gestört werden. Draußen machen Straßenarbeiter Lärm. Abends, Dirnen auf der Straße. Ein Kaffeehaus mit einem kleinen Orchester. Zwei junge Frauen kommen herein. Der Student fordert eine von ihnen zum Tanz auf. Eine andere Kneipe, eine andere Band. Eine dritte, mit einer Tänzerin in engem Trikot. Eine vornehme Bar, die Bardamen schäkern mit den männlichen Besuchern. Überblendung in eine heruntergekommene Kaschemme. Der Student ist traurig. Sein Tischgenosse geht mit der Bedienung weg, die er sich schöngetrunken hat. Der Student geht allein.

Sechs Uhr morgens. Straßenbilder. Der Arbeiter muß sich beeilen. Er geht noch bei der Hebamme vorbei. Die besucht die werdende Mutter. Später: Das Kind schreit; »Arme Mutter« sagt die Hebamme. Der Säugling hat Ekzeme im Gesicht. Der Student sucht einen Arzt auf, er denkt, er hat sich angesteckt. Blutuntersuchung. Ein Dozent erklärt mit Hilfe schematischer Darstellungen den Tripper. Eine Poliklinik. Studenten vor Reagenzgläsern. In verschiedenen Kabinen der städtischen Beratungsstelle für Geschlechtskrankheiten werden Patienten von verschiedenen Ärzten behandelt. Ein Arzt beglückwünscht seinen männlichen Patienten: Er sei völlig gesund und könne nun heiraten. Einem Mann mit Primäraffekt wird Salvarsan gespritzt. Die Arbeiterfrau erfährt, daß ihr Mann an Gehirnerweichung aufgrund einer syphilitischen Infektion leidet. Eine andere Frau hat eine Infektion des Eileiters. Ein männlicher Patient ist nur mangelhaft aufgeklärt. Einer Frau erklärt der Arzt, sie habe keine Röteln, sondern eine Syphilis-Infektion im zweiten Stadium. Eine andere Frau hat ein großes offenes Syphilis-Geschwür am Bein.

Die Frau des Arbeiters weint. Ihr Mann sagt, er habe nichts gewußt. Seine Kollegen lassen ihn nach der Arbeit hochleben, weil er Vater geworden ist. Er gibt den Kollegen Bier aus. Zu Hause dreht seine Frau den Gashahn auf. Die Nachbarn brechen die Tür auf, retten sie rechtzeitig. Der Student wartet mit Maiglöckchen in der Hand auf das Mädchen aus dem Tanzlokal. Der Arbeiter kommt nach Hause, findet seine Frau, sucht das Kind. Es ist in einer Kinderklinik. Viele Betten. Der Arbeiter bekommt Salvarsan. Wie am Anfang: Blüten, Äpfel, ein Baby. Kinder tollen im Schnee, rodeln, fahren Ski; ebenso der Student mit seiner Freundin. Ein Schlußtitel verkündet: »Der Sieg der Aufklärung: eine neue kraftvolle Jugend!«

Diese Inhaltsangabe kann der kaleidoskopartigen Struktur, den ineinander verwobenen Handlungssträngen, den dokumentarischen Stimmungsbildern nur bedingt gerecht werden. Etwas erstaunlich wirkt heute, daß der avantgardistisch gestaltete Film bei den Zeitgenossen nur höchstes Lob erntet – angesichts der Tatsache, daß über Deutschland und Europa bald dunkle Zeiten hereinbrechen.

Der *Film-Kurier* veröffentlicht am 18.4.1931 folgende Rezension:»Dieser Film dient dem Volkswohl (und der Filmkunst); er nimmt in der Reihe der Werke, die über die Geschlechtskrankheiten Aufklärung verbreiten, eine Sonderstellung ein. Sie ist Walter Ruttmann zu danken. Er gibt nicht Wissenschaft, sondern Leben, er enthüllt nicht Theorie, sondern Dasein, er demonstriert Menschen und nicht Paradigmen. Die ›Praesens-Film‹, von vorurteilsfreien und liberalen Menschen geführt, brachte mit ›Frauennot und Frauenglück‹ ein ganz besonderes Bild. Primitiv und doch den Kern treffend, mit der erschütternden Wahrhaftigkeit einer banalen Geschichte und dem lautlosen Mechanismus der Heilkunde gegenüber dem Pfuschertum. Primitiv kann Ruttmann nicht sein, und ›ein Drama‹ (er flucht noch immer der Spielfilmdramaturgie und ihren meist verlogenen Baurezepten) liegt ihm nicht. Kaum einer ist ja (ja, ja, ja) dem Filmwesentlichen so nahe wie dieser lange, unbändige Mann, der auch nicht ohne Krach, ohne Revolte filmen kann. Und wenn dieser Film auch weder eine ›Tonfilm-Symphonie‹ noch ein populärdoktrinäres Werk (wie Ufa-Kulturfilme), noch ein Spielfilm-Reißer à la Brieux, noch ein proletarisch-tendenziöser Russenfilm, sondern nichts mehr und nichts weniger als eben eine Ruttmann-Paraphrase über ein vorgeschriebenes Thema wurde – so preist man die Firma, die den Auftrag gab, so bewundert man Ruttmanns erweiterte Könnerschaft, die den Ton filmisch zum Bilde zwingt, ohne Bild, Bewegung, Ding, Maschine, Mensch zu vergewaltigen (sondern sie immer in Einheit haltend: unter einer Zwangsidee und Zwangsvorstellung). Man ruft's allen Zünftigen ins Ohr: Für die Tonfilmentwicklung zeigt dieser Film Wichtigeres als für … die Volksaufklärung. Die Methode steht hier vor der Materie. Ruttmanns Formgesinnung feiert (mit diesem Auftragswerk) einen Triumph. Für Ruttmann, für den Tonfilm. Und warum? Was trägt er nicht alles auf den einen Filmstreifen! Erst historische Titelbelehrung. Dann Episoden von der Lust und der Lustseuche der Kreatur. Aus Stimmungen, Erscheinungen, Tag- und Nachtwandel bilden sich Dramolette, der Student und sein Freund, der Arbeiter und sein Kind, leichtgeschürzte Begebenheit – aber in welche wahrhaftige Umwelt gestellt! Hörsaal, Klinik, Ärzteberatungskabinen, Laboratorien und Krankenhäuser – die Mittelpunkte dabei: Belehrung über Tripper, Syphilis, Krankheitssymptome, Stadien und Behandlungsart in schlagenden Fällen, knapp, deutlich vorbildlich. Man erlebt ein Dutzend Konsultationen mit. Kein Lehrregisseur erhebt den Zeigefinger, keine Warnungsmoral, kein Pastorenpathos klingeln dazwischen. Der Film spricht über Ernsthaftes von Mensch zu Mensch; ein Künstler ist der Mittler vor der Kamera; ein Künstler, der zwischen den Menschen steht …, dem es heute auch gleichwertig ist, ob der Kommunist oder der Spießer, die Nutte oder die Hebamme da vor ihm existieren.«

Die *Nationalzeitung* in Basel schreibt, etwas konventioneller, am 21.4.1931:»Von den frühen Filmen zur Bekämpfung der Geschlechtskrankheiten unterscheidet sich der am vergangenen Samstag, fast gleichzeitig mit der Uraufführung im Berliner Atrium, vorgeführte Praesens-Film ›Feind im Blut‹, dem im Palace-Kino ein zahlreiches Publikum in ernster Stimmung folgte, durch seinen wirklichen Filmcharakter: An Stelle der üblichen statischen Photographie mit langwierigen, kleingedruckten und unwirksamen Texten sahen wir richtige Bewegungsphotographie und fachkundige Montage von Bild und Wort. Kein Wunder, wenn man weiß, daß Walter Ruttmann, ein Jünger Eisensteins, die Regie führte. Er lehnt sich an das Vorbild erfolgreich an und verwendet auch bewährte Kunstgriffe der französischen neurealistischen Richtung, ist knapp und charakteristisch und versteht es, den Alltag zu schildern. Er bringt gute Reportage. Das heißt: nicht alles Drum und Dran, sondern nur Wesentliches wird gezeigt, in zugespitzter Form, mit Hervorhebung der Wendepunkte, und doch nicht in zeitloser Verklärung, sondern wirklichkeitsnah und mit Konkretheit gesättigt. Es gehört Können und Fingerspitzengefühl dazu, diese goldene Mittellinie zwischen Überladenheit und Schematismus zu finden und einzuhalten. Auch sachlich fand der mit Unterstützung schweizerischer und deutscher Ärzteschaft hergestellte Aufklärungsfilm das Richtige. Ohne den Ernst der venerischen Erkrankungen und die bösen Folgen ihrer Vernachlässigung zu verschweigen, verzichtet er doch darauf, den Kinosaal in ein medizinisches Auditorium zu verwandeln und die Nerven des Laienpublikums auf eine allzu harte Probe zu stellen. Gewiß, er will abschrecken und mahnen, es gelingt ihm auch, und darin besteht seine kulturelle Bedeutung, sein prophylaktischer Wert. Er erreicht aber dieses Ziel weniger durch Ausbreitung klinischer Schrecknisse als durch den eindringlichen Appell an den Lebenswillen und an das Gewissen der Patienten. Er schreckt ab, ohne zu entmutigen, er berücksichtigt den psychologischen Faktor der Heilung: den Glauben an deren Möglichkeit. Medizinische, rechtliche, soziale und wirtschaftliche Gesichtspunkte kommen hier gleichmäßig zur Geltung. (...) Dieser Film ist ehrlich und in jedem Betracht begrüßenswert. Mit den üblichen ›Aufklärungsfilmen‹, die eine schamlose Spekulation auf die Lüsternheit sind, hat er nichts gemein, und von den bisherigen ernsten Aufklärungsfilmen (ohne Gänsefüßchen) unterscheidet er sich durch ungleich bessere Technik, durch Ausnützung sprechfilmischer Möglichkeiten und somit Textlosigkeit, vor allem aber durch die glückliche Verbindung von Lebensnähe und regiemäßiger Geformtheit.«

Die *Dresdner Neueste Nachrichten* drucken am 9.5.1931 diese Besprechung ab: »Wenn man in diesen Tagen in Dresden wieder erneut Gelegenheit hatte, Ausstellungen als eine äußerst glückliche Methode erfolgreicher hygienischer Volksbelehrung zu rühmen, so hat man heute Anlaß, auch den Film als vorzüglichen Faktor in dieser Arbeit zu werten. Hauptsächlich, wenn es sich um einen so guten Film handelt wie ›Feind im Blut‹, neue Schöpfung der ›Praesens-Produktion‹, ein Meisterwerk von Walter Ruttmanns Regie. Wie sehr die Internationale Hygiene-Ausstellung die ideale Konkurrenz des Films, vornehmlich dieses Films, in der hygienischen Volksbelehrung anerkennt, ist bereits daraus ersichtlich, daß das Ufa-Theater den Film ankün-

Ohne Zeigefinger, aber dennoch deutlich: Szene aus Ruttmanns ›Feind im Blut‹

digte in Gemeinschaft mit der Hygiene-Ausstellung 1931, mit dem Deutschen Hygiene-Museum und mit der Deutschen Gesellschaft zur Bekämpfung der Geschlechtskrankheiten (Ortsgruppe Dresden). (...) ›Eine Tonfilm-Symphonie gegen die Geißeln der Menschheit – für gesundes Leben‹ nennt sich der Film im Untertitel. Das Wort ›Symphonie‹ dürfte am besten Charakter und Eigenart dieser Filmschöpfung wiedergeben: eine geistvolle, kluge, geschickte Aneinanderfügung verschiedenartigster Szenen, die sich lose und zwanglos zu einem Spielfilm zusammenfügen, die aber auch in ihren einzelnen Akten vollkommen geschlossen sind und für sich wirken, die Bild für Bild unaufdringlich wahr, aber doch unwiderstehlich einprägsam die Tendenz wiedergeben, der sie dienen: Kampf gegen die Geschlechtskrankheiten als eine der furchtbarsten Geißeln der Menschheit. Die Einblicke, die man in Ursprung, Wesen, Bedeutung, Erkennung, Behandlung und vor allem Verhütung der Geschlechtskrankheiten erfährt, sind immer fesselnd, immer überzeugend, dabei nie lehrhaft, doktrinär. (...) Besonders einprägsam, wie dies bei Ruttmann, dem Schöpfer des bekannten ›Berlin‹-Filmes nicht anders zu erwarten war, sind die Aufnahmen, in denen die Großstadt Berlin als ›Milieu‹ ausführlich gezeigt wird in ihrer Eigenart. Besonders glücklich die Szenen in der Beratungsstelle für Geschlechtskrankheiten in Berlin, jener einzigartigen, ganz großangelegten Stelle, die jedem, der immer sie angeht, Rat, Belehrung und Behandlung zuteil werden läßt. Der Versuch, einen solchen Film als Tonfilm zu schaffen, darf als durchaus geglückt bezeichnet werden. Neue Wege musikalischer Gestaltung waren durch die Eigenart des Themas bedingt. Sie sind hier geschickt gefunden. Man muß diese neue Filmschöpfung im Interesse der Volksgesundheit uneingeschränkt anerkennen. Möge weiteste Verbreitung des Films die Mühe derer lohnen, die dieses eigenartige Werk schufen.«

Auf das hier in der letzten Besprechung erwähnte Deutsche Hygiene Museum in Dresden, das eine bedeutende Rolle in Sachen Aufklärung in Deutschland gespielt hat, werde ich (in Kapitel 9) noch ausführlich eingehen. Was Ruttmann und seinen Film *Feind im Blut* betrifft, so kann es noch heute verwundern, daß sein Stil und seine Methode keine Nachahmer gefunden haben – und das in einem Genre, das gern auf schon Dagewesenes zurückgreift, wie man noch sehen wird.

Wie auch immer – zwei Jahre nach der Uraufführung dieses in jeder Hinsicht ungewöhnlichen Aufklärungsfilms kommt es in Deutschland zu einer politischen Wende, nach der niemand mehr etwas mit Aufklärung im Sinn hat.

KAPITEL 6

Der Nazi-Terror:
»Opfer der Vergangenheit«

Dies ist das kürzeste Kapitel dieses Buches. Nicht, weil der NS-Zeit keine Bedeutung beigemessen werden würde, sondern weil es in Sachen Aufklärung im Dritten Reich nicht viel zu sagen gibt. Propaganda ist die Losung der braunen Machthaber, und diese betreiben sie hemmungslos. Wir greifen nur ein besonders widerliches Beispiel heraus, das sich den Mantel der Aufklärung umhängt.

Auch Dr. Jos van Ussel hat nur wenige Anmerkungen zu machen: »Der Nationalsozialismus und der Faschismus bedeuten für das Sexuelle eine Rückkehr ins 19. Jahrhundert: keine Gleichheit Mann – Frau, das Hervorheben der Frau als Mutter, der Frau am Herd, keine Heirat *aus* Liebe, aber *in* Liebe, eine große Zahl Kinder für den Staat. *M. Hodann* wurde zum jüdischen Sexualverbrecher erklärt. 1933 wurde das Institut für Sexologie von *Hirschfeld* in Berlin geschlossen; das einmalige Archiv wurde verbrannt, die Mitglieder wurden verhaftet oder ausgewiesen.« Auch das populärste Aufklärungsbuch aller Zeiten, van de Veldes *Vollkommene Ehe,* wird 1933 verboten.

Das allgemeine Programm in Sachen Sex, was verklemmt-vornehm mit »Erotik« umschrieben wird, ist schon 1924 klar: »Unser gesamtes öffentliches Leben gleicht heute einem Treibhaus sexueller Vorstellungen und Reize. Man betrachte doch den Speisezettel unserer Kinos, Varietés und Theater, und man kann wohl kaum leugnen, daß dies nicht die richtige Kost, vor allem für die Jugend, ist. In Auslagen und an Anschlagsäulen wird mit den niedrigsten Mitteln gearbeitet, um die Aufmerksamkeit der Menge auf sich zu ziehen. Daß dies für die Jugend zu außerordentlich schweren Schädigungen führen muß, ist wohl jedem, der nicht die Fähigkeit, sich in ihre Seele hineinzudenken, verloren hat, verständlich. Diese sinnlich schwüle Atmosphäre führt zu Vorstellungen und Erregungen in einer Zeit, da der Knabe für solche Dinge noch gar kein Verständnis haben dürfte.

Das Ergebnis dieser Art von Erziehung kann man an der heutigen Jugend in nicht gerade erfreulicher Weise studieren. Sie ist frühreif und damit auch vorzeitig alt geworden.«

Daraus wird gefolgert: »Wer der Prostitution zu Leibe gehen will, muß in erster Linie die geistige Voraussetzung zu derselben beseitigen helfen. Er muß mit dem Unrat unserer sittlichen Verpestung der großstädtischen ›Kultur‹ aufräumen, und zwar rücksichtslos und ohne Schwanken vor allem Geschrei und Gezeter, das natürlich losgelassen werden wird. Wenn wir die Jugend nicht aus dem Morast ihrer heutigen Umgebung herausheben, wird sie in demselben untersinken.« Und: »Das Reinemachen unserer Kultur hat sich auf fast alle Gebiete zu erstrecken. Theater, Kunst, Literatur, Kino, Presse, Plakat und Auslagen sind von den Erscheinungen einer verfaulenden Welt zu säubern und in den Dienst einer sittlichen Staats- und Kulturidee zu stellen. Das öffentliche Leben muß von dem erstickenden Parfüm unserer modernen Erotik befreit werden, genau so wie von jeder unmännlichen prüden Unaufrichtigkeit.« Außerdem: »Das Recht der persönlichen Freiheit tritt zurück gegenüber der Pflicht zur Erhaltung der Rasse.«

Die Zitate stammen aus *Mein Kampf* von Adolf Hitler.

Er macht seine Drohung wahr. Alle fortschrittlichen Errungenschaften der Weimarer Demokratie werden nach 1933 rigoros beseitigt – mit einem rhetorischen System, dem Sprachanalytiker »erotische Inbrunst« attestieren, wenn es um die Masse geht. »Hitlers Reden wären, so René Schickele, ›wie Lustmorde‹ gewesen«, stellt Udo Pini in *Leibeskult und Liebeskitsch* fest. So kommt es auch: Der Übervater Hitler, der die Massen erotisiert, wird zum Massenmörder. Seine Methode ist so simpel wie effektiv: »Die Masse braucht in ihrer Schwerfälligkeit immer eine bestimmte Zeit, ehe sie von einer Sache Kenntnis zu nehmen bereit ist. Und nur einer tausendfachen Wiederholung einfacher Begriffe wird sie endlich ihr Gedächtnis schenken.«

Und einfachen Abkürzungen: SA, BDM, HJ, KdF, RAD, AL, SS, KZ.

In verballhornenden Äußerungen dessen, was man den »Volksmund« nennt, zeigt sich so etwas wie Widerstand gegen die Sprachformeln der Nazis: Aus »SA« wird »Suche Anschluß«, statt »Bund Deutscher Mädchen« heißt es »Bubi drück mich« oder »Bubi deck mich«, mit »Kraft durch Freude« bezeichnet man, wenn nicht der vom Staat organisierte Urlaub gemeint ist, allgemein den Koitus – auch »Volksverbinden« wird ein Synonym (für den rassereinen Geschlechtsverkehr); SS-Angehörige, die im »Verein Lebensborn« tätig sind, heißen »Einspritzoffiziere«, betreiben »Rassevögelei« zum »Aufarten«; die Lebensborn-Heime werden auch »Himmler-Harem« und »nationales Vervielfältigungsbüro« genannt; das Mutterkreuz, das nach fünf Lebendgeburten verliehen wird, nennt man »Fleischherstellungsprämie«, »Krampfaderorden« oder gröber »Wurforden«, »Karnickelorden« und »Fickorden erster Klasse«; mit einem »Haus der Bewegung« bezeichnet man ein Bordell, mit einer »nationalen Erhebung« einen Schwangerenbauch, der »Standartenführer« ist ein auf seinen Penis stolzer Mann. In den Kriegszeiten ändern sich Tenor und Terminologie, werden rüder; die Landser formulieren ihren Frust: Ein Präservativ heißt jetzt »Kleines Sturmgepäck« oder »Nahkampfmittel«, mit einer »Etappenblessur« ist eine Geschlechtskrankheit gemeint; aus den Wehrmachtshelferinnen (wegen des Hochspannungspfeils der Nachrichtentruppe am Ärmel »Blitzmädel« genannt) werden »Blitznutten«, »Wehrmachtsmatratzen« und »Schlitzsoldaten«, aus Lazarettschwestern werden »Bettschwestern«, »rote Kreuznutten« und »Himmelfahrtsschaffnerinnen« (zitiert nach Pini).

Ehe man noch an Himmelfahrten denkt, wird am Anfang der Nazi-Herrschaft auch der Film gleichgeschaltet. Dafür sorgt Dr. Joseph Goebbels, Vorsteher des Ministeriums für Propaganda und *Volksaufklärung,* den die Berliner ob seiner Vorliebe für gutaussehende Schauspielerinnen (hinter vorgehaltener Hand, denn dafür konnte man in den Knast oder später ins Konzentrationslager kommen) den »Bock von Babelsberg« nennen. Auf der Leinwand aber geht es keusch und rein zu, wie Pini anmerkt: »Ohne das Kino wäre die schnelle Gleichschaltung der Gefühle nicht möglich gewesen. (…) Die große Volksdroge ist der Liebesfilm, der nie zeigt, was auch öffentlich verboten ist, den herzlicheren Körperkontakt. Die abblendenden Happy-Ends sind zweideutige Appelle an die Phantasie.«

Anfang der vierziger Jahre wandelt sich die Szene ein wenig, um das manchmal schon murrende Volk zu beruhigen. Pini: »Die Spekulation der Filmplaner und -macher auf Voyeursgelüste beim unterversorgten deutschen Publikum war erfolgreich. Wann immer ›oben ohne‹ geboten wurde, waren die Kinos voll.

Wenn sogenannte ›Aufklärungsfilme‹ in eigens angekündigten Nachtvorstellungen liefen, waren die Lichtspielhäuser allzu gut besucht. Der Sicherheitsdienst der SS meldete 1940 entrüstet nach Berlin, solche Vorstellungen ›würden beim Publikum weit eher den Drang nach sexuellen Sensationen hervorrufen, als auf eine sachliche Unterrichtung hinzuweisen, wie sie vom volksbiologischen Denken des Nationalsozialismus aus erforderlich ist‹.«

Das »volksbiologische Denken« reduziert die Frau auf die Rolle der Gebär-Mutter, denn der Staat braucht bald viele Soldaten, der Mann wird durch sportliche Betätigung für Arbeit und Kampf »gestählt«. Ganz im Vordergrund steht stets die »Reinheit der Rasse«; dafür sorgt bereits Mitte der dreißiger Jahre unter anderem auch ein Gesetz über die Behandlung von Erbkranken. Der Führer des NS-Ärzte-Bundes, Dr. Gerhard Wagner, veranlaßt daraufhin die Herstellung eines »Aufklärungsfilms«. Titel: *Opfer der Vergangenheit* (1937).

Am Anfang belehrt eine Stimme aus dem Off: »Alles Leben auf dieser Erde ist Kampf ums Dasein ...« Man sieht Meer, Deiche, Äcker. »Alle Lebewesen dieser Erde liegen in einem ständigen Ringen mit den Kräften der Umwelt – nur der Mensch macht Elemente seinem Leben dienstbar.« Man sieht Holzflößer, Zimmerleute, Eisenbahner. »Wo uns das Schicksal auch hinstellt – immer nur wird der Starke auf die Dauer bestehen.« Dann ist die Rede von »Lebensschwachen«, von »natürlicher Auslese« und von »unwertem Leben«. »Erbgesunde« mußten sich »in dunklen Gassen« herumtreiben, während man »Idioten und Schwachsinnigen Paläste baute«. Gemeint sind damit »Irrenhäuser«, in denen es von »Erbkranken« wimmelt. In einer dieser modernen Anstalten gibt es schöne Gartenanlagen; den Insassen »vertraut man sogar Handwerkszeug an«. Und das, wo man doch weiß: »Tief unter dem Tiere stehen viele Idioten ...« Man erfährt, daß auf 200 Patienten ein Arzt kommt, daß den Patienten sorgsame Pflege zukommt, die freilich nur von gesunden Menschen geleistet werden kann: »Schuld ist ein System, das diese Vererbung nicht zu verhindern sucht.« Einige Fallbeispiele: Ein Mann dient als Demonstrationsobjekt für sprachliche Verwirrung, eine Frau äußert Wahnvorstellungen, ein »harmloser« Patient gibt »verschrobene Ideen« von sich, ein ehemaliger Feuerwehrmann, eine Jüdin, ein Landarbeiter werden hergezeigt. Gemeinsames Essen im Freien: Viele müssen gefüttert werden. Das alles müßte nicht sein, »wenn man schon früher die Fortpflanzung erblich Belasteter verhindert hätte«. Verhütung sei ein sittliches Gebot: »Wer Unkraut verhindert, fördert das Wertvolle.« Unsummen habe man für Schwerverbrecher mit geistigen Behinderungen ausgegeben: »Raubbau am deutschen Volksvermögen«. Kommende Geschlechter aber sollten nicht mehr belastet werden. Man sieht neuerbaute Siedlungen. Juden »stellen einen besonders hohen Anteil an Geisteskranken«. Man sieht gesunde Pflegerinnen, kräftige Mädels, die in einer Schwesternschule Sport betreiben. »Pflege ist Menschenpflicht«, und die wird es auch in Zukunft geben. Doch die Verhinderung der Entstehung »solcher Wesen« sei »human«. Dies regele ein Gesetz zur Verhütung erbkranken Nachwuchses.

Eine Spielhandlung beginnt: Zwei Verlobte lassen sich untersuchen. Der Arzt spricht mit der Braut: Sie habe eine »große Verantwortung«, schließlich wolle sie auch Kinder, und die sollten »gesunde, wertvolle Menschen« werden, daher muß man »nachforschen, ob Erbgut der Vorfahren wertvoll ist, daß man es weitergibt«. Der Bräutigam sitzt im Wartezimmer, ein älterer Mann kommt dazu. »Erbkrank, Unsinn«, sagt cr (dcr im Vorspann als »Mann von gestern« angekündigt ist). »Ein Brautpaar, an dem auch der Arzt seine Freude haben kann«, gratuliert der Mediziner unter dem Bild des Führers. Herr Piefke, so heißt der ältere Mann, beschwert sich beim Arzt, ist mit sich und der Welt und überhaupt allem unzufrieden. Ende der Spielhandlung (für die man offenbar durchgefallene Anwärter einer Schauspielschule engagiert hat).

Körperliche und geistige Krüppel aller Art werden vorgeführt, während die schneidende Off-Stimme derweil erklärt, »Unfruchtbarmachung« sei ein »humanes Mittel«, zumal es in den letzten 50 Jahren 450 Prozent mehr Erbkranke gegeben habe. Zum Kontrast wird jetzt der gesunde deutsche Mensch gezeigt: gesunde deutsche Mädels, gesunde deutsche Sportler (die alle schon im Gleichschritt marschieren), schließlich gesunde deutsche Soldaten, eine Militärparade mit gesunden deutschen Panzern, ein Zeppelin, die gesunde deutsche Masse, noch mal der phallische Zeppelin, und dann der Gesündeste von allen – der Führer. Ende.

Heute fragt man sich, wieso ein solches Propaganda-Machwerk, erstellt von naiven Nichtkönnern, in seiner dummen Dreistigkeit nicht sofort durchschaut und verlacht wurde (oder wurde es durchschaut und verlacht, und man wagte nicht mehr zu widersprechen?). Galgenhumor jedenfalls setzte sich hin und wieder (natürlich nur im geheimen) noch durch. Der Volksmund definierte den idealen deutschen Menschen damals so: »Blond wie Hitler, groß wie Goebbels, schlank wie Göring und keusch wie Röhm!« Dem Euthanasie-Programm der kommenden Jahre fielen Hunderttausende zum Opfer.

Wenden wir uns der Neuzeit zu. Dort treffen wir erst einmal Altbekanntes und Altbewährtes.

KAPITEL 7

Nach dem Zweiten Weltkrieg:
»Schleichendes Gift«

Parallelen zu der Zeit nach dem Ersten Weltkrieg finden sich
wohl nur insofern, daß diejenigen, die das Inferno überstanden
haben, das Leben wieder in vollen Zügen genießen wollen.
Doch da die Folgen dieses zweiten Massenvernichtungskrieges
der Geschichte weitaus verheerender sind als alles bisher Dage-
wesene, bleibt es zunächst einmal beim Wollen. Zu sehr sind die
Menschen auch nach dem Ende des Krieges noch mit dem rei-
nen *Über*leben beschäftigt.
So kann diesmal in Deutschland nicht einmal von Ansätzen
einer Revolution die Rede sein; im Gegenteil. Als sich restaura-
tiv-reaktionär-restriktive Kräfte schnell wieder formieren, wird
dem nichts entgegengesetzt. Von der 1946 und 1947 zügig
durchgeführten Entnazifizierung nahezu völlig unangetastet
bleibt zum Beispiel der gesamte Justizapparat. Demokratisierung findet vor allem verbal statt. Erst fast ein Vierteljahrhun-
dert nach dem Ende des Krieges kommt es zu dem, was man
dann vollmundig »sexuelle Revolution« nennt. Unmittelbar
nach dem Krieg ist erst einmal Aufklärung in den »elementar-
sten« Dingen angesagt – den Geschlechtskrankheiten.
1946 ist *Schleichendes Gift,* eine österreichische Produktion,
auch in deutschen Kinos zu sehen. Nach bekannten und be-
währten Mustern werden Spielszenen kombiniert mit dem Vortrag eines Arztes über Entstehung und Folgen von Geschlechtskrankheiten, der diese durch Zeichnungen, Präparate und lebende Beispiele erläutert. Bei letzteren wird keine Rücksicht
mehr genommen auf zarte Naturen unter den Kinozuschauern
oder solche mit schwachen Nerven: An den vorgeführten Patienten sind sämtliche Stadien aller Geschlechtskrankheiten deutlich zu sehen, zum Teil in Großaufnahmen. Dr. Gernot Eigler
erinnert sich noch, daß er als Jüngling, der noch nie eine Frau
nackt gesehen hatte, etwas verspätet ankommend, just in dem
Moment ins Kino trat, als der vortragende Filmarzt gerade ein
weibliches Demonstrationsobjekt vorführte; Eigler: »Die Platz-
anweiserin schob den Vorhang an der Eingangstür zur Seite,

und mein Blick fiel auf eine leinwandfüllende Votze mit einem großen Syphilis-Geschwür.« Er ist dennoch Mediziner geworden.

Am Anfang von *Schleichendes Gift* erklärt ein Titel: »Der Film entstand unter der Oberleitung von Universitätsprofessor Dr. Leopold Arzt, Vorstand der Uni-Klinik für Haut- und Geschlechtskrankheiten Wien, woselbst alle medizinischen Aufnahmen durchgeführt wurden.« Nach den Titeln belehrt der Kommentar: »Das schleichende Gift der Geschlechtskrankheiten, deren furchtbare Bedeutung für den einzelnen wie für die Gesamtheit viel zuwenig beachtet wird, ist in seiner verderblichen Wirkung nur durch schonungslose Aufklärung der gesamten Bevölkerung zu bekämpfen. Anhand von Originalaufnahmen wird jedem Laien die Möglichkeit gegeben, sich ein klares Bild vom Aussehen und den Folgen der Geschlechtskrankheiten zu machen. Diesem Ziel dient unser Film.«

Zeitungsausschnitte zeigen, daß »Sexualkrankheiten riesig angestiegen« sind und eine »Syphilis-Epidemie in Deutschland« herrscht. Ein Mann klebt an eine Litfaßsäule Plakate, die einen öffentlichen Vortrag über Geschlechtskrankheiten ankündigen. Ein Arzt beginnt den Vortrag mit dem Hinweis, daß sich nach dem Krieg die Geschlechtskrankheiten gefährlich verbreitet hätten. Die Assistentin des Arztes bringt ihm eine Bibel, aus der er zitiert zum Thema Tripper. 1879 werden seine Erreger entdeckt: die Gonokokken. Der Arzt führt einen Patienten mit eitrigem Ausfluß vor und ein Präparat mit einem männlichen Geschlechtsorgan. Ein weiterer Patient leidet an einer Nebenhodenentzündung.

Der Arzt zeigt Zeichnungen von weiblichen Geschlechtsorganen. Fotos demonstrieren, wie sich ein blühendes Mädchen durch eine Tripper-Erkrankung zur abgehärmten Frau wandelt. Der Arzt warnt vor Selbstbehandlung. Nächstes Thema: weicher Schanker, dessen Erreger 1889 entdeckt wird. Ein Patient mit einem Geschwür am Glied, ein anderer mit Tumor. Nächstes Thema: die Syphilis, auch Lues oder Lustseuche genannt. Ihr Erreger wird 1906 entdeckt, in mikroskopischen Aufnahmen gezeigt. Mit Trickaufnahmen wird der Verlauf der Krankheit erläutert. Der Arzt zieht Gummihandschuhe an und führt einige Patienten mit Primäraffekt vor. Die beim Vortrag anwesenden Zuhörer/Zuschauer erschrecken. Abblende.

Eine Spielszene mit einem Liebespaar, während der Vortrag im Off weitergeht: Beim Arzt erfährt der Mann von der Krankheit seiner Partnerin. Eine »zweifelhafte Existenz«, gemeint ist eine Prostituierte, macht einem Mann ein Angebot; er nimmt es an. Der Arzt zeigt eine Patientin mit Primäraffekt an den Genitalien vor; die Patientin trägt eine Schutzbrille, um nicht erkannt zu werden. Es folgen Patientinnen mit extragenitalen Primäraffekten: am Bauch, am Arm; ebenso männliche Patienten. Neue Spielszene: Eine Frau mit Ekzem wird von einem Arzt untersucht. Der Wassermann-Test. Eine andere Patientin hat Hautausschlag: Syphilis im zweiten Stadium. Eine Patientin mit Sekundäraffekt an der Scheide. Der Arzt warnt vor Zufallsbekanntschaften; Spielszene mit einem Paar auf einer Parkbank. Eine andere Spielszene macht deutlich, daß »der übermäßige Genuß von Alkohol alle moralischen Hemmungen beseitigt«: Eine Prostituierte macht sich an einen Betrunkenen heran. Der Arzt führt jugendliche Patienten mit Syphilis im zweiten Stadium vor, auch einen Mann mit einem von Geschwüren ziemlich zerfressenen Glied – »ekelerregend und abstoßend«, bemerkt er. Ein dreijähriges Kind mit Papeln (syphilitischen Schwielen an Händen, Füßen und Mund).

Eine Spielszene in einem Büro macht klar, daß man sich schon durch das gemeinsame Rauchen einer Zigarette anstecken kann. Nachdem der Arzt weitere Entzündungen der Mundschleimhaut gezeigt hat und Haarausfall (auch der Augenbrauen), stellt er Gummen (gummiartige Geschwülste im Tertiärstadium der Syphilis) vor: am Nacken einer Frau, an der Wange, am Gaumen. Es folgen Präparate aus Obduktionen: Gehirn, Leber, Hoden, Wirbelsäule. Ein gesunder Schädel wird einem von der Syphilis verwüsteten gegenübergestellt, ebenso ein vergrößertes Herz. Ein Patient im Tertiärstadium mit fortgeschrittener Paralyse kann nicht mehr richtig sprechen. Ein Mann und ein Mädchen können nicht mehr richtig gehen. Angesteckte Säuglinge mit angeborener Syphilis.

Heilerfolge, so erläutert der Arzt, gebe es heute bei 98 bis 100 Prozent der Patienten im ersten Stadium, bei 88 Prozent im zweiten Stadium, dank der Erfindung des Salvarsan durch Paul Ehrlich. Spielszenen: Eine Frau mit einer »Wundersalbe«; ein Mann, der sich im Wartezimmer eines Arztes schämt und dann geht, ohne sich behandeln zu lassen, macht in einem Lokal die

Zeitgenössisches Filmplakat.

Bekanntschaft einer Frau, bekommt eine Strafanzeige wegen schwerer Körperverletzung; ein anderer Mann, den der Arzt im Off als »gewissenloses Subjekt« bezeichnet, das die Mangelsituation der Nachkriegszeit ausnutze, gibt einem schüchternen jungen Mädchen Schokolade, Nylons, Alkohol, bis sie angetrunken ist und er das Zimmer verschließt und das Licht ausknipst.

Es endet mit einer pathetischen Rede des Arztes: Nicht Sklave, sondern Herr seiner Triebe solle der Mensch sein ... Es bestehe eine sittliche Verpflichtung ... Die strahlende Gesundheit der Kinder liege in den Händen der Eltern ... Und man müsse weiterbauen am Glück und Fortschritt der Menschheit ...

Das mit dem Fortschritt und dem Glück ist so eine Sache: Erst einmal baut man Wasserstoffbomben als Weiterentwicklung der Atombomben, und Glück beziehen die Deutschen in den nächsten Jahren hauptsächlich auf materielle Dinge, indem sie das Wirtschaftswunder auf die Beine stellen. Noch sind die Zeiten freilich so, daß *Schleichendes Gift* nur in nach Geschlechtern getrennten Vorstellungen vorgeführt werden darf.

In der (west)deutschen Nachkriegsgesellschaft wird außerdem lange auch noch ein anderes »schleichendes Gift« wirken – das der Ewiggestrigen, die entweder braunes Gedankengut hartnäckig hochhalten oder gar auf moralische Grundsätze und Gesetze aus der Kaiserzeit zurückgreifen, die im Dritten Reich zumindest inoffiziell suspendiert waren, da sich das Volk ja reichlich vermehren sollte. Allerdings entsprach Goebbels' Ausspruch »Wir sind nicht prüde« ebensowenig der Wahrheit wie so vieles andere, was der Minister für Volksaufklärung dem Volke verklärend mitteilte. Nach dem Krieg jedenfalls darf niemand den Geschlechtsverkehr Unverheirateter fördern oder den Verkauf von Präservativen; Kuppelei ist strafbar, und überhaupt darf der Unzucht kein Vorschub geleistet werden. Darum kümmert sich schon bald unter anderem ein »Volkswartbund«, später auch eine »Aktion saubere Leinwand«.

Aber auch schon 1950 erheben sich diffuse Stimmen, die hauptsächlich und irgendwie »dagegen« sind. So schreibt zum Beispiel Manes Kadow am 3.5.1950 in *Mann in der Zeit* (Augsburg): »Schon während der Flegeljahre der Filmproduktionen waren es die sogenannten ›Sittenfilme‹, die mit marktschreierischen Plakaten das Publikum in ›Nachtvorstellungen‹ lockten und einen vertraulichen Einblick in die Verführungskünste abgebrühter Lebemänner versprachen. In der ersten Nachweltkriegsperiode tarnte sich dieser Filmtypus als wohlmeinendes Warnzeichen. Man bot eine belehrende Aufklärung über venerische Erkrankungen und die milieubedingten Bedrohungen junger Mädchen an, die sich den Versuchungen der Großstädte auszusetzen wagten. Das soziale Mäntelchen verhüllte nur knapp die weltanschauliche Hohlheit und materialistische Grundauffassung von Krankheit und Leid.

Neuerdings werden in unserer zweiten Nachweltkriegsperiode die alten Grundtendenzen des Aufklärungsfilmes in vier neuen Beispielen öffentlich vorgeführt. Aus der schwedischen Produktion wird ›Die Straße der Verlorenen‹ gezeigt, der die Lebens-Geschichte eines jungen, hübschen Mädchens vom Lande vorführt, das in Stockholm als Caféhaus-Bedienerin beginnt und als rückfälliges, erkranktes Straßenmädchen im Selbstmord endet. Der ostzonale deutsche DEFA-Film ›Straßenbekanntschaften‹ (dessen Titel hier falsch zitiert ist, siehe Text im Anschluß an dieses Zitat, Anm. d. A.) blendet das gleiche Grundthema (in) der Trümmerwelt von Berlin auf. Typische Nachkriegsschicksale, Heimkehrererlebnisse und zeitgemäße Eheprobleme werden realistisch geschildert. Die Gefährnis der geschlechtlichen Ansteckungs- und Zerstörungsgefahr wird in eindringlichen Bildern sichtbar gemacht, aber nicht in ihren seelischen Untergründen aufgedeckt.

Ein österreichischer Film, ›Vom Mädchen zur Frau‹, wählt die Form des populärwissenschaftlichen Vortrags mit warnender Tendenz und führt eine Reihe von Krankheitsschicksalen vor, die als Spielszenen dargeboten werden. Die deutlichste Bildsprache aber spricht ein anderer österreichischer Film, ›Schleichendes Gift‹. (…) Er erschlägt den Zuschauer bewußt mit einer Anhäufung von widerwärtigen Großaufnahmen, die gelegentlich durch kurze Spielszenen ergänzt werden. Die beabsichtigte *Schockwirkung* solch ekelerregender Vergrößerungen von zerfressenen und angefaulten menschlichen Gliedmaßen bleibt ein fragwürdiges Mittel der Aufklärung, das auch von der Wiesbadener Film-Selbstkontrolle insofern akzeptiert wurde, als die öffentliche Vorführung des Films nur in nach Geschlechtern getrennten Vorstellungen gestattet ist. Die Erkenntnisse der modernen Tiefenpsychologie haben immerhin ergeben, daß solche optischen Hammerschläge und aufklärungsbeflissenen Roheitsakte einen seelisch gesunden Menschen erniedrigen und im Unterbewußtsein tief belasten können. Ein solcher Film wird naturnotwendig zur Schauer- und Schreckenskammer einer Welt, die sich ungeheuerlich von den Zartheiten des Liebeserlebens entfernt hat und nur noch den rüden Funktionalismus der Sexualität kennt.

Eine Tatsache, die dem Erfolg dieser Art Filme bedenklichen Vorschub leistet, ist die Unkenntnis junger Menschen über den Ablauf und die Gefährnis der geschlechtlichen Vorgänge im menschlichen Körper. Das natürliche Schamgefühl hindert Eltern und Erzieher verständlicherweise an einer echten Aufklärung des heranwachsenden jungen Menschen und nicht zuletzt leider die Unfähigkeit, sich in dieser Frage klar und zugleich taktvoll auszudrücken. (Etwas unklar ist hier nicht nur der Satzbau, sondern auch das, was alles »natürlich« und »verständlich« sein soll, Anm. d. A.) Es ist an der Zeit, diese Verpflichtung der nachfolgenden Generation gegenüber erfüllen zu lernen. Wenn das rechtzeitig geschieht, haben alle ›Aufklärungsfilme‹ geringere Chancen. Jetzt blähen sich noch Filmproduzenten als wohlmeinende Pädagogen mit erhobenem Zeigefinger auf und streichen als geschickte Scharlatane mit der linken Hand die guten Kasseneinnahmen ein. Wenn die Unterlassung der persönlichen Aufklärung gut gemacht wird, kann man über Aufklärungsfilme abgeklärter denken.«

Da es hier schon angesprochen wird, sei es noch einmal klar gesagt: »Eine Zensur findet nicht statt«, heißt es im Grundgesetz der Bundesrepublik Deutschland. Daraufhin gibt sich die Filmwirtschaft eine »Freiwillige Selbstkontrolle«, kurz FSK genannt. Davon später mehr.

In Ostdeutschland, das damals und auch später noch von den kalten Kriegern gerne SBZ (Sowjetisch besetzte Zone) genannt wird, macht man sich ebenfalls Sorgen um die Moral und die Geschlechtskrankheiten. Im Frühjahr 1948 wird in Ost-Berlin der DEFA-Spielfilm *Straßenbekanntschaft* von Peter Pewas uraufgeführt. Mehrfach gekürzt, läuft er 1949 und 1950 auch in westdeutschen Kinos.

Der Inhalt des Films, zitiert nach einem Sonderband der *Filmwissenschaftlichen Beiträge zur DEFA-Geschichte* von 1946 bis 1949, erarbeitet von Holm Hennig Freier: »Erika, ein junges Mädchen (Gisela Trowe), gesund, hübsch und temperamentvoll, arbeitet in einer kleinen Berliner Wäscherei. Seit einiger Zeit versucht Walter (Siegmar Schneider), ein junger, sympathischer Zeitungsreporter, mit ihr Bekanntschaft zu schließen. Er erwartet sie nach Feierabend vor der Plätterei und begleitet sie ein Stück auf ihrem Heimweg. Erika hatte kurz vorher von dem etwas zweifelhaften älteren Freund (Arno Paulsen) ihrer

Kollegin und Freundin Else (Ursula Friese) eine Einladung zu einem privaten Fest am Abend erhalten. Vorerst unschlüssig, ob sie die Einladung annehmen soll, und in Gedanken noch bei dem Gespräch mit Walter, gelangt sie in die düstere und triste elterliche Wohnung.

Diese bedrückende, ärmliche Umgebung und das dürftige Essen, das sie von ihrer Mutter (Marlise Ludwig) vorgesetzt bekommt, lassen sie dann aber schnell den Entschluß fassen, das Fest doch zu besuchen. Vom Treiben dort, dem reichlichen und guten Essen, dem Tanzen, dem Chic der Garderobe und den Aufmerksamkeiten, die ihr die Herren entgegenbringen, ist sie schnell gefesselt. Die Gastgeber für solche Feste sind Annemie (Alice Treff) und ihr Freund Peter (Hans Klering). Annemie ist eine hübsche, selbstsichere junge Frau, die sich Erikas sofort annimmt, um sie ›für ihre Zwecke brauchbar‹ zu machen. Erika glaubt in ihr eine Freundin zu gewinnen und ist in dieser Gesellschaft von Schiebern und Zuhältern völlig arglos.

Erst morgens kommt sie nach Hause, wird vom Vater (Arthur Wiesner) zur Rede gestellt und geschlagen. Darauf verläßt Erika in der Morgendämmerung das Haus. Nach langem Umherirren trifft sie zufällig den Zeitungsreporter Walter. Er bietet ihr das zweite Zimmer an, das zu seiner Wohnung gehört. Erika nimmt das Angebot an, aber schon bald langweilen sie die gemeinsamen Abende mit Walter, der zu Hause viel arbeiten muß. Sie möchte ausgehen, etwas erleben, gut essen und sich amüsieren. Hierfür aber hat Walter weder Zeit noch Geld. So geht Erika allein und kehrt zurück in den Kreis um Annemie.

Dort trifft sie eines Abends Herbert (Harry Hindemith). Er ist erst vor wenigen Tagen aus der Kriegsgefangenschaft heimgekehrt und hatte seine Frau Marion (Ursula Voss) glücklich in die Arme geschlossen. Durch einen Zufall erfuhr er, daß seine Frau ihm während der langen Kriegsjahre nicht treu geblieben war. Durch seinen früheren Chef (Arno Paulsen) kommt er ebenfalls zu Annemie, trinkt reichlich und tanzt viel mit Erika. Auch Erika findet ihn sehr sympathisch, und ebenfalls stark unter dem Einfluß von Alkohol stehend, gibt sie sich ihm hin.

Ohne von diesem Vorfall zu wissen, ahnt Walter, daß Erika sich in zweifelhafter Gesellschaft befindet, und versucht, Einfluß zu nehmen. Er gesteht ihr seine Liebe. Er ist Erika nicht gleichgültig, dennoch kann sie sich nicht von diesem anderen, viel verlockenderen Milieu trennen. Erst nach einem von Annemie arrangierten Rendezvous, dessen eindeutiger Charakter ihr endlich bewußt wird, versucht sie, Abstand zu gewinnen und sich von dem Kreis zu trennen. Doch schon am Tag darauf gerät sie in eine Razzia, als sie nach der Arbeit in der heißen Plätterei schnell noch ein kleines Bier trinken will.

Walter, von seinem Chef (Walter Werner) mit der Berichterstattung betraut, wird so zufälliger Zeuge von Erikas Festnahme. Trotz heftiger Bemühungen beim Kommissar kann Walter nichts für Erika tun. Sie muß mit allen anderen weiblichen Gästen des Lokals sich einer ärztlichen Kontrolle unterziehen. Hierbei stellt sich heraus, daß sie geschlechtskrank ist. Auch Walter erfährt es im Gespräch mit dem Arzt (Herwart Grosse). Indessen hat Herberts Frau Marion einen Zusammenbruch erlitten. Nach dem Hausbesuch eines Arztes (Werner Pledath), gesteht sie ihrem Mann, daß sie versucht hatte, eine Geschlechtskrankheit selbst zu behandeln und irrtümlich der Meinung war, wieder gesund zu sein. Herbert weiß nun, daß er Erika angesteckt hat.

Erika wird zur Behandlung mit anderen Betroffenen ins Krankenhaus eingewiesen. Von dort flüchtet sie zu Walter. Dieser will sie unter allen Umständen, notfalls sogar mit polizeilicher Hilfe, zwingen, zurückzukehren. Erika sieht in Walters Verhalten einen Vertrauensmißbrauch. Sie läuft voller Verzweiflung zu Annemie und bittet sie um Medikamente, die ihr den Krankenhausaufenthalt ersparen würden. Erstaunlicherweise rät ihr auch Annemie, ins Krankenhaus zurückzukehren. Durch einen Zufall überrascht Erika Annemie beim Duschen und sieht deren von der Syphilis zerfressenen Rücken. Erika ist entsetzt, Annemie erzählt ihr, wie sie vergeblich versucht hätte, sich selbst mit Medikamenten zu behandeln.

Erika geht nun freiwillig ins Krankenhaus, wo sie von der verständnisvollen Schwester (Agnes Windeck) empfangen wird. Als sie das Krankenhaus verlassen kann, wartet Walter auf sie.«

So wie *Schleichendes Gift* sich, was Inhalt, Methode und Ästhetik anbetrifft, nur geringfügig von Stummfilmen wie (der ebenfalls österreichischen Produktion) *Die Geschlechtskrankheiten* (1924) oder *Hygiene der Ehe* (1923) unterscheidet, so greift auch *Straßenbekanntschaft* im wesentlichen auf das schon von Richard Oswald für seine »sozialhygienischen Filme« ab 1917 be-

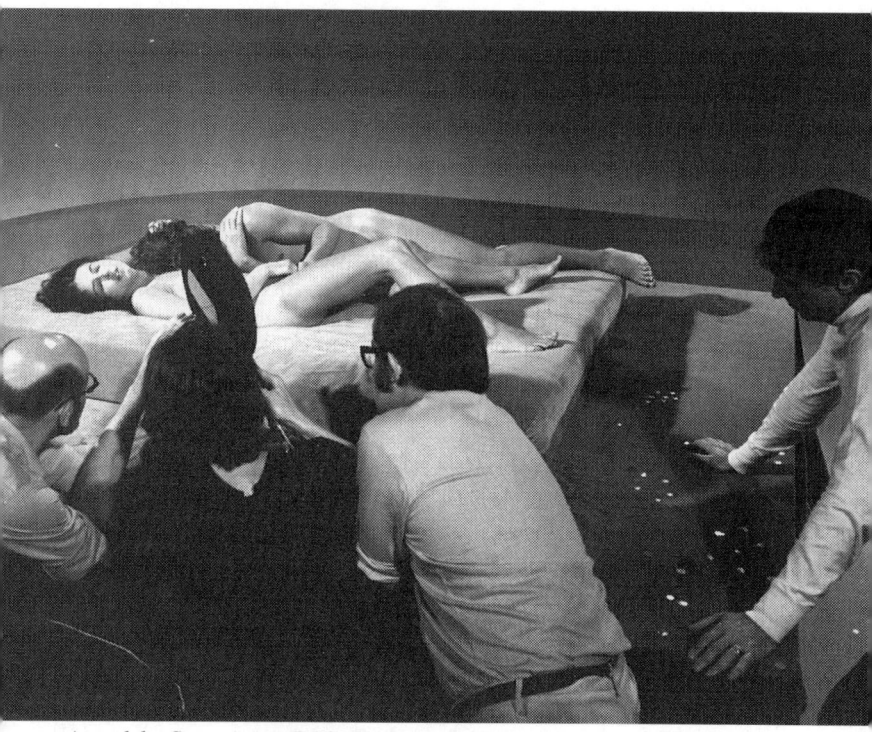

An solche Szenen war Ende der vierziger Jahre noch nicht zu denken: Dreharbeiten zu dem Film ›Freiheit für die Liebe‹ Ende der sechziger Jahre

nutzte Muster des Melodrams zurück – ebenfalls nur mit geringen Modifikationen: Ambiente und Stil werden von der DEFA realistischer gehandhabt, und das Milieu ist etwas proletarischer. Sauber aber muß es auf jeden Fall hergehen.

Die *Berliner Zeitung* schreibt am 8.4.1948 unter der Überschrift »Ohne Tendenz und Sensation«: »Ein Film, in dem nichts von Liebe vorkommt, sei überhaupt kein richtiger Film, behaupten viele Leute. Nun, in dem neuesten DEFA-Film, der am nächsten Dienstag uraufgeführt wird, kommt die Liebe wahrlich nicht zu kurz. Doch handelt er nicht vom Glück der Liebe, sondern von ihren Gefahren. Schon der Titel ›Straßenbekanntschaft‹ verrät vieles. Ist dies also ein ›medizinischer‹ Film oder gar ein tendenziöser ›Aufklärungsfilm‹? Der Regisseur Peter

Pewas, danach befragt, verneint. Er betont, daß er einen Spielfilm gedreht habe, der mit spannender Handlung genauso angefüllt sei wie mit künstlerischem Ernst; gewiß ein Film, der aus der Notwendigkeit, zu einem brennenden Problem unserer Zeit Stellung zu nehmen, geboren wurde, aber vorab ein Werk, das alle Motive aus dem Menschlichen bezieht. Also auch kein schlüpfriger ›Sittenfilm‹ mit Sensationshascherei und Nervenkitzeln. ›Wenn wir dem Leben den Spiegel hinhalten, wenn unsere Kamera ohne Scheu in die Schächte der Großstadtstraßen steigt und fremde Wohnungen belauscht, die Hintergründe einer Heimkehrerehe aufdeckt, die gefährlichen Pfade einer immer hungrigen Achtzehnjährigen zeigt, die, ohne sich dessen bewußt zu sein, der Prostitution nahekommt, wenn das erschütternde Schicksal einer zum Untergang verdammten Frau vorüberzieht, dann offenbart sich ein Bild unserer Zeit, das sicher viele betroffen machen wird. Dieser Film soll der Besinnung dienen. Und er dient der Bewahrung der Liebe. Damit erst rechtfertigt er sich vor der Öffentlichkeit.‹ Seinen ersten Spielfilm hat Peter Pewas im Jahre 1944 gedreht. Er heißt ›Ein verzauberter Tag‹, wurde von Goebbels verboten und läuft zur Zeit mit großem Erfolg in der Schweiz. Pewas kommt nicht, wie die meisten Regisseure, vom Schauspielerberuf zum Film, und das optische Element ist für ihn auch heute noch das bedeutsamste geblieben. Er sieht das Sichtbare, die aus dem Bilde entstehende Atmosphäre auch im Tonfilm als das Wichtigste an, und hier begegnet er sich mit seinem Kameramann Georg Bruckbauer, dem Schöpfer der berühmten ›Romanze in Moll‹. Sie haben gemeinsam versucht, in der ›Straßenbekanntschaft‹ nicht allein Typen zu zeigen, sondern zugleich immer die Umwelt in die Szene mit einzubeziehen. Eine bestimmte Technik der Kamera, die überwiegend mit Weitwinkel-Objektiven arbeitet, gestattete ihnen, das Milieu optisch zu durchdringen und neuartige Bildwirkungen zu erzielen.«

Die Tatsache, daß dieser Artikel bereits *vor* dem Kinostart erscheint, deutet darauf hin, daß ob des »heiklen« Themas schon im Vorfeld ein Hinweis auf »Besinnung und Bewahrung« vonnöten ist, damit niemand gar »Schlüpfriges« argwöhnt. Fast 40 Jahre nach seiner Uraufführung, im Rahmen des Programms »Berlin in bewegten Bildern, Kinofilme zu ›750 Jahre Berlin‹«, bezeichnet R. Freund *Straßenbekanntschaft* in der Zeitschrift *Kino*

DDR (Heft 2/1987) als »ein realistisches Nachkriegsporträt von Berlin, der in Trümmern liegenden Weltstadt, ein lebendiges Abbild der Hektik des Vergessenwollens nach dem großen Krieg, des ständigen Kampfes um die einfachsten Dinge des Lebens – aber auch, noch in Umrissen, der echten, der realen Perspektive harter, zäher Arbeit. Dabei gewinnt der Film große atmosphärische Dichte, die an Filme des Poetischen Realismus der dreißiger Jahre gemahnt und die Pewas als einen Filmgestalter von Format ausweist. Lange als ein bloßer Aufklärungsfilm abgetan und unterschätzt, ist ›Straßenbekanntschaft‹ aus heutiger Sicht einer der wichtigsten frühen DEFA-Gegenwartsfilme. Sein Wiedereinsatz verspricht die Entdeckung eines der interessantesten Filmwerke jener bewegten Jahre.«

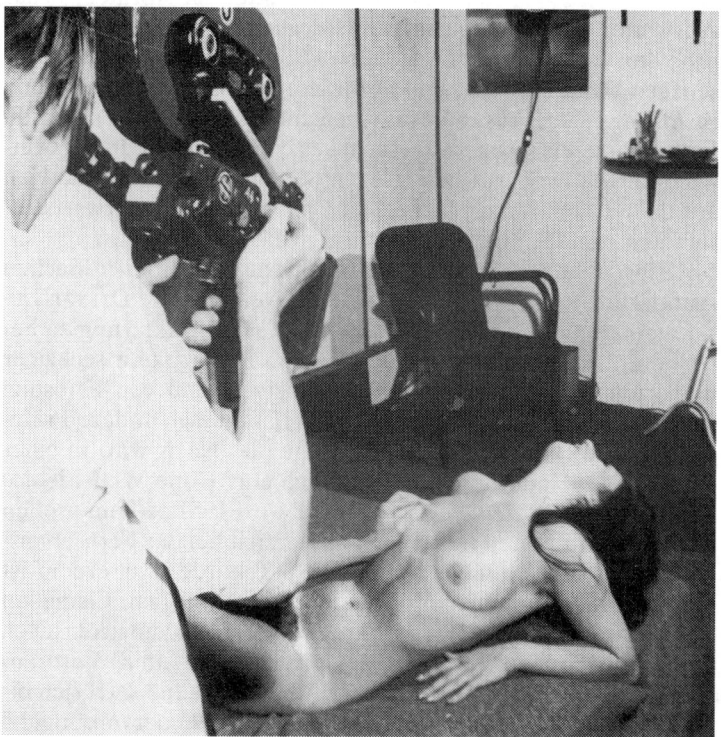

Einblicke in die Intimsphäre der Bundesbürger Anno 1972:
Dreharbeiten zu ›Die sexuellen Wünsche der Deutschen‹

1949 – das Jahr, in dem die BRD, die DDR und die NATO entstehen und George Orwell *1984* veröffentlicht – führt das Institut für Demoskopie in Allensbach eine »Umfrage in die Intimsphäre« durch. Pini referiert:»Den verheirateten Zustand hielten damals 55 Prozent der Ledigen und 37 Prozent der Verehelichten für ›nicht so wichtig‹ bei intimen Beziehungen. 35 Prozent der Bevölkerung aber betrachteten solche als überhaupt nicht wichtig für ihr Lebensglück: ›Ich kann darauf verzichten.‹ Aber 79 Prozent waren unbedingt dafür, daß Ehen geschieden werden können; ebenso viele hatten ›vor der beziehungsweise ohne Ehe‹ intime Beziehungen gehabt. Zu 58 Prozent glaubten die Deutschen beiderlei Geschlechts zwischen 20 und 49 Jahren, voreheliche Beziehungen seien ›unbedingt‹ zu sammeln. Wunsch oder Wirklichkeit 1949? Bei dem Tabu-Charakter der Normen, so der Auswerter der Untersuchung, ›wird auch die Aussagefähigkeit problematisch‹. Immerhin hielten es 82 Prozent der Erotik-Waisen des Dritten Reiches 1949 für notwendig, daß die ›Jugend rechtzeitig über Fragen des Geschlechtslebens aufgeklärt wird‹. In den frühen Fünfzigern versuchte es eine bundesdeutsche Mutter unter Hinweis auf das gelegentlich unanständige Federvieh auf den Höfen: ›Auch Mann und Frau kommen unterwärts zusammen.‹ Endlich die Wahrheit.«

Im Kino aber geschieht in den nächsten 20 Jahren in Sachen Aufklärung fast gar nichts. Nicht etwa, weil man wie Dr. van Ussel die Erkenntnis gehabt hätte, »es tut not, Aufklärung zu betreiben, damit man von ihr erlöst wird«. Die späten sechziger und frühen siebziger Jahre werden zeigen, daß von Erlösung keineswegs die Rede sein kann. Man hat einfach andere Präferenzen: Die Blut-und-Boden-Ideologie der Nazis wird in einer Welle von Heimatfilmen ersetzt durch eine Heile-Welt-Ideologie: *Grün ist die Heide* beispielsweise wird 1951/52 zum großen Erfolg (14 Millionen Besucher!) und erzielt bei der Fernsehausstrahlung auch 30 Jahre später noch Rekorde. Außerdem ist man erst mit dem Wiederaufbau und dann mit dem Genießen des Wirtschaftswunders beschäftigt. Was die Deutschen nach dem Krieg an Vertuschungs-, Verleugnungs- und Verdrängungsarbeit leisten, hat ungeheure Ausmaße – und setzt sich bis in die Gegenwart fort: Nach Wende und Wiedervereinigung mauert man in einer mittelgroßen Stadt der ehemaligen DDR einen Keller, in dem Stasi-Akten lagern, schlichtweg zu. Genau das ist das Prinzip: Die Deutschen verarbeiten ihre Vergangenheit nicht, sie vergraben sie.

In den fünfziger Jahren haben Reaktionäre wieder das Sagen. So veröffentlichen zum Beispiel die *Lübecker Nachrichten* unter der Überschrift »Geschäft mit der Aufklärung – Ein trauriges Kapitel der Filmgeschichte« am 10.4.1951 einen von wenig Sachkenntnis getrübten und grob diffamierenden Artikel: »Die Klage über das traurige Niveau der Nachkriegsfilme nimmt kein Ende. Filmklubs, Jugendvereine, kirchliche Stellen, Filmproduzenten, Autoren, Dichter, Regisseure, Frauenvereine saßen schon unzählige Male beisammen und studierten die Statistiken über die Zahl der Morde, Diebstähle und sonstigen Verbrechen, die im Laufe eines Jahres dem Publikum vorgesetzt werden. Diese Statistiken sollen beweisen, daß der Tiefstand der Filmproduktion nie schlimmer gewesen sei als jetzt. Das stimmt jedoch in dieser Verallgemeinerung nicht.

Wir können uns kaum noch vorstellen, in welche Niederungen die Filmproduzenten nach dem Ersten Weltkriege teilweise hinabstiegen, um mit Schmutz und Schund Geschäfte zu machen. Die damalige Ära der ›Aufklärungsfilme‹ wird eins der traurigsten Kapitel in der Entwicklung des Films bleiben. Ihr ›Erfinder‹, wenn man so sagen darf, war Richard Oswald, der 1917 unter der Protektion der ›Gesellschaft zur Bekämpfung der Geschlechtskrankheiten‹ einen Aufklärungsfilm über die Syphilis unter dem Titel ›Es werde Licht‹ inszenierte. Der Film war jedoch nichts anderes als eine Spekulation auf die niedrigsten Instinkte, und – er wurde ein Riesengeschäft. Oswald drehte daraufhin 1918 noch einen zweiten und dritten Teil. Der beispiellose Kassenerfolg dieser Filme veranlaßte ihn, weitere ›sozialhygienische Filmwerke mit wissenschaftlicher Unterstützung und Mitarbeit von San.-Rat Dr. Magnus Hirschfeld‹, dem bekannten und berüchtigten ›Sexualforscher‹, zu inszenieren. Die Handlung sämtlicher Filme spielte im Milieu von Freudenhäusern. Richard Oswald wurde durch diese Filme ein reicher Mann. Kein Wunder, daß die Konkurrenz sein Erfolgsrezept aufgriff. Eine Hochflut von Aufklärungs- und Sittenfilmen übelster Sorte war die Folge.

Dieser wenig erfreuliche Rückblick zeigt aber, daß das Filmniveau trotz aller Klagen sich gebessert hat. Wenn heute Filme gedreht werden, die wirklich ehrlich und aus den reinsten Motiven aufklären wollen, so scheut man sich, sie als ›Aufklärungsfilme‹ zu bezeichnen, weil dieses Wort seit damals zu sehr in Mißkredit gekommen ist.« Daß sich der Autor hier durch Falschinformationen selbst in Mißkredit bringt, ist offensichtlich: So spielt außer dem (hier nicht erwähnten) vierten Teil von *Es werde Licht!* kein einziger im »Milieu von Freudenhäusern«, und warum Hirschfeld »berüchtigt« war, erfahren wir leider auch nicht. Aber apropos Sanitätsrat. Filme mit den »Göttern in Weiß« erfreuten sich bei deutschen Filmproduzenten zu allen Zeiten großer Beliebtheit, und das setzt sich später im Fernsehen bis zu *Schwarzwaldklinik* und darüber hinaus fort. So werden Ärzte innerhalb von zwölf Jahren gleich dreimal zu den Hauptfiguren (allerdings sehr unterschiedlicher) Aufklärungsfilme: 1951 in *Eva und der Frauenarzt,* 1957 in *Frauenarzt Dr. Bertram* und 1963 in *Teufel im Fleisch.*

Eva und der Frauenarzt bringt drei amerikanische Aufklärungs-Kurzfilme, zu denen ein deutscher Produzent eine Rahmenhandlung dreht, die von der *Südpost* (München) am 28.3.1951 folgendermaßen beschrieben wird:

»Die Freundschaft zwischen Eva, Fred und Nicky begann vor einigen Jahren. Sie studierten gemeinsam, und die beiden Männer hatten eine gemeinsame kleine Wohnung. Eva und Nicky waren heimlich verlobt – heimlich, weil sie es Fred nicht gestehen wollten, der ebenfalls Eva liebte. Eines Tages mußte Nicky zum Studium in die Schweiz. Die drei feierten mit anderen Freunden zum Abschied ein Atelierfest. In dieser Nacht ereigneten sich dramatische Dinge ... Nicky und Eva, durch den Trennungsschmerz kopflos geworden, verlieren sich aneinander. Zur gleichen Zeit erlebte Fred, der berauscht in seinem Zimmer lag, etwas ähnliches mit einem ebenso schönen wie leichtfertigen Mädchen. Bei Nicky und Eva blieben die Folgen nicht aus, ebenso nicht bei Fred: Eva wird ein Kind bekommen, Fred hat sich angesteckt ... Als Fred und Nicky sich kurz darauf in den Bergen treffen, kommt es zu einem Konflikt, weil merkwürdige Begebenheiten jener Nacht eine unerwartete Klärung finden. – Es kommt zu einer Ohrfeige, aber ein anderes schwerwiegendes Erlebnis bindet die Freunde wieder aneinander. Inzwischen hat Eva, die vor der schwierigsten Entscheidung ihres Lebens steht, Nicky die Folgen der Liebe anvertraut. Nicky telegrafiert zurück, er werde mit dem nächsten Flugzeug kommen. Das Flug-

Beim Atelierfest passiert's: Szene aus ›Eva und der Frauenarzt‹ (1951)

zeug stürzt ab ... Eva verliert nun völlig den Boden unter den Füßen und meint, ein uneheliches Kind nicht zur Welt bringen zu dürfen. Sie will sich – wie vorher Fred – selbst ›kurieren‹. Der Versuch mißlingt, und aus der Praxis eines Abtreibers entflieht sie angewidert angesichts der dortigen Erlebnisse. Dann unternimmt sie einen Selbstmordversuch, wird aber gerettet, während das Kind tot zur Welt kommt. Einige Zeit darauf finden sich Eva und Fred, doch ihr Glück droht zu scheitern, als einer des anderen Vergangenheit erfährt. Der verständnisvollen und gütigen Hilfe des Frauenarztes Dr. Florian, in dessen Praxis die entscheidende Aussprache stattfindet, gelingt es, diese beiden Schicksale, die fast zum Unglück bestimmt schienen, zu einem glücklichen Schicksal zu vereinen.«

Da fühlt man sich doch beinahe wieder in melodramatische Stummfilmzeiten zurückversetzt. Die Kritik reagiert entsprechend. So kann man am 2.4.1951 in der *FAZ* lesen: »Wie der Film durch die Reklame angepriesen wird, könnte man etwas Übles erwarten: Er ist harmlos. Wie anders hätte ihn Biebrich (gemeint ist die Freiwillige Selbstkontrolle, deren Sitz sich in Wiesbaden-Biebrich befand, Anm. d. A.) sonst durchgelassen! Es handelt sich um drei größtenteils gezeichnete Lehrfilme, einen über Geschlechtskrankheiten, einen zweiten über die Physiologie des weiblichen und des männlichen Geschlechtsapparates und einen dritten über die menschliche Geburt. In dem letzten Film sind einige fotografische Aufnahmen enthalten, die bislang nur dem medizinischen Kolleg vorbehalten gewesen sein dürften. Die Filme sind belehrend, sie wollen zugleich vor den schrecklichen Folgen venerischer Krankheiten warnen und das Natürliche sachlich und natürlich darstellen. Da nach allen Erfahrungen solche Filme vom breiten Publikum nicht angesehen werden, weil sie nicht unterhalten, hat man um die drei populären Lehrfilme eine Spielhandlung herumgebaut, die an Albernheit ihresgleichen sucht. Das Milieu des jungen Paares ist wieder einmal grotesk luxuriös. Man fragt sich, wie Filmproduzenten heutzutage so blind für die Wirklichkeit sein können, daß sie einem noch kinderlosen jungen bridgespielenden Ehepaar mit schickem Zweisitzer allein so viel Wohnraum andichten. Wo gibt es das? Die ›Ballung‹ der Vorkommnisse auf einem für heutige und wohl auch gestrige Studenten viel zu üppigen Karnevalsabend verrät nicht viel Phantasie. Von da stammt die Geschichte von der versuchten Abtreibung, von da die Erkrankung des jungen Mannes. Es gibt reichlich kuriose und für Ahnungslose berechnete Kurpfuscherkabinette, es gibt einen Selbstmordversuch von der Brücke, es gibt aber auch ein bißchen Skiparadies mit einer kameradschaftlichen Rettung bei prächtigem Sonnenschein und leichtestem Skigelände. Studenten müssen mal ein Semester in der Schweiz verbringen und kehren, wenn sie zu ihrer Überraschung hören, daß sie Vater werden sollen, sehr edelmütig per Flugzeug – es reist sich rascher und kostet ja nicht viel mehr – zurück, wobei sie freilich tödlich abstürzen, um dem Drehbuch weiter keine Beschwerden zu machen. Die Film-Selbstkontrolle hat verordnet, daß der Film nach Geschlechtern getrennt anzusehen sei, rechts die Weiblichkeiten, links die

Männer. Je ein Sitz in jeder Reihe muß zwischen den Parteien frei bleiben. Wie sinnreich!«

Dem ist nichts hinzuzufügen – außer vielleicht die Anmerkung, daß Filmproduzenten nicht »blind« sind: Sie sehen nur schlecht ob der »DM«-Zeichen in ihren Augen, die ihnen ein wenig die Sicht verstellen. Was auch manchmal bei Branchenblättern der Filmwirtschaft der Fall ist. *Der neue Film* versteigt sich in einer Besprechung von *Eva und der Frauenarzt* am 16.4.1951 zu der Behauptung, dies sei ein Film, »der sich den Maßstäben, die ein Kritiker zu verwenden pflegt, entzieht«, weil drei Dokumentarfilme in eine Rahmenhandlung eingebettet seien. Dann heißt es weiter: »Die Willy-Zeyn-Film, Produzentin der Rahmenhandlung, bringt diese drei Columbia-Dokumentarfilme in geschickter Form (Albrecht Schönhals als Frauenarzt führt sie einem jungen Paar, das Till Kiwe und Edith Prager darstellen, in seiner Praxis auf einem Schmalfilmgerät vor) dem Publikum nahe, das ohne diese Form wahrscheinlich gehemmt wäre, sie sich anzusehen. Das werden ihr Mediziner, Psychologen und auch die Eltern der heranreifenden Jugend hoch anrechnen. Wenn es in so eindringlicher und unzweideutiger Art wie hier geschieht, dürfte niemand, der guten Willens ist, auch nur den geringsten Anstoß daran nehmen.«

In letzterem irrt *Der neue Film:* Man nimmt Anstoß, in erster Linie aber an der Dummheit des Films. (Auf eine anstoßnehmende Ärztin kommen wir später zu sprechen.) So meint *Der Tagesspiegel* am 6.5.1951: »Ein Seil durchzieht die Mitte der Sitzreihen. Links sitzen die Männer, rechts die Frauen: Vorschrift der Selbstkontrolle des deutschen Films. Offenbar glaubt diese nicht, daß ein Film, der Männer und Frauen angeht, aber auch sehr offen über Geschlechtskrankheiten, über Entwicklung und Geburt des Menschen aufklärt, in der Dunkelheit des Zuschauerraums sachlich aufgenommen werden kann. Was draußen in der Dunkelheit des Abends geschieht, das überläßt die besorgte Selbstkontrolle unbesorgt der Zuständigkeit des einzelnen. Die Notwendigkeit eines solchen Films mag nicht bestritten werden. Wie groß sein Nutzen ist, wird schwer festzustellen sein. Kaum aber wird die Form, die hier gewählt wurde, sehr befriedigen können. Er beginnt schwer und pathetisch mit den Schöpfungsworten der Bibel und kommt dann in eine Spielhandlung hinein, in der mit Krampf und Geschick Anlässe zusammenkombiniert sind, um drei wissenschaftliche Zwischenfilme einzuschieben. (…) Nichts gegen diese Einschübe, sie sind sachlich, genau, ohne Prüderie, etliches Pathos abgerechnet. Etwas leicht hat man es sich mit der Rahmenhandlung gemacht. Sie ist nicht nur mit überflüssigem Pathos, billiger Nonchalance und kitschigem Dialog belastet, sie ist auch unnötig breit und voll überflüssiger Details. Ihr wohlsituiertes Milieu läßt den großen Nährboden der Geschlechtskrankheiten völlig außer acht: die soziale Not der Nachkriegsjahre, das Wohnungselend, Arbeitslosigkeit, Flüchtlingsnot. An dieser Realität von heute vorbeigegangen zu sein, ist der schwerste Vorwurf, den man diesem auch in seiner Darstellung nicht eben befriedigenden Film machen muß.«

Bei der aus Stummfilmzeiten bekannten Praxis, Geschlechter in den Kinos zu trennen, handelt es sich, so könnte man mutmaßen, um eine subversive Methode der Zensurbehörde FSK, Filme zuzulassen, die sonst von gestrengen Moralaposteln ganz verboten worden wären …

Daß allenfalls nur ein Bruchteil der Mediziner zu den fortschrittlich Gesinnten im Lande gehört, macht der Leserbrief einer Ärztin deutlich, den *Der Tag* in Berlin am 11.5.1951 veröffentlicht, nachdem die Dame *Eva und der Frauenarzt* gesehen hat: »(…) Nun zu dem zweiten wissenschaftlichen Punkt des Films: die Entstehung des Menschen. Warum, frage ich mich, wird dieses so tiefe Problem in einem Spielfilm gezeigt, bei dem es nur einen kleinen Teil seiner Handlung ausmacht? Wer kann das Mysterium der Entstehung des Menschen bis zu seinem letzten Punkt erforschen? Wie traurig ist es doch, daß die Menschen aus diesem Film nach Hause gehen mit dem Gedanken, aha, das mit der Entstehung des Menschen ist doch ganz einfach. Sollte nicht vielmehr der Film uns das Wunder der Natur bestaunen lassen, denn die Entstehung des Menschen ist uns doch in der Tat in ihren letzten Gründen ein Wunder. Statt dessen handelt der Film dieses tiefe Problem oberflächlich mit kurzen Bildern ab und läßt keinen tieferen Gedanken darüber aufkommen. Die dritte wissenschaftliche Einblendung zeigt die Geburt. Warum dies, fragte ich mich erstaunt. Daß eine Geburt nicht leicht ist, weiß jeder erwachsene Mensch. Ebenso wie er den Geburtsweg kennt. Wem müßte das im Film erst gezeigt werden? Ich bin selbst Medizinerin und Mutter. Niemals wäre mir der Gedanke gekommen, meinen Mann dahingehend ›aufklären‹ zu wollen, bei einer Geburt zuzusehen. Muß denn das letzte Geheimnis zwischen Mann und Frau enthüllt werden?«

Ein Kollege macht sich anläßlich von *Eva und der Frauenarzt* einige grundsätzliche Gedanken zum Thema Aufklärungsfilm, und die haben etwas mehr Hand und Fuß als der oben zitierte Erguß. Veröffentlicht wird der Text am 1.3.1952 in *Die neue Zeitung:* »Woraus erklärt sich eigentlich die instinktive Abneigung gegen Aufklärungsfilme? Wahrscheinlich hat unser Unbehagen seinen Grund darin, daß Spielfilme mit der Tendenz der Aufklärung und Warnung den Fehler begehen, das Wunsch- und Traumbild unserer Welt mit der Nüchternheit biologischer Realität unter einen Hut zu bringen. Dies aber schätzen wir nicht, und wenn es geschieht, entsteht das Gefühl peinlicher Geschmackverletzung.

Wie im Theater sind wir auch im Leben gewohnt, die Bühne vom Schnürboden und den Traum von der Wirklichkeit zu trennen. Wenn wir dabei sind, die Welt und die Liebe als holde Illusion zu genießen, wollen wir von den kahlen Praktiken des Bühnenhintergrundes nichts wissen. Wir wollen den Wahn der Kulisse und möchten durchaus nicht darüber informiert sein, daß die ›Rheintöchter‹ Wagners an dünnen Stahlseilen baumeln und daß die reale Folge einer romantischen Filmszene auch eine Gravidität oder eine venerische Infektion sein kann. Regisseure, die versuchen, Liebe und Wissenschaft, Traumfabrik und Klinik unter eine Kappe zu bringen, verstoßen gegen ein Tabu unserer zivilisatorischen Erziehung, das eine Vermischung von Illusion und Realität verbietet. (…)

In ›Eva und der Frauenarzt‹ wird der Versuch gemacht, das Problem der polaren Betrachtung gewissermaßen tricktechnisch zu lösen, indem der zuversichtlich joviale Kollege Schönhals in der Rahmenhandlung des Spielfilms Sonderfilme über Zeugung, Geburt und Geschlechtskrankheiten abschnurren läßt, ein gerade so hübscher wie untauglicher Einfall des Regisseurs. Nicht die anatomischen Tatsachen, nicht das Feigenblattlose ist es, was die Zuschauer schockiert, sondern es ist jene unschickliche Vermischung zweier grundsätzlich verschiedener Betrachtungsformen. Gewiß und leider hat die Liebe auch was mit Gonokokken zu tun, aber wir wollen nichts von ihrer Existenz wissen, solange der Spielfilm in der Beletage der Liebe läuft. Ferner ist auch der Anspruch der biologischen Schmalfilmeinlagen, daß nämlich die photographische beziehungsweise mickymaustechnische Darstellung der Befruchtung und der Geburt das ›Geheimnis des Lebens‹ offenbare, sehr töricht; nichts wahrlich offenbart weniger das Geheimnis des Lebens als unsere biologische Wissenschaft, denn auch sie ist nur die Systematik eines Symbols.

Die Folgerung aus dieser Betrachtung ist, daß man Spielfilme und Aufklärung nicht in einen Topf werfen soll. Wenn man überhaupt eine kollektive Aufklärung für richtig hält, so muß sie in der Form ärztlicher Belehrung erfolgen; man wird erleichtert feststellen, daß man angesichts rein wissenschaftlicher Filme keinen roten Kopf bekommt.«

Rote Köpfe würde wohl keiner bekommen, aber die Produzenten würden rote Zahlen schreiben; schon in der Stummfilmzeit (vor Oswalds Pioniertaten) hatte sich ja gezeigt, daß die rein wissenschaftlichen »Volksbelehrungsfilme« kein Publikum fanden. Zu *Eva und der Frauenarzt* abschließend nur noch eine kleine Kuriosität. Unter der Überschrift »Kirche erwirkt Lizenzentzug« melden die Berliner *Filmblätter* am 22.10.1954: »In der unterfränkischen Gemeinde Reckendorf sah der katholische Ortsgeistliche in der Vorführung des Columbia-Films ›Eva und der Frauenarzt‹ eine Gefährdung seiner Pfarrkinder. Auf Druck der katholischen Verbände wurde dem lizenzierten Wanderspieler die seit über einem Jahr erteilte Genehmigung für Filmvorführungen in Reckendorf gekündigt. Der Bürgermeister gab dem betroffenen Wanderspieler zu verstehen, daß nach den erfolgten Beschwerden eine Spielerlaubnis nicht mehr erteilt werden könne. Der Verleih hat der Gemeindeverwaltung die Inanspruchnahme aller Rechtsmittel angedroht, wenn das Verbot aufrechterhalten wird.«

Noch einmal meldet sich, anläßlich des Films *Tödliche Liebe,* ein Arzt zu Wort; Dr. W. Wack aus München schreibt in der Fachzeitschrift *Bayerisches Ärzteblatt* (Heft 3, März 1953), nachdem eine Pressekonferenz zum Thema »Pressesensationen, Volksgesundheit und Medizin« stattgefunden hatte und man sich – nach der Kritik an der Presse – nun auch der Kritik an Praktiken in den eigenen Reihen stellen mußte. Daher »erscheint es angebracht – so ungewöhnlich es in den Spalten dieses Blattes auch erscheinen mag –, Stellung zu nehmen zu dem ›neuen deutschen Sexualfilm‹, der laut Zeitungsinserat ›in den

Häusern und Straßen Münchens unter Mitwirkung von *Ärzteschaft, Universitätsinstituten* und Polizeibehörden‹ gedreht wurde. Als Drehbuchautor wurde ein Dr. X genannt, der auf den Anschlägen der Litfaßsäulen als ›Mitglied namhafter ärztlicher Organisationen‹ bezeichnet wird.

Entsprechend dem verheißungsvollen Titel ›Tödliche Liebe‹ beginnt die Handlung mit einem Lustmord. In den Kellerräumen einer Großmarkthalle werden ein paar Kinder beim Äpfelstehlen erwischt und verjagt. Ein mehr als verdächtig aussehendes Individuum lockt ein kleines Mädchen unter dem Vorwand, es wolle ihm schöne Äpfel schenken, an sich, führt es durch eine Reihe schlecht beleuchteter Gänge und zerrt das Kind hinter einen Bretterverschlag. Dann hört man – qualvoll lange – nur noch das Wimmern und Stöhnen des Kindes. Ein Spielkamerad, der den beiden heimlich gefolgt ist und von außen die Szene mit anhört, läuft zurück, schlägt Alarm und der Verbrecher wird nach einer Hetzjagd, die anmutet wie eine schlechte Kopie der Verfolgungsszene aus dem ›Dritten Mann‹, schließlich verhaftet. Das Kind selbst ist tot. Darauf folgt in der gemütlichen Atmosphäre eines behaglich eingerichteten Zimmers in einer ›psychoanalytischen‹ Aussprache mit dem Gerichtspsychiater die Klärung des Verbrechens: ›sexueller Minderwertigkeitskomplex und Mord aus Angst vor Entdeckung‹. Offenbar zur Vertiefung dieser Erklärung wird in einer Sitzung bei Wein und Zigarren die Sache mit einem Polizeireporter im schnodderigen Ton eines schlechten Gesellschaftsfilms nochmals durchgesprochen. Die psychologische Aufhellung gelingt restlos – von irgendeinem menschlichen Gefühl für das Grauenhafte der Tat fehlt jede Spur!

2. Fall: Der verbindende Faden der Handlung wird hergestellt durch den Polizeireporter, der sich von einem befreundeten Arzt über die sonstigen ›Gefahren der Liebe‹ aufklären läßt. Nächstes Exempel: Abtreibung. Ein Mädchen, von mehreren Ärzten abgewiesen, sucht eine Abtreiberin auf. Nach kurzer Verhandlung wird der Eingriff vorgenommen, wobei die mangelnde Asepsis dadurch zum Ausdruck gebracht wird, daß ein auf den Boden gefallenes Handtuch sofort als Unterlage verwendet wird. Der Eingriff wird mit den primitivsten Mitteln durchgeführt. Die Patientin liegt dabei in der üblichen Lage auf dem Diwan eines Wohnzimmers, wobei die Stelle des Eingriffs

im Bild eben noch durch den Ellbogen der Abtreiberin notdürftig verdeckt wird. Der über dem Diwan hängende Spiegel zeigt noch einiges mehr. Resultat: Perforation. Die Schwerverletzte wird brutal aus der Wohnung gestoßen, sinkt in einem Park zusammen, wird gefunden und ins Krankenhaus gebracht. Hier wird nun eine Laparotomie (operative Öffnung der Bauchhöhle, Anm. d. A.) mit allen Einzelheiten vorgeführt. Die nackte Patientin liegt auf dem Operationstisch, wird sachgemäß vorbereitet, der Operateur führt den Hautschnitt. (In den vorderen Sitzreihen des Zuschauerraumes ertönt ein unterdrückter Schrei, mehrere Personen verlassen das Kino oder werden hinausgebracht.) Es folgt Großaufnahme einer Laparotomie: Blutstillung, Eröffnung der Bauchhöhle, Hervortreten der Darmschlingen etc. Die Operation kann nicht zu Ende geführt werden, da trotz Injektion einer Reihe von Herzmitteln die Patientin auf dem Operationstisch stirbt. (Bluttransfusion scheint unbekannt zu sein.)
Die weitere Handlung spielt sich in einem gerichtsmedizinischen Institut ab. Die Leiche des Mädchens liegt geraume Zeit nackt auf dem Sektionstisch. Der Pathologe setzt das Messer zum Eröffnungsschnitt an (wieder verlassen einige Zuschauer den Vorführungsraum), und dann verschwindet die Leiche taktvoll in der Versenkung. Die weitere Aufklärung erhält der Polizeireporter in einem Kolleg, wo vor einigen Medizinstudenten in einem Lehrfilm der Gang und Verlauf von Go. und Lues am schematischen Modell des männlichen und weiblichen Körpers erläutert wird. Wieder folgt eine Reihe von Großaufnahmen von luetischen Hauterscheinungen bei primärer und sekundärer Lues (diesmal *nicht* schematisiert).
3. Fall: Die soziologischen Auswirkungen der Lues werden in einer Ehetragödie dargestellt. Ein glückliches junges Ehepaar erwartet ein Kind. In Abwesenheit des Mannes muß jedoch die Frau ins Krankenhaus gebracht werden, da eine Fehlgeburt erfolgt war. Zurückgekehrt, gibt der Mann nach anfänglichem Leugnen zu, daß er sich während der Ehe mit Lues infiziert habe. Er glaubte sich aber geheilt, nachdem er eine Kur mitgemacht habe. Verzweifelt über die Treulosigkeit des Mannes und die entstandenen Folgen zerschlägt die junge Frau in einem unbewachten Augenblick ihren Handspiegel und öffnet sich mit einem Splitter die Pulsader (Großaufnahme!). Im letzten Au-

genblick wird sie dann von der zufällig eintretenden Krankenschwester noch gerettet. Es folgt Scheidungsklage, Gerichtsverhandlung mit feurigem Plädoyer der Rechtsanwältin, und plötzlich, ohne ersichtlichen Grund, entdeckt die junge Frau ihre wie-
dererwachte Liebe und verzeiht. – Nach diesem Happy-End
leert sich der knapp zur Hälfte gefüllte Zuschauerraum.
Die oben skizzierte Darstellung des Inhalts macht eine weitere
Kritik überflüssig. Für die Ärzte war der Film bestimmt kein
Ruhmesblatt. Bei der heute weitverbreiteten Kenntnis medizinischer Dinge auch in Laienkreisen müssen therapeutische Fehler wie das Unterlassen einer Bluttransfusion, die ungenügende
Behandlung einer Lues mit einer Kur im Publikum Befremden
erregen, wenn auch der Verlauf der Story derartige Versäum-
nisse notwendig macht. Man fragt sich, wozu dieser Film überhaupt gedreht wurde. Die Aufklärung über das Wesen, über die
Ansteckungsmöglichkeit und den Verlauf von Geschlechtskrankheiten war oberflächlich, die abschreckende Tendenz war
nur mäßig betont. Die reißerische Ankündigung als ›Sexualfilm‹
und die ganze Art der Darstellung lassen vermuten, daß auch an
weniger edle Instinkte dabei appelliert werden sollte als nur an
das Bildungsbedürfnis des Publikums. Es mag sein, daß Erotik
heute ein gangbares Filmrequisit geworden ist, aber dann möge
der Film sich seine Objekte anderswo suchen als in Kranken-
häusern und Sektionsräumen. Man hat offenbar übersehen, daß
die Wirkung der gleichen Darstellung eine verschiedene ist, je
nachdem, ob sie in einem Hörsaal vor Medizinstudenten oder in
einem Vorstadtkino gezeigt wird. Aber nicht einmal die Erotik
kam so recht auf ihre Kosten, weil das Abstoßende der Wiedergabe allzu stark überwog. Höchstens abwegig Veranlagte konnten daraus Vergnügen – und nützliche Winke schöpfen. Die beste Kritik gab das Publikum, da, soweit wir erfahren konnten,
der Film nach wenigen Tagen Laufzeit in den meisten Lichtspielhäusern mangels genügenden Besuchs abgesetzt werden
mußte.«
So regeln sich bestimmte »Probleme« von selbst. – Ich weiß
auch nicht, warum das so ist, aber immer, wenn ich an die (späten) fünfziger und (frühen) sechziger Jahre zurückdenke, taucht
der Begriff »Anständigkeit« in meinem Kopf auf: »Anständig
sein« soll man, sich »anständig benehmen« muß man – vor allem
nach außen hin, den Verwandten, den Nachbarn, der Gesell-

schaft gegenüber. Was sicher damit zu tun hat, daß sich die Deutschen zuvor (politisch und überhaupt) sehr »unanständig« benommen hatten.

1957 kommen zwei Filme in die Kinos, die zwei Gemeinsamkeiten haben: Sie beschäftigen sich mit einschlägigen Paragraphen des Strafgesetzbuches (218 und 175) – und sie sind an Verlogenheit kaum zu überbieten. Die *Süddeutsche Zeitung* bringt es am 15.11.57 in einer Kritik des Films *Frauenarzt Dr. Bertram* kurz und klar auf den Punkt: »Eben aus Rußland zurück, befreundet sich der zeitnahe Spätheimkehrer (in Gestalt von Willy Birgel) mit einer holden Jungfrau, von der sich, o Schreck, herausstellt, daß sie seine Tochter ist – was sie indessen aus unerfindlichen Gründen nicht erfahren soll. Aber es kommt noch viel schöner. Ein frecher Verführer und Erpresser läutert sich in letzter Minute dank der Liebe einer kessen Kellnerin; ein Autounfall verhilft dem einsamen Dr. Bertram zu einer schönen, begüterten Frau; und die g'schlamperte Engelmacherin waltet zur allgemeinen Erleichterung ihres illegalen Amtes – wobei dann freilich, zwecks gebührender Abschreckung, etwas schiefgeht, jedoch wiederum nicht so schief, daß nicht ein Happy-End gewährleistet wäre. Kurzum, dieser Film (nach einem Bühnenstück von H. J. Rehfisch, Regie: Werner Klingler) erweist sich als eine Problem-Schnulze von unwahrscheinlicher Verlogenheit.«

Der *Evangelische Filmbeobachter* fragt sich und den Leser (am 21.11.1957) fassungslos, »wie denn eine derart lückenlose Aneinanderreihung von Entgleisungen möglich ist«, nachdem man eine wunderbare Inhaltsangabe zum besten gegeben hat: »Es geschah zu Beginn des Krieges, daß ein Frauenarzt, um politischen Nachstellungen zu entgehen, freiwillig zu den Fahnen eilte. So überstürzt mußte er das tun, daß er seine schwangere Geliebte zur Entfernung des unerwünschten Kindes an einen Kollegen verweisen mußte. Er erhielt beruhigende Nachricht. – Es geschah siebzehn Jahre später, daß dieser Frauenarzt bei seiner Rückkehr aus russischer Gefangenschaft ein siebzehnjähriges Mädchen kennenlernte, das seiner einstigen Geliebten sehr ähnlich sah und das als Mannequin ein sehr liebe- und kulturbedürftiges Leben führte. Er erfuhr, daß seine Geliebte bei einem Bombenangriff umgekommen war und daß die junge Schönheit ihre Tochter war. Nachdem er sich beim Anhören von Webers ›Freischütz‹ endgültig in sie verliebt hatte, mußte er aber auch

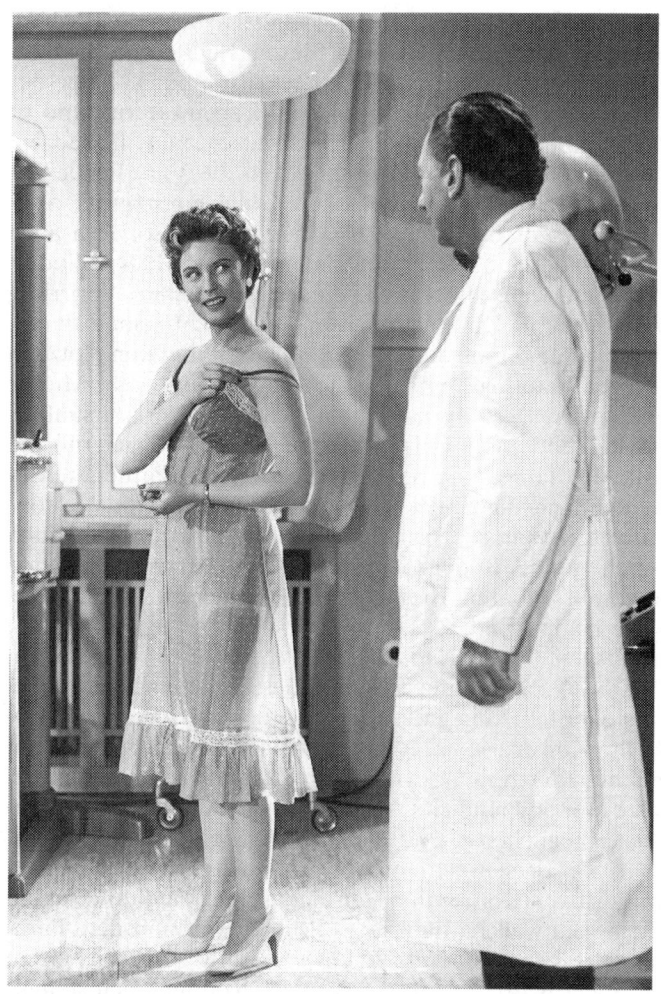

Verlogene Problemschnulze: Willy Birgel und Ingrid Lutz in
›Frauenarzt Dr. Bertram‹ (1957)

noch erfahren, daß sie die nicht beseitigte Frucht seiner Liebe
war. Und da nach dem Willen der Toten das Mädchen nie wissen sollte, daß der Gatte ihrer Mutter nicht ihr Vater war, zog
sich der erschütterte Frauenarzt mit blutendem Herzen, aber
harten Worten von seiner Tochter zurück. Diese trank in der

Verzweiflung ihrer ersten Liebe zu viel Cognac und ließ sich im Rausch von einem jungen Fant verführen. Bald darauf kam sie zu unserem Frauenarzt und verlangte Abtreibung. Aber der hatte im Kriege die Ehrfurcht vor dem Leben erlernt, und so mußte das arme Mädchen bei einer Kurpfuscherin Hilfe suchen. Dem Verbluten nahe, wurde es darauf in die Vaterhände des Dr. Bertram gelegt. Doch war der zum Glück ein so guter Arzt, daß seine Tochter nicht nur das Leben behielt, sondern auch weiterhin Kinder gebären konnte. Nun war das Glück vollkommen. Die unerwünschte Frucht einer jugendlichen Verirrung war beseitigt, und Dr. Bertram war doch nicht schuld daran. Und nicht genug daran, daß das arme Waisenkind nun plötzlich ihren echten Vater hatte: Es gesellte sich auch eine neue Mutter dazu. Denn Dr. Bertram hatte anläßlich eines Verkehrsunfalls eine reiche Industriellenwitwe kennen- und liebengelernt, die nicht nur den langsamen Satz aus Beethovens ›Pathétique‹ in entscheidenden Augenblicken vorzüglich spielen konnte, sondern auch sonst ein sehr zartfühlendes Herz hatte. Doch auch daran nicht genug. In der Gestalt von Dr. Bertrams Assistenzarzt als voraussagbarem Bräutigam fällt ein weiteres strahlendes Licht aufs Happy-End.«

Die Kollegen vom *Katholischen Filmdienst* meinen am 28.11.1957: »Auch von der äußeren Gestaltung und dem Spiel der Darsteller fällt kein gutes Licht auf diese verlogene pseudomoralische Konstruktion, die nur ersonnen zu sein scheint, um den pikanten Abtreibungswunsch einer Halbwüchsigen an den eigenen Vater und ähnliche Abschweifungen in deutsche Filmerotik zu ermöglichen.« Und die *Frankfurter Rundschau* meint am 19.4.1958, »diesem Film mangelt es an allem: an Mut, an Logik, an geistiger Konzeption, an einem auch nur diskutablen Drehbuch. Ein wahrhaftig ernstes Problem, das mit dem Paragraphen 218 des Strafgesetzbuches vorsichtig umschrieben zu werden pflegt, wird hier mit fahrlässiger Routine nach steinaltem Klischee abgehandelt. J. A. Huebler-Kahla, Produzent und Drehbuchautor in Personalunion, ist mit beinahe atemberaubender Präzision an sämtlichen wichtigen Fragen vorbeigesegelt. Dafür wendet er alle Tricks an, mit denen man einen so oberflächlichen Film so weit lackieren kann, daß sich bei einem kleinen Teil des Publikums der erwünschte Effekt einstellt. Werner Klinglers Regie hat viel Mühe, diesen Streifen wenigstens an der Klippe der Lächerlichkeit vorbeizujonglieren, an der er gerechterweise zerschellen müßte.«

Kurze Besinnung: 1957 ist das Jahr jenes Bundestags-Wahlkampfs, den die CDU/CSU mit der Parole »Keine Experimente« bestreitet – und damit prompt auch die absolute Mehrheit erhält: 50,2 Prozent der Deutschen wollen die Wiedergewinnung des Ansehens im Ausland und den Wirtschaftsaufschwung im Inland nicht gefährden. Auch das Murren gegen die wiedereingeführte allgemeine Wehrpflicht nimmt ab, da sich seit der brutalen Niederschlagung des Ungarnaufstands 1956 der Ost-West-Konflikt verschärft hat. Die Ära Adenauer hat ihren Höhepunkt erreicht. Erst Anfang der sechziger Jahre beginnt das Vertrauen in den zu alt und zu selbstherrlich gewordenen Kanzler zu schwinden.

In der Bundesrepublik gibt es 6577 Kinos, in die 801 Millionen

Filmerotik der Fünfziger: Sonja Ziemann in ›Frauenarzt Dr. Bertram‹

173

Besucher strömen – auf den durchschnittlichen Kinogänger kommen 20 Filmbesuche im Jahr 1957. Deutsche Filme, von denen 111 in die Kinos kommen, haben einen Marktanteil von 47,7 Prozent; die kassenträchtigsten Filme des Jahres sind *Die Trapp-Familie, Der Hauptmann von Köpenick* und *Sissi, die junge Kaiserin*. Zum Vergleich: Zehn Jahre später ist der Aufklärungsfilm *Helga* der an der Kinokasse erfolgreichste deutsche Film, der im Gesamtergebnis nur von David Leans *Dr. Schiwago* übertroffen wird; aber 1967 gibt es nur noch 4518 Kinos mit einer Besucherzahl von 215 Millionen; der Marktanteil der deutschen Filme, von denen 72 gestartet werden, ist auf 24,7 Prozent gesunken, und auf den durchschnittlichen Kinogänger kommen nur noch zehn Filmbesuche. Noch einmal zehn Jahre später ist der (vorläufige) Tiefpunkt erreicht: 1977 gibt es 3072 Kinos mit 124 Millionen Besuchern und 52 deutsche Filme mit einem Marktanteil von 11,4 Prozent. Und der erfolgreichste deutsche Film heißt *Hitler – Eine Karriere.*

Karriere unter Hitler hatte der Regisseur Veit Harlan gemacht – von ihm stammt einer der perfidesten antisemitischen Propagandafilme des Dritten Reichs: *Jud Süß*. 1957 nimmt sich Harlan des Themas Homosexualität an; der Titel *Anders als du und ich* läßt vermuten, daß Veit Harlan dort weitermacht, wo einst Richard Oswald begonnen hatte. Aber weit gefehlt.

Der Film beginnt mit einer Gerichtsverhandlung: Die unbescholtene Christa Teichmann ist nach §§ 180 und 181 StGB der schweren Kuppelei angeklagt. Sie soll ihren Sohn Klaus der Haustochter Gerda angedient haben. In der Verhandlung anwesend ist auch ein Kunsthändler namens Dr. Boris Winkler. In einer Rückblende erfährt man, wie alles kam …

Christa Teichmann hat Geburtstag. Aber ihr Sohn Klaus, Schüler in der Oberstufe eines Gymnasiums, ist noch bei seinem Freund Manfred. Der ist ganz begeistert, weil sein älterer Mentor, jener Dr. Winkler, ein modernes Gedicht von Manfred in die Zeitung gebracht hat. Klaus malt, ebenfalls modern. Sein Onkel Max kann damit nichts anfangen. Klaus und Manfred hören moderne Musik. »Das klingt wie meine Bilder«, meint Klaus. Derweil stellt sein Vater fest: »Klaus kümmert sich nie um Mädchen.« Die besorgte Mutter liest daraufhin in einem Lexikon über »das dritte Geschlecht« nach. »Ich habe Angst um dich«, teilt der Vater dem Sohn mit und schlägt ihm vor, auf ein

Der Jüngling und der böse Verführer: Christian Wolff und Friedrich Joloff in ›Anders als du und ich‹

Tanzfest zu gehen. In der Schule wird der zarte Manfred von Mitschülern gehänselt; Klaus prügelt sich für ihn. Das Tanzfest findet an einem See bei Onkel Max statt; Klaus schäkert mit seiner Cousine Renate. Manfred steht draußen vor dem Tor und schaut zu. »Scheiß Weiber«, ist sein vor sich hin gemurmelter

Kommentar. Klaus tanzt sehr gut Rock 'n' Roll. Abends will die Mutter mit ihrem Mann das Problem des dritten Geschlechts besprechen, doch der möchte lieber schlafen gehen.

Manfred ist eifersüchtig auf Renate. Klaus liest ihm aus seiner Novelle »Der Regenbogen« vor. Der Vater nennt Manfred ein »ungebackenes Brötchen«. Die Mutter meint, »man kann so was heilen«. Klaus, der vom Vater Hausarrest bekommen hat, flüchtet durchs Fenster und geht zu Dr. Winkler, wo mit Musik experimentiert wird. Sein Vater begibt sich zu Manfreds Mutter, die aber die Adresse von Dr. Winkler nicht herausrücken will. Beim Doktor (der vorzugsweise dämonisch ausgeleuchtet auftritt) machen Jünglinge nicht nur Musik, sondern veranstalten leichtbekleidet Ringkämpfe. Vater und Onkel Max besuchen derweil ein vornehmes Transi-Lokal, wo ein Herr zuerst im Fummel und dann im Frack auftritt und singt. »Gräßlich«, sagt der Vater, während Onkel Max kräftig bechert, bis er nach seiner »Steinpilzkur« ordentlich besoffen ist.

Die Eltern fragen einen Jugendpsychologen um Rat. »Anfangs kann man diese Dinge noch mit leichter Hand korrigieren«, meint er und rät: »Klaus muß aus diesen Kreisen herausgelotst werden.« Die Mutter soll ihrem Sohn die Hemmungen Mädchen gegenüber nehmen. Daraufhin redet die Mutter mit der Haustochter Gerda, einem Flüchtlingsmädchen, das die Familie als Dienstmagd beschäftigt. Der Vater spricht mit Dr. Winkler, der sich aber nicht kooperativ zeigt, während die Mutter einen Geheimrat aufsucht, der ihr klarmacht: »Nur die echte Liebe einer Frau kann da helfen.« Woraufhin die Mutter zu Gerda sagt: »Wenn eine Frau liebt, kann sie über ihren Schatten springen.«

Klaus' Eltern fahren weg; die Mutter hat wie zufällig ein goldenes Armband (für Gerda) liegenlassen; der Vater hat Anzeige gegen Dr. Winkler erstattet. Klaus hat Manfred eingeladen, bei ihm zu wohnen, aber Gerda schickt ihn wieder fort. Klaus geht zu Gerda ins Zimmer, um sie zu zeichnen. Sie zeigt kurz etwas Brust, zieht sich dann hinter einer spanischen Wand aus. Klaus beobachtet sie in einem Spiegel. Sie rennt in den Garten, er hinterher, Musik fortissimo.

Manfred nennt Gerda eine »Kuh«, Klaus aber eilt zu ihr. Sie steht am Herd und kocht. Manfred beobachtet die beiden, steigt in den Garten, sieht Zeichnungen von Gerda und das Bett. Dr.

Winkler stellt Strafantrag wegen Kuppelei. Gerda will das goldene Armband nicht annehmen. Der Vater erfährt bei der Polizei von der Anzeige gegen seine Frau. Im Verhör setzt der Kommissar Gerda unter Druck. Der Vater sucht einen Rechtsanwalt auf. Klaus geht zu Dr. Winkler, der seine Anzeige nicht zurück-

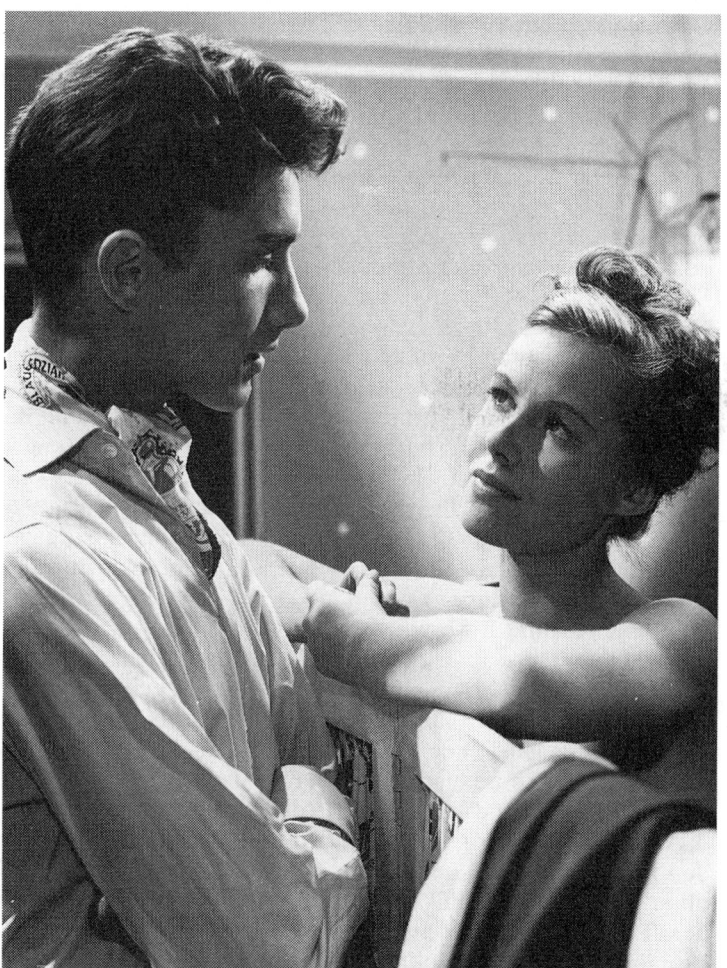

Der Jüngling und das schöne Hausmädchen: Christian Wolff und Ingrid Stenn in ›Anders als du und ich‹

ziehen will. Auch die Mutter spricht mit dem Rechtsanwalt, der ihr erklärt, daß ihr eine Zuchthausstrafe droht.

Nach seiner Zeugenaussage vor Gericht wird Dr. Winkler verhaftet. Das Urteil für Christa Teichmann lautet: sechs Monate Gefängnis auf Bewährung. »Mami, verzeih' mir«, sagt Klaus. »Ist ja alles gut«, antwortet ihm die Mutter.

Gar nichts ist gut. Das findet auch der »Bayerische Landesverband des Katholischen Deutschen Frauenbundes e.V.« in einem am 25.11.1957 an die »Aktion Jugendschutz« in München gerichteten Brief: »Betrifft: Film ›Anders als du und ich (§ 175)‹ – Seit kurzer Zeit läuft in München ein Film unter genanntem Titel. Es ist uns unverständlich, daß ein solcher Titel zugelassen werden konnte bzw. von der Öffentlichkeit geduldet werden muß. Es stellt eine gröbliche Verletzung des sittlichen Empfindens normal veranlagter Menschen dar, wenn in den Titel eines Films der § 175 StGB aufgenommen wird. Hinzu kommt, daß es für den Schutz der Jugend vor gefährdenden Einflüssen, der von allen verantwortungsbewußten Menschen als dringend empfunden wird, einen Rückschlag bedeutet, wenn diese Strafbestimmung in einem Filmtitel publiziert werden kann und damit die Neigung zur sexuellen Abnormität bei manchem labilen Jungen gefördert bzw. geweckt wird. Von der Selbstkontrolle der deutschen Filmwirtschaft dürfen wir erwarten, daß sie sich in Zukunft an die Bestimmung ihrer Satzung hält, wonach sittengefährdende und sittenverletzende Filme und Filmtitel nicht zugelassen werden dürfen.«

Deutsche Realität 1957.

Aber selbst der so konservativen *FAZ,* die Harlans Film am 6.11.1957 zu Recht als »Kolportage« bezeichnet, geht es zu weit: »Das Schlimme aber – und da gibt es kein Pardon – an diesem Film ist etwas ganz anderes. Schlimm und übel ist die Identifizierung der Homosexualität mit der modernen Kunst, wie sie hier von Harlan und Lützkendorf (dem Drehbuchautor, Anm. d. A.) angeboten wird: Man weiß am Ende nicht, ob Harlan für den Paragraphen 175 und seine strenge Anwendung ficht oder ob er ihn nicht als Vehikel benutzt, um eine neue Ausstellung der ›Entarteten Kunst‹ anzuregen. Der sokratische Verführer ist nämlich ein Kunsthändler, seine Strichjungen spielen Elektronenmusik, malen abstrakt und dichten modern. Alle anderen sehen normal und tüchtig, rechtschaffen und brav aus. Die ›Ho-

mos‹ bei Harlan sind natürlich eine internationale Clique, sie sind einflußreich, sitzen überall, expressis verbis auch in den Zeitungsredaktionen, nie aber in Banken, Wirtschaftsgremien, Fabriken oder Bürohäusern. ›Homos‹ bilden die fünfte Kolonne der Kunst und des Geistes, den zu diffamieren Herr Harlan, der ein kluger Mann ist, wirklich nicht nötig hätte. Sein Film stammt aus Bildungsressentiments gegen die Intellektuellen.«
In die gleiche Kerbe, nur etwas ausführlicher und klarer, schlägt auch eine Kritik der SPD-Zeitung *Vorwärts* am 13.12.1957: »In den Kinos der Bundesrepublik ist der Film ›Anders als du und ich‹, der angeblich die Problematik des § 175 StGB behandelt, angelaufen. Sieht man sich aber diesen Streifen an, so erkennt man schnell, daß darin nicht die Homosexualität ›zur Diskussion gestellt‹ ist, wie die Reklame behauptet, sondern daß dem unbedarften Kinobesucher hier eine bestimmte Meinung eingetrichtert werden soll, die bereits Goebbels – mit wechselndem Erfolg – durchzusetzen versuchte: die Meinung nämlich, daß die moderne Kunst an sich ›entartet‹ sei. (...) Mit dem Appell an primitive Instinkte wird versucht, am Beispiel eines ›intellektuellen Klüngels‹, der sich aus Malern, Musikern, Tänzern und Journalisten zusammensetzt, das ›Widernatürliche‹ und ›Entartete‹ der modernen Kunst herauszustellen. Simpelstes und einprägsamstes Beispiel dieser Tendenz: der Malerjüngling, um den sich diese Handlung dreht, malt, solange er ›krank‹ ist, abstrakt; er wird aber nach seiner ›Genesung‹ prompt gegenständlich. Damit glauben die Hersteller dieser mittelmäßigen Konfektionsware der Gattung ›Film‹ unter Umgehung aller echten Problematik ein delikates und umstrittenes Thema erledigt zu haben. (...)
Kaufleute, als Produzent und Verleiher, messen den Erfolg eines Filmes im allgemeinen am Einspielergebnis. Auch bei ›Anders als du und ich‹ ist anscheinend nicht mit einem Verlustgeschäft gerechnet worden. Man hat offenbar einkalkuliert, daß in vielen naiven Kinobesuchern noch halbvergorene Thesen des braunen Ungeistes rumoren, und man spekuliert nun anscheinend darauf, gleichgestimmte Saiten zum Erklingen zu bringen. Vielleicht fühlen die Hersteller sich auch schon dadurch angemessen entschädigt, daß sie mit diesem ›Kunstwerk‹ eine Propaganda treiben können, auf die sie von 1945 bis jetzt notgedrungen verzichten mußten. Herr Harlan und seine Helfer be-

riefen sich einmal darauf, daß sie zur Herstellung des ›Jud Süß‹-Films abkommandiert worden seien und daß jede Weigerung, an diesem Machwerk der Goebbels-Propaganda mitzuwirken, gleichbedeutend mit Selbstaufgabe gewesen sei. Heute, in der Demokratie, ist diese Ausrede hinfällig geworden. Die Verantwortung trifft *jeden* der Beteiligten, auch die Darsteller!«

Nur im Ausland hat *Anders als du und ich* noch ein Nachspiel: Am 12.4.1962 berichtet die *Neue Zürcher Zeitung* von einer angekündigten Demonstration gegen die Aufführung des Harlan-Films (die am nächsten Tag auch stattfindet); sie veröffentlicht eine Resolution, die die »Christlich-jüdische Arbeitsgemeinschaft in der Schweiz, Gruppe Zürich« verfaßt hat: »Entgegen der eindringlichen Aufforderung des schweizerischen Lichtspieltheaterverbandes, der eindeutigen Mahnung des Bundesrates und dem an vielen Orten der Schweiz kundgetanen Willen der Bevölkerung und Behörden gibt sich ein Zürcher Kino her, einen Film von Veit Harlan aufzuführen. Der Name Veit Harlan ist für immer mit dem nazistischen Pogrom-Film ›Jud Süß‹ verbunden. Die öffentliche Meinung unseres Landes hat gegen das Aufführen jeglichen Harlan-Films entschieden Stellung genommen. Wir verurteilen den erneuten Versuch, den Film ›Das dritte Geschlecht‹ (wie der ursprüngliche, für die Bundesrepublik von der FSK abgelehnte Titel des Films lautete, Anm. d. A.) dem Zürcher Publikum aufzudrängen. Wir erblicken darin eine Herausforderung, gegen die wir uns aus Gewissensgründen auflehnen.« Ein Jahr später läßt die Kritik in Stockholm, wie der Berliner *Tagesspiegel* am 10.2.1963 berichtet, wo der Film ausgerechnet mit dem Titel *Unschuld* läuft, »eine Schimpfkanonade teils gegen Harlan, teils gegen den Film los«. Damit ist das unselige Kapitel »Harlan und die Homos« beendet. Erst 1970 wird Homosexualität im deutschen Film wieder zum Thema – auf relativ radikale Art.

Sowenig Harlans 1957er Homosexuellen-Story etwas mit Oswalds 1918er Homosexuellen-Story zu tun hat, sowenig hat Willy Sedlers *Feind im Blut* aus dem Jahre 1957 etwas mit Walter Ruttmanns avantgardistischem *Feind im Blut* aus dem Jahr 1931 zu tun – auch wenn es in den letztgenannten Filmen jeweils um Syphilis geht. Das ist und bleibt die einzige Gemeinsamkeit. Diesmal können nicht einmal die Branchenblätter der Filmwirtschaft etwas an dem vermeintlichen Aufklärungswerk finden, an dem zwei Frauen (als Produzentin und Autorin) maßgeblich beteiligt sind. So heißt es in *Der neue Film* am 28.11.1957: »Nach einer Idee von Ingeborg Zwicker über das Thema ›Leichtsinn, Unerfahrenheit und deren Folgen‹ (so Plakat und Programm) schrieb Angelika Aurel das banal-dünne Drehbuch zu dem Sonderfilm ›Feind im Blut‹. Was sich da auf der Leinwand präsentiert, ist eine recht fade Allerweltsgeschichte, die weder Konzeption noch dramatische Höhepunkte erkennen läßt. Schwer, die magere Handlung zu erzählen. Am Anfang stehen Flüchtlingsschicksal und bäuerlicher Neubeginn auf fremder Scholle, garniert mit Kirmesrummel, Trudes und Heiners jäher Liebe, Nacktbad zu zweit und Zerwürfnis eines anderen Pärchens per Ohrfeige. Fernfahrer Herbert nimmt aber Mareikes Abfuhr nicht allzu tragisch. In der nächsten Bar läßt er sich bei Rock 'n' Roll eine trostbringende Marihuana aufdrängen, geht mit einer Dame vom horizontalen Gewerbe mit und erfährt – nach einer Schlägerei, bei der er verletzt wurde – schließlich im Krankenhaus, daß er geschlechtskrank ist. Der behandelnde Arzt führt ihm den obligaten Geschlechtskranken-Film (wie schon in anderen Zelluloid-Aufklärungen gehabt!) vor, und körperlich geheilt wie moralisch gebessert, findet sich Herbert zum glücklichen Ende mit Mareike, die ihn vor Monaten ohrfeigte. Auch die einst nacktbadenden Kirmesbesucher Trude und Heiner, so sei nachgetragen, wurden inzwischen ebenfalls ein strahlendes Paar, stolz auf den bereits eingetroffenen Nachwuchs. Aus.«

Und das *Film-Echo* meint (am 1.2.1958): »Flüchtlingsfrau treckt durch die deutschen Lande – Flüchtlingssohn badet bei Mondschein mit einem Mädchen splitternackt im See (...) – zwei Fernlastfahrer halten an, rauchen eine Zigarette und verkünden, daß sie Hunger haben. Das ist kein surrealistischer Witz, sondern in etwa die Szenenfolge zu Beginn dieses Films, der sich auf den letzten Metern durch einen Lichtbildervortrag eines Arztes über Geschlechtskrankheiten als Aufklärungsfilm entpuppt. Peinlich, unsagbar peinlich! Aber nicht so sehr wegen des Sujets als solchem, sondern durch die Art, wie es hier benutzt wird, durch die kaum zu unterbietende Primitivität, mit der einige zusammenhanglose, konfuse Szenen über Prostitution und Rauschgiftsucht zu so etwas wie einer Spielhandlung konstruiert werden. Peinlich muß das selbst noch für die Darsteller gewesen sein, deren verlegenes, krampfhaftes Spiel dem verlogenen und dilettantischen Getue noch die Krone aufsetzt.« Begeben wir uns lieber sofort in die sechziger Jahre. Und zu einem Film, der insofern ein Kuriosum und ein Phänomen darstellt, als er alle Polaritäten, zwischen denen Aufklärungsfilme aller Zeiten stets hin- und hergependelt haben, in sich vereint: Information und Spekulation, Kolportage und Kitsch, Melodram und Dokumentarisches, Rassismus und Ressentiments. *Teufel im Fleisch* von Hermann Wallbrück, der schon 1946 als Regisseur für *Schleichendes Gift* verantwortlich zeichnete, stellt außerdem 1963 eine Schauspielerin vor, die nur vier Jahre später zu einem Symbol des neuen Aufklärungsfilms wird: Ruth Gassmann.

Gleich zu Beginn des (schwarzweißen) Films befindet man sich zweifelsfrei mitten in den sechziger Jahren: In einem Lokal wird Twist getanzt. Eine Off-Stimme, die entfernt an den schneidend-pathetischen Ton des Kommentators der Nazi-Wochenschauen erinnert, fragt »Wer weiß, ob das Verderben sein Partner ist ...«, berichtet über die Gefahren der Großstadt und endet mit dem Hinweis auf »... das Gift der Krankheit, das seine Opfer im Dunkeln sucht«. Bilder einer Großstadt, ein Hafengelände. Der Off-Text informiert weiter darüber, daß »Unterlagen der Weltgesundheitsorganisation (WHO) in Genf« und »Beratungen namhafter Ärzte und Soziologen« ergeben haben, daß sich die »Geschlechtskrankheiten erneut rasch ausbreiten« und nun »Immunisierung« angesagt sei, da man das Übel an der Wurzel ersticken müsse. Deshalb will auch Dr. Alexander nach Afrika, allerdings ohne Dr. Esters (Ruth Gassmann), denn er will keine Frau dabeihaben. Sein Chef muß erst heftig auf ihn einreden.

In Triest geht die Reise per Schiff los. Dr. Alexander erklärt im Off, daß man nach Infektionsherden forschen will. Dritter im Bunde neben Dr. Alexander und Dr. Esters ist ein Dr. Jensen. Rückblende: Dr. Esters lernt Dr. Alexander kennen. Er behandelt eine junge Frau mit einem syphilitischen Geschwür, die aber behauptet, sie habe einen Unfall gehabt. In einem Gespräch zwischen Dr. Alexander und Dr. Esters erfährt man, daß sich die Anzahl der Syphilis-Erkrankungen in den USA von 1959 bis 1960 verdoppelt hat.

Erneute Rückblende: Kriegsende. Dr. Alexander lernt die gutaussehende, junge Jenny (Dunja Rajter) kennen. Sie hören Hil-

*Der Jüngling und das schöne Hausmädchen: Christian Wolff und
Ingrid Stenn in ›Anders als du und ich‹*

ferufe einer Frau, die von einem russischen Soldaten, einem
»Tier in Uniform«, belästigt wird. Sie kommen der Frau zu Hilfe, bringen den Soldaten zum Kommandanten, der ihn erschießt. Zwei andere Soldaten schnappen sich Jenny, Dr. Alexander versucht, sie in mutigem Einsatz zu befreien. Dr. Jensen
erscheint zur rechten Zeit und rettet sie aus der bedrohlichen
Situation. Er arbeitet in einem Krankenhaus, wo Jeeps »Strand-
gut der Liebe« anliefern: Geschlechtskranke, Vergewaltigte,
»Nachkriegsopfer«. Von da an arbeiten Dr. Alexander und Dr.
Jensen zusammen; Jenny wird ihre Assistentin. In einer Dia-
Tonband-Show geht es um Tripper und Syphilis. Per Tonband
berichtet eine 15jährige von ihren Erlebnissen. Dr. Alexander
und Jenny sind an einem See; sie zieht ihren Badeanzug aus. Die
»Soldateska« überfällt die Klinik: Zwei Soldaten ballern mit

Maschinenpistolen herum, Dr. Jensen reißt Dr. Alexander zu Boden, Jenny wird getroffen.

Man sitzt am Swimming-Pool des Schiffes. Dr. Esters erzählt in einer Rückblende von einer Patientin mit syphilitischem Primäraffekt: Als Zimmermädchen hat sie sich durch eine Wunde am Fuß infiziert, als sie barfuß ihre Arbeit verrichtete. Heute ist sie wieder gesund. Dr. Esters sonnt sich, läßt sich fotografieren, schwimmt im Pool. Dr. Alexander regt sich über »Kameltreiber« auf, die mit Frauen anbandeln: Hier meint er offenbar einen Araber, der mit Sonnenbrille und Fotoapparat herumläuft.

Die drei Forschungsreisenden besuchen den Schiffsarzt Dr. Beuron, der in einer Rückblende von seiner Lehrzeit in Marseille erzählt. Zum Thema Prostitution sagt er: »Hier verkehrt die bürgerliche Mitte, der Spießer.« Man sieht einige Damen in Fenstern. »Sie verbreiten die Pestilenz«, sagt Dr. Beuron, und: »Die Gassen der Freude sind lang.« In einem Café warnt der Arzt einen Mann vor einer Frau, die nicht unter Kontrolle steht. Zuhälter schlagen ihn zusammen. Die Polizei holt Dirnen ab und bringt sie ins Gefängnis. Dr. Beuron: »Es muß mit gebotener Härte vorgegangen werden.«

Am nächsten Morgen entdeckt man bei einer Rettungsübung auf dem Schiff einen blinden Passagier – ein junges Mädchen. Dr. Alexander untersucht das Mädchen, das mit Slip und BH bekleidet ist, dermatologisch. In einer Rückblende erzählt sie ihre Geschichte, die in einer Bar beginnt, in der sich eine Obenohne-Tänzerin präsentiert. Die Mutter des Mädchens hat einen Mann bei sich zu Hause. Die Tochter tanzt Twist. Sie fährt mit einem Mann im Auto mit, nimmt Geld. Als sie mit einem älteren Mann in die Bar kommt, in der ihre Mutter singt, nennt diese sie eine »Hure«.

Der Zielhafen in Ostafrika ist erreicht. Der Kommentator meint, die Jugend habe vergessen, daß diese Krankheiten einmal »Geißeln der Menschheit« waren. Jetzt würden sie hier in den »dunklen Winkeln« und »engen Gassen« wohnen. Mit dem Zug fahren die Forscher ins Landesinnere. Dort treffen sie einen einheimischen Kollegen, der ihnen radebrechend klarmacht: »Böse Krankheit, gebracht von weiße Mann, jetzt wohnen in dunkle Gassen.« Man kommt zu dem Schluß: »Kultur bringt Krankheit.« Sie besichtigen eine Klinik. Frau Dr. Esters sieht sich derweil die »schönere Seite der Stadt« an. Dr. Alexander besucht ein Lokal, in dem fast nur Einheimische verkehren. Wir erfahren, daß die Funktion der Frau hier in Dienstleistungen jeder Art besteht und Prostitution auch für die Ärmsten

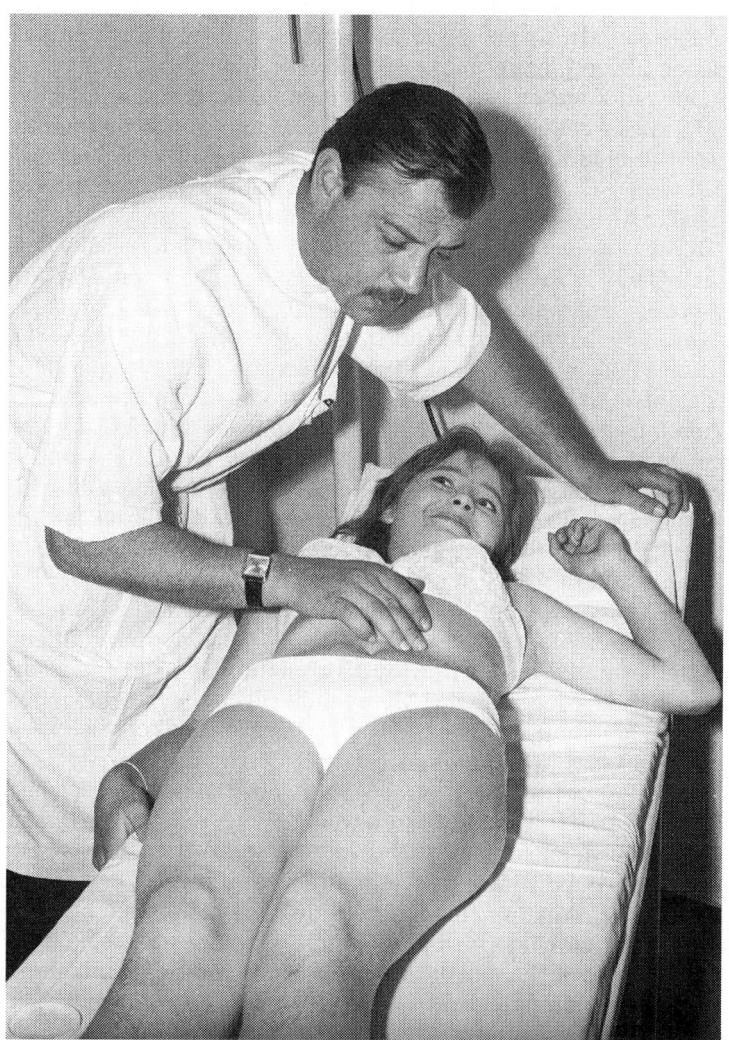

›Teufel im Fleisch‹: Ein »blinder Passagier« wird untersucht

der Armen betrieben wird. Dazu sehen wir einheimische Animierdamen und auch einmal etwas Busen. Dr. Alexander empfindet »Ekel und Widerwillen«.

Die Forscher fahren ins Landesinnere zu einer Station, wo sie mit tropischen Hautkrankheiten konfrontiert werden, die sie entsetzen. Dr. Esters sondert sich mit einem einheimischen Kollegen ab und landet in einer Hütte, wo eine betrunkene und/oder mit anderen Drogen vollgepumpte dicke Frau auf einer Matratze liegt und lallend ihren Werdegang von der Frankfurter Kaiserstraße bis in diesen abgelegenen Winkel Afrikas beschreibt. »Eine ekelhafte und widerliche Szene, die ich nie vergessen werde«, lautet Dr. Esters Kommentar.

Die drei deutschen Ärzte fliegen in die Heimat zurück. Dort hält Dr. Alexander einen Vortrag, zeigt unter anderem Dias von Syphilis-Kranken: »Es handelt sich hier um Seuchen, nicht um Kavaliersdelikte.« Dr. Esters tritt ans Rednerpult, berichtet von einem Erlebnis in Afrika. Rückblende: Ein Eingeborener bittet sie, ihr zu folgen. Per Pferd begeben sie sich in eine einsame Gegend. Dr. Alexander folgt mit zwei Kollegen. Ein Weißer, der an Syphilis im dritten Stadium leidet, fällt Dr. Esters an. Dr. Alexander rettet sie. Sie geben dem unheilbar Kranken eine Beruhigungsspritze und verlassen »diesen Platz des Grauens«.

Dr. Jensen am Rednerpult; er referiert über den »augenblicklichen Stand der sittlichen Verwilderung bei Jugendlichen.« Dazu sieht man, wie eine junge Frau aus einem Lkw steigt, ein Liebesnest verwilderter Dirnen auf einem Autofriedhof und eine Kupplerin, die ihr eigenes Bett vermietet. Dr. Alexander faßt zusammen: Man muß der Menschheit gegen die Seuche helfen. Dazu sieht man afrikanische Kinder. Der Schluß kehrt zum Anfang zurück: Twist-Tanzende in einer Disco.

Der Film, der im Abspann als »Dokumentarspiel« bezeichnet wird, ist in der Tat so seltsam, wie die obige Inhaltsangabe anzudeuten versucht. Nur schwer läßt sich feststellen, wo das Dokumentarische verborgen ist; man kann vermuten, daß es sich bei einigen eingespielten Tönen um Originaldokumente handelt; bei den Bildern sieht alles sehr gestellt und gespielt aus. Wunderlich wirkt, daß die Ärzte von dem, was sie sehen, immer wieder so befremdet sind, daß sie es »ekelhaft« und »widerlich« finden.

Knapp und etwas ratlos reagiert auch die Kritik. Die *Süddeut-*

sche Zeitung schreibt am 10.1.1964: »Zwei deutsche Ärzte und eine Ärztin reisen im Auftrag der Weltgesundheitsorganisation nach Afrika, um Material für eine Geschlechtskrankheiten-Statistik zu sammeln. Der größte Teil der Handlung besteht darin, daß sie sich während der Fahrt in Rückblenden Erlebnisse mit Geschlechtskrankheiten erzählen. Der Film nennt sich ›Dokumentarspiel‹, ist aber in Wirklichkeit nur ein ungewöhnlich schlecht inszenierter (Regie und Buch: Hermann Wallbrück) ›Aufklärungsfilm‹.« Und der *Münchner Merkur* meint am 9.1.1964: »›Teufel im Fleisch‹ – er wird auf höchst seriös gedachte Weise vorgeführt, und zwar zunächst in Genf bei der Weltgesundheitsorganisation: Drei Ärzte reisen nach Afrika, um die Geschlechtskrankheiten ›an einem ihrer Infektionsherde zu studieren‹. Sie hätten gar nicht so weit zu reisen brauchen – doch so, wurde vermutlich gedacht, ist es dekorativer. Was sie

Ein wahnsinnig gewordener Syphilis-Kranker fällt die Ärztin (Ruth Gassmann) an: ›Teufel im Fleisch‹

nun in Afrika entdecken, ist so sensationell gar nicht – kleine, geradezu bescheidene Brutherde, etwa verglichen mit der Reeperbahn in Hamburg. Was also tun? Um die Filmzeit aufzufüllen, erzählen sich die Zelluloidärzte Geschichten, und die scheinen aus gängigen Sittenschnulzen zu stammen. Zum Schluß findet dann noch ein streng wissenschaftlich aufgezäumter Lichtbildervortrag statt. Aber daß so ein Fleischesteufel jemals durch Erzeugung von Müdigkeit ausgetrieben werden könnte, ist vermutlich der einzige neuartige Gesichtspunkt dieses Films.«

Wie ein letztes Aufbäumen des »alten« Aufklärungsfilms, der – wie im großen und ganzen auch *Teufel im Fleisch* – einerseits auf die Angst der Zuschauer vor unerwünschten Folgen der Lust spekuliert und sie andererseits damit lockt, etwas zu zeigen, was sonst im Kino nicht geduldet wird, ehe nur wenig später eine neue Art von Aufklärungsfilmen von sich reden macht, erscheint Ende 1966 *Der Preis einer Nacht* von H. G. Schier.

Der Inhalt laut Verleih-Mitteilung: »Das negative Ideal unserer Zeit ist der Sex. Die Sexwelle ist über die Vergnügungsviertel der Großstädte hinausgedrungen und hat den Alltag erfaßt. Ob es sich um Tageszeitungen, Autoreifen, Herrenhemden oder Staubsauger handelt: alles verkauft sich leichter mit Sex. Was aber ist die Kehrseite? In der Bundesrepublik nehmen die Geschlechtskrankheiten ständig zu. Jedes Jahr kommen 40 000 uneheliche Kinder zur Welt. Die Zahl der Abtreibungen wird auf 350 000 geschätzt.

Anita und ihre Freundin Irma kommen aus dem sozialen Niemandsland. Von der Natur mit allen Reizen und einem gesunden Ehrgeiz ausgestattet, wollen sie ihren Teil vom Wirtschaftswunder mitbekommen. Auf einer Party lernen sich Anita und Wolfgang kennen. Sie verbringen die Nacht gemeinsam, und schon bald steht fest, daß ihr Verhältnis nicht ohne Folgen bleiben wird. Anita begibt sich in die Hände eines Abtreibers und stirbt an den Folgen des Eingriffs. Ein in die Handlung eingreifender Arzt klärt uns über die Abtreibung und ihre Folgen auf.

Der zweite Teil des Films führt uns nach Hamburg. Das Dirnenviertel der Hafenstadt ist der Schauplatz der zweiten Geschichte. Frank Peters, ein erfolgreicher junger Kaufmann, bekommt von seinem Chef den Auftrag, einen Kunden aus Schweden auszuführen. Peters und Herr Johannson besuchen verschiedene Strip-Lokale und beschließen endlich, den Rest der

Mit Sex läßt sich vieles leichter verkaufen – auch Filme: Striptease in ›Der Preis einer Nacht‹

Nacht mit einem Mädchen zu verbringen. Einige Tage später stellt sich heraus, daß sie sich mit einer Geschlechtskrankheit infiziert haben. Wieder greift der Arzt erklärend in die Handlung ein, und wir werden in einer selbstkritischen Betrachtung unserer Zeit über die verschiedenen Geschlechtskrankheiten, ihre Ursachen und Folgen aufgeklärt.«

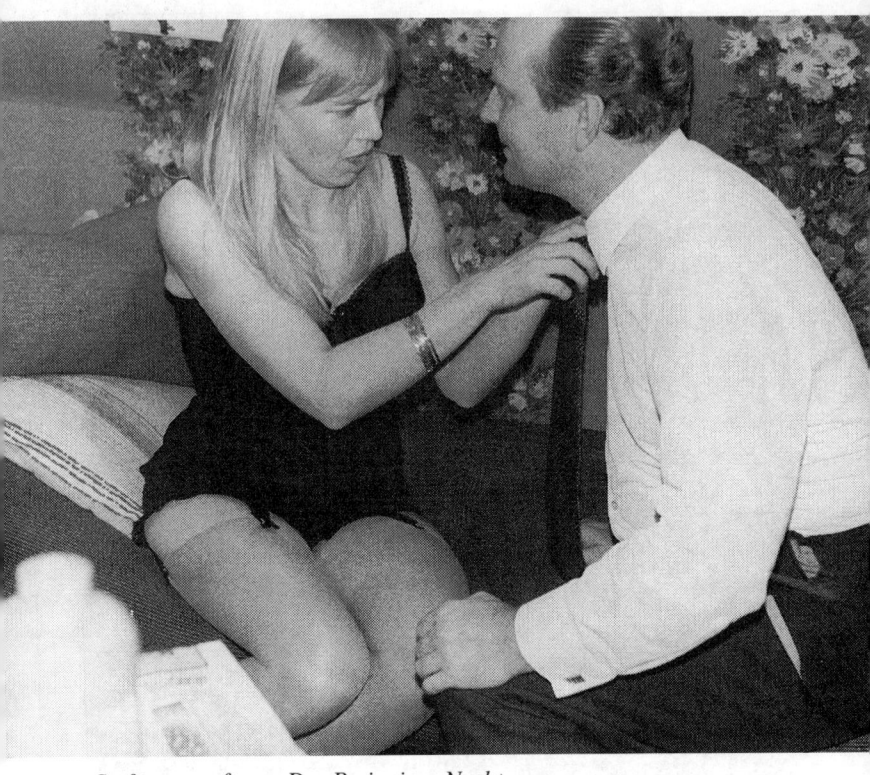

So fängt es oft an: ›Der Preis einer Nacht‹

Die *Westdeutsche Allgemeine Zeitung* meint dazu am 24.6.1967 lakonisch: ›Einer jener zwielichtigen Aufklärungsfilme, dessen reißerische Werbemittel keinen Zweifel an der Absicht lassen. Eine Party, Schwangerschaft, Abtreibung und Tod sind Inhalt des ersten Teils. Der zweite beschäftigt sich mit St. Pauli und den Gefahren der Geschlechtskrankheiten. Verbindende Worte spricht ein Schauspieler im Arztkittel. Auch zum Schluß erhebt er noch einmal warnend seinen Zeigefinger. Doch geht es hier um Moral? Wohl kaum.« Der *Katholische Filmdienst,* der zu dem Urteil »Wir raten ab« kommt, faßt es in seiner Kurzbesprechung des Films so zusammen:

»Aus Spielfilm-Episoden und halbdokumentarischem Bildmaterial zusammengestellter, standpunktloser Aufklärungsfilm über Jugendsexualität, Prostitution und Geschlechtskrankheiten.«

Daß Liebe auch entscheidend mit Lust, Sex entscheidend mit Sinnlichkeit, Erotik entscheidend mit Ekstase zu tun hat, wird in den hier vorgestellten (Aufklärungs-)Filmen der fünfziger und sechziger Jahre selten thematisiert. Doch die Dinge sind in Bewegung: Wohlstand, Auto, Fernsehen, Wissenschaft und Drogen verändern das Freizeitverhalten und die Einstellung zum Thema Sex, das auch zunehmend offener und öffentlicher diskutiert wird (»Make love not war«). Vor allem aber die Ovulationshemmer, populär »Pille« genannt, die seit 1960 auf dem Markt sind, ändern das Sexualverhalten dramatisch; sie fördern vor allem die Emanzipation der Frau auf bis dahin nicht vorstellbare Weise. Dem Wunsch und der Forderung »Mein Körper gehört mir« kommen 1964 bereits acht Millionen Frauen näher, indem sie die Pille nehmen; 1970 sind es 35 Millionen, 1972 immerhin 50 Millionen weltweit. Auch die Institution »Ehe« wird in einem neuen Licht gesehen. Auf all das reagiert auch der Aufklärungsfilm.

KAPITEL 8

Die wilden sechziger Jahre:
»Freiheit für die Liebe«

Auf uns »Achtundsechziger« kommt in der Zeit um 1968 eine
Menge zu: Loslösung vom Elternhaus, Experimente mit sexuel-
len Verhaltensmustern, mit diversen Drogen, mit alternativen
Daseinsformen wie Wohngemeinschaften, Auseinandersetzung
mit dem »Underground-Film«, erste kreative Geh- und Gestal-
tungsversuche, Bemühungen um die Befreiung des Proletariats,
Demonstrationen gegen Notstandsgesetze, gegen Fahrpreiser-
höhungen der öffentlichen Verkehrsmittel und den Krieg in
Vietnam, Studium der Mao-Bibel und der Schriften Wilhelm
Reichs, Woodstock und Flower Power, Open-air-Festivals, eine
Affinität zu allem »Sub«-Kulturellem und was nicht noch alles.
Die Folgen einer eher repressiv-autoritären Erziehung lassen
das Pendel gelegentlich allzu heftig in die andere Richtung aus-
schlagen; Naivität, Unwissenheit, Unerfahrenheit und Unaufge-
klärtsein tun ein übriges. Es sind wirklich wilde Zeiten.
»Ein anderes Merkmal der jüngsten Entwicklung ist«, schreibt
Dr. van Ussel, der ja ein seriöser Autor ist, 1970 in seinem Buch
Sexualunterdrückung, »daß das Sexuelle mehr in die Öffentlichkeit getreten ist. Man spricht unbeschwerter über dieses Thema,
seine Wichtigkeit wird, wenigstens verbal, anerkannt. Zuweilen
wird sogar geklagt über eine neue Form der Tyrannei: Wer nicht
sehr sexuell ist, wird nicht als vollwertiges Wesen anerkannt. Es
gibt auch eine Art von Ersatzsexualität, wie das Lesen und Sprechen über Dinge wie Sexualität, Nacktsein und Erotik. Daneben
wächst das Interesse an praktischer Betätigung. Sogar in einigen
katholischen Milieus wird von Priestern öffentlich erklärt, daß
die Ehescheidung eine moralische Pflicht sei, wenn die Ehe
zerrüttet ist. Die Gesetzgebung ändert sich allmählich. Die Kör-
perlichkeit wird stärker betont. Philosophen, Psychosomatiker,
Mediziner, Biologen, Psychologen und Anthropologen haben
den dualistischen Gegensatz Seele–Körper fallenlassen. Die
Emanzipation des Geruchs, die Aufhebung der Berührungs-
tabus, das Anerkennen des Lustvollen, des Tastsinns, dies alles
sind Anzeichen einer neuen Einstellung. In kurzer Zeit hat sich

viel verändert: man beachte einmal den Unterschied zwischen den beiden letzten Generationen in bezug auf die Art des Sitzens, Liegens, Gehens, Tanzens, in bezug auf den musikalischen Geschmack, die Badekleidung, den Sport und das Sonnenbaden, die Entblößung am Strand und die Art, in der das Nacktsein erlebt wird.«

Korrekterweise hätte die Überschrift dieses Kapitels lauten müssen: die wilden *spät*sechziger Jahre und die satten siebziger Jahre, denn es geht nur um die letzten drei bewegten Jahre dieses Jahrzehnts und das, was in die frühen siebziger Jahre (stark kommerzialisiert) hinübervibriert.

1967 stirbt Konrad Adenauer, bei den Unruhen anläßlich des Besuchs des Schahs in Berlin erschießt ein Zivilbeamter den Studenten Ohnesorg, Israel siegt im »Sechs-Tage-Krieg«, ARD und ZDF senden in Farbe, das erste Herz wird transplantiert, May Spils und Werner Enke drehen *Zur Sache, Schätzchen;* 1968 kommt es im Mai in Paris zu erheblichen Unruhen, der Bundestag verabschiedet Ende Mai die sogenannten Notstandsgesetze, auf Rudi Dutschke wird ein Attentat verübt, der sowjetische Einmarsch in der ČSSR (an dem auch DDR-Einheiten teilnehmen) beendet den »Prager Frühling«, der Papst spricht sich gegen die künstliche Geburtenkontrolle aus, der Aufklärungsfilm *Helga* steht nach seinem Start im Vorjahr immer noch auf Platz zwei der kassenträchtigsten Filme (gefolgt von *Oswalt Kolle: Das Wunder der Liebe;* Platz eins hält die Sex-Plotte *Die Nichten der Frau Oberst*).

1969 wird Willy Brandt Kanzler in einer SPD/FDP-Koalition, US-Astronaut Armstrong spaziert als erster Mensch auf dem Mond, der Film *Oswalt Kolle – Zum Beispiel: Ehebruch* holt die meisten Besucher in die deutschen Kinos, dicht gefolgt von der Klamotte *Die Lümmel von der ersten Bank 2 – Zum Teufel mit der Penne.* In Dänemark wird der Verkauf von harter Pornographie an Personen über 16 Jahre legalisiert; daraufhin sinkt die Anzahl der Belästigungen von Kindern, die Zahl der Vergewaltigungen und der Fälle von Exhibitionismus bleibt annähernd gleich. In Schweden ist die Abtreibung seit 1938 freigegeben; 1967 zieht England nach, 1972 die USA, 1974 Frankreich. Eine Liberalisierung des § 218 in der BRD wird durch das Verfassungsgericht unmöglich gemacht; statt der angestrebten »Fristenlösung« bleibt es bei der »Indikationslösung«. Ähnliches wiederholt sich 25 Jahre später im wiedervereinigten Deutschland.

Der neue Aufklärungsfilm berichtet deshalb lieber *Vom Werden des menschlichen Lebens* – so lautet der Untertitel des Films *Helga*, der 1967 in die Kinos kommt und zu einem Riesenerfolg wird – etwa 40 Millionen Besucher, so berichtet *Der Spiegel* 1968, haben den Film nach Schätzungen der Filmbranche im In- und Ausland gesehen. Das macht *Helga* unter anderem zum größten deutschen Kinoerfolg im Ausland seit über 30 Jahren. Nur in Schweden und Dänemark, die in Sachen Aufklärung schon etwas weiter sind, kann er nicht reüssieren. Denn mit deutscher Gründlichkeit beginnt der Film sozusagen beim natürlichen Nullpunkt – den einzelligen Lebewesen, um schon bald zu verkünden:»Wir wollen eine gesunde Familie, die sich zum Kinde bekennt.« Was sonst. *Helga* nimmt – mit durchschlagendem Erfolg – die Tradition auf, die mit den »Volksbelehrungsfilmen« vor 50 Jahren zu Ende gegangen zu sein schien.

Als der Film in die Kinos kommt, klärt der Eckelkamp-Verleih erst einmal die Kinobesitzer auf:»Sehr geehrter Kunde, Film ist Kunst. Das sagen die Gilde-Theater. Film ist Unterhaltung. Das sagen die Boulevard-Theater. Film ist im Idealfall Kunst + Unterhaltung + Wissensbildung. Das beweist ›Helga‹. Keiner kennt ›Helga‹. Das war vor dem Start unseres Farbfilms. Jeder spricht von ›Helga‹. Das hat unsere Startbetreuung an vielen Plätzen erreicht. Aus dem Außenseiter ›Helga‹ wurde ein Spitzenreiter. Jetzt kommt er auch zu Ihnen. Das Verdienst von ›Helga‹ um die Sexualaufklärung der deutschen Bevölkerung aller Altersklassen (ab 16 Jahren) garantiert Ihren Verdienst an der Kinokasse. Unsere Werbung und Publicity sind unser Kundendienst Ihnen gegenüber.

Der Gedanke der Partnerschaft zwischen Theater und Verleih läßt uns jetzt um Ihren Kundendienst bitten: Helfen Sie uns bitte, die Redaktionen Ihrer Stadt auf ›Helga‹ bereits vor dem Einsatztag aufmerksam zu machen. Das notwendige Foto- und Textmaterial werden wir Ihnen rechtzeitig zustellen. Erbitten Sie von den Redaktionen Vorveröffentlichungen, die die Kinogänger vor falscher Spekulation auf ›Schweinkram‹ bewahren. ›Helga‹ ist der erste Aufklärungsfilm, der den Fragen der Jugend um das Werden des Menschen eine ernste und kompetente Antwort gibt. ›Helga‹ wurde für die breite Öffentlichkeit zur

Volksbelehrung: Ruth Gassmann mit Baby als Helga

Information über intime Themen gedreht. Darum wird ›Helga‹ auch bei Ihnen viele Besucher finden. Im Zusammenspiel von Veröffentlichungen, Kritiken und Hauswerbung aber werden Sie selbst viel Geld und viel Ehr' erwerben können. Ihr Eckel-kamp-Verleih, Werbeabteilung.«

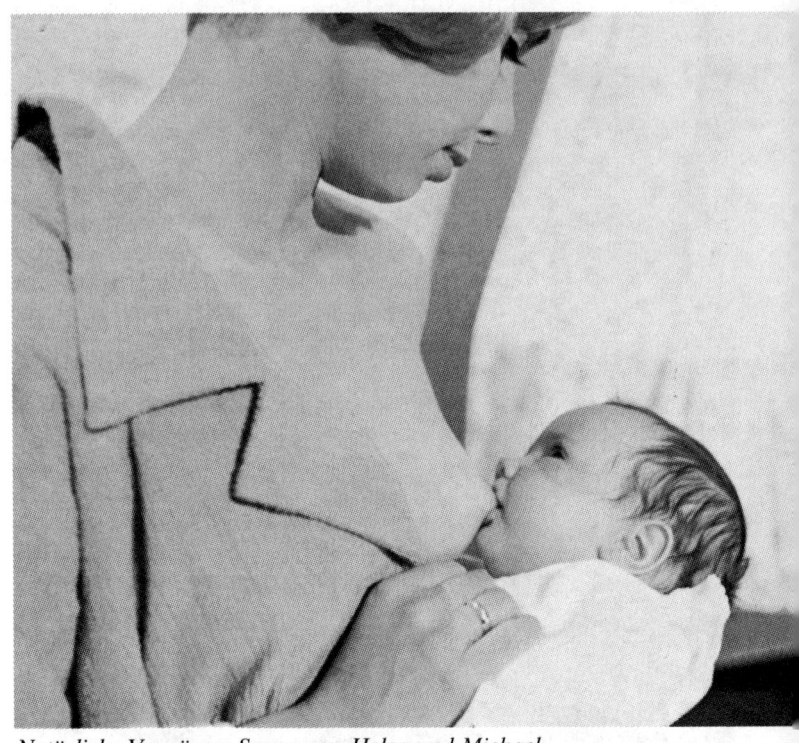

Natürliche Vorgänge: Szene aus ›Helga und Michael‹

Erich F. Bender, Autor und Regisseur von Helga, wendet sich im Presseheft folgendermaßen an die Journalisten: »In den letzten Jahren hat sich ein erfreulicher Wandel vollzogen. Man schreckt nicht mehr allzu sehr vor überkommenen Tabus zurück. Man ist sich darüber klargeworden, daß das Schweigen über die Dinge, ›von denen man nicht spricht‹, in den vergangenen Jahrzehnten einen kaum übersehbaren Schaden angerichtet hat. Man weiß heute, daß man die wichtige Aufgabe der sexuellen Aufklärung der Jugend nicht mehr der Straße überlassen darf, wenn man die Heranwachsenden vor seelischen Schäden bewahren will. Aber der Nachholbedarf ist groß. Die Jugendlichen fordern je nach ihrer Veranlagung mehr oder minder heftig authentische Aufschlüsse. Vielfach stehen Mütter und Väter, selbst Pädagogen, vor einer Aufgabe, der sie sich nicht gewachsen fühlen. Sie sind häufig durch Erziehung und Überlieferung von einer falschen Scham allem Sexuellen gegenüber befangen und wissen über natürliche Vorgänge und ihren eigenen Körper zuwenig Bescheid. Dieser Film soll eine Lücke schließen helfen. ›Helga‹ ist ein Aufklärungsfilm im sauberen Sinn des Wortes. Er wendet sich an die heranwachsende Jugend, an junge Paare, an Eheleute, an Eltern und Erzieher. Er zeigt auf, wie bereits Kleinkinder in aller Selbstverständlichkeit an das naturgemäße Geschehen des Geschlechtlichen herangeführt werden. Er schildert, wie das Heranwachsen zum geschlechtlichen Bewußtsein je nach Altersstufe des Kindes zum Teil der Gesamterziehung werden kann und muß. Der Film beschäftigt sich mit den Funktionen des männlichen und weiblichen Körpers. Er zeigt die äußeren und inneren Geschlechtsorgane und macht deren Aufgaben deutlich. Er erklärt den Vorgang der Pollution beim jugendlichen männlichen Organismus und den der Menstruation bei der Frau. In mikroskopischen Aufnahmen wird der Follikelsprung und der Transport des Eies durch die Eileiter bis in die Gebärmutter dargestellt. Zwangsläufig ergeben sich daraus Folgerungen über die fruchtbaren und unfruchtbaren Tage im Zyklus der Frau und die Lebensdauer der weiblichen Eizellen und der männlichen Samenzellen.

Das Problem der Konzeptionsverhütung und die Methoden der Empfängnisverhütung werden ohne Scheu aus verschiedener Sicht behandelt. Wir erleben mit ›Helga‹ den Werdegang eines Menschen von der Zeugung bis zur Geburt. Der Film macht den Befruchtungsvorgang, die Eiteilung, die Entwicklung der Frucht zum Embryo und die ersten Lebensregungen sichtbar. Die werdende Mutter erhält Ratschläge über die richtige Lebensweise während der Schwangerschaft, über Ernährung, Gymnastik und Vorbereitung auf die Geburt. Das Bekenntnis zum gewollten Kind steht im Mittelpunkt dieses Films. Der Zuschauer wird Zeuge einer Geburt.«

Falls er nicht, was besonders der eine oder andere meist männliche Besucher tut, sich die Hände vor die Augen hält, bis der »erschreckend blutige, gewaltsame Akt« (*FAZ*) vorbei ist, oder, was auch gelegentlich vorkommt, in Ohnmacht fällt.

Helga beginnt (nach der Frage an den Zuschauer, ob er aufgeklärt wurde) mit einem Interviewer, der auf der Straße Passanten befragt: »Würden Sie sich einen seriösen Aufklärungsfilm ansehen?« Woraufhin er auch prompt die Antwort bekommt: »Och, wenn er seriös ist, selbstverständlich.« Ein Kommentator spricht vom »Trieb zur Erhaltung der Art«, dann treiben es Einzeller und Tochterzellen miteinander, und schon sind wir bei der geschlechtlichen Vereinigung und dem Filmtitel. Danach geht es weiter mit »ersten Annäherungsversuchen« von Kindern, einer jungen Anhalterin und vielen Knaben und Mädchen. Die Kinder fragen, die Mütter antworten ganz offen. Mutter: »Komm', fühl' mal, wie es sich bewegt.« – Kind: »Ja.« – Mutter: »Muttis Scheide öffnet sich so weit, daß das Kind hindurchschlüpfen kann, wenn es fertig ist.« – Kind: »Aber wie kommen sie da rein?« – Mutter: »Der Vater hat seinen Samen in die Mutter gelegt. Und dann wächst es – wächst es – und wächst.«

Man erfährt, daß die Erziehung zum geschlechtlichen Bewußtsein Aufgabe der Familie sei, aber da das manchmal nicht funktioniere, stellt sich die Frage: »Soll also die Schule diese Aufgabe übernehmen (…), weil sowieso die Gesamtgesellschaft die speziellen Regeln des Sexualverhaltens schaffen muß?« Eine Ärztin erklärt ihrer Tochter und einigen ihrer Mitschülerinnen, während man schematische Darstellungen und mikroskopische Aufnahmen sieht, die Funktion der männlichen Geschlechtsorgane. Die junge Helga (Ruth Gassmann), die heiraten möchte, will sich von der Ärztin untersuchen lassen. Die findet das gut: »Es wäre überhaupt besser, wenn sich alle Heiratskandidaten vorher untersuchen ließen. Hast du dich schon freigemacht?« Helga hat und wird untersucht. Die Ärztin redet weiter mit den jungen Mädchen, sagt dann: »So, Helga, wenn du fertig bist (mit Anziehen, Anm. d. A.), dann komm zu uns ins Wohnzimmer. Ich will gerade den Vorgang der Menstruation erklären. Vieles davon wird dir bekannt sein …« Für alle Fälle erfahren wir noch einmal alles über Eierstöcke, die Periode, den Eisprung usw.

Ein Arzt doziert über Geburtenkontrolle und Methoden der Empfängnisverhütung, auch über die Ovulationshemmer; schließlich erklärt er in scharfem Ton: »Wir wollen eine gesunde Familie, die sich zum Kind bekennt. Aber gerade darum müssen wir auch den Eltern die freie Entscheidung überlassen, ob, wann und wie viele Kinder sie wollen.« Der Kommentator sagt: »Werden und Vergehen. – Geburt und Tod sind Pole unseres Daseins. Stärker als der Tod ist das Leben. Der einzelne Mensch muß sterben, doch das Leben geht weiter.« Helga ist schwanger: »Wir wußten es, wir wollten es so.« Die innerkörperlichen Vorgänge werden in mikroskopischen Aufnahmen gezeigt, bis hin zur Entwicklung des Embryos. Es folgen Ratschläge der Ärztin für das Verhalten während der Schwangerschaft.

Helga besucht einen Kurs für werdende Mütter, bewältigt ihren Alltag, erfährt alles über Rhesusfaktoren, Plazenta, Antikörper und Mutterschutz, daß sie Alkohol und Zigaretten meiden und welche Gymnastik sie machen soll. Helgas Stimme: »Launisch bin ich nicht geworden. Mir geht es glänzend. Ich halte mich aber auch an alle Vorschriften. Täglich einen halben bis einen Liter Milch, 100 bis 200 Gramm Fleisch, Fisch oder Ei. 30 Gramm Fett, viel frisches Gemüse und Obst, Vollkornbrot und nur eine einzige Tasse Kaffee am Tag.« In der Schwesternschule einer Klinik wird der Vorgang der Geburt erst in der Theorie durchgesprochen, dann in einem Film gezeigt. (Schockierend ist daran – aus heutiger Sicht – allenfalls die Tatsache, daß es eine Ewigkeit dauert, ehe das allerlei Handhabungen ausgesetzte Neugeborene Körperkontakt mit der Mutter haben darf, Anm. d. A.)

Im Wochenbett. Das Kind wird gestillt. Helga macht Gymnastik. Zu Hause: Babypflege. Helga erläutert: »Deine Mutti wird gleich zeigen, wie gut sie dich schon saubermachen kann. Und daß sie alles weiß, was mit dir zu geschehen hat. Die Zimmertemperatur ist richtig – 20 Grad. Die Fenster bleiben geschlossen, Sommer wie Winter, damit du dich nicht erkältest. Hier haben wir ein Moltontuch – dann kommt ein kleineres darauf – zwei Finger breit vom oberen Rand entfernt. Richtig! (Helga faltet die Windel, murmelt Unverständliches, Anm. d. A.) Jetzt kommt das Badetuch. Und das ist das frische Hemdchen und Jäckchen. Und was haben wir hier auf dem Tablett, Herr Sohn? Watte – Wattestäbchen – Öl – Puder – Seife – Waschlappen eins – Waschlappen zwei – Badethermometer – Bürste – Gesichtscreme. Jetzt machen wir kehrt. Der Rücken wird gewaschen und dann der Po. Dabei achten wir besonders auf die Gesäßfalten.« Der Film endet mit Helga, ihrem Mann und ihren vier (!) Kindern. Ganz zum Schluß sieht man noch einmal das klassische Bild, wie Helga ihr erstes Baby stillt.

Ausgesprochen erstaunlich mutet es auch heute noch an, wie groß der Andrang der Zuschauer zu diesem Film damals war, der über das Elementarste kaum hinausgeht. Dies bleibt auch dem Kritiker der *Süddeutschen Zeitung* (am 5.10.1967) ein Rätsel, obwohl er vielleicht ein wenig übertreibt in der Schilderung der Aufklärungsmanie: »Daß in einer hemmungslos sexualisierten Umwelt, wo illustrierte Blätter den Follikelsprung und eheliche Praktiken diskutieren, Embryos bald lieber photographieren als Mannequins, wo die Kameras in die Kreißsäle schleichen und die einschlägigen Schriften für jede Altersgruppe vom Abc-Schützen an nicht mehr zu zählen sind – daß in dieser Umwelt immer noch ein so dringendes Bedürfnis nach sexueller Aufklärung zu herrschen scheint, gehört zu den Sonderbarkeiten unseres Zeitalters.« Ansonsten kommt auch er zu dem Schluß, der Film sei »überaus seriös. Seine Absichten sind ehrenwert und pädagogisch. Er ist ›ab 16‹ freigegeben, und es stellt sich nur die bisher ungelöste Frage, wieweit diese Art Aufklärung den Jugendlichen tatsächlich zu dem verhilft, was die Gesellschaft ›gesunde Geschlechtsentwicklung‹ nennt. Eros ist ein Gott zudem und läßt sich nicht manipulieren, auch nicht sozialpädagogisch.«

Wobei man erwähnen sollte, daß das Wort Erotik in *Helga* nicht vorkommt. Das ist ja auch nicht Sinn der Sache, die schließlich vom Bundesgesundheitsministerium über dessen Ableger, die Bundeszentrale für gesundheitliche Aufklärung in Köln, sowohl initiiert als auch gefördert und mitfinanziert wird. (Die Bundeszentrale wird am 20.7.1967 eine dem Bundesgesundheitsministerium unterstellte Behörde; sie geht aus dem Deutschen Gesundheits-Museum und dem Zentralinstitut für Gesundheitserziehung hervor, die von 1948 bis 1967 die Rechtsform eines Vereins hatten; sie führt in der BRD im wesentlichen jene Aufgaben fort, die in der DDR das bereits 1930 gegründete Deutsche Hygiene Museum in Dresden übernommen hat, von dem im nächsten Kapitel noch ausführlicher die Rede sein wird.)

Der bundesstaatliche Segen findet einerseits Anklang; so bescheinigt Springers *Welt* dem Film, »sauber« und »unterrichtend, psychologisch, biologisch, sehr seriös, wissenschaftlich hervorragend« zu sein, und die *FAZ* urteilt: »Ästhetischer Genuß«. Andererseits sieht man in ihm aber auch die Ursache für manche Mängel des Films; die oben bereits zitierte *Süddeutsche Zeitung* meint: »Das Drehbuch kämpft verzweifelt mit naheliegenden Schwierigkeiten: Zuviel Sachlichkeit und Abstraktion könnten langweilen, so fürchtete man, und flüchtete in eine Art

Helga II: Ruth Gassmann und Felix Franchy in ›Helga und Michael‹ (1968)

Spielhandlung – eben Helgas Weg von der Verlobung bis zur Mutterschaft. Damit wird der Film einerseits zu einem Lehrfilm für werdende Mütter (…), verliert andererseits an Niveau. Der Dilettantismus der jungen Schauspieler ist beinahe bewegend, aber das Problem liegt anderswo: Wo der Mensch als Person auftritt, beginnt die Auslieferung. Und die falschen Genreszenen

Helga III: Szene aus ›Helga und die Männer‹ (1969)

mit unerträglicher Musik enden in den Großaufnahmen aus dem Kreißsaal. Helga seufzt verhalten in den weißen Kissen, im Gegenschnitt sieht man Aufnahmen einer unbekannten Gebärenden, verfolgt schaudernd, wie sich der Fluch des Herrn nach der Austreibung aus dem Paradies in Eastman-Color darstellt. Der Rest ist nicht Schweigen, sondern das mit Recht entsetzte Schreien des Neugeborenen, der ahnen muß, welche Welt ihm blüht.«

Helga wird auch gerichtsnotorisch – mit kuriosem Ergebnis. Hauptdarstellerin Ruth Gassmann wehrt sich mit einer einstweiligen Verfügung gegen eine Aktaufnahme von ihr, die entgegen der Zusicherung des Produzenten nicht nur als Silhouette Verwendung gefunden habe. Die *Stuttgarter Zeitung* meldet am 13.10.1967 dazu: »Nackt aber kopflos werden Filmbesucher die Münchner Schauspielerin Ruth Gassmann vier Sekunden lang in dem Aufklärungsfilm ›Helga‹ sehen. In einem ungewöhnlichen Vergleich vor dem Zivilgericht einigte sich Produzent und Verleiher Eckelkamp mit der Schauspielerin, ihren Kopf aus den Nacktszenen zu entfernen, den ›Rest‹ jedoch zu belassen. Die Schauspielerin hatte in ihrer Klage behauptet, einem Trick aufgesessen zu sein, da sie der Meinung war, ihre Nacktaufnahme würde im Film nur als Silhouette zu sehen sein. Statt dessen entstanden ganze Aktaufnahmen. Der Kopf der Schauspielerin soll bis Ende des Monats in allen Filmtheatern der Bundesrepublik, in denen der Streifen schon läuft, verschwinden.« Da kann man sich wirklich nur an den Kopf fassen. Gut ein Jahr nach dem Start von *Helga* zieht *Spiegel*-Reporter Fritz Rumler in der Ausgabe vom 18.11.1968 Bilanz: »Sechs Pfund vergoldeten Messings, von Oberhausener Künstlerhand zu einer unwirtlichen Trophäe verformt, sollen die Bundesregierung ehren – für erfolgreiche Liebeshilfe. (Korrekt müßte es heißen: für erfolgreiche Fortpflanzungshilfe, denn um Liebe geht es in *Helga* allenfalls am Rande, Anm. d. A.) Die ›Goldene Leinwand‹, ein Ehrenpreis der Filmbranche, wird Filmschöpfungen verliehen, die binnen Jahresfrist drei Millionen Menschen ins Dunkel zerrten: ›Helga‹, das aufklärende Mädchen, hat in Deutschland fast fünf Millionen angelockt und bis letzte Woche 13.703.433 Mark eingespielt.

In Japan drängten bislang sieben Millionen heran, um der naiven Leibes-Visitation beizuwohnen; in Italien brachte der Film an die sechs Millionen Mark ein; unbeschnitten lief er in Algerien; er lief in der ganzen Westblock-Welt, nur nicht in Südvietnam. 40 Millionen Erdbewohner, schätzt die Branche, haben das Aufklärungswerk aus Deutschland schon gesehen. ›Helga‹ ist der erfolgreichste deutsche Film aller Zeiten und ein Staatsstreich zugleich: Das Bonner Gesundheitsministerium hatte ›Helga‹ drehen lassen. So nahm dann am letzten Dienstag im Bonner Glasgasthaus ›Tulpenfeld‹ Frau Käte Strobel, Minister für Gesundheit, mild lächelnd den Messing-Preis hin (…).

Bis zum letzten Zähltag, dem 13. August 1968, lenkte die Dame mit dem Unterleib 1.520.243 Mark und 32 Pfennig nach Bonn. Investiert hatten die Auftraggeber sehr viel weniger: 234.037 Mark und 49 Pfennig. Aus dieser Summe waren zunächst zwei kurze Aufklärungsfilme entstanden (›Er – sie – es‹, ›Wir haben es gewollt‹), die Schülern zeigten, wie man zeugt; um auch andere Lernende zu erreichen, koalierte die Staatsstelle mit der freien Wirtschaft. Die Münchner Rinco-Produktion erbot sich, die beiden Elementarkurse mit etwas Handlung zu beleben und abendfüllend zu verlängern; der Verbindung von Bonn und Busen entsprang ›Helga‹. An ihren Netto-Einkünften ist der Staat zu drei Fünfteln beteiligt. So hilft der Wechselbalg daheim mit den bislang verdienten anderthalb Millionen Mark dem Finanzminister Strauß; in der Fremde kündet er von einem Siechen: vom deutschen Film.

Denn je heftiger der deutsche Film unter Besucher- und Qualitätsschwund kränkelt, desto fiebriger trachtet er, Besucher mit minderer Qualität zu ködern. Darin bestärkt ihn die seit diesem Jahre tätige ›Filmförderungsanstalt‹. Mit dem Bundesgesetz, nach dem sie angetreten, fördert sie Filmkunst nach Kassenrapports: Nur ein Produzent, der ein kassenkräftiges Kinostück (›Referenzfilm‹) vorweisen kann, bekommt Geld (mindestens 250.000 Mark) für seinen nächsten Streich. Just letzte Woche gab die Filmförderungsanstalt ihre erste Referenzfilm-Liste preis. Neben zwei, drei Jungfilmern (›Mahlzeiten‹, ›Tätowierung‹, ›Wilder Reiter GmbH‹) werden die Produzenten solcher Werke zum Weitermachen angeregt: ›Das Rasthaus der grausamen Puppen‹, ›Wenn es Nacht wird auf der Reeperbahn‹, ›Heißes Pflaster Köln‹, ›Der Mörderclub von Brooklyn‹, ›Der Mönch mit der Peitsche‹, ›Agent 3 S 3 setzt alles auf eine Karte‹, ›Das älteste Gewerbe der Welt‹ und – ›Helga‹.«

Zwei (nicht nur) deutsche Phänomene muß man in diesem Zusammenhang noch erwähnen: Nach dem gleichen Prinzip, mit dem die Filmförderungsanstalt damals Kinobesucher zu locken versuchte, werben die privaten Fernsehgesellschaften Ende der achtziger und Anfang der neunziger Jahre Zuschauer von den öffentlich-rechtlichen Anstalten ab – mit Programmen, bei dem der Begriff Qualität überhaupt nicht mehr am Platze ist. Einige wenige Aufklärungsfilme sind auch dabei; so bringt RTL eine Reihe von Kolle-Filmen, stark gekürzt und mit neuen Moderationen des Meisters. Vor allem aber werden unzählige unsagbar schlechte Sexplotten, die nach den Aufklärungsfilmen in den siebziger Jahren durch die deutschen Kinos schwappen, 20 Jahre später wieder terrestrisch oder per Kabel den TV-Konsumenten angedient.

Zum zweiten hat man es in der deutschen Filmlandschaft stets geschafft, jedes erfolgreiche Rezept durch unendliche Neuauflagen zu Tode zu reiten: Aus jedem Hit wird gleich eine Welle,

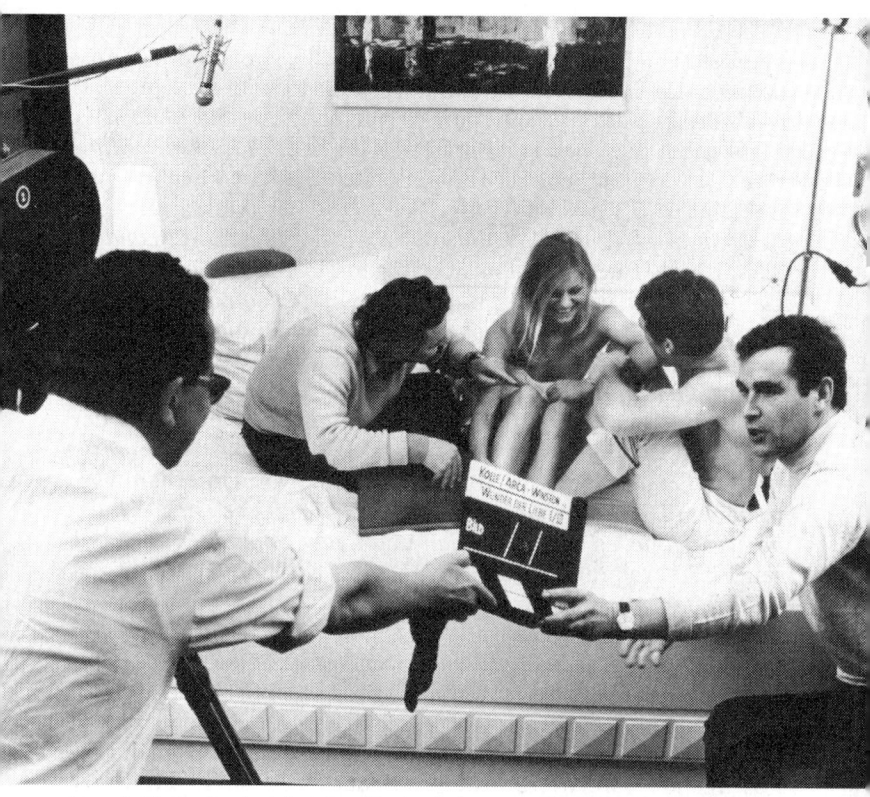

Oswalt Kolle (rechts) bei den Dreharbeiten zu ›Das Wunder der Liebe‹

ob Heimat- oder Schlagerfilm, ob Edgar-Wallace- oder Karl-May-Verfilmungen, ob Alpen-Sex oder Aufklärung. So taucht ›Helga‹ schon bald wieder in einem neuen Film im Kino auf (und dann in noch einem), und auch Oswalt Kolle, der populärste der Aufklärer, bringt es auf eine stattliche Anzahl von Filmwerken.

Oswalt Kolle, Jahrgang 1928, Sohn eines Kieler Psychiaters, gelegentlich »Orpheus des Unterleibs« oder »Aufklärer der Nation« genannt, beginnt seine Journalistenlaufbahn nach Landwirtschaftslehre und nachgeholtem Abitur 1949 als Redaktionsvolontär bei der *Frankfurter Neuen Presse*. Weitere Stationen seiner Karriere: 1952 Lokalchef der *Frankfurter Nachtausgabe,*

1954 Film- und Theaterredakteur bei *Bild* in Hamburg, 1955 Feuilletonchef der *BZ* in Berlin, 1957 stellvertretender Chefredakteur der *Star-Revue* in Hamburg. Von 1958 an arbeitet Kolle als freier Autor. 1960 kann er mit der Serie *Sie nennen es Liebe* (über die Ehen von Filmstars), die in der *Frankfurter Illustrierten* veröffentlicht wird, einen ersten Erfolg verbuchen.

Bekannt wird Kolle endgültig 1960 mit seiner Aufklärungs-Serie *Dein Kind – das unbekannte Wesen* in der Illustrierten *Quick,* die auch als Buch erscheint. Es folgen *Deine Frau – das unbekannte Wesen* und *Dein Mann – das unbekannte Wesen,* die ebenfalls als Bücher herauskommen, nachdem die *Neue Revue* sie vorabgedruckt hat. Das gilt genauso für *Das Wunder der Liebe* und *Geheimnis der Liebe.* Bis in die achtziger Jahre hinein beschäftigt sich Kolle mit der Aufklärung; 1982 erscheint der Text- und Bildband *Lust ohne Tabus,* 1988 die Illustriertenserie *Liebe 88;* außerdem schreibt er eine Reihe von Unterhaltungsromanen: *Der Psychiater, Ich liebe Dich, ich hasse Dich, Ich liebe, wie ich lieben will, Der Clan* und *Sylter Sommer.* Kolle, der seit 1953 verheiratet ist und drei Kinder hat, lebt heute mit seiner Frau in Amsterdam.

Der Aufklärungsfilm *Oswalt Kolle: Das Wunder der Liebe,* von Regie-Routinier F. J. Gottlieb in Szene gesetzt (der später nahtlos von seichter Kino-Unterhaltung zu seichter TV-Unterhaltung wie *Ein Schloß am Wörthersee* überwechselt), entsteht im gleichen Jahr wie *Helga,* kommt aber erst Anfang 1968 in die Kinos. Wunderbarerweise strömen wieder Millionen in die Kinos: *Das Wunder der Liebe* und vier weitere Kolle-Filme werden mit der »Goldenen Leinwand« (mindestens drei Millionen Besucher) ausgezeichnet. Sechs Monate nach seinem Start haben acht Millionen Menschen in Deutschland, Holland, der Schweiz und Österreich den Film gesehen, der in Fassungen für 18 Länder hergestellt wird. Staatliche und kirchliche Stellen sind's zufrieden, denn »nicht umsonst pflegt Kolle ein normenaffirmatives Vokabular, dessen pastorale Tönung unüberhörbar ist«, stellt die Zeitschrift *Film* in ihrem Jahrbuch 1969 fest. Nicht von ungefähr lautet der Untertitel des Film auch *Sexualität in der Ehe.* »Sehen« wir uns den Schwarzweißfilm zunächst einmal an: Er beginnt mit einer Diskussion zwischen Oswalt Kolle, Professor Dr. Dr. Hans Giese und Professor Dr. Hochheimer, bei der viel geraucht wird. Hier einige Auszüge.

KOLLE: »Nach meinem Erfolgsbericht *Das Wunder der Liebe* habe ich den Film gedreht. Sexualaufklärung in Massenmedien, im Film, in Illustrierten – ist das möglich, ist das nötig, schadet es, oder nützt es? Herr Professor Giese, Sie haben sich seit Jahrzehnten mit Sexualforschung beschäftigt. Was sagen Sie dazu?«

GIESE: »Es ist eine dringende Notwendigkeit, die Öffentlichkeit sachgerecht zu informieren. Über diese grundsätzliche Meinung bestehen keinerlei Meinungsunterschiede, weder bei der Kirche noch beim Staat oder der Justiz.«

HOCHHEIMER: »Sind Sie nicht etwas leichtgläubig, anzunehmen, daß die Öffentlichkeit eine sachliche Einstellung gerade gegenüber dem Thema Sexualität hat?«

KOLLE: »Aber woher kommt diese Abwertung?«

HOCHHEIMER: »Das liegt wohl an unserer Gesellschaftsordnung. Es liegt uns nicht, in unserer Kulturgemeinschaft die Sexualität als etwas Natürliches anzusehen und womöglich auch in die Erziehung unseres Nachwuchses einzubeziehen.«

GIESE: »Wir reden so viel von der Freiheit des Menschen, von seiner Mündigkeit, und es gibt ja auch ein Grundrecht darauf, aber wir zeigen ihm, meine ich, zuwenig den Raum oder den Bezirk, in dem sich diese Freiheit erweisen kann. Wenn wir zu dem Thema ›Sexualität in der Ehe‹ etwas sagen sollen, dann ist es ja gerade hier ein Bezirk, an dem man die Freiheit, die ich meine, besonders exemplifizieren kann. Nicht wahr, Herr Kolle, wir haben bisher Sexualität immer verstanden als ein Instrument der Arterhaltung. Darüber hinaus ist Sexualität ja eigentlich noch viel mehr ein Instrument des Umgehens mit einem bestimmten geliebten Partner, und welche Freiheiten und welche Möglichkeiten ergeben sich da nun in einer konkreten ehelichen Partnerbeziehung?«

KOLLE: »Das ist das Thema des Films. Und wir wollen es positiv zeigen. Mich hat immer gestört, daß die Sexualität im Film und auch in der Literatur im wesentlichen negativ gezeigt wurde.«

HOCHHEIMER: »Aufklärung muß nicht gleichbedeutend sein mit Verbot, Ablenkung und Abschreckung. Die Menschen wollen wissen, wie Sexualität funktioniert und wohin sie mit Sexualität inklusive deren Überreizung in unserer Zeit eigentlich sollen. Daraus die Aufklärungskonsequenz. Sexualität ist vernünftig regelbar. Im Jahre 1968 wird es dringend Zeit, für eine Ehrenrettung differenzierterer Sexualität in der Ehe einzutreten. Das

Führen ins Thema ein: Professor Dr. Hochheimer (links), Oswalt Kolle (Mitte) und Professor Dr. Dr. Giese: ›Das Wunder der Liebe‹

rechtfertigt sich um so mehr, als Millionen unzufrieden sind, weil sie mit ihrer Sexualität nicht befriedigend zurechtkommen. Die gesamte Anpassung an den Partner leidet darunter. Weil menschliches Glück eben auch in geglückter Sexualität liegt und in geglücktem Zusammenleben mit einem Partner, sollte man endlich damit aufhören, den Menschen von klein an in Triebkonflikte zu stürzen.«

GIESE: »Es ist sehr leicht, ein Kind zu zeugen beziehungsweise die Methoden zu erlernen, um es nicht zu tun, also ist es auch sogar sehr leicht, einem Kind das Leben zu ersparen. Sehr schwierig aber ist es, ungeheuer schwierig, zu zeigen, welche Möglichkeiten ein Mensch zur Verfügung hat, um mit einem bestimmten Menschen ein ganzes Leben zusammenzubleiben. Da steht ihm die Natur allein nicht mehr zur Verfügung, dazu bedarf es der Hilfe. Ich wünsche, Herr Kolle, daß der Film, den Sie hier gemacht haben, als eine solche Hilfe verstanden wird – und vielleicht auch verstanden wird, daß auf dieser Ebene nun auch sehr viel mehr Sexualität in den Film kommen kann und kommen muß, als es gewöhnlich geschieht.«

Zunächst erläutert Oswalt Kolle, der die Kommentare selbst spricht, teils im Bild, teils im Off, daß die Einstellung zur Sexualität schon in der Kindheit geprägt wird, was an einigen Spielszenen dargestellt wird: Mütter und Väter sagen Dinge wie »Richtige Jungs schmusen nicht«, zeigen doppelte Moral in bezug auf ihre Söhne und Töchter, verteufeln die Onanie etc. Im ersten Fallbeispiel geht es um das Ehepaar Petra und Thomas, das man zuerst an seinem Hochzeitstag und dann in der Hochzeitsnacht sieht. »Da war etwas, das mich quälte«, sagt Petra im Off. »Ich spüre so wenig.« Was daran liegt, daß Thomas immer so hastig ist. Eine Rückblende, braun eingefärbt: Nach dem gemeinsamen Besuch eines Fußballspiels kommt Thomas mit auf ihre Bude und verführt sie, obwohl sie gar nicht will. Ende Rückblende.

Petra und Thomas reden über ihr Problem; Thomas ist ziemlich schockiert und abweisend. Petra sagt: »Einmal war es schön.« Rückblende: Thomas hat eine Gehaltserhöhung bekommen und das Geld in Fünf-Mark-Scheine getauscht, die er jetzt im Zimmer herumwirft. Sogar Blumen hat er Petra mitgebracht. Als sie in ihrem Minikleid auf dem Boden kniet, geht er ihr an den Po. Ende Rückblende. Petra sagt: »An diesem Abend war ich nah dran.« Sie wirft Thomas vor: »Du bist eben zu stürmisch.« Und fragt ihn: »Kannst du mir nachher noch etwas helfen?« Davon will Thomas nichts wissen. Eines Abends sagt Petra zu ihm: »Ich will mit dir schlafen, jetzt.« Und er sagt: »Das hast du noch nie gesagt.« Während die beiden nun miteinander schlafen, wovon man nicht viel sieht, weil die Kamera auf einen kleinen Spiegel schwenkt, erzählt Kolle erst im Off und dann im

On über das Problem schneller Entladung beim Mann und wie wichtig zärtliches Vor- und Nachspiel für die Frau sei.

Im zweiten Fallbeispiel geht es um Claudia und Martin, die seit sieben Jahren verheiratet sind und zwei Kinder haben. Martin geht ganz in seinem Beruf als Architekt auf. Die Ehe ist, so Kolle, zu einer »Wohn- und Arbeitsgemeinschaft« geworden. Claudia streichelt sich selbst, flüchtet in einen erotischen Tagtraum, der rot eingefärbt ist, in dem sie von vielen Händen gestreichelt wird und in dem am Ende auch ihr Mann vorkommt. Dann trifft sie einen Porsche-Fahrer und macht mit ihm eine Spritztour. Als er ihr an die Wäsche will, sagt sie: »Nicht im Auto.« Bei ihrem Mann beklagt sie sich: »Ich komme mir vor wie ein Möbelstück.« Er hat seit fünf Monaten nicht mehr mit mir geschlafen. Als er dann auch noch den geplanten Familienurlaub wegen eines großen Neubauprojektes streichen will, explodiert Claudia. Endlich begreift Martin. Er fährt mit ihr in das Hotel, in dem sie schon einmal vor acht Jahren waren. »Kein schlechtes Rezept«, kommentiert Kolle und weist in seinem Schlußwort darauf hin, daß »die Kunst der Liebe produktiv« sei und daß es stark auf »seelische Zuwendung und Zärtlichkeit« ankomme.

Die Presse findet viel Lob für die bieder-betuliche Beratung für Eheleute, wird doch immer wieder betont, daß es nur um den (sanktionierten) Sex in der Ehe geht – nur *Der Spiegel* versprüht wieder einmal Häme (in seiner Ausgabe vom 5.2.1968): »Nicht zu hastig, regelmäßig und vor allem zärtlich soll er – so rät Kolle in ungemein schlichten Spielszenen mit lebenden Objekten (...). Betrachter (über 18) erfahren somit auch, daß die Brustformen von Mann und Frau verschieden sind. Den hl. Kinsey anrufend, tritt Kolle zwischendurch ins Bild, blickt wie beim Wort zum Sonntag und gebietet, sich ›aus dumpfer Triebentladung emporzuheben‹.« *Die Welt* aber hat (am 2.2.1968) »an dem Film nichts auszusetzen«, fügt aber leicht kryptisch hinzu: »Das einzige, was etwas stört, sind die Bilder. Dadurch geht viel vom Text verloren.« (Da fragt man sich, was das rechtslastige Blatt wohl lieber gesehen hätte: Schwarzfilm?)

Selbst die sonst so gestrenge Ponkie nennt in der Münchner *Abendzeitung* (vom 29.2.1968) das Kolle-Werk »einen sachlich korrekten, von Wissenschaftlern hieb- und stichfest eingeführten Aufklärungsfilm«. Kritik kommt sanft hinterher: »Kolles Intimreport zeigt Praxis ohne Schlüpfrigkeit. Natürlich wählte er für die Modellsituationen ansehnliche Geschöpfe von sozialer Wohlstandsästhetik – Werbefiguren, kosmetisch ohne Tadel, weit weg vom Kleinbürgerdurchschnitt. Und natürlich ist er vorsichtig genug, nur von ehelicher Praxis zu sprechen. Und natürlich wurde der Film erst ab 18 freigegeben, obwohl er bereits 16jährigen durchaus nützlich sein könnte.« Auch die *Süddeutsche Zeitung* scheint milde gestimmt: »Die einzige Kategorie, unter der dieser Film betrachtet werden kann, ist die volkserzieherische. Wird er, ja oder nein, die erotische Kultur der Zuschauer aufbessern? Unmöglich ist es nicht, denn Oswalt Kolle, der brave Illustrierten-Van de Velde, rückt die (eheliche) Sexualität in die Bereiche der Tugend, des Talents und des tiefen Ernstes: was vielleicht für manche ermutigend ist.«

Ermutigend sind für Kolle und seinen Produzenten vor allem die Einspielergebnisse, und so kommt schon ein halbes Jahr später der zweite Teil von *Das Wunder der Liebe* in die Kinos, gefolgt von einigen »unbekannten Wesen« (Frau, Mann, Kind). Am Anfang des Jahres 1968 erregt aber noch ein weiterer Film ziemliches Aufsehen – nicht zuletzt deshalb, weil er von einem Produzenten stammt, der instrumental ist für den Aufschwung des »Jungen deutschen Films«: Horst Manfred Adloff. Der Bildhauer, studierte Architekt, Industrie-Designer und Schaumstoff-Fabrikant entdeckt eines Tages seine Liebe zum Film, produziert erst den Kurzfilm *Die Wechsler im Tempel,* der von der FSK wegen seiner antiklerikalen Tendenz verboten wird, dann den Spielfilm *Es* von Ulrich Schamoni, der ein beachtlicher Erfolg wird, ebenso wie Adloffs zweite Spielfilm-Produktion *Wilder Reiter GmbH* von Franz Josef Spieker.

Auch Adloffs dritte Produktion, *Die goldene Pille*, entsteht ohne Subventionen (sieht man einmal ab von dem Geld, das mit dem Bundesfilmpreis für *Es* verbunden ist), diesmal aber fungiert der Produzent auch als sein eigener Drehbuchautor und Regisseur. Doch trotz klar erkennbaren Willens zur Differenzierung, einer alles andere als reaktionären Haltung und viel Mut zum ästhetischen Experiment kann man Adloffs Plädoyer für das populäre Verhütungsmittel kaum als gelungen bezeichnen. Eines freilich ist unübersehbar: *Die goldene Pille* ist der einzige Aufklärungs-Spielfilm neueren Datums, der anders auszusehen versucht als die anderen.

Als der Journalist Henning Harmsen in verschiedenen Provinzzeitungen (u. a. *Neue Presse,* Coburg, 8.9.1967; *Badische Neueste Nachrichten,* Karlsruhe, 9.9.1967; *Lübecker Nachrichten,* 28.10.1967) von den Dreharbeiten berichtet, kann man noch hoffen: »Die idyllische Wassermühle an der Mangfall, 30 Kilometer vor den Toren Münchens gelegenes Refugium des 40jährigen Bildhauers, Industrie-Designers und Filmproduzenten Horst Manfred Adloff (...), atmet zwischen sattem Wiesengrün und sanften Hängen ländliche Beschaulichkeit. Die Ruhe des lieblichen Ortes, nur vom reißenden Wasser der Mangfall auf angenehmste Weise gestört, verheißt Behaglichkeit und läßt nichts Arges vermuten. Doch im Innern der ausgedienten Mühle tummelt sich lebhaftes Filmvolk in einem Ateliersprovisorium. Der Hausherr nämlich, in Bohemetracht aufs lässigste gekleidet, dreht seinen ersten Spielfilm in eigener Regie, dazu noch in Farbe: ›Die goldene Pille‹. Das Drehbuch zu diesem Filmwerk schrieb der Regisseur selbst, ausgehend von zahlreichen Tonband-Interviews mit jungen Mädchen auf Münchens Straßen. Thema der Gespräche: erotische Beziehungen, Empfängnisverhütung und was sonst noch damit zusammenhängt.

Nun mag man, im Umgang mit einer besonders klebrigen Spekulationsspezies des deutschen Films vorsichtig geworden, argwöhnen, hier werde mal wieder mit der Wurst nach der Speckseite geworfen. Schließlich ist das Theme ›Pille‹ ein äußerst heikles Thema und verträgt nicht gerade den harten Zugriff flinker Filmhersteller, die, zumindest ein Auge starr auf die Kasse gerichtet, bei derartigen Sujets Obszönitäten nicht zu verschmähen pflegen. Freilich, und das mag den aufkommenden Hautgout doch erheblich mildern, Horst Manfred Adloff ist kein Franz Antel (›Heute nacht passiert's‹) und kein Sex-Spekulant wie Horst Hartwig (›Die Nackte und der Satan‹), sondern ein ambitionierter Filmmann mit ernsthaften Intentionen. (...) ›Alle drei Fälle‹ (es geht um die Erlebnisse von Primanerinnen, Anm. d. A.), erklärt Adloff, ›beruhen auf Tatsachenmaterial. Lediglich die dramaturgische Verknüpfung der Personen und die Erweiterung des Geschehens zu einem regulären Spielfilm sind freie Erfindungen. Wenn der Film einen nützlichen pädagogischen Effekt erzielen sollte, so ist mir das durchaus recht, obschon ich keinen didaktischen Film anstrebe.‹« Doch genau das wird *Die goldene Pille* bedauerlicherweise, und ein äußerst hölzernes Stück Didaktik obendrein.

Produzent, Autor, Regisseur und Darsteller Horst Manfred Adloff mit Hauptdarstellerin Petra Pauly in ›Die goldene Pille‹

Drei Primanerinnen und ein Biologielehrer stehen im Mittelpunkt der Handlung. Über die drei Schülerinnen sagt Adloff: »Die eine läßt es. Die andere läßt es nicht, nimmt keine Pille und bekommt prompt ein Kind. Die dritte läßt es ebenfalls nicht, nimmt aber die Pille.« Die von ihrem verheirateten Freund (Horst Manfred Adloff) Geschwängerte läßt in einem osteuropäischen Land abtreiben; ihre Freundinnen legen daraufhin der Schülerzeitung einen Fragebogen über Sexualverhalten bei, aber es wird ihnen verboten, die Ergebnisse zu veröffentlichen. Der Biologielehrer ist liberal und für die Pille. Seine Frau ist katholisch und erwartet das fünfte Kind, obwohl die Wohnung viel zu klein ist und auch ein neues Auto nicht angeschafft werden kann. Als die Entscheidung der Kirche zur Pille ansteht, herrscht der Biologielehrer den katholischen Geistlichen an: »Tun Sie's bald, Herr Pfarrer, tun Sie's bald. Ehe sich die Menschen tottrampeln.« Einmal, als eine der Primanerinnen mit ihrem Freund im Bett liegt, läuft im Fernsehen eine Reportage über illegale Familienplanung in römischen Elendsvierteln: Manche der jungen Frauen haben schon mehr als zehn Abtreibungen hinter sich, und sie erzählen, daß Mütter in Lima ihre Kinder umbringen, weil sie sonst verhungern müssen.

Auf einer dritten Ebene versucht Adloff, (Alp-)Träume der jungen Mädchen zu visualisieren.

Man merkt die Absicht und ist verstimmt. In der *Abendzeitung* schreibt Ponkie am 13.1.1968: »Horst Manfred Adloffs monströs aufgetakelter Farbfilm hat mich vor allem deshalb geärgert, weil er in der Sache stimmt, weil seine Argumente stimmen. Und weil er diese Argumente durch einen rüden Stilverhau von Knüppel-aus-dem-Sack-Szenen mit dilettantischem Kunstgetue in Grund und Boden holzt.« Ponkie wäre nicht Ponkie, würde sie das nicht begründen: »Je nach Bedarf schwelgt er (Adloff) in allen Sparten öffentlichen Protestes: a) in wehleidiger Frauenzeitschriftleserbriefmanier: Gretchen, vom verheirateten Faust verführt und dieserhalb ins Ausland geschickt, im Zugabteil auch noch von feist lustgrinsendem Glatzenekel belästigt, handelt sich Embryomordpsychose ein; b) in vollfetter Knallkarikatur: kirchgangfreudiges, deutschnationales Elternpaar mit NS-Hirndefekt wittert Pornographie (unter anderem in der Zeitschrift *Twen,* Anm. d. A.); c) in spekulativen Kamera-Delirien: alpträumende Primanerin, nackt, von senilem Lehrerkollegium per Schaufelbagger ausführlich über die Leinwand gescheucht. Oder: LSD-Kretins, frisch berauscht; d) in biederen Zeigefingerpassagen: Papa Studienrats Jüngster – vier Kinder, fünftes unterwegs, da Gattin katholisch – schmiert sich das halbe Marmeladenglas ins Gesicht. Nervenkollaps bei Papi und Mami in Sicht. Merke: Zu viele Kinder, zu kleine Wohnung!«

Eine gewisse Berühmtheit erlangt die erwähnte Schaufelbagger-Szene – unter anderem weil der *Stern* das Foto veröffentlicht, auf dem Petra Pauly, nur mit einem Handtuch »bekleidet«, durch eine karge Landschaft den Verfolgern davonhastet; das Foto wird auch zum Plakatmotiv – nachdem es erst in dritter Instanz von der FSK freigegeben wurde. Ablehnende Begründung der ersten Instanz (zitiert nach *Stern* Nr. 48/1967 vom

20.11.1967): »Die Darstellung einer fast nackten Frau regt die sexuelle Phantasie Jugendlicher im Entwicklungsalter stark an, was ihrer sittlichen Erziehung abträglich ist.« Zustimmende Begründung der dritten Instanz: »Von dem schönen Körper des Mädchens geht weder eine erotisierende noch eine sexuelle Wirkung aus. Die neun Männer, die hinter ihr auf dem Bagger stehen, zeigen insgesamt einen derart unbeteiligten Gesichtsausdruck, daß eine Beziehung zu dem Mädchen schwerlich herzustellen ist, schon gar nicht eine sexuelle. Die Beziehung wird auch nicht durch den Titel geschaffen, der keine Erklärung für die unwirkliche und gestellte Situation bietet.« Na bitte. Das Mädchen mit dem schönen, aber nicht erotisierenden Körper, die 23jährige Kieler Kaufmannstochter und Politologiestudentin Petra Pauly, erlangt auf diese Art eine gewisse Berühmtheit – aber eine Filmkarriere wird nicht daraus.

›Die goldene Pille‹: Claudia Butenuth mit Ovulationshemmer

Weit erbarmungsloser als Ponkie macht die gesamte Presse aus der *Goldenen Pille* eine »bittere Pille«, läßt kein gutes Haar an Adloffs wirrem Werk. Nicht ganz zu Unrecht. Sehr offensichtlich aber tritt die Schadenfreude über den Mißgriff und Mißerfolg eines Produzenten zutage, der mit angetreten ist, um die These zu beweisen: »Opas Kino ist tot.« Doch das Kino der deutschen Altproduzenten lebt weiter – unter anderem in der Aufklärungswelle und der in ihrem Kielwasser folgenden Sexfilmwelle. Nach der Initialzündung von *Helga* und dem *Wunder der Liebe* kommt jetzt die Aufklärungsmaschinerie des deutschen Films erst so richtig in Schwung. Nach altbewährtem Muster werden neubewährte Rezepte mehrfach wieder angewandt: 1968 und 1969 kommen zwei weitere *Helga*-Filme in die Kinos, und Oswalt Kolle schlägt gleich viermal zu.

Zum zweiten Teil von *Helga* (Titel: *Helga und Michael*) meint die *Frankfurter Allgemeine* am 16.10.1968: »Helga (Ruth Gassmann) ist wieder vorbildlich, und ihr neuer Ehemann (Felix Franchy) – ein guter Tausch – gibt sich stets Mühe als Musterpapa und Gatte. Den Part für die schlechten Beispiele übernehmen andere Paare. (...) Aber für Eltern und ihre Kleinkinderprobleme allein ist Helga II nicht gedacht. Die Musterfamilie zieht sich für eine Weile zurück und läßt die Leinwand frei für junge und jüngste Paare. Sie sind fotogen, und ihre Orgie im Schwabinger Fasching ist es noch mehr. Die Kamera mag sich überhaupt nicht trennen von diesem Farbenrausch. Er endet wie sonst wohl? – in einer Luxusbude mit zotteligem Fell auf dem Boden. Das Liebesspiel kann beginnen. Das Girl ist erfahren, man sieht es an ihrer Aufmachung: schwarzer Büstenhalter unterm Leopardenmantel. Genauso stellt sich Klein Mäxchen das flotte Lotterleben vor. ›Reife Partnerschaft und erfüllte Liebe‹ dürfen wieder Helga und Michael zeigen, im Ehebett. Kinsey, Masters und Johnson werden zitiert. Wenn die Schlüsselloch-Perspektive unerträglich wird, zuckt die rote Luststeigerungskurve von Wilhelm Reich über das Paar. Die Wissenschaft hat ihr Gutes. Schädlich sind sie nicht, diese Höchstleistungen auf dem Liebeslager, beruhigt die Stimme des Kommentators. Helga lächelt selig entspannt an der Schulter ihres schwarzhaarigen Michael, und der Zuschauer sucht fluchtartig das Weite.« In der Tat kann der zweite Teil den Erfolg des ersten Teils (den zum Beispiel in Frankreich 1968 sieben Millionen Zuschauer

sehen) nicht wiederholen. Trotzdem kommt 1969 noch ein dritter Teil heraus, bei dem der Produzent der *Helga*-Filme, Dr. Roland Cämmerer, zum erstenmal auch selbst Regie führt: *Helga
und die Männer – Die sexuelle Revolution.* Kurzinhalt des Films
mit dem hochgreifenden Titel: »Helga und Michael sind verheiratet, haben einen Sohn von sieben und eine Tochter von fünf
Jahren. Beide arbeiten an dem Thema ›Die sexuelle Revolution‹, sie als Journalistin, er als Wissenschaftler. Die Überbean-
spruchung treibt ihre Ehe in eine Krisis. Und als Helga für eine
Artikelserie nach Rio de Janeiro fliegt, gibt es einen offenen
Bruch zwischen ihnen. In Brasilien stürzt sich Helga in ihre Arbeit, besucht Elendsquartiere, diskutiert mit Studenten, mit Kir-
chenvertretern. Mit dem Dolmetscher Carlos erlebt sie südlän-
dische Sinnlichkeit. Eine neue Helga kommt zu Michael zurück,
die Krisis der Ehe wird überwunden.« *(Spioarchiv)*
Der Freiwilligen Selbstkontrolle (FSK) geht dieser Film zu weit.
Sie entfernt aber nicht etwa Teile der (ausführlichen) Nackt-
badeszenen, sondern das Statement eines Paters, der in Brasilien die Hilfsaktion »Misereor« leitet – weil er eine vernünftige
Geburtenregelung fordert. Die FSK wittert »Verhetzung der
Jugend gegen die katholische Kirche«. Zu Recht merkt Ponkie
dazu am 1.5.1969 in der *Abendzeitung* an: »Es lohnt nicht, sich
für einen so dünnen, trivialen Film (...) zu ereifern. Aber es ist
skandalös, daß sich die FSK zum Sachwalter kirchlicher (nicht
etwa religiöser!) Interessen macht.«
Die *Süddeutsche Zeitung* listet einen Tag später auf, was man
aus diesem Aufklärungsfilm alles lernen kann: »Wenn man erst
einmal das menschliche Erbgut manipulieren kann, könnte das
unausdenkliche Folgen haben. Manche Leute haben Orgasmusschwierigkeiten, das kann ernste Folgen haben. (...) Bis zum
Jahre 2000 wird sich die Menschheit verdoppeln, das wird ernste Folgen haben. In Rio gibt es Slums. Aus dem Hubschrauber
kann man sie von oben sehen. Dort gibt es Leute, die wissen
nichts von der Pille oder weigern sich aus religiösen Gründen,
sie zu nehmen. (...) In Rio feiert man bereits in über 5000 Ge-
meinden Macumba-Orgien. Brasilianische Studenten haben die
gleichen Probleme wie ihre Kommilitonen in aller Welt. Ruth
Gassmann hat schöne, leicht erregbare Brustwarzen.«
25 Jahre nachdem Ruth Gassmann mit den *Helga*-Filmen welt-
berühmt (und von der Boulevardpresse gelegentlich als »Sissi

des Aufklärungsfilms« bezeichnet) wurde, spürt die *Süddeutsche Zeitung* sie in ihrer Schwabinger Wohnung auf. Michael Bitala berichtet am 11.1.1992: »›Natürlich genoß ich den damaligen Erfolg‹, resümiert Ruth Gassmann heute, ›doch eigentlich hätte ich ja lieber Maria Stuart oder die Jungfrau von Orleans auf großen Bühnen gespielt.‹ Die ›Helga‹-Filme haben sie alle ›schauspielerisch weit unterfordert‹. So steht sie beispielsweise nur nackt da und schaut starr in eine Richtung, während erklärt wird, welche Organe der weibliche Körper aufzuweisen hat. ›Ich hätte gern mehr von meinem Können gezeigt.‹ Doch daraus wurde nichts: Ihre Schauspielausbildung unterbrach sie 1967 im Auftrag der Volksaufklärung, und als drei Jahre später das dritte Kind zur Welt kam, ›konnte ich meinen Beruf fast vergessen‹. Ein Schicksal, das die körper- und karrierebewußte Frau nur ungern hinnahm. Mit Petra Schürmann versuchte sie 1970, eine Frauen-Wählergemeinschaft ins Leben zu rufen. ›Wir brauchen Einrichtungen, damit Mütter trotz Kindern den Beruf ausüben können‹, meint Gassmann. Das Vorhaben scheiterte. – ›Petra hatte zuviel zu tun.‹ Und heute? ›Bin ich gerade dabei, eine „Fortschrittliche Frauenpartei" zu gründen. Ideen habe ich schon, nur die richtigen Frauen fehlen noch.‹ Was ihr nicht fehlt, ist der ungebrochene Wille, eine zweite Karriere zu beginnen. Seit zwei Jahren bastelt sie daran, eine bekannte Sängerin zu werden. Mit ›positiven Chansons‹ möchte sie Konzertsäle füllen. Trotz klassischer Gesangsausbildung reichte es bisher lediglich für kleinere Auftritte.«

Oswalt Kolle hat diese Karriereprobleme nicht. 1968/1969 kommen gleich vier Filme unter dem *Oswalt Kolle*-Markenzeichen in die Kinos: *Das Wunder der Liebe – 2. Teil* mit dem Untertitel *Sexuelle Partnerschaft, Deine Frau – das unbekannte Wesen, Dein Mann – das unbekannte Wesen* und *Zum Beispiel: Ehebruch*. Stolz kann der *Constantin*-Verleih in seinem Werberatschlag für *Das Wunder der Liebe – 2. Teil* die sehr geehrten Herrn Theaterleiter darauf hinweisen, daß der erste Teil von über zehn Millionen Besuchern gesehen worden ist und daß eine Leseranalyse 1968 für Kolles Berichte in der Illustrierten *Neue Revue* acht Millionen Leser wöchentlich verzeichnet: »Sie sind damit die erfolgreichsten Illustrierten-Reports überhaupt – und das seit über 75 Wochen!« Kolle und kein Ende. Konsequent, wenn auch falsch geschrieben, schlägt der *Constantin*-

»Leicht erregbare Brustwarzen«, aber »schauspielerisch weit
unterfordert«: Ruth Gassmann in ›Helga und die Männer‹

Verleih den Theaterleitern daher vor: »Stellen Sie darum bitte
den Namen ›Oswald Kolle‹ in den Mittelpunkt Ihrer Werbung.«
Die Filme sind alle nach dem gleichen Muster gestrickt: Spielhandlungen werden von Kolle im On oder im Off mit (pseudo-)
wissenschaftlichen Kommentaren erläutert. Die grundsätzliche
(gestalterische) Problematik beschreibt der *Evangelische Film-*
beobachter im September 1968 anläßlich der Besprechung des
zweiten Teils von *Wunder der Liebe* ziemlich genau: »Der Film
erzählt die Geschichte eines Paares. Zunächst wird auf halbier-
ter Leinwand ihre Entwicklung bis zum Zusammentreffen skiz-
ziert, dann werden ihre Schwierigkeiten geschildert, die ihrer
verschiedenen Einstellung zur Liebe entspringen. An entscheidenden Konfliktstellen kommt der Autor ins Bild und verliest
vom Blatt recht trocken die Erläuterung für den Konflikt oder
das Verhalten. Die Aufklärung findet also mehr im Wort als im

219

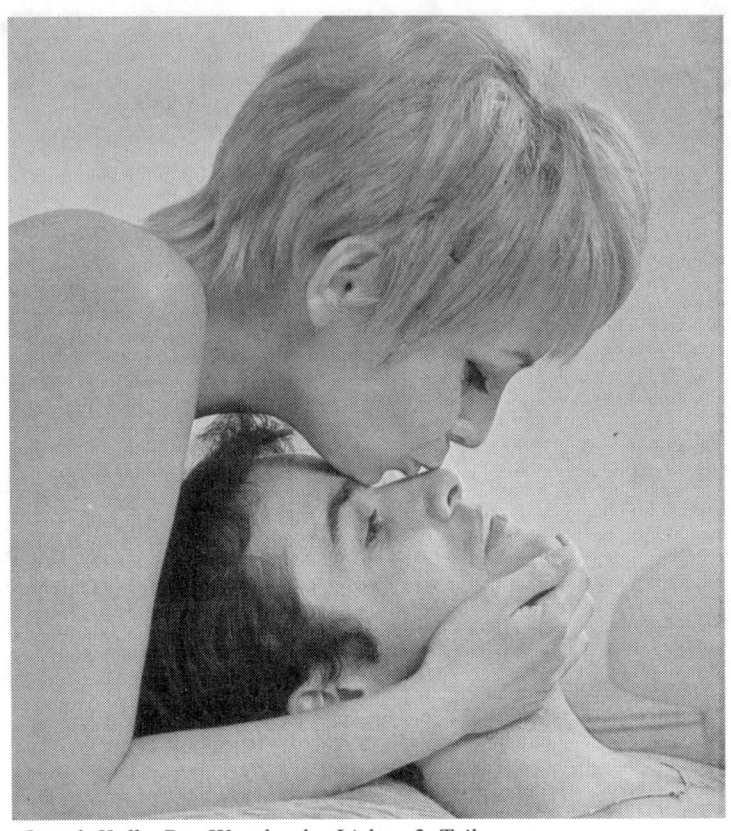

›Oswalt Kolle: Das Wunder der Liebe – 2. Teil‹

Bild statt, in dem der Text hauptsächlich äußerlich illustriert wird. Das geschieht in einem konventionellen (und langweiligen) Stil, wobei die Holzhammermethode keineswegs verschmäht wird, um dem Zuschauer klarzumachen, woran's liegt.« Da wundert es nicht, daß es etwa die *Düsseldorfer Nachrichten* stört (Ausgabe vom 23.10.1968), »daß die Konflikte so fein säuberlich entstehen und wieder verschwinden und daß der Herr Sexual-Lehrer es nicht lassen kann, immer mit erhobenem Zeigefinger neben dem Bett zu stehen.«

Außerhalb der Filme beteuert Kolle immer wieder, er wolle sein Publikum »nicht sexuell aufreizen«, doch die spekulativen Momente sind nicht zu übersehen. So beschreibt zum Beispiel die Zeitschrift *Film* (im Jahrbuch 1969) den Anfang von *Deine Frau – das unbekannte Wesen* so: »1. Einstellung: Mit Weichzeichner fotografiertes nacktes Mädchen dreht und wendet sich 32 sec lang vor einem Spiegel. Sie reibt sich ihre Brüste, derweil ein Orchester das Titelthema des Films anstimmt. Naheinstellungen von Brüsten und Hüften, über die die zarten Finger einer Freundin streicheln. Damit wird ein bemüht neckisches Spiel zwischen zwei vorgeblich Siebzehnjährigen eingeleitet. Die lesbischen Untertöne scheinen spekulativ eingebaut worden zu sein, um den voyeuristischen Gelüsten des männlichen Publikums entgegenzukommen (erfahrungsgemäß stimulieren gleichgeschlechtliche Aktivitäten von Frauen den männlichen Beschauer).«

Das »interpretierende Protokoll«, das Horst Königstein zu *Deine Frau – Das unbekannte Wesen* erarbeitet hat, hebt vor allem einen Ausspruch Kolles hervor, den er in diesem Film von sich gibt: »Wir können die Realität nicht ändern, aber besser darauf vorbereiten.« Das sieht im ersten Teil des Films mit den beiden Mädchen so aus (in der Beschreibung Königsteins): »*A: Wie findest du mich? Da bin ich schlanker als du. Jetzt wird erst mal der Brustumfang gemessen.* Von der Halbtotalen Schnitt auf Nah: Brust. *B: Ich komme mir vor wie eine Sklavin, die verkauft werden soll.* Die Mädchen beginnen zu rangeln: nackte Haut in Bewegung. Spekulatives Moment. *A: Stell' dir mal vor, deine Mutter wäre reingekommen ... B: Könntest du dir vorstellen, wie es zwei Mädchen miteinander treiben?* Mädchen liegen im Bett, berühren sich. Die Blonde (A) ist erfahren, gibt sich erotisch emanzipiert. Die Schwarze (B) leidet unter Verdrängungen. Warum das so ist (Elternhaus, Erziehung, gesellschaftliche Einflüsse), hält Kolle nicht für vorzeigenswert, es ist nicht ›attraktiv‹ genug. Die Aufklärung besteht nicht darin, den Bezugsrahmen zu verdeutlichen. Mit Populärwissenschaft soll das vorhandene Unaufgearbeitete und Uneingesehene überformt werden, d. h., alles soll besser funktionieren im Dienst der herrschenden Moral.

A: Ich war im Internat. Da war was los. B: Hast du tatsächlich mit Mädchen rumgemacht? A erzählt von einer Party, auf der sie mit aller Gewalt ihre Unschuld loswerden wollte. 1. RÜCKBLENDE. Bildsignal 1: Umgedrehter Schlüssel. Bildsignal 2: Kuß im Halbdunkel. Bildsignal 3: Doppelbett. Bildsignal 4: Nah. Intensiver

Kuß. Bildsignal 5: Junge nestelt an der Kleidung. Naheinstellung erläutert Handgriffe. Bildsignal 6: Halbnah: beide auf dem Bett, Berührungen. Bildsignal 7: Überblendung. Beide nackt, Unterleiber im Schatten. *A: Dann habe ich bei ihm angefaßt.* Die Bettgespräche der beiden Mädchen sind altklug. Sie vermischen Spruchweisheiten mit Bestätigung. *B: Nirgend wird so viel gelogen wie in der Liebe.* Man merkt, wie Oswalt Kolle mit rationalem Anspruch Leserbriefkasten-Probleme klittert und sich über alle dramaturgischen Brüche mit fleischlichen Einschüben hinwegretten will.

(...) 3. RÜCKBLENDE: B reizt eine junge ›Schlägertype‹ auf; als dieser sie anfaßt, schreit sie: *Laß mich los, du Gammler.* Aufklärung: Wenn ein Mann zudringlich wird, soll man ihm die Knie in die Genitalgegend rammen. 1. Halbnah: Rangeln. 2. Nah: Knie ins Genital. 3. Halbnah: Mann schreit und fällt auf den Boden. *B: Dann habe ich ihn einfach dahin getreten.* Rückverstärkung durch zweimalige Wiederholung dieser Methode. *A: Meine Schwester hat gesagt ...* Polar zur Aufdringlichkeit läßt Kolle die Verhaltensweisen der netten und schüchternen Männer schildern. Sein Klischee ist der ›verklemmte Student‹. A zeigt, wie sie die Initiative ergriffen hat. *A: Dann muß eben der Berg zum Propheten kommen ... er sollte mir im Schwimmbad die Kraultechnik beibringen. Er hat mich zum Eis eingeladen, und ich hab' irgend etwas Blödes über die Regierung gesagt.* Ideologie des Privatbereichs und der Indifferenz gegenüber politischen Belangen: Die Frau darf, wenn überhaupt, nur auf sexuellem Gebiet emanzipiert sein. Die Schizophrenie besteht darin, daß das Rollenspiel ›Hilflosigkeit‹ nicht tatsächliche Sozialemanzipation signalisiert, sondern immer noch ›hilflos‹ motiviert ist. Diese Passage macht deutlich, wie sehr ›Aufklärung‹ nur Verklärung bestehender Verhaltensmuster ist; mit der Überformung des Vorgefundenen durch den Anschein der Progression wird das Unaufgearbeitete verewigt.«

Nur relativ selten beschäftigten sich (Film-)Journalisten damals mit den – zum Teil fragwürdigen – ideologischen Inhalten der Aufklärungsfilme von Kolle und anderen; Ausnahmen bestätigen die Regel, so etwa die *Süddeutsche Zeitung* am 5.2.1969: »Kolle, voll der Erkenntnisse neuerer Sexualforschung (weniger der Sexual-Soziologie) gilt als Aufklärer; als einer, der den ›Ausgang des Menschen aus seiner selbstverschuldeten Unmün-

Wie im Aquarium: ›Deine Frau – das unbekannte Wesen‹

digkeit‹ öffnen will. ›Selbstverschuldet‹ ist hier natürlich das
Stichwort – eine Vokabel aus dem 18. Jahrhundert: positivi-
stisch, individualitätsgläubig. Man muß nur wollen, sich ein
bißchen Mühe geben und mit dem Tascheninhalt auch alle

Hemmungen und Hemmnisse auf den Nachttisch legen und anatomische Klarsicht mit menschlicher Einsicht und der Lust am Experiment verknüpfen – und schon funktioniert ›die Sache‹, purzeln die Höhepunkte; ein Wunder, daß die Straßenbahnen am Morgen nicht mit Überglücklichen überfüllt sind.« Präzise analysiert der Text die formale und inhaltliche »Misere« Kollescher Aufklärung: »Das ist einmal die Tatsache, daß so ein Film auch nicht annähernd das zu zeigen vermag, was der Text an Information birgt; daß keine rechte Relation herzustellen ist zwischen Sprachbildern und Filmbildern (schreibend kann Kolle etwa sagen, es gelte – im Bett – ein Musikinstrument zum Klingen zu bringen – das ist klar, aber man stelle sich diese Metapher einmal im Kino vor); und schließlich, daß die Bilder des Films, die selbst mit Aufklärung nichts zu tun haben, den Text so total zudecken, daß die Informationswerte auf ein Minimum sinken. Schlimmer freilich als diese moral- und mediumbedingten Widersprüche zwischen tatsächlicher und vorgegebener Mitteilung – schlimmer ist, daß Kolles Aufklärung nur funktioniert, wenn sie unter totalem Ausschluß der Welt stattfindet. Seine Paare verhandeln ihre Liebesdinge und -probleme wie in einem Aquarium eingesperrt, dessen Scheiben dann auch noch aus Milchglas sind: eingesperrt in ein fernes ungreifbares, trotzdem kleinbürgerliches Universum. Das im Vorspann stolz angekündigte Spezialfarbverfahren (es sorgt für Unschärfe über die ganze Länge des Films) kennzeichnet – deutlicher als das stilisierte oder, meistens, karikierte Verhalten der Sex-Akteure – Ehe, Emanzipation, Sexualität … als ›Antiwelt‹.«

Urteile aus dem Ausland in Sachen Kolle sind noch vernichtender. So äußert sich der Kritiker der *Nationalzeitung* in Basel am 30.8.1969: »Die ›Aufklärung‹ ist bei ihm nur ein Deckmäntelchen. Er soll meinetwegen ruhig Tabus brechen und seine Akteure ihre Liebesspiele auf der Leinwand durchexerzieren lassen. Aber er soll es frisch und keck tun und nicht salbadernd mit Aufklärung garnieren. Ein fröhlicher Sünder ist mir allzumal lieber als ein lahmer, schulmeisternder Tugendbold.«

In der englischen Filmzeitschrift *Monthly Film Bulletin* schreibt Paul Joannides im Januar 1971 (zitiert nach *Der Neue Deutsche Film* von Robert Fischer und Joe Hembus): »Regie, Schnitt, Photographie und Schauspielerei sind gleichermaßen hölzern, und der Film ist weder Cinéma vérité noch interessante Fiktion.

Der ›aufklärerische‹ Kommentar ist von elefantöser Banalität, was wirklich ärgerlich ist, da es in der Tat um wichtige Probleme geht. Der Film wird nicht einmal durch die Gnade der Sinnlichkeit gerettet, da seine animierenden Momente ebenso lahm sind wie seine moralische Prätention: Mit all den jungen männlichen und weiblichen Körpern, die er zur Hand hat, bringt Alexis Neve (der Regisseur, Anm. d. A.) nicht einen einzigen erotischen Moment und noch nicht einmal eine attraktive Komposition zuwege.«

Die Deutschen aber sind noch keineswegs Kolle-müde. 1969 wird *Oswalt Kolle – Zum Beispiel: Ehebruch* zum erfolgreichsten Film an den Kinokassen, während Ulrich Schamonis Erotikkomödie *Quartett im Bett* auf Platz 250 zu finden ist. Dabei kommt Kolle diesmal die FSK »zu Hilfe« (und sie wird es beim nächsten Film gleich wieder tun): Kirchenvertreter bewirken ein (vorläufiges) Verbot des Films mit der Begründung, er biete »eine totale Verharmlosung des Ehebruchs«, und die »vorgeführten Koitusszenen« seien von »penetranter Ausführlichkeit«. Das sorgt für gute Publicity. Schließlich gibt die letzte Instanz der FSK den Film dann doch frei, denn es werde »ausdrücklich gesagt und gezeigt, daß der Ehebruch eine Gefährdung der Ehe mit sich bringt«. Na bitte!

Zwei Episoden schildert der Film, die in der Produktionsmitteilung so beschrieben werden:

»1. Sabine und Wolfgang haben sich nach zwei stürmischen Ehejahren aufeinander ›eingespielt‹, sie fühlen beide, daß sie im Alltag wie in der sexuellen Beziehung eine harmonische Partnerschaft bilden. In einer besonders liebevollen und zärtlichen Nacht stimmen sie überein im Wunsch nach einem Kind. Für den jungen Bankkaufmann Wolf spielt sich der Flirt mit der Bankangestellten Brigitte auf einer ganz anderen Ebene ab als seine starke Beziehung zu seiner Frau – trotzdem hält er sich zurück, als die verliebte Brigitte ihn eines Abends in ihre Wohnung bittet. Doch Sabine, die zufällig von der flüchtigen Begegnung erfährt, honoriert ihm das keineswegs: In einer wilden Eifersuchtsszene will sie ihren Anspruch auf Alleinbesitz dokumentieren. Als Wolf am nächsten Tag Brigittes Wünschen nachgibt, will er das gegenüber Sabine verheimlichen, um sie nicht zu verletzen. Aber Sabine zwingt ihn selbstquälerisch zum Geständnis. Sie stellt nun die ganze Ehe, die ganze Partnerschaft in

Frage, während Wolf zunächst vergeblich zu erklären sucht, daß die außereheliche Beziehung seine Bindung an Sabine verstärkt, nicht aber geschmälert hat. Sabine reagiert so, wie es sie Erziehung und Moral gelehrt haben – und nach einer erregten Auseinandersetzung verläßt Wolf die Wohnung. Rachegelüste von Sabine wenden sich gegen Brigitte, sie steigert sich in atemberaubende Vorstellungen hinein, wie sie dieses Mädchen verwunden wird. Aber als Wolf im Laufe der Nacht zurückkehrt, gelingt es ihm, Sabine zur Vernunft zu bringen: sie erkennt, daß die Liebe und die Bindung zwischen ihnen sich gerade in der Krise bewähren müssen ...

2. Nach der Geburt des ersten Kindes hat die junge Ehefrau Barbara das richtige Verhältnis zu ihrem Mann Klaus nicht mehr gefunden: der Alltag zwischen Kind, Mann und Wohnung frißt sie auf, finanzielle Schwierigkeiten, Wohnungsenge und die ständige Gegenwart des Kindes auch während der intimen Begegnungen haben ihr Leben freudlos gemacht. Drei Tage ohne Kind, Mann und Hausarbeit auf der Hochzeit einer Freundin auf dem Land befreien Barbara: Sie trifft den jüngeren Bruder ihrer Freundin wieder: fast noch ein Kind, ein verspielter Junge. – Sie gibt sich ihm wie im Rausch hin. – Diese Begegnung löst ihre innere Verkrampfung, und sie gesteht ihrem Mann freiwillig, was geschehen ist, weil sie ihn nicht belügen mag – aber er reagiert mit der typischen Haltung des Mannes in unserer Gesellschaft, der sich selbst alle Freiheiten zubilligt, die Frau aber nach wie vor zur absoluten Treue verpflichten will. Diese Episode endet mit der Frage, ob Klaus sich eines Tages zu jener Toleranz überwinden wird, ohne die jede Liebe zwischen Mann und Frau scheitern muß.«

In einer Besprechung des Films macht Wilfried Wiegand in der *FAZ* am 6.10.1969 auf einen grundsätzlichen Mangel der Kolle-Filme aufmerksam, der auch für *Zum Beispiel: Ehebruch* gilt: »In Kolles beiden Geschichten geht es um rein sexuellen Ehebruch. Diese Beschränkung seines Themas macht es ihm leicht, Lösungsvorschläge anzubieten (zumal die beiden den Ehebruch auslösenden Partner noch minderjährig und unverheiratet sind). Daß diese Form des rein sexuellen Ehebruchs die Norm sei, wird suggeriert, jedoch nicht bewiesen. Der Glaube, daß Ehebruch sich immer so vollzieht, daß die psychischen und ethischen Werte einseitig an der ehelichen, die sexuellen Interessen einseitig an der außerehelichen Partnerschaft orientiert seien, verrät eine additive Vorstellung vom Menschen. Ein Ehebruch, bei dem die Seele gleichsam zu Hause gelassen wird, scheint doch mehr in Kolles Wunschdenken als in der Wirklichkeit beheimatet. So kommt Kolles Philosophie nur durch den Rückgriff auf ein in der Psychologie längst überwundenes mechanistisches Menschenbild zustande. ›Ein Versuch, realistisch zu sein‹ (Kolle über Kolles Philosophie) ist diese Restaurierung alter Auffassungen nur sehr bedingt. Kolles Denkfehler ist, von scheinbar objektiven, gleichsam demoskopischen Fakten auszugehen, anstatt diese in seine Reflexion einzubeziehen. Was er für den gesicherten Ausgangspunkt hält, hätte er zum Thema machen müssen – wenn er objektiv ein Aufklärer wäre. Daß er

Eine harmonische Ehe gerät in eine Krise, und dann siegt die Vernunft: ›Oswalt Kolle – Zum Beispiel: Ehebruch‹ wird zum Erfolgsfilm des Jahres 1969

es nicht ist, liegt an seinem völligen Nichtbegreifen sozialer Bedingtheiten psychischen Verhaltens.«

Auf einen anderen Aspekt, der nicht nur für die meisten Kolle-Filme, sondern auch für zahlreiche andere Aufklärungsfilme gilt, weist die *HAZ* am 11.10.1969 hin: »Was Kolle will mit dem Streifen, sagt er in zwei langen Interviews von der Leinwand herunter. Zum einen hat er den Film gegen die Auffassung angedreht, der sexuelle Seitensprung der Frau sei mit ganz anderen Maßstäben zu messen als der des Mannes. Zum anderen soll sein optisches Tagebuch aus zwei Ehen ein Beispiel dafür sein, daß die erotische Untreue unter Umständen gerade zur Stützung und Rettung einer Ehe beitragen kann. (...) Der Anspruch, den der Autor von der Leinwand herunter verkündet, und die gezeigten Szenen aus dem ehelichen Leben zweier Paare fallen völlig auseinander. Das aufklärerische Pathos geht in Wolken von Liebesszenen unter, an deren Selbstzweck man kaum zweifeln kann. Vorher wie nachher sind beide Paare einigermaßen glücklich, und man fragt sich warum.«

Auch mit seinem nächsten Film, *Dein Mann – das unbekannte Wesen*, beschäftigt Oswalt Kolle wieder die FSK – die mit ihrer liberalen Entscheidung, einen erigierten Penis nicht aus dem Film entfernen zu lassen, für reichlich Wirbel sorgt. So berichtet die Frankfurter *Abendpost Nachtausgabe* am 11.3.1970: »Diese Entscheidung soll vor allem auf die Haltung der weiblichen Ausschußmitglieder zurückzuführen sein, an ihrer Spitze die 48jährige FSK-Prüferin Hannelore Hinkel aus Frankfurt, einst bekannt und geschätzt als Pützchen in ›Des Teufels General‹. ›Der muß unter allen Umständen drin bleiben!‹ rief sie nach den Worten des Kolle-Produzenten Gero Wecker, als auf farbiger Breitwand sechs Minuten lang in Großaufnahme ein Penis in sämtlichen Stadien der Erektion gezeigt wurde.«

Die Zeitschrift *Film* konstatiert im Mai 1970: »Kolle hat wirklich Glück gehabt. Ohne den Streit um die FSK-Freigabe wären die Leute diesmal wahrscheinlich nicht so rege geströmt. Denn die, die gekommen sind, um einen erigierten Penis zu bestaunen, murren, lachen, gehen vorzeitig aus dem Kino oder sagen ›endlich‹, wenn der letzte Beischlaf über die Leinwand zuckt. Und die ›umstrittene‹ Szene? Ein Mann, den Kolle als körperlichen Idealtyp vorstellt, tritt vor die Kamera, stellt sich ins Profil und gerinnt zum Foto. Dann erläutert Kolle auf Volksschüler-

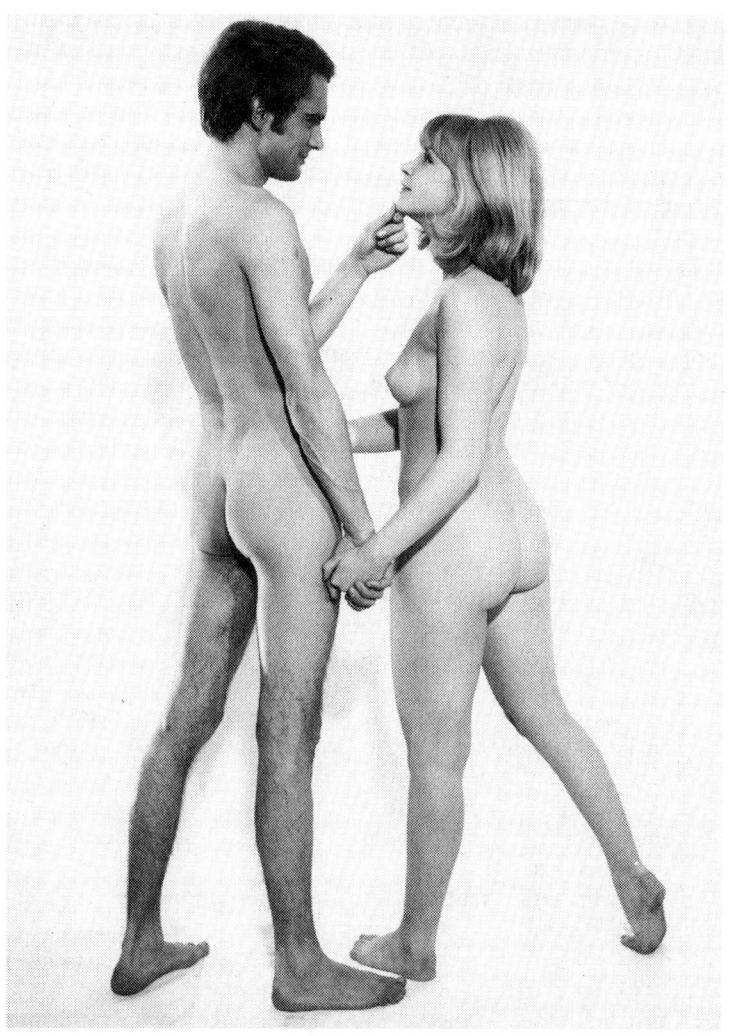

Zu bekannt sollte er wohl nicht werden, deshalb schritt die Zensur ein: PR-Foto für ›Dein Mann – das unbekannte Wesen‹

Niveau und von Trick-Strichlein unterstützt, einige Funktionen des männlichen Körpers. Schließlich gibt's – tricktechnisch per Foto – eine blitzschnelle Erektion. Der Idealtyp steht. Kolle er-

229

läutert wieder umständlich, dann schlafft der Idealtyp tricktechnisch ab, beginnt zu atmen und kehrt ins Dunkle zurück, aus dem er kam. Dieser – übrigens in einer Totale aufgenommene – Salat aus Realbild, Realfoto und Trick dauert etwa zehn Minuten. Der Rest des Films besteht aus den üblichen Beischlaf-Kisten, aus Kolle, der stur unter die Kamera starrt (dort steht offenbar der Text) und geschminkt ist wie eine Schaufensterpuppe.«

Was man ansonsten aus dem neuen Kolle-Werk über den Mann erfährt, listet der *Evangelische Filmbeobachter* (Nr. 12/70) auf: »Da erfährt dann die staunende Filmbetrachterin aufregende Neuigkeiten: Beim ersten Mal kann der Mann versagen; morgens ist er schlechter Stimmung, wenn er beruflich sehr angespannt ist; er mag nicht, wenn seine Frau am Sonntagnachmittag Wäsche bügelt, statt auf seine Liebeswünsche einzugehen; er ist leicht eifersüchtig, weil er selbst von wilden Abenteuern träumt, die er aber nicht ausführt. Das alles soll die Frau nicht verwundern, denn er liebt sie trotzdem. Und am besten fährt sie, wenn sie nicht allzu oft ›nein‹ sagt.«

Schließlich kommt die »Filmbetrachterin« zu dem Schluß: »Kolle mag sich ehrlich überzeugt für einen Volksaufklärer halten. Sein Werk ist jedoch allenfalls etwas für Voyeure, die sich mit kühl gefilmter Liebesakrobatik in Luxusschlafzimmern zufriedengeben. Wenn der Film trotzdem noch auf Männer erotisch wirken kann, dann nur deshalb, weil die Darstellerinnen gelegentlich auch bekleidet auftreten. Frauen, die sich über die sexuellen Verhaltensweisen des Mannes informieren möchten, sollten sich statt der Kinokarte lieber ein gescheites Aufklärungsbuch kaufen.«

Nun, Oswalt Kolle ficht das alles nicht an, denn noch im gleichen Jahr kommt *Dein Kind – das unbekannte Wesen* in die Kinos. Und wieder hat sich der Aufklärer etwas Neues einfallen lassen: Diesmal tritt nicht nur er selbst – und nur mit einer Armbanduhr bekleidet – vor die Kamera, sondern auch seine Frau samt Söhnen und Tochter. Der Auftritt der unbekleideten Kolle-Familie findet an Deutschlands populärstem FKK-Strand auf der Insel Sylt statt. Außerdem bietet der Film noch eine ausführlich gefilmte Geburt (inklusive Dammschnitt), die manche Betrachter an ein medizinisches Kolleg erinnert. Die Münchner Filmkritikerin Ponkie nennt *Dein Kind – das unbekannte Wesen* (am 2.10.1970 in der *Abendzeitung*) trotzdem »Kolles besten Film«, denn »das Prinzip der körperlichen Unbefangenheit, des unautoritären Umgangs mit Kindern, der Respektierung der Halbwüchsigensexualität gehört zu jenen Grundlagen vernünftiger Erziehung, die hierzulande immer noch leicht mit ›Verwilderung‹ verwechselt werden«.

Auch der *Katholische Filmdienst* findet relativ milde Worte (in Nr. 40/70): »Kolle, Opus VI, und kein Ende. Wenn man von der oberflächlichen Konsum- und Aufklärungsideologie absehen könnte, wäre dieser Teil der noch am ehesten annehmbare, da immerhin eine Passage über vorschulische Kindererziehung und die Fragen um ein Jugendferienlager diskutabel sind. Ein sogar mit begründeter Sozialkritik gegebenes Situationsbild einer am Heiraten gehinderten Mutter, deren Entbindung schonungslos

»Kolles bester Film«: der Aufklärer nebst Gattin am FKK-Strand auf Sylt in ›Dein Kind – das unbekannte Wesen‹

wie im Gynäkologen-Seminar gezeigt wird, hebt sich fast wohltuend von dem ›progressiven‹ Geschwafel ab, das seine Höhepunkte in der Selbstdarstellung der als ›ideal‹ zu verstehenden Familienverhältnisse mit fein kaschierter Propaganda für Freikörperkultur feiert. Schon vor 20 Jahren habe er, Oswalt, als richtiger FKK-Pionier seiner zukünftigen Frau auf Sylt die Skrupel beseitigt, ganz ›natürlich‹ herumzulaufen, was inzwischen auf der großen bunten Leinwand weniger possierlich als verkrampft ausschaut, nicht nur wegen Armbanduhr und Schmuck, die Frau Kolle nicht abgelegt hat. Der Familienvater hat auch nichts dagegen, daß seine 16jährige Tochter, die abends (angezogen) stets in der ›Kupferkanne‹ tanzt, mit gelegentlichem Freund geschlechtlich verkehrt; ›Liebe‹ sei dazu nicht erforderlich. Immerhin tanzt die Göre nicht wenig. Dagegen erkundigt sich ihr 15jähriger Bruder nach Papas Reglement der Selbstbefriedigung und erhält uneingeschränkten Zuspruch. Nur der vierjährige Nino zeigt sich an Papas Sexualmaximen noch nicht sonderlich interessiert, was Oswalt nicht an der Regieanweisung hindert, den Kleinen ständig an seinem Glied spielen zu lassen, während Nino die ›kleinen Samenkörnchen‹ und ›Muttis Eilein‹ mangels Aufmerksamkeit doch weiter verwechselt.«

Nur in einem irrt der Kritiker hier: Nach Opus VII (*Oswalt Kolle: Was ist eigentlich Pornographie?*) im Jahr 1971 und Opus VIII (*Oswalt Kolle – Liebe als Gesellschaftsspiel*) im Jahr 1972 hat Kolle im Kino doch ein Ende. Letzterer Film zum Thema Partnertausch und Gruppensex findet kaum noch Beachtung, da Filme über Partnertausch und Gruppensex zu diesem Zeitpunkt schon gang und gäbe geworden sind und auch keinen aufklärerischen Anspruch mehr mit sich herumschleppen müssen, da die FSK mehr und mehr vor der Sexfilmwelle kapituliert. Bei *Was ist eigentlich Pornographie?* aber langt sie noch einmal kräftig hin, was Michael Schwarze in der *FAZ* am 2.6.1971 plastisch beschreibt: »Als vorläufig größtes Ruhmesblatt in ihrem lang andauernden Kampf gegen Kolles Trivialaufklärung darf die FSK die fast schon gespenstische Beschneidung von ›Was ist Pornographie?‹ für sich buchen. Da werden Einblendungen dänischer Pornofilme, die an sich mehr oder weniger unappetitlich und letztlich wohl kaum erotisch zu nennen sind, durch schwarze Balken und Kreise gleichsam zu Mysterienspielen verklärt. Zwar bleibt kein Zweifel, wes Art die Spiele der Erwachsenen sind, die da mit allerlei akrobatischen Verrenkungen betrieben werden, aber mit kleinkarierter Beharrlichkeit werden die inkriminierten Passagen von den Zensurbalken verfolgt und schließlich glücklich abgedeckt, so daß der Zuschauer notgedrungen gehalten ist, den planen Vorgang in seiner Vorstellung zu vervollständigen. Womit die Selbstkontrolle dann zu guter Letzt noch ein Moment in einen Kolle-Film einbringt – wenn auch in deformierter Gestalt –, dessen Fehlen zu Recht immer kritisiert worden ist, das der Phantasie nämlich.«

Unserer Phantasie überlassen blieb und bleibt es, sich auszumalen, was Oswalt Kolle und seine Filme in deutschen (und ausländischen) Hirnen, Herzen, Wohn- und Schlafzimmern an- und ausgerichtet haben, denn darüber gibt es schließlich keine Untersuchungen. »Wenn es sie gab, die ›sexuelle Revolution‹, dann fand sie ohne Zeugen statt«, stellt Matthias Horx anläßlich der Aufführung des Kompilationsfilms *Die Aufklärungsrolle* 1988 im *Zeit-Magazin* fest (Nr. 25/88). »Sie vollzog sich ausgerechnet dort, von wo die Sexwelle sie hervorzerren wollte: im Stillen und Privaten. Die wirkliche Emanzipation war ungleich diskreter als ihre Propagandisten – und ungleich mühsamer und schwieriger, als ihre bigotten Feinde glaubten. Sie setzte sich aus unzähligen individuellen erotischen Erfahrungen zusammen, die nicht viel Aufhebens von sich machten.«

In gewisser Weise hat Kolle mit seinem letzten Film, *Liebe als Gesellschaftsspiel*, einen Kreis geschlossen, indem er dort behauptet: »Die Ehen der Zukunft werden haltbarer sein, weil sie freier sind ... Dieser Film will zeigen, wie Menschen von heute mit ihrer noch ungewohnten Freiheit experimentieren.« Den Endpunkt einer Entwicklung, die zu ihrem Ausgangspunkt zurückkehrt, konstatiert auch Horx: »Zwei grundlegende Irrtümer der sexuellen Aufklärungseuphorie trugen dazu bei, daß ihre Erfolge am Ende in ihrer Niederlage enden mußten. Erstens ist Reden der Feind der Erotik. Je mehr Sexualität thematisiert und pädagogisiert wird, desto mehr verliert sie ihre Spontaneität; je mehr Worte um sie gemacht werden, desto mehr verkommt sie zur Leibesübung, zum puren Vollzug. Zweitens: Die ›scharfe Ehe‹ ist eine Illusion. Die Partner, die da endlich ohne Raumverdunkelung auf den Veloursteppichböden der sechziger Jahre ihr Glück versuchen sollten, mußten selbstredend brav verheiratet sein. Doch auf Dauer vermögen auch der massivste

Reiz und die ausgefeilteste Technik nichts gegen die natürlichen sexuellen Abnutzungserscheinungen einer Ehe auszurichten. Das mußte zwangsläufig zu Enttäuschungen führen, gegen die Oswalt Kolle Anfang der siebziger Jahre den allgemeinen Partnertausch propagierte. Spätestens hier war die Sexwelle wieder da angelangt, wo sie gestartet war: bei der Sexualhygiene.«

Wir haben weit vorgegriffen; kehren wir zurück in das Jahr 1968. Die holde Helga und der kesse Kolle treten eine Lawine los, will sagen, um im gängigen Bild zu bleiben, sie lösen eine Welle aus: Was in den nächsten Jahren an Aufklärungsfilmen in die Kinos schwappt, verdient freilich nicht immer diese Bezeichnung. Die Entdeckung, daß mit dem Thema Sex an der Kinokasse reichlich Kohle zu machen ist, ist keineswegs neu. Nur haben findige und windige Produzenten jetzt das richtige Mäntelchen gefunden, das sie dem Verbotenen umhängen können, um saftige Profite zu erwirtschaften, zumal die Zwänge der herrschenden Moral kostengünstige Herstellungsweisen gelegentlich geradezu fördern. Die Ergebnisse sind oft höchst kurios: In *Technik der körperlichen Liebe* etwa kommen statt Menschen-Darstellern über längere Passagen Holzpuppen zum Einsatz.

20 Jahre nach der Tat befragt Manfred Breuersbrock (Produktionsleiter der 88er *Aufklärungsrolle)* Dietrich Krausser – Regisseur und Produzent von *Technik der körperlichen Liebe.* Hier einige Auszüge, zitiert aus dem Presseheft.

»Herr Krausser, mit dem Film ›Technik der körperlichen Liebe‹ haben sie 1968 einen der ersten Aufklärungsfilme hergestellt. Wie kam es dazu?

Angeregt worden bin ich natürlich durch ›Helga‹ und den ersten Kolle-Film, die also zeitlich vor meinem Film lagen. Bei diesen Filmen war ich jedoch der Meinung, daß sie sich nur sehr allgemein mit den Randproblemen der Liebe und der Technik der Liebe beschäftigt haben. Ich war der Meinung, daß das breitere Publikum, vor allem die unerfahrenen, etwas jüngeren Herrschaften, konkretere, effektivere Anweisungen haben wollten, um zu wissen, wo es langgeht, oder, um es volkstümlich auszudrücken: Wie bumst man denn am besten? (…) Ich habe mich darauf beschränkt, wirklich ganz nüchtern, konkret die Technik des Geschlechtsaktes als solchen im Detail zu beschreiben.

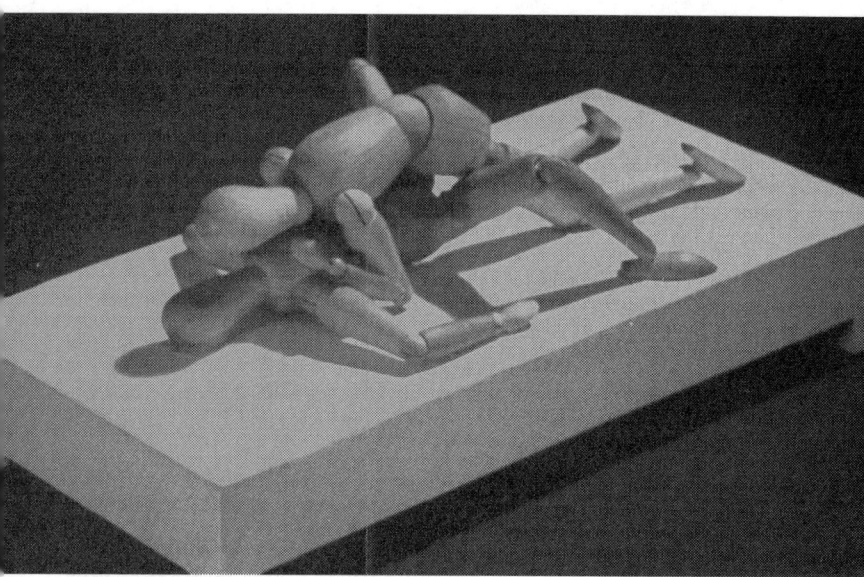

»Wie bumst man denn am besten?«: Holzpuppen in ›Technik der körperlichen Liebe‹

Eine solche Offenheit hat natürlich ein Tabu angekratzt. Welche Probleme gab es, diese Darstellungen des Geschlechtsaktes durch die Freiwillige Selbstkontrolle (FSK) der Filmwirtschaft zu bekommen?

Um es ganz nüchtern zu sagen: Ich habe ihn genaugenommen überhaupt nicht durch die Selbstkontrolle bekommen. In der FSK saß damals ein sehr renommierter, bundesweit bekannter deutscher Richter, der den Vorsitz im Rechtsausschuß hatte, und der war also der Meinung, daß dieser Film grob sittenwidrig sei, Pornographie darstelle und daher also verboten werden müßte. Entsprechend fiel dann auch das Urteil des Rechtsausschusses des FSK aus. (…) Ich habe auf die FSK-Entscheidung hin eine Pressekonferenz abgehalten in der damaligen Mosaik-Kopieranstalt und habe bewußt zu dieser Pressekonferenz die Staatsanwaltschaft eingeladen. Die Staatsanwaltschaft ist auch gleich mit einer Kolonne von Kripobeamten erschienen, hat sich den Film angesehen und hat die vorgeführte Kopie coram publico anschließend beschlagnahmt. Damit hatte ich den Eklat,

den ich haben wollte, denn weil es sich alles vor der Presse ab-
spielte, stand es am nächsten Tag in allen Zeitungen. Und der
Staatsanwaltschaft blieb nichts anderes übrig, als mich höchst-
persönlich als den Regisseur des Films anzuklagen wegen Pornographie. Um es vorwegzunehmen, ich bin in allen Instanzen
wegen erwiesener Unschuld – damals gab's die Formulierung
noch – freigesprochen worden. (...)

*Wenn es keine Pornographie war, was war es dann? War es Auf-
klärung? Hatten Sie die Absicht, aufzuklären, oder war es die
richtige Nase fürs Geschäft?*

Beides, wobei ich überhaupt nicht leugne, daß es mir selbstverständlich darum ging, auch ein Geschäft zu machen. Ich wäre
ein Idiot, wenn es anders gewesen wäre. Und außerdem hatte
ich als Vertragspartnerin die Frau Kubaschewski (Gloria Film-
verleih), und daß diese Frau neben allem Idealismus immer fürs
Geschäft war, ist hinreichend bekannt. (...) Ich kann mich an
den Erfolg des Films noch sehr gut erinnern. Ich habe in der Hit-
liste 17 Wochen den Platz eins gehabt. Ein nach meiner Kenntnis bis heute von niemandem überholter Rekord. (...) Ein besonderes Kuriosum war, daß die damalige SED-Parteiführung
mit Sonderfahrzeugen aus Ost-Berlin ›rübergefahren‹ ist und
sich diesen Film angesehen hat, was ein ziemliches Aufsehen erregte.

*Aufklärung im Kino hatte also einen absoluten Ereignischarak-
ter?*

Damals noch. Ich persönlich nehme für mich in Anspruch, daß
der eigentliche Durchbruch zum Abbau aller Tabus auf diesem
Gebiet doch eher bei mir lag als bei ›Helga‹ und den ersten Kolle-Filmen. Denn die haben ja, wenn man sich die Filme ansieht,
von dieser eigentlichen Aufklärung praktisch überhaupt nichts
gebracht, sondern nur ganz allgemein – zugegeben: damals auch
sensationell – das Blablabla um die Liebe und das Geschehen
zwischen zwei Menschen zum ersten Mal auf die Leinwand gebracht. Außerdem bin ich – nach meiner Kenntnis – der absolut
erste gewesen, der nicht nur Frauen, sondern auch Männer völlig unbekleidet im Film auf die Leinwand gebracht hat. (...)

Wenn diese Filme wirklich so spektakulär gewesen sind, wenn Sie der erste waren, der den nackten Menschen auf die Leinwand gebracht hat, wie groß waren die Schwierigkeiten, Darsteller dafür zu finden? Nach welchen Kriterien haben Sie ausgewählt? Waren überhaupt so viele Leute bereit, sich nackt ablichten zu lassen, so daß Sie wählen konnten?

Natürlich bestand dieses Problem. Ich habe jedoch dieses Problem von vornherein dadurch unterlaufen, daß ich selbstverständlich keine Minderjährigen genommen habe, also auch nicht mit gemogelten Daten. Ich habe immer Leute genommen, die über 21 waren. Damals war man mit 18 noch nicht volljährig. Und zweitens habe ich grundsätzlich nur Paare genommen, die miteinander verheiratet waren oder – wie man heute sagt – in eheähnlichen Verhältnissen seit Jahren miteinander lebten. Ich habe auch diese Paare selbstverständlich niemals gemischt. Es ist jeder immer nur mit seinem Partner aufgetreten. Außerdem war auch klar, daß nicht mit 150 Leuten am Drehort gearbeitet wurde. Da gab es nur mich als Regisseur, den Kameramann und den Tonmann. Das war dann aber auch schon alles.

Das heißt natürlich auch, daß diese Filme kostengünstig hergestellt werden konnten ... und ein gigantisches Geschäft waren ... Wie sahen die Absatzchancen für Aufklärungsfilme im Ausland aus, oder war die Aufklärungswelle ein typisch deutsches Phänomen?

Wir haben nach überall verkauft. (...) Aber wenn ich das richtig sehe, war das Bedürfnis nach solchen Filmen nirgendwo größer als bei uns. (...)

Welche Gefühle beschleichen Sie, wenn Sie Ihren Film heute noch mal ansehen? Gibt es so was wie Ärger oder Wut darüber, daß Sie vor 20 Jahren vor Gericht gezerrt worden sind wegen einiger Szenen, die heute schon im Kinderfernsehen zu sehen sein könnten?

Wenn ich mir heute meinen eigenen Film ›Technik der körperlichen Liebe‹ ansehe, dann kann ich nur sagen, es ist ein Film für Kleinkinder. Ich bin überzeugt, heute würde er ohne die geringsten Probleme eine Freigabe ab zwölf Jahren kriegen; da würde sogar die FSK nachdenken, ob sie nicht eine Freigabe ab sechs

Jahren geben kann. Heute lacht man darüber nur. Also ich kann das Ding nicht sehen. Ich habe mich immer gefragt: Wie kann es sein, daß der Film damals so ein Riesenerfolg gewesen ist?«

Soweit die Einblicke in das Denken und Handeln eines Aufklärungsfilmers, der damals damit vier Millionen Deutsche ins Kino lockte. Zum Lachen finden allerdings auch zeitgenössische Besucher das Werk, zum Beispiel der Kritiker der *Nürnberger Nachrichten* (am 28.6.1969): »Der Film setzt voraus, daß der Zuschauer noch nicht weiß, ob er ein Männchen oder ein Weibchen ist. Aber schon bald wird es ihm von einem blaubekittelten Fachmann mitgeteilt: ›Sie erinnern sich, daß sich an Ihrem Körper dieses und jenes befindet‹ oder: ›Sie finden dort ...‹ Solchermaßen aufgeklärt, setzt der Unterricht für Fortgeschrittene ein; die Positionen werden dargestellt. Das geschieht teilweise durch ein Paar, das sich entweder maskenhaft angrinst oder Innigkeit simuliert, teilweise durch Holzpüppchen, die den Zwetschgenmännla am Nürnberger Christkindlmarkt nicht unähnlich sind. Dazu der Text im Techniker-Jargon: ›Der Mann greift mit der linken Hand ...‹, ›... zweckmäßigerweise ...‹, ›... jedoch muß der Stuhl eine gewisse Höhe haben‹. Oder im Verkaufsgesprächs-Jargon: ›Sehr zu empfehlen‹, ›wird von vielen bevorzugt‹, ›davon ist Anfängern abzuraten‹. Und der Clou: ›Wir verlassen nun die hinteren Positionen.‹ – Man sieht, ein durch und durch heiteres Stück.«

Nicht alle sehen es von der heiteren Seite. Das *Hamburger Abendblatt* stellt lakonisch fest: »Mit Sex macht man Mäuse«, die *WAZ* findet den »Film auf dem Holzweg« und spricht von einer »dubiosen Liebesschule«; und der *Spiegel* kommt am 28.7.1969 gar zu dem vernichtenden Urteil: »Der Lustgewinn im (auch sommertags überfüllten) Parkett bleibt winzig: Mit geheuchelter Nüchternheit, stupidem Bürokratendeutsch und ermüdender Weitschweifigkeit taugt das bislang fadeste Aufklärungswerk bestenfalls als technische Nothilfe für Maschinen-Menschen und frustrierte Voyeure.« Was die *HWV Focus Filmvertriebs GmbH* nicht davon abhält, *Technik der körperlichen Liebe* 1989 als Video herauszubringen – mit Schützenhilfe von *Helga*-Darstellerin Ruth Gassmann, die der Ansicht ist: »Ein Film – heute so aktuell wie gestern.«

Weit weniger erfolgreich an der Kinokasse als Produzent und

Professoraler Versuch der Enttabuisierung: ›Du – Zwischenzeichen der Sexualität‹

Regisseur Dietrich Krausser, wohl aber mit weitaus ehrenwerteren Absichten, versuchen die drei Professoren Wolfgang Hochheimer, Paul Gebhard und Hans Giese, mit dem Film *Du – Zwischenzeichen der Sexualität* aufklärend zum Thema Sexualität und Gesellschaft beizutragen. Weit mehr als andere populäre Aufklärer weisen die Akademiker darauf hin, daß und wie sexuelles Verhalten durch Erziehung und Umwelt geprägt wird. Doch ihr Versuch der Enttabuisierung, unter anderem in Hinblick auf Kleinkinder und sogenannte Anomale, gelingt nur bedingt.

So findet etwa Joachim von Mengershausen in seiner Kritik in der *Süddeutschen Zeitung* (am 20.1.1969): »Schon die erste Sequenz straft alles Gerede von der Lust Lügen: Ein sogenannter Triebverbrecher wird durch bauernfängerisches Fragen dazu gebracht, sich seiner Sexualität zu schämen. Und so geht es weiter. Puppen müssen dazu herhalten, Liebespraktiken zu demonstrieren, desgleichen Schimpansen und Vögel. Es werden gezeigt die Herstellung von Aktphotos, die Fabrikation und der Verkauf von Verhütungs- und sonstigen einschlägigen Mitteln, ein Bordellbesuch, so als seien das alles ausgemachte Widerwärtigkeiten. Ein männliches und ein weibliches Homosexuellenpaar wird vorgeführt und verhohlen kichernd auf deren ängstliche Imitierung heterosexuellen Ehelebens hingewiesen. An einigen Stellen hat die berüchtigte Freiwillige Selbstkontrolle kräftig mitgeholfen zu verhindern, daß jemand doch auf andere Gedanken kommt: Zwei Masturbationsszenen und eine Koitusszene verschwinden in der Unschärfe hinter Farbfiltern, einige andere Bilder sind einfach herausgeschnitten. Solche Aufklärung ist Abschaffung von Aufklärung, ist Antiaufklärung. Eine einzige Sequenz läßt etwas von der Lust spüren, die die Aufklärungsprofessoren sonst, während sie sie noch preisen, schon unauffällig aus der Welt schaffen. Es sind Amateuraufnahmen, die ein Gummifetischist von sich selbst machte. Diese wenigen Bilder machen deutlich, daß ein Film, der über Sexualität aufklären will, vor allem die vielgeschmähte Lust vermitteln muß. Fetischisten können das offenbar besser als Professoren.«

Besser machen will es auch die Münchener *Rinco-Film,* wie sie in Ankündigungen zu dem Film *Eva* (1968, Regie Herbert Ballmann) vollmundig verkündet: »Filme wie z. B. ›Helga‹, einer der größten internationalen Kinoerfolge der letzten Jahre, haben Millionen von Zuschauern echte Lebenshilfe geboten, auf aufrichtige und ehrliche Weise. Es ist daher nicht verwunderlich, daß die Produzenten, die ›Helga‹ gemacht haben, mit dem Film ›Eva‹ eine noch konsequentere und noch mutigere Fortsetzung des Helga-Themas produziert haben. Wissenschaftlicher Berater ist Dr. Eberhard Schaetzing, bekannter Psychologe und Frauenarzt in Berlin. Als Autor des Buches ›Die verstandene Frau‹ hat er mit vielen in seinem Fach noch lebendigen und abstrusen Vorstellungen aus dem Sexualbereich aufgeräumt. (...) Zum ersten Mal in der Geschichte der ›Aufklärungsfilme‹ zeigt ›Eva‹ die einzelnen Phasen eines Zeugungsaktes in raffinierter Trickfilm-Technik, die technisch richtige Anwendung von Verhütungsmitteln, die physiologische Wirkung der Pille, und er spricht offen darüber, was junge Mädchen erleben, wenn sie die Liebe kennenlernen wollen, mit all ihren Licht- und Schattenseiten. (…) Wer ›Helga‹ sympathisch fand, wird von ›Eva‹ begeistert sein.«

Bei den Journalisten hält sich die Begeisterung allerdings in Grenzen. »Immer wieder wird in ›Eva‹ betont«, schreibt die *Hannoversche Allgemeine* am 20.9.1968, »daß Sexualität normal ist, gut ist, schön ist. Sicher eine positive Tendenz, die dem schlechten Gewissen der immer noch Prüden (…) einen Stoß versetzen mag. Andererseits birgt diese positivistische Tendenz die Gefahr, daß die Schwierigkeiten mit der Sexualität, wie sie in ›Eva‹ vorgestellt werden, mit einer ›Bonbonlösung‹ von der Leinwand befördert werden. Der Mann ist untreu, die Frau auch, aber nach einer Aussprache hängt der Ehesegen wieder gerade. Das junge Mädchen erwartet ein Kind, eine Abtreibung wird vorgenommen, aber bald gibt es wieder rosige Bilder einer Wohlstandshochzeit. Offenbar läßt sich Wissenschaft nur bunt verpackt unters Volk bringen.«

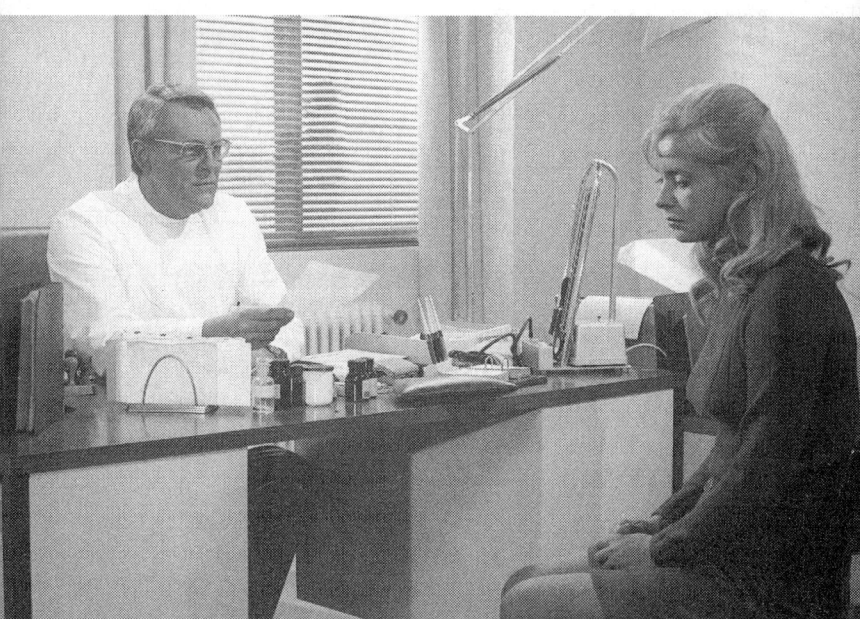

»Bonbonlösungen«: Renate Larsen und Arnold Marquis in ›Eva‹

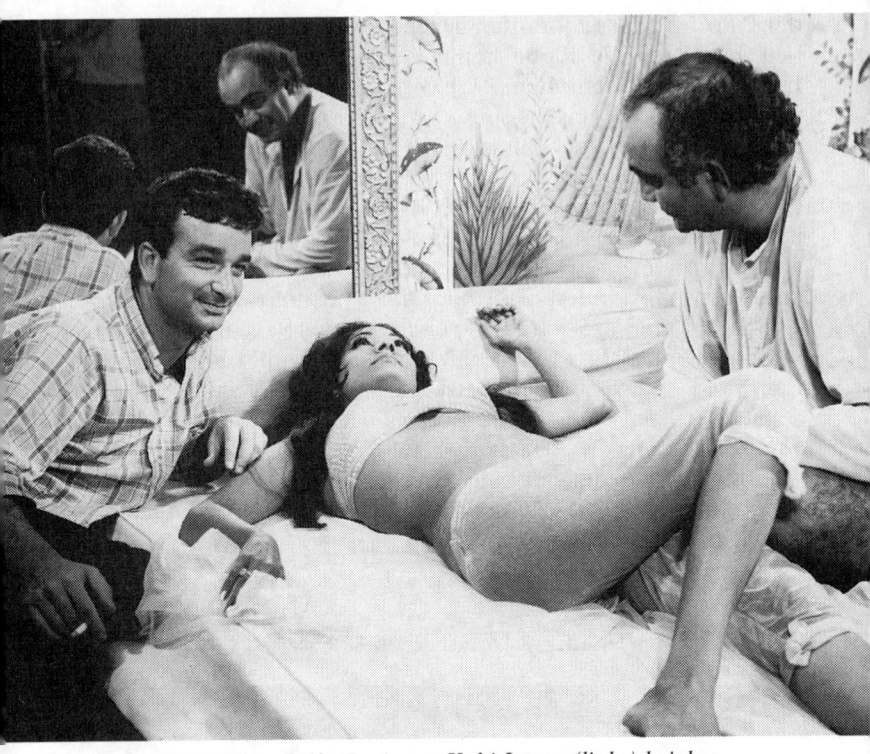

Eros-Entwicklungshilfe: Regisseur Kobi Jaeger (links) bei den Dreharbeiten zu ›Kamasutra‹

Die *Westfälischen Nachrichten* werfen (am 7.9.1968) gleich einen ganzen Katalog von Fragen auf: »Was taugt ein Aufklärungsfilm, der so ›mutig‹ ist, daß die FSK ihn erst für 18jährige freigibt? Wer muß denn eher aufgeklärt werden, die Kinder oder die Erwachsenen? (...) Was sollen die schönen bunten Postkartenbilder? Die schönen Menschenkinder, die in der Natur einhertollen, am Wasser liegen, während die untergehende Sonne auf dem Wellengekräusel glitzert und sich ihr warmer, goldener Schein auf den Brustbeinen und Schläfen der Liebenden bricht? (...) Wie wirklichkeitsnah ist ein Film, der seine Personen, seine Gefühle und Konflikte, seine Dekors usw. nur nach Gesichtspunkten wie Chic, Mode, Hygiene, schöne Form, Gediegenheit, bei allem Komfort, Sauberkeit und ähnlichem arrangiert? Wie aktuell ist ein Film, der in zwei Diskussionen, die man mitgefilmt hat, zwar Erwähnungen der Enzyklika und der Bevölkerungsexplosion in manchen Erdteilen drin hat, aber um die Sache mit einem Kitschvokabular herumredet, das bar jeden Engagements ist und stets in ein freundlich-unverbindliches ›Zwar-Aber‹ einmündet?« Gnädiger gestimmt ist *Die Welt:* Sie nennt *Eva* (am 11.1.1969) »eine erträgliche Mischung zwischen Karbol, Parfüm und echtem Haut-Geruch«.

Ein Jahr nach *Eva* übrigens dreht Regisseur Ballmann mit *Helgalein* eine Parodie auf die Aufklärungs- und in ihrem Kielwasser auftauchenden Sexfilme: Naives Mädchen vom Lande gerät an eine sexbesessene Freundin und arbeitet in einer Firma, die mit Sexartikeln handelt. Man ahnt es: Das bietet reichlich Gelegenheit für Sexszenen. Die geraten in einer deutschen Verfilmung des indischen Weltliteratur-Klassikers *Kamasutra* von Malanaga Vatsyayama eher bescheiden. So meint die *Frankfurter Rundschau* (am 16.6.1969): »Der ehrwürdige Liebesguru Ka-

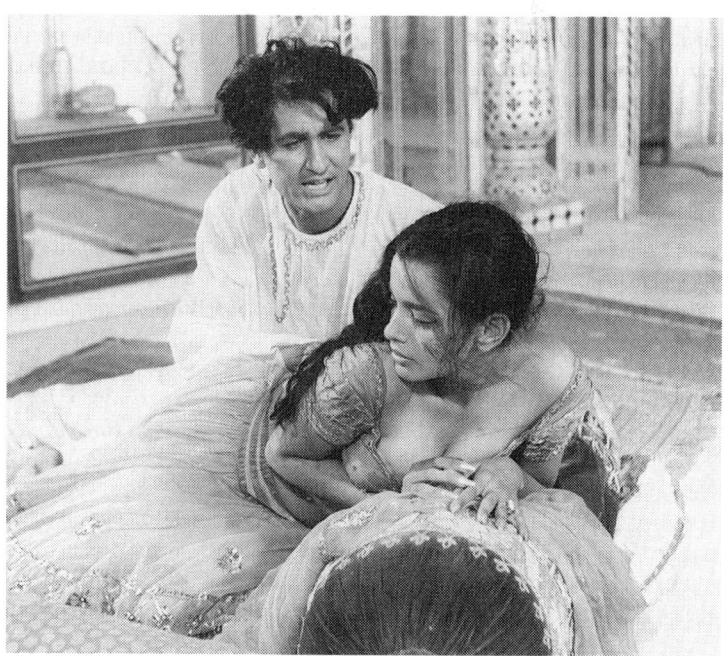

Helga trifft den Tiger von Eschnapur: ›Kamasutra‹

masutra leistet seit einiger Zeit altindische Eros-Entwicklungs-hilfe in Neueuropa. Was Wunder, daß seine Lektionen im Zuge sexfiskalischer Kinotherapie bebildert werden. Das Rezept ist von umwerfender dramaturgischer Schlichtheit: Man fotografie-re ein wenig in indischen Tempeln und Palästen herum, man nehme ein paar mitteleuropäische Partner-Konstellationen hin-zu. Eine Prise Hindu-Kunst, eine Portion Ethnographie, ein paar prüde Liebesakte, ein bißchen Kontaktierungs-Blabla. Das Ganze feierlich untermalt von Will Quadfliegs Kommentarstim-me und *soft music.* So hat man den ›Tiger von Eschnapur‹ und ›Helga‹ beieinander.«

1968 und 1969 kommt in zwei Filmen auch ein anderer »Klassi-ker« der Aufklärung zu (zweifelhaften) filmischen Ehren: der holländische Frauenarzt Dr. Theodor Hendrik van de Velde. Nachdem er bei seinen Patienten und Patientinnen er-schreckende Unkenntnis nicht zuletzt in sexuellen Dingen fest-gestellt hat, verfaßt er 1926, 1928 und 1929 seine drei grundle-genden Werke: *Die vollkommene Ehe, Die Abneigung in der Ehe* und *Die Fruchtbarkeit in der Ehe.* Das erste, für damalige Zeiten fast revolutionäre Buch liegt 1968 in Deutschland in der 77. Auflage und dem 786. Tausend vor. Es verwundert nicht, daß Aufklärungsfilmer schon bald das Standardwerk adaptieren respektive trivialisieren. Nach mittlerweile »bewährtem«, von Kolle übernommenem Muster verbindet man in *Van de Velde – Die vollkommene Ehe* (1968) und *Van de Velde: Das Leben zu zweit – Die Sexualität in der Ehe* (1969) Spielhandlungen mit den Komentaren der medizinischen Berater. Regie führt in beiden Filmen F. J. Gottlieb, der auch schon Kolles *Wunder der Liebe* in Szene gesetzt hatte.

Beide Filme stellen vier Episoden vor; im ersten Teil heißen sie *Richtige Partnerwahl, Psychologische Verhaltensformen, Proge-niturfrage* (d. h. Frage der Nachkommenschaft), *Sexualität in der Ehe.* Wie das konkret aussieht, beschreibt Leo Schönecker im *Katholischen Filmdienst* (Nr. 34/68) anschaulich: »Zur Einfüh-rung ist Statistik immer nützlich: Jede vierte bis achte Ehe wird wieder geschieden, Eheleuten unter 25 fehlt öfter die ausrei-chende Basis für dauerhaftes Zusammenleben usw. Auf alle vier Kapitel verteilt, doziert der Zürcher Sexualpädagoge Harnik in biederem Deutsch den Sachkommentar: ›... Die Ehe ist eine Kunst, die gelernt werden kann ... Geheimnis, das gleichnishaft

›Van de Velde – Die vollkommene Ehe‹

auf Überzeitliches hinweist‹ – dazu sehen wir im Familien-
schmalfilm Bilder aus Privatalben verblichener Generationen.
Weiter: ›Geburtenregelung nach Maß, nicht von der Stange‹ –
hierbei schwelgt man auf beweglicher Kamerafahrt entlang an
sonnigem Eichenwald in jungen Zweigen und Blättern. Der Exkurs berührt Begriffe wie Schamerziehung (›Schamerziehung ist
allerdings eine Stilfrage, die noch zu lösen ist‹ – man sieht nun
eine ›maidene‹ Stute, bevor sie unter den fragenden Blicken eines kleinen Mädchens gedeckt wird, Antwort: ›Auch Tiere können sich liebhaben‹); Polarität und Anpassungsfähigkeit veran-
schaulicht wie beim Museumsfilm, zur individuellen Assoziation
der Zuschauer, eine reichhaltige Folge von Lithographien,

Skulpturen und Fresken. Das Paulus-Wort, keiner möge sich in der Ehe dem anderen entziehen, belegt ›die rechte Einstellung zu Lust und Leiblichkeit‹: Die sittsame, deshalb etwas vernachlässigte und verzweifelte Ehefrau vermag plötzlich, als sie die ›psychologischen‹ Anweisungen der erfahreneren Freundin befolgt, ihren täglich so abgespannten Mann vom Bildschirm-Krimi wegzulotsen. Denn soeben hat sie gelernt: ›Die Zeiten, wo die Frau wartet, bis der Mann in ihr Zimmerlein kommt, sind endgültig vorbei.‹ Aufschlußreiche Erklärungen über Wann und Wie (›Man wohnt einander bei, indem man beieinander wohnt‹, ›Der Mann spiele gleichzeitig die Rolle des Liebhabers, Vaters und Kindes‹) beschließen den Film mit einer verlangsamten Farb-Sonatine verschlungener, schwebender, tastender und schmeichelnder Arme, Beine, Hände und Lippen, wobei sich unter zärtlicher Kaffeehausmusik die polierten Augenlider in wechselnden Großaufnahmen ähnlich verzögert und schmachtlippig öffnen und schließen. Zu den sacharinsüßen Klängen und Bildern paßt der Liebesdialog des zu demonstrierenden Nachspiels: ›Woran denkst du?‹ – ›Daran, daß ich dich wieder heiraten würde, heute, morgen, jeden Tag.‹ Ja, so ist sie, die vollkommene Ehe.«

Im zweiten Teil heißt die erste Episode *Beginnt die Ehe vor der Hochzeit?* – Kurz vor ihrer Eheschließung läßt sich Heinz beschwipst mit der lockeren Ilse ein, während Gisela, seine Gattin in spe, ihren verflossenen Freund Achim wiedertrifft. Während der Hochzeitsreise entscheidet sie sich aber klar für Heinz, was sie Achim mitteilt. Heinz will sie verlassen, weil er sie zu Achim hat gehen sehen. Dann kommen beide zur Vernunft. Heinz: »Weißt du, ab wann man verheiratet ist?« – Gisela: schüttelt den Kopf. – Heinz: »Wenn man begreift, daß man den Partner nicht verlieren kann, weil man ihn braucht.«

In der zweiten Episode, *Die souveräne Frau*, versucht die attraktive Schülerin Jutta ihren verheirateten Lehrer Günter mit allen Mitteln zu verführen. Sie glaubt sich am Ziel, als Günter sie in seine Wohnung einlädt; dort aber meistert die verständnisvolle Ehefrau Monika die Situation, indem sie Jutta den Unterschied zwischen Laune, Leidenschaft und Liebe klarmacht. Günter: »Ich liebe dich.« – Monika: »Und ich bewundere dich. Wenn ich ein Mann wäre, ich glaube nicht, daß ich ihr hätte widerstehen können. Sie ist bezaubernd.« – Günter: »Wenn ich nicht solche

Stunden mit dir erleben dürfte, hätte ich es sicher auch nicht gekonnt.«

Episode drei heißt *Mütter und Töchter* und berichtet von der 17jährigen Barbara, deren Mutter sie immer von jungen Männern fernzuhalten versucht hat, nun aber entsetzt ist, als sie Barbara in den Armen ihrer Freundin Vera überrascht. Der Familienrat wird einberufen. Der 20jährige Sohn Thomas klärt die Eltern auf. Thomas: »Was habt ihr denn erwartet? Ihr habt doch alle Männer als Ungeheuer geschildert, die man frühestens mit 25 und dann nur zwecks Kindererzeugung anfassen darf. Da mußte sie doch eine Meise kriegen und biologisch ausfallen.« – Mutter: »Aber was soll jetzt geschehen? Soll ich mit ihr zum Arzt?« – Thomas: »Ach Quatsch! Laßt sie an die frische Luft,

›Van de Velde: Das Leben zu zweit – Die Sexualität in der Ehe‹

das ist alles, was sie braucht.« Am Ende der Episode tanzt Barbara mit dem sympathischen Jürgen in einem Beat-Lokal.

Die vierte Episode trägt den Titel *Vertrauen und Versuchung* und handelt von zwei befreundeten Ehepaaren. Eine der Ehefrauen ist krankhaft eifersüchtig und schürt bei ihrer Freundin Gerda den Verdacht, ihr Mann Werner, der sehr viel arbeitet, habe ein Verhältnis mit seiner Mitarbeiterin. Während einer Dienstreise macht sich Gerda düstere Gedanken. Doch nicht ihre Ehe geht in die Brüche, sondern die der eifersüchtigen Freundin. Werner: »Du hast grundlos Angst gehabt.« – Gerda: »Sicher?« – Werner: »Ganz sicher.« – Gerda: schmiegt sich erleichtert an Werner. – Werner: »Es ist viel schwerer, jemanden zu betrügen, der einem vertraut …«

Kommentar der *Süddeutschen Zeitung* vom 4.8.1969: »Zweimal unterbricht ein Dr. med Eberhard Schaetzing, Frauenarzt und Psychotherapeut, die Liebesspiele: Von seinem Büro aus spricht er zum Publikum. Man bekommt dabei den unguten Eindruck, daß man nicht nur blöd ist, sondern daß das auch gar nicht schlimm ist. Ein kleiner Trost: Während dieser Doktor wie ein hirnrissiger Onkel über Van de Velde spricht, fummelt er aufgeregt an seinem Kugelschreiber herum. Das ist das einzig Menschliche an diesem Film.«

Van-de-Velde-Regisseur Franz Joseph Gottlieb beschäftigt sich im Jahre 1969 auch noch auf andere, indirekte Weise mit dem Thema Ehe: In *Ehepaar sucht gleichgesinntes* geht es um Partnertausch beziehungsweise um den § 181 des Strafgesetzbuches, der Kuppelei bestraft. Ehe es bildlich »zur Sache« geht, kommen erst Experten zu Worte (Star-Anwalt Dr. Rolf Bossi und Theologe und Publizist Hans Ohly, Heidi Kabel und Beate Uhse), dann Passanten auf der Straße. Wie »repräsentativ« und »zufällig« man letztere auswählt, zeigt sich, wenn der zeitgenössische Betrachter unter ihnen etwa den (damals noch sehr jungen) Schauspieler Rolf Zacher entdeckt. Schließlich demonstrieren dann gutsituierte Bürger heftigen Partnertausch, ehe das dicke Ende naht: Ein Eifersüchtiger rennt zur Polizei, und es kommt zum Kuppeleiprozeß. Zwischendurch unternimmt eine junge Frau einen Selbstmordversuch, weil ihr das alles zuviel wird. Ein Kritiker vermutete, es ginge bei *Ehepaar sucht gleichgesinntes* »primär um die Befriedigung sexueller Schaulust« – und wir wollen ihm da nicht widersprechen. Auch nicht Rolf

Bossi, der den jämmerlichen juristischen Zustand in Sachen Sex wunderbar knapp auf den Punkt bringt: »Im geltenden Recht ist jede Sexualität außerhalb der Ehe Unzucht und innerhalb der Ehe eheliche Pflicht.«

Recht und Gesetz sind das vorherrschende Thema in dem programmatisch betitelten Film *Freiheit für die Liebe,* den das amerikanische Psychologenpaar Dr. Phyllis und (der aus Berlin stammende) Dr. Eberhard Kronhausen für den deutschen Produzenten Reginald Puhl (*Du – Zwischenzeichen der Sexualität*) erstellte. Anders als die meisten »rein« deutschen Aufklärungsfilme, deren Macher sich hüten, an geltende Gesetze zu rühren, erheben die beiden Amerikaner in ihrem Film eindeutig politische Ansprüche. Eberhard Kronhausen in einem Interview mit Karsten Peters, das die Münchener *Abendzeitung* am 11.12.1969 veröffentlicht: »Es ist kein Aufklärungsfilm im üblichen Sinn, der über technische Dinge des Liebeslebens (wie Positionen) informiert. Es ist ein sozialkritischer, bewußt revolutionärer Film, der auf eine gesellschaftliche Neuordnung hinzielt.«

So liberale Ansichten die Kronhausens allerdings auch propagieren, so konventionell bleibt die Machart: Prominenten-Statements, Expertendiskussionen, Dokumentareinschübe, von Laien dargestellte Spielszenen in bunter Mischung. Summa summarum erscheint das Ganze eher zu naiv und zu pauschal. Das stellt auch Georg Ramsegger am 6.2.1970 in der Baseler *National-Zeitung* fest: »Da der Film in Dänemark und Schweden, Ländern, die die erstrebte Freiheit besitzen, Holland und Amerika gedreht wurde und die Diskussionen über Situation und Ziele mit amerikanischen, dänischen und englischen Familienplanern, Ärzten, Juristen, Psychologen und Journalisten geführt werden, bleibt er sehr dicht an der Oberfläche, da das Detail ja nur für einen bestimmten geographischen oder politischen Raum Gültigkeit hätte. So sind die Gesichter der Befragten und Sprecher allemal viel bedeutender als die Worte, die sie synchronisiert von sich geben. Gewiß berühren einige Fakten (30 Millionen Abtreibungen jährlich in der Welt, 85 Prozent aller Amerikaner verstoßen gegen die Sexualgesetze in Amerika), aber weil sie undifferenziert gegeben werden, hegt man stets einen Hauch von Zweifel.«

Der Film beginnt mit einer Diskussion zwischen einer amerikanischen Rechtsanwältin und zwei amerikanischen Wissenschaft-

Sex nicht so ernst nehmen: Szene aus ›Freiheit für die Liebe‹

lern, in der es um die geltenden Sex-Gesetze geht. Dann folgt
die erste Spielszene: Zwei Polizisten in Zivil kontrollieren ein
junges Liebespaar. – Rückblende: die beiden Jugendlichen in einer Disco, im Auto, im Bett. Der Off-Kommentar beschäftigt
sich mit der Kluft der Sexualmoral zwischen den Generationen.
Die Polizisten stellen fest, daß das Mädchen erst 15 ist. Vor Gericht wird der junge Mann verurteilt, weil das Mädchen mit Zöp-
fen auf kleine Unschuld getrimmt auftritt. In einem Statement
erzählt *Playboy*-Chef Hugh Hefner von seinem Kampf gegen
die Zensur und daß man sich davor hüten müsse, von puritani-
schen Gesetzen bedrohte Minderheiten »in den Untergrund« zu
treiben. Bilder von einer Ausstellung erotischer Kunst in Stockholm (die hauptsächlich von den Kronhausens zusammenge-
stellt und im Herbst 1969 teilweise auch in Hamburg gezeigt
wurde). Im Off erklärt der Hamburger Kultursenator, Ableh-

nung oder Zustimmung gehörten zur Meinungsfreiheit, nicht aber Unterdrückung. Die New Yorker Künstlerin Betty Dotson mit zwei Aktmodellen, einer Frau und einem Mann. Ein Sekretär der englischen Filmzensur. Erotische Zeichentrickfilme aus den zwanziger Jahren, nach dem Motto: »Sex nicht so ernst nehmen.« (JAAAA!) Ein Däne erzählt einen Kaninchenwitz. *Oh! Kalkutta!*-Produzent Kenneth Tynan möchte die Zensur abschaffen. Ein Theaterstück in München mit drei nackten Schauspielerinnen: *Hetärengespräche* vom *Theatron Eroticon*. Das Stück *The Geese* in New York: zwei lesbische Damen, zwei schwule Herren. Der Kommentar fordert, Begriffe wie »normal/anormal« abzuschaffen, denn der einzige Unterschied zu anderen Menschen bestehe nur in der gleichgeschlechtlichen Partnerwahl. Und so weiter.

Das Dilemma schimmert schon in diesem kurzen (und unvollständigen) Protokoll durch: Alle Statements, die Phyllis und Eberhard Kronhausen in *Freiheit für die Liebe* abgeben oder abgeben lassen, kann jeder, dem an der Weiterentwicklung des Homo sapiens etwas liegt, unterschreiben. In deutschen Aufklärungsfilmen der damaligen Zeit wird selten so klar hervorgehoben, daß es »eine Anmaßung des Staates ist, die Sexualsphäre der Erwachsenen regulieren zu wollen« oder daß bei Kindern »erst die Tabuisierung die Fixierung auf Sexuelles« auslöst oder daß Prostitution auch einen »therapeutischen« Sinn haben kann. Doch wenn dann gezeigt wird, daß Callgirls (in den USA) von Ärzten als Hilfskräfte bei der Behandlung impotenter Männer eingesetzt werden, wird es unfreiwillig komisch.

Frieda Grafe und Enno Patalas bringen es in ihrer Kritik in der *Zeit* am 26.12.1969 auf den Punkt: »Die Schöpfer dieses Films sind bekannt als Sammler und Aussteller von ›erotischer Kunst‹. Ihr Film ist das Gegenteil. Die Gängelung des Sexus durch das Gesetz, die er explizit kritisiert, unterstützt er implizit, indem er den erotischen Blick verstellt durch Bilder und Töne, die den Zuschauer verbiestern müssen. Ein Gremium prominenter Greise tritt nach jeder Szene zum Gerichtsspruch zusammen. Unmöglich kann Vergnügen bereiten, was diese Leute ausdrücklich genehmigt haben. Eine kurze Bildfolge gibt einen Eindruck davon, was ›erotische Filmkunst‹ sein könnte: kurze obszöne Zeichenfilme aus den zwanziger oder dreißiger Jahren – Beardsley, von einem Disney in Bewegung gesetzt!«

Doch wie schreibt Karsten Peters damals (s. o.): »Aber man kann und darf derartige Filme nicht unter künstlerischen Aspekten betrachten. Sie sind so lange notwendig, solange sich die Gesellschaft direkt oder indirekt in die Intimsphäre des einzelnen einmischt. Direkt: durch längst überholte Gesetze. Indirekt: durch gesellschaftliche Diffamierung. Insofern hat dieser Film seine unbestreitbaren Verdienste und unbestreitbar seinen Verdienst.«

Ein kurzer persönlicher Exkurs: Der Autor des vorliegenden Buches hatte im April 1969 die erste Filmkritik seines Lebens geschrieben – für die *Aachener Nachrichten* über *Draculas Rückkehr;* das stolze Honorar betrug fünf Deutsche Mark. Die Überweisung habe ich heute noch. Am 10.1.1970 veröffentlichten die *Aachener Nachrichten* meine zweite Filmkritik – über *Freiheit für die Liebe.* So schließt sich jetzt der Kreis. Es sei mir gestattet, den Text hier in vollem Wortlaut wiederzugeben: »Kein Aufklärungsfilm im technischen Sinne, der sich mit sexuellen Praktiken befaßt, sondern ein Film, der sich gesellschaftskritisch vor allem mit dem Thema ›Sexualität und Gesetz‹ auseinandersetzt. Die amerikanischen Psychologen Phyllis und Eberhard Kronhausen (bekannt durch ihre ›Erotic Art‹-Ausstellungen) machten diesen Film für ›Du‹-Produzent Reginald Puhl. Zwischen Interviewszenen werden in dokumentarhaften Spielszenen vor allem diejenigen dargestellt, die in ihrem sexuellen Verhalten abseits von der ›Norm‹ hier und heute immer noch gesellschaftlichen und gesetzgeberischen Repressalien ausgesetzt sind: Homosexuelle, Lesbierinnen, Prostituierte, Gruppensexler usw. Der Film versucht Verständnis zu wecken und wendet sich vor allem gegen die vollkommen widersinnigen, überholten und idiotischen Gesetze, die vor allem auch in der BRD noch existieren, versäumt aber darauf hinzuweisen, daß die Unterdrückung der Sexualität von Staats wegen nötig ist, um die Menschen beherrschbar zu machen. Der Film passierte die FSK ungeschnitten – allerdings nur, weil Produzent Puhl vorsorglich schon vorher sowohl aus den Spielszenen als auch aus den Interviewszenen ›kritische‹ Stellen herausgenommen hatte. Zudem wurde der in Farbe gedrehte Film von der FSK aus welch kruden Gründen auch immer nur in Schwarzweiß freigegeben. Das Ergebnis: Die Kopie sieht so aus, als ob der Film vor zehn Jahren gedreht worden wäre. Alles in allem

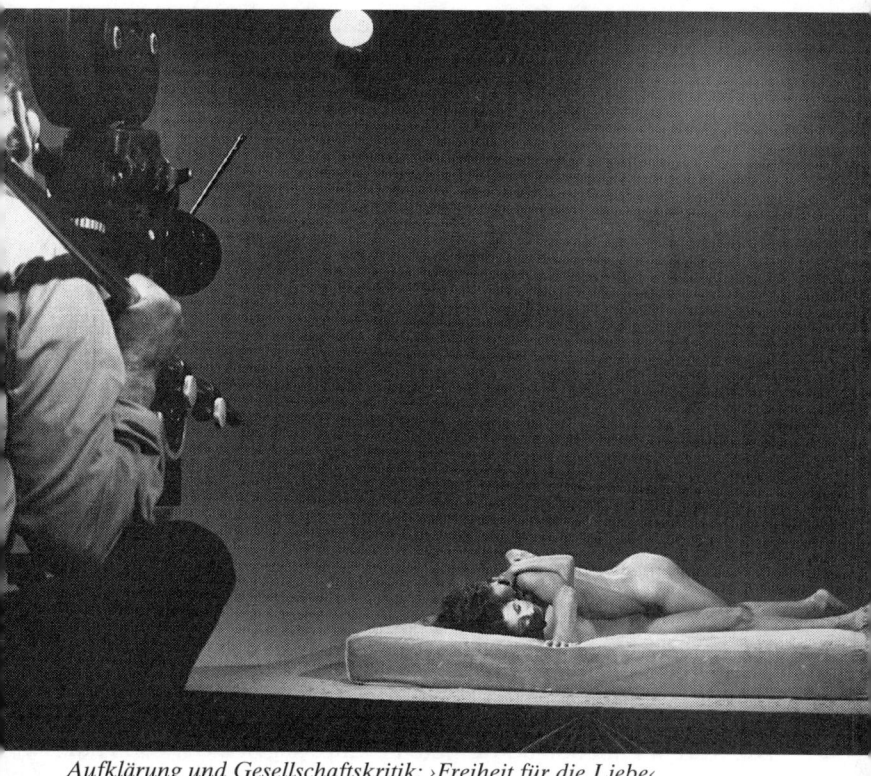

Aufklärung und Gesellschaftskritik: ›Freiheit für die Liebe‹

ein Film, den man sich ansehen sollte, weil er ehrlich gemeint ist und nicht jene penetrant-bürgerlich-saubere Sexmoral propagiert wie etwa die Kolle-Filme. Ansonsten krankt er, wie alle Filme dieses Genres bisher, an seiner konventionell-überholten, manchmal peinlichen Ästhetik.«

Der *Spiegel* sieht es diesmal auch in einem milden Licht, spricht (am 15.12.1969) von »diesem bislang besten Stück des sonst leicht entbehrlichen Leinwand-Genres«. Denn eines vor allem fehlt dem Kronhausen-Film völlig: jene offenkundige Verlogenheit, die so viele vermeintliche Aufklärungswerke zu Musterbeispielen von Doppelmoral macht. Daß hier nicht Spekulation mit Zuschauergelüsten getrieben wird, muß auch die FSK gemerkt haben: Da sie nichts findet, was aus dem Film hätte herausgeschnitten werden müssen/können, kommt sie auf den oben erwähnten genialen Einfall der »Entfärbung«. Mit all seinen Schwächen bleibt *Freiheit für die Liebe* auch in den neunziger Jahren noch ein aktueller Film – denn die »Neuordnung der Gesellschaft« hat allenfalls in Bereichen stattgefunden, mit denen wir nicht gerechnet haben (die Marxisten auch nicht). Und heute dürfte man *Freiheit für die Liebe* sicher in Farbe zeigen. Wir haben ja Fortschritte gemacht.

In den siebziger Jahren geht es mit etlichen Dingen bergab (mit Ausnahme der Lebenshaltungskosten): mit der Rock-Musik zum Beispiel, weil einige der Besten an Überdosen sterben und man sich ab Mitte der siebziger Jahre im Grunde keine Platten mehr kaufen kann. Von den Hippies bleiben nur die Drogen und die ausgeflippten Klamotten, das mit der freien Liebe funktioniert nicht so recht. Allerdings werden die Frauen aufmüpfiger, und manche Männer stöhnen unter dem neuen Leistungsdruck. Die APO (außerparlamentarische Opposition) verkrümelt sich, denn die Revoluzzer, Rebellen und Renitenten wandeln sich (bestenfalls) zu Reformern, treten den »langen Marsch durch die Institutionen« an. Irgendwann taucht in den Medien auch der »G-Punkt« auf, der eine bestimmte Region innerhalb der Vagina bezeichnet, deren Stimulation fördernd für den weiblichen Orgasmus sein soll, doch er verschwindet relativ schnell wieder – vielleicht, weil er so schwer lokalisierbar scheint. Die RAF nimmt den bewaffneten Kampf gegen das System auf. Sie verliert ihn.

Und wenn man die Gesellschaft schon nicht von heute auf morgen verändern kann, dann will man wenigstens im Privaten vorankommen: Orgasmusschwierigkeiten werden öffentlich diskutiert und damit zum »Politikum«. Das liberale rheinländische Postulat »Jedem Tierchen sein Pläsierchen« mutiert in den siebziger Jahren zu einer verschwommenen Forderung nach Freiheit in allem und jedem: Alles soll möglich sein, auch und gerade im sexuellen Bereich, aber die Qual der Wahl macht vieles unmöglich. Mit Ölkrisen und anderen Scherzen demonstriert der »Industrial Military Complex« seine Macht, und so beginnt nach der anfänglichen Aufbruchsstimmung später in den siebziger Jahren eine Tendenz zur Vereinzelung und Vereinsamung, die sich in den achtziger Jahren in der »Null-Bock«-Generation und in den neunziger Jahren im Trend zum »Cocooning«, dem

Einspinnen in den eigenen Kokon, folgerichtig fortsetzt. Bergab geht es auch mit dem Aufklärungsfilm. Da man bei Eva und dem Ei angefangen hatte *(Helga)*, ist man jetzt fortgeschritten zu den Perversionen *(Abarten der körperlichen Liebe)*. Kolle hält sich noch eine Zeit, aber was sich sonst im Kino »Aufklärung« nennt, verdient die Bezeichnung kaum noch. Die munter betriebene Spekulation wird schon in den Titeln deutlich: *Liebestechnik für Fortgeschrittene, Mädchen beim Frauenarzt, Prostitution heute, Vollendung der Liebestechnik.* Die Aufklärungswelle kippt um in die Sexfilmwelle: der *Schulmädchen-Report* gibt 1970 sozusagen den Startschuß. Der Autor dieses Buches kommt in seiner ersten Filmkritik für den *Kölner Stadt-Anzeiger* (am 13.6.1970 über den italienischen Film *Im Labyrinth der Sexualität*) zu dem Schluß: »Mit ›Aufklärung‹ hat das alles nicht viel zu tun.« Das gilt – mit wenigen Ausnahmen – auch für die bundesrepublikanischen Produktionen der siebziger Jahre. Man braucht keinen Deckmantel mehr, da die Filmzensur mehr und mehr vor der Flut der Sexfilme kapituliert und Nackte auf der Leinwand zur alltäglichen Erscheinung werden. Einer, der die Zeichen der Zeit erkennt und nutzt, ist Vielfilmer Ernst Hofbauer. 1970 laufen gleich drei seiner Werke in deutschen Kinos: *Mädchen beim Frauenarzt, Prostitution heute, Schulmädchen-Report.* Alle nach dem gleichen Muster gestrickt – Aneinanderreihungen von Fallbeispielen, eher beliebig als authentisch und repräsentativ (auch wenn das Gegenteil behauptet wird), und vor allem: viel knackiges junges (Mädchen-)Fleisch. Der *Münchner Merkur* am 8.3.1971 über *Mädchen beim Frauenarzt:* »Das Wichtigste beim Onkel Doktor ist bekanntlich das Ausziehen: Hier wird es von ein paar hübschen jungen Dingern besorgt, die allesamt über ein attraktives Äußeres verfügen. Als Ersatz für Schule, Elternhaus und Beichtstuhl gibt ein kluger Kommentar wohlmeinenden Rat. Doch der geht gezielt am Publikum vorbei, denn die, die er angeht, schauen sich gewiß keine nackten Lolita-Popos auf der Leinwand an.« Ponkie in der Münchner *Abendzeitung* über *Prostitution heute* (am 5.8.1970): »Da jede Filmfirma ihren eigenen Senf zum derzeit dringendsten Bedürfnis beizusteuern wünscht, reißt die Kette der pornopädagogischen Lichtbildervorträge nicht ab. Fleißig ackert auch dieser Farbfilm quer durch die deutschen Lüstlingsgewohnheiten. Resultat: Alles schon mal gesehen.«

Einen Hit landet Produzent Wolf C. Hartwig 1970 mit seiner Münchner Produktionsfirma *Rapid* mit dem von Hofbauer inszenierten *Schulmädchen-Report* (Untertitel: *Was Eltern nicht für möglich halten*). Es folgen nicht nur zwölf weitere Filme gleichen Titels, sondern zahlreiche Sexfilme anderer Produktionsfirmen, die sich des »Report«-Etiketts bedienen, um auf den Markt zu bringen, was selten der Realität, sondern fast ausschließlich den Hirnen von Drehbuchautoren entsprungen ist – vom *Hausfrauen-Report* über den *Urlaubs-Report* bis zum *Stewardessen-Report,* ad nauseam. Aufgeklärt wird man dabei allenfalls über den Geisteszustand der Schreiber und Inszenateure.

»Das sind wir, die Jugend von heute«, heißt es am Anfang des *Schulmädchen-Reports.* Und da fahren sie dann im Cabrio über die Leopoldstraße in München und treiben Scherze mit Würstchen beim Grillfest. Der Off-Kommentar klärt auf: »Diesem Film liegen die Sexualprotokolle von Günther Hunold zugrunde … ergänzt durch viele zusätzliche Betrachtungen.« Eine Mädchen-Schulklasse besichtigt ein Kraftwerk. Renate, 18, treibt es mit dem Busfahrer, die Lehrerin ertappt sie in flagranti. »Es muß ja nicht gleich die große Liebe sein«, sagt Renate später beim Direktor. Und: »Sie reden von Liebe, ich rede von Sex.« Sie erhält Schulverweis. Das wird vom Elternrat diskutiert. Ein Jugendpsychologe greift ein und wehrt sich gegen »überholte Moralvorstellungen«.

Es folgen Fallbeispiele: Barbara, 15, denkt bei Reklame an ihren Stiefvater. Heike, 16, zieht sich aufreizend an, um den Pfarrer im Beichtstuhl anzumachen. Susanne, 17, spricht mit ihrem jungen Nachhilfelehrer über Potenzfunktionen und Frauen. Ein Interviewer, gespielt von Friedrich von Thun, befragt Passanten. Ein Mädchen leidet unter ihrem autoritären Vater. Allein in ihrem Zimmer, träumt sie von einem Hengst, der eine Stute besteigt, und masturbiert. Ihre Mutter kommt dazu und schimpft. Der Kommentator mahnt die »rückständige Erziehungsmethode« an. Der Interviewer befragt Passanten zum Thema Masturbation. Michelle, 18, ist Nymphomanin, was in einer Montage verschiedener Sexualakte demonstriert wird. Der Interviewer fragt nach Sex, Liebe und Geld. Drei Mädchen im Schwimmbad zum Thema psychische Unreife, die ins Unglück führen kann. Sie ziehen die Oberteile ihrer Bikinis aus, um einen Typ anzumachen. Der Bademeister erklärt, das sei verboten. Abends beschwatzen die drei Mädchen den Bademeister, sie noch einmal hereinzulassen. Sie baden nackt. Ein Mädchen geht. Die anderen schmeißen den Bademeister ins Wasser, dann machen sie es zu dritt. Eines der Mädchen hat danach Angst, ein Kind zu bekommen. Der Bademeister wird wegen Verführung Minderjähriger (§ 182 StGB) verurteilt. Zwei Mädchen, 15 und 16, mit zwei Jungs auf einer Baustelle. Sie haben »es« alle noch nicht gemacht. Das Ganze entwickelt sich eher zu einer Lachnummer. Der Interviewer fragt nach dem »ersten Mal«. Der Kommentator spricht von Auswüchsen der Emanzipation und sexueller Aggressivität der Frau. Marlene, 17, turnt an Ringen. Der Sportlehrer kommt dazu, sie verführt ihn. Der Interviewer fragt nach Sex mit Lehrern und idealen Männern. Lilo, 18, will nach drei Wochen noch immer nicht mit

Was Lehrer so alles ertragen müssen: ›Schulmädchen-Report 2. Teil – Was Eltern den Schlaf raubt‹

ihrem Freund schlafen. Ein Psychologe spricht mit zwei Mädchen über das erste Mal. Zwei Mädchen reden an der Isar über Entjungferung. Irene meint, das solle so bald wie möglich passieren: Man komme über den Sex zur Liebe. In einer Rückblende sieht man, daß sie beinahe von einem älteren Mann vergewaltigt worden wäre. Aber sie ist kein »Neuröschen« geworden. Sie macht Ballett und trifft dort Ingrid; nach ihrer lesbischen Phase trifft sie einen 17jährigen, schmiegt sich zu Hause an ihren Stoffelefanten. Jetzt hat sie einen älteren Freund. Lilo legt sich entschlossen zu ihrem Freund ins Bett. Es tut weh, aber sie sagt: »Du bist lieb.«

Zurück zum Elternrat. »Moralische Verdammung« sei nicht angebracht, erklärt der Jugendpsychologe, weil die Mädchen heute früher mit dem Sex anfangen würden. Vor der Schule warten die Schülerinnen. Der Elternrat stimmt ab: Renate darf bleiben. In der *Süddeutschen Zeitung* schreibt Lore Schaumann am 5.12.1970: »Mildernde Umstände, etwa wegen des Informationswerts, lassen sich für diesen groben Sexfilm nicht geltend machen. Zwar stützt er sich, was Fakten angeht, auf das gleichnamige, durch Illustriertenvorabdruck populär gewordene Buch des Dozenten Günther Hunold. Aber schon das war als wissenschaftlicher Befund nicht ernst zu nehmen – Hunold gewann ihn nach Aussagen von nur 36 Mädchen. Für den Film wurden die Beispiele sexueller Früh-Praxis (ab 15) noch einmal ausgesiebt. Verarbeitet hat Ernst Hofbauer offensichtlich die ›schockierendsten‹. (…) Junge Leute sollen sich hier, so sagt der Verleih, ›über den Stand und die Norm des eigenen Sexualverhaltens informieren können‹. Diese Norm heißt Kleid runter. ›Anders kann man seinen Freund nicht halten‹, wird die einzige noch Unerfahrene aus Freundinnenmund belehrt, und mit ein wenig Zureden schafft sie's noch am gleichen Tag. Das ist der Punkt, an dem neue Heuchelei entsteht, Sexterror an die Stelle von Repression tritt. Wer will schon von der durch Laiendarsteller und Straßenbefragung erhärteten Norm abweichen. Diesem verlogenen Dokumentationsgehabe setzt das Geschwafel einer Nachrichtensprecher-Stimme von Emanzipation und Gleichberechtigung die Krone auf. Denn natürlich ist dies ein Voyeurfilm mehr, in dem die Frau nur sexuelles Objekt ist. Dafür zwei Indizien: Komplett ausgezogen sieht man immer nur Mädchen. Und das Kino sitzt voll mit Männern, vorwiegend mittelalt.«

Nackte Patienten: ›Psychologie des Orgasmus‹

Das alles gilt sinngemäß auch für die nächsten zwölf Folgen. Die Schulmädchen selbst durften den Report übrigens nicht sehen, da er erst ab 18 Jahren freigegeben wird. Was sich 1970 sonst noch aufklärerisch gibt im Kino, ist auch nicht viel besser. In *Die Psychologie des Orgasmus* (Produktion Sam Waynberg) sitzen vier Frauen und vier Männer – nackt – bei einer (bekleideten) Psychologin und berichten von ihren Problemen. Zum Beispiel jene Dame, die hin und wieder mal für Geld mit einem Mann geschlafen hat, »aber nur, wenn es sich lohnte«, und die dann in der Hochzeitsnacht vom Vater und vom Bruder ihres Mannes beschlafen wird sowie von ihm selbst, so daß sie nicht weiß, von wem das Kind ist, das sie bekommt, und die später von ihrem Ehemann zu Gruppensex animiert wird und sich dabei von ihm auch noch filmen lassen muß. Am Ende wird schließlich ein

»Revolutionär« davon überzeugt, daß nicht rote Fahnen, sondern zufriedenstellende Orgasmen die Menschen glücklich machen.

Nichts Neues bringt auch der Film *Vollendung der Liebestechnik* von Udo Neuschäfer. Die *Frankfurter Rundschau* stellt in ihrer Besprechung vom 27.1.1971 fest, nun werde für die Bundesrepublikaner »Sexualität und die Beherrschung ihrer Technik« mittlerweile zum »Alptraum«: »Wo die Frage nach der Dauer des Aktes und die Länge des Gliedes zu immer häufigeren Anlässen für seelische Traumata einer ganzen Generation werden, fallen die Antworten immer eintöniger, die Ratschläge immer verzweifelter aus. Wie bei einer Museumsführung doziert in der Nachfolge der Tugendwächter das Medizinerehepaar: ›Wenn Sie die Scham zu berühren beginnen, sollten Sie eine leichte Brustwarzenreizung aufrechterhalten.‹ (...) Ansonsten müssen schematische Zeichnungen herhalten, um die Kenntnisse aus dem Biologieunterricht aufzufrischen. Ist es dann endlich mal soweit, daß die nackten Körper sich zu regen beginnen, macht der Weichzeichner allen voyeuristischen Phantasien schnell ein Ende. Anstand muß sein, trotz aller permanent gepredigten sexuellen Revolutionen.«

Ein Novum dagegen stellt der von *Helga*-Pionier Dr. Roland Cämmerer konzipierte Film *Wie sag ich's meinem Kinde?* dar. Erstmals gibt die FSK einen Aufklärungsfilm für Kinozuschauer ab zwölf Jahren frei. »Der Film ist nach den Erkenntnissen der modernen Kinderpsychologie gestaltet«, teilt der *Constantin*-Verleih mit. »Aufgeschlüsselt in einzelne Kapitel, die jeweils bestimmte Themenkreise behandeln, antwortet der Film auf folgende Fragen der Kinder: 1) Woher kommen die kleinen Kinder? 2) Wie kommen die Babys in den Bauch der Mutter? 3) Warum gibt es einen Unterschied zwischen Jungen und Mädchen? 4) Was ist ein Sittlichkeitsverbrecher? (...) Alle Szenen wurden von Jungen und Mädchen ›von nebenan‹ gespielt. Der Film ist auf das kindliche Verständnis zugeschnitten, aber er zeigt auch den Weg, wie Eltern reagieren sollten. Integriert sind wissenschaftliche Sequenzen über Geburt, Befruchtung und Pubertät.«

Darauf, daß und wie notwendig Aufklärung vor allem auch für Eltern immer noch ist, verweist die Münchner *Abendzeitung* in einem Bericht über den Film am 15.1.1971: »Er (der Film) spricht von Dingen, die Deutschlands Eltern gern verschweigen. Denn nur zehn bis 20 Prozent aller Eltern, so ermittelte der deutsche Sexualpädagoge Dr. Klaus Thomas, sind überhaupt aufklärungswillig (wenn auch nicht durchweg ›fähig‹), die restlichen 80 Prozent verlassen sich auf Schule, Öffentlichkeit oder Zufall. ›Wichtig für die Kinder‹, sagt Regisseur Cämmerer, ›ist eine natürliche Einstellung zum Körper. ›Pfui‹ oder ›Baba‹ gehören nicht in eine Familie, in der Körper und Geschlechtlichkeit selbstverständlich erlebt werden.‹ Er hat seinen Film aufgebaut auf kindlichen Spielszenen, Interviews und Reaktionen der Erwachsenen auf kindliche Fragen. Ergebnis der Umfrage: Viele verklemmte Eltern.«

Um Verklemmungen geht es, zumindest indirekt, auch in dem Film *Wunderland der Liebe* mit dem reißerischen Untertitel *Der*

Dringend nötige Aufklärung für Eltern: ›Wie sag ich's meinem Kinde?‹

große deutsche Sexreport. Dahinter verbirgt sich eine ungewöhnliche Dokumentation, die aus der Zusammenarbeit des renommierten Filmjournalisten und Autors Joe Hembus (*Der deutsche Film kann gar nicht besser sein*) und des Regisseurs und Produzenten Dieter Geissler entsteht. Geissler begann seine Karriere als Schauspieler (*48 Stunden bis Acapulco*), konzentrierte sich später aber aufs Produzieren (*Die unendliche Geschichte, 2. Teil*). Ein Kuriosum stellt *Wunderland der Liebe* insofern dar, als Hembus und Geissler sich dem Thema »Sex in Deutschland« dokumentarisch nähern, gleichzeitig aber einen ironisch-kritischen Standpunkt einnehmen. Die FSK läßt den Film ungeschnitten passieren, obwohl *Wunderland der Liebe* nach eigenem Eingeständnis die gewagtesten Passagen enthalte, die man je habe passieren lassen. Der Film wird kontrovers aufgenommen, und deshalb folgen hier zwei konträre Kritiken aus zwei (konservativen) Tageszeitungen im vollen Wortlaut.

Am 25.4.1970 schreibt Friedrich Deich in der *Welt:* »Der Titel des Films ›Wunderland der Liebe‹ ist ironisch gemeint. Das ›Land‹ im Titel kann nur die Bundesrepublik sein. Sie hat nach dem Wirtschaftswunder nun ihr Liebeswunder. Der Untertitel bestätigt diesen Eindruck: ›Der große deutsche Sexreport‹. Der Film will keine Bestandsaufnahme dessen geben, was der ›deutsche Sex‹ heute bietet. Er will vielmehr ›eine Collage von Eindrücken und Begegnungen zum Thema ›Sex in Deutschland‹ präsentieren‹, so der junge Regisseur Dieter Geissler (28) zu seinem Film.

Nach diesem Sex-Report ist die Bundesrepublik die stärkste Sexualmacht der Welt. Dieter Geissler hat alle erogenen Zonen von München bis Sylt abgetastet. Er hat die Büchse der Pandora ausgeleert, er hat die freigelassenen ›Wedekinder‹ auf 16 Millimeter eingefangen und daraus einen sehr beachtlichen Film manipuliert.

Die Freiheit ist explodiert, der Phallus wird zum (Ta-)Buhmann, die Gummiindustrie geht herrlichen Zeiten entgegen. Ein Herr dieser Branche empfiehlt hinter einem Ladentisch Kondome, ›jetzt auch mit Pfefferminzgeschmack‹. Eine betuliche ehrsame Dame – vielleicht hat sie früher einmal Zimmer vermietet mit ›Herrenbesuche unerwünscht‹ – verkauft jetzt für Beate Uhse Ersatzinstrumente, als handele sie mit Bananen.

Kein Aufklärungsfilm. Ein Film mit Schocktherapie. Den

Paul und Limpe Fuchs machen »Anima Sound«: Dokumentarszene aus ›Wunderland der Liebe‹

Höhepunkt bietet Otto Muehl, der Wiener ›Aktionist‹, der auf den Braunschweiger Kulturtagen ein seltsames Weihnachtsfest feiern ließ: Zu den Gesängen von ›O Tannenbaum‹ wurde über einer nackten Frau ein Schwein geschlachtet. Man erfuhr davon, weil die Braunschweiger Schlachterinnung den Kulturverein wegen nichtgenehmigter Hausschlachtung anzeigte und weil die Ewig-Braunen nicht schweigen konnten.

Keine Szene des Films aus dem Lande mit dem Liebeswunder – wieso Liebe? – schockiert so wie dieses Happening aus Braunschweig. Dazu sprach ein Psychotherapeut: ›Otto Muehl ist keineswegs krank oder neurotisch …‹ Nur Otto Muehl selbst hält sich für ›schwer gemütskrank‹, und man ist geneigt, ihm zu glauben.

Ulo Erlenhardt, Herausgeber des ersten Homophilenmagazins ›him‹, hält die Kirche für eine Ruine. Ein Rennfahrer gibt zu, daß er auf dem Höhepunkt (des Rennens) mehr hat als von einem Mädchen. Joachim Driessen, Gründer einer Sexpartei, will in den Bundestag einziehen und dann mit den Polen über die Oder-Neiße-Linie reden. Der DSP-Boß (DSP = Deutsche Sex-Partei), Herausgeber der ›St. Pauli Zeitung‹, spielt mit einem nackten Mädchen – nur am Halsband – wie andere mit einem Dackel.

Geissler versichert, daß nichts in diesem Film gestellt wurde. Er hat ihn nur beschnitten, um Schlimmeres zu verhüten. Außerdem hat er die Schockszenen in eine Rahmenhandlung eingespannt, die darin besteht, daß überhaupt nichts passiert: Ein junges Pärchen tändelt durch das winterlich besonnte München. Dieses Nichts zwischen dem erotischen Theater, dem kommerziellen Sex, der illustrierten Sexneurose, den Sylter Strandspielen und den frustrierten ›Kommunen‹ soll den strapazierten Sinnen die innere Ruhe wiedergeben, ohne die man diesen Film, der zwischen ›Mondo Cane‹ und ›Du‹ angesiedelt ist, nicht überleben würde.

Bemerkenswert und neu ist die Form, mit der hier Dokumentation, Show, Soziologie des Sex und Erotik zu einem Ganzen verwoben wurde. Auch die Musik (›The Apocalysis‹) versöhnt mit dem, was das Auge sehen muß. Zum Schluß bringt es der hochbegabte Dieter Geissler fertig, den Zuschauer tatsächlich zur Liebe hinzuführen. Die Anklage versinkt hinter den schauerlichen Kulissen. Der entgleiste Triebwagen fährt wieder auf eingefahrenen Gleisen. Nur zu sehen, wie es wäre, wenn das andere, der Schatten in uns, auf einmal verschwände – oh, Freunde: Nie war Kitsch so schön.«

Am 28.4.1970 schreibt Michael Lentz in der *WAZ:* »Deutschland ist das ›Wunderland der Liebe‹. Dies behauptet jedenfalls, ohne rot zu werden, der Regisseur Dieter Geissler in seinem Film ›Wunderland der Liebe‹. Und kühn setzt die Verleihwerbung mit der These ›Mit diesem Film erleben Sie, wie Deutschland über Nacht zur führenden Sex-Macht der Welt wurde‹ auf einen Schelm anderthalbe.

Wer die Heimat liebt, so wie du und ich, besucht nicht ohne Neugier ein Lichtspiel, in dem ihm die Wandlung unseres Vaterlandes vom Land der Dichter und Denker zur führenden Sexualmacht vor Augen geführt werden soll. Erwartungsfroh lauscht der Kinogänger denn auch den Ausführungen eines Geschäftsführers, der ihm etwas über die Verhaltensweisen alter Schmecklecker bei der Vorführung von Pornofilmen erzählt.

Dann pustet ein schickes Liebespaar Seifenblasen. Dann erzählt ein Herr etwas über die Bedeutung des Präservativs für den aufgeschlossenen Sexualverbraucher. Dann tollt eine Kommune nackt um ein kaltes Büfett. Zwei Lesbierinnen plaudern über ihren Hormonhaushalt, ein Hamburger Strichjunge protzt mit seinem Frauenverschleiß, und Wiens Happening-Fäkalist Otto Muehl bepinkelt seine Frau Gemahlin.

Donnerlittchen, denkt der verdutzte Zuschauer und wartet auf weiteren Lustgewinn. Er wird ihm beschert durch das schicke Liebespaar, das sich bei einem endlosen Dauerlauf zeigt, und durch zwei ergraute Seebären, die – seltsamerweise bekleidet – von den alten Zeiten auf Sylt berichten.

Wunderland der Liebe? Na, na. Geissler koppelt in seinem Sexreport eine Reihe mehr oder weniger ungewöhnlicher Einzelfälle aneinander. Ihn interessiert der Gag, die halbe Sensation, nicht aber eine über die unfreiwillige Komik mancher Statements hinausführende Analyse. Das Symptomatische wird übersehen.

Fazit: Eine Sammlung sexueller Kuriositäten, wie sie heute überall in der Welt zu besichtigen sind. Ein bißchen Waldeslust und nackte Brust, aber von Wunderland und Sexmacht keine Spur. Lieb' Vaterland, magst ruhig sein …«

Nach These und Antithese nun die Synthese: Corinna Carmon meint am 24.4.1970 in der Münchner *Abendzeitung,* an Dieter Geisslers Film sei »vieles ärgerlich, manches witzig und einiges einfach gut. (…) Unnötig all jene Stellen, die mit ihrer Komik auf die Hemmung gegenüber der Sexualität spekulieren. Gut ist der Film, und das noch erfreulich häufig, wenn er die Möglichkeiten einer befreiten Sexualität gegen die verquälten Surrogate einer tabuisierten Geschlechtlichkeit stellt; wenn er, und das leider selten, gesellschaftskritisch wird.«

Ausgesprochen gesellschaftskritisch, wie schon am Titel leicht zu erkennen ist, gibt sich der Regisseur Rosa von Praunheim in seinem Film *Nicht der Homosexuelle ist pervers, sondern die Situation, in der er lebt.* Prompt wird die Ausstrahlung des 1970 von der Bavaria für den WDR produzierten Films mehrfach verschoben, und als er dann schließlich doch gesendet wird, klinkt sich der Bayerische Rundfunk aus der ARD-Gemeinschaft aus. Praunheim sieht sich Angriffen aus allen möglichen Richtungen ausgesetzt, von Liberalen genauso wie von Schwulen, denn gerade mit seinen Genossen des »dritten Geschlechts« geht er unbarmherzig ins Gericht.

Karena Niehoff listet in einer Besprechung des Films in der *Süddeutschen Zeitung* am 1.8.1971 die Forderungen Rosa von Praunheims auf: »Was ist zu erfahren über die Unseligkeit der Homosexuellen in unserer Gesellschaft? Diese ist allenfalls bereit, sich mit den Angepaßten, den Unauffälligen unter ihnen abzufinden. Darum wollen viele von ihnen ihrerseits unauffällig und sogar so angepaßt sein, daß sie die spießigen Gewohnheiten des Durchschnitts bis zur Fiktion einer unglücklichen Dauerehe nachahmen. Sie sind unpolitisch, unkämpferisch, unterwürfig, verdrückt, andererseits gegeneinander oft haßerfüllt-aggressiv, als Folge des ständigen sexuellen Konkurrenzkampfes egozentrisch, kalt bis zur Unmenschlichkeit. (…) Diese Menschen sollen endlich ›von den Toiletten weg auf die Straßen‹, Straße nicht als trister Kontaktplatz, als Kampfplatz vielmehr gemeint, sollten sich endlich emanzipieren, doch um Gottes willen nicht integrieren, doch integrieren. Will heißen: Sie sollen sich ihrer Veranlagung nicht mehr schämen, das alte Schuldtrauma wegwerfen, sich sozusagen gewerkschaftlich organisieren, die Konfrontation mit den ›Normalen‹ suchen, selbstbewußt die Anerkennung als gleichberechtigte Minderheit erzwingen, sich aber auch nicht von dem sogenannten pädagogischen Eros der Kultivierten einfangen lassen: Das haben nur die Alten und Reichen erfunden, sich Knaben gefügig zu machen. Homosexuelle sind auch nicht – Praunheim läßt rücksichtslos nicht einmal die zartesten Legenden gelten – grundsätzlich klüger, begabter, künstlerischer oder sensibler als andere Menschen. Sie tun nur so, sich Augleich für ihre Feigheit, ihre menschliche Unbrauchbarkeit zu schaffen.«

Verstörend wirkt zumindest auf große Teile des (TV-)Publikums nicht nur das, was Praunheim agitatorisch verkündet, sondern auch die Art und Weise, wie er das tut – mit einer auf den ersten Blick amateurhaften Ästhetik und Inszenierung. Warum dies aber essentiell zu den Botschaften des Films gehört, erläutert Produzent Werner Kließ: »Der Anfang des Films ist eine

Ohne Bayern: ›Nicht der Homosexuelle ist pervers, sondern die Situation, in der er lebt‹

Geschichte, die zur Identifikation mit den Handelnden einlädt. Der Schluß ist plakativ. Er fordert nicht Identifikation, er ist ein Aufruf zum Handeln. Er wird plakativ mit dem Bild der nackten, diskutierenden Männer in einer irrealen, zartvioletten Umgebung. Dann verschwindet auch dieses Bild und macht buchstäblich einem Plakat Platz. Es erscheinen die Schriften ›Raus aus den Toiletten, rein in die Straßen‹ und ›Freiheit für die Schwulen‹. Alle Eigentümlichkeiten des Films, die überzogene Sprechweise, die Asynchronität, das steife Herumstehen oder andächtige Schreiten der Laiendarsteller vor der Kamera, verstehen sich aus dieser inneren Bewegung des Films: von der Geschichte zur Parole. Der Stil des Aufrufs, der die letzten Bilder beherrscht, wird von der ersten Einstellung an vorbereitet.«
Aus dem meist konformistischen Einerlei der (heterosexuellen)

Aufklärung hebt sich *Nicht der Homosexuelle ist pervers, sondern die Situation, in der er lebt* erfrischend hervor, und man kann Robert Fischer und Joe Hembus nur zustimmen, die in ihrem Buch *Der Neue Deutsche Film 1960–1980* zu dem Schluß kommen: »So kritisch der Film auch von Homosexuellen selbst beurteilt wurde, steht doch außer Frage, daß mit ihm der erste Schritt zu einer Enttabuisierung dieses Themas getan war.«

Nach Enttabuisierung klingt auch der Titel des Films *Das ehrliche Interview* von Werner M. Lenz (1971). Doch einmal mehr sieht sich der Zuschauer ehrlich enttäuscht, wie Hartmut Engmann am 27.11.1971 im *Kölner Stadt-Anzeiger* offenlegt: »Susi ist schwanger und weiß nicht von wem, ob von ihrem Mann oder von ihrem Stiefsohn. Der Matratzenverkäufer Dieter stellt vor seiner Hochzeit mit Helene fest, daß seine geschiedene Frau Britta viel besser im Bett ist als seine Zukünftige. Soviel zu den Problemen der Interviewten. Soviel auch zum Inhalt, der sich darin genügt, Anlässe zum Beischlaf zu schaffen. In 91 Minuten bietet der Film dem Zuschauer: drei nackte Männer, sechs nackte Frauen, sieben Geschlechtsakte, eine Lesbierinnenszene und eine Aktivität zu dritt. Soviel zum dokumentarischen Anspruch des Films. (…) Wenn ›wahre Liebe‹ im Spiel ist, verwendet der ehemalige Kameramann der Kolle-Filme, Werner M. Lenz, den Weichzeichner und stellt eine Kerze vor das kopulierende Paar. Treibt nur Begierde die Partner zusammen, schenkt er sich solche Mätzchen. Soviel zur Gestaltung dieses verlogenen Films.«

Was im Titel einen polemischen Beitrag zu einem heißen Eisen erwarten läßt, entpuppt sich bei näherem Hinsehen eher als heiße Luft: *§ 218 – Wir haben abgetrieben, Herr Staatsanwalt* hängt sich zwar an die damals gerade wieder einmal aktuelle Abtreibungsdiskussion, frönt aber der allzeit aktuellen Abzock-Tradition. Produzent Rob Houwer, der sich mit Filmen wie *Tätowierung* (1967, Regie Johannes Schaaf) oder *Jagdszenen aus Niederbayern* (1969, Regie Peter Fleischmann) schon frühzeitig um den Jungen Deutschen Film verdient gemacht hat, und Regisseur Eberhard Schroeder (*Hausfrauen-Report*) machen schon vor den Filmtiteln klar, worum es in erster Linie geht: Da zeigt Sybill Danning ihren wohlgeformten Busen her, ehe sie sich für eine Abtreibung narkotisieren läßt.

Nach den Titeln wird dann der Zuschauer narkotisiert: Zunächst mit einer komischen Nummer, die Rosl Mayr als »ehrbare Raumpflegerin« vor Gericht zum besten gibt. Die Angeklagte ist ein Fräulein Breuer, das bei der Kurpfuscherin hat abtreiben lassen, weil sie schon ein Kind hat. Eine Rückblende zeigt ihre Geschichte: Vor eineinhalb Jahren ist sie nach München gekommen, hat einen Job in einer Wäscherei neben einer Kaserne gefunden. Hin und wieder geht sie mit den Soldaten in ein Lokal. Zweimal rettet ein gewisser Klaus sie vor Betrunkenen. Am nächsten Sonntag macht sie es mit ihm im Park. Dann sucht sie die besagte Raumpflegerin auf, hat aber nur 100 Mark. Die Kurpfuscherin baut den Küchentisch zum Gynäkologie-Stuhl um, benutzt die primitivsten Gerätschaften. Das arme Mädchen bricht zu Hause zusammen, ihre Wirtin holt einen Arzt.

Auf der Straße befragt eine Interviewerin Passanten, ob der § 218 ersatzlos gestrichen werden soll. Der nächste Fall: Gabi

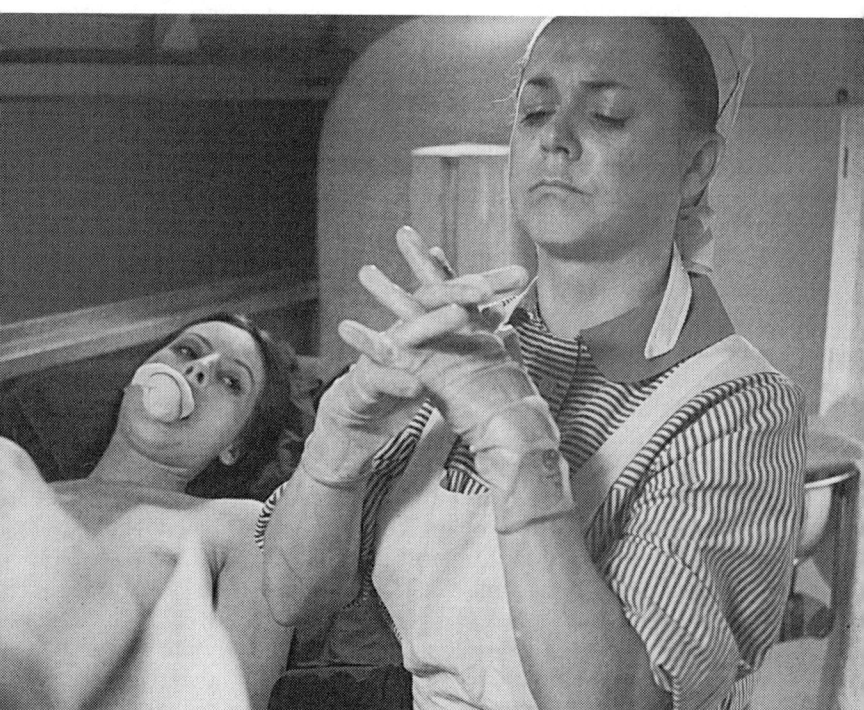

Zuschauer narkotisiert: ›§ 218 – Wir haben abgetrieben, Herr Staatsanwalt‹

Baumann, 13 Jahre alt. Zwei Jungs aus einem Ami-Cabrio, an dessen Steuer Towje Kleiner sitzt, vergewaltigen sie. Der Arzt sagt, der § 218 untersage ihm einen Schwangerschaftsabbruch. Nächster Fall: Anita will die Jungs von einem rheinischen Kegelklub reinlegen, indem sie behauptet, schwanger zu sein, aber nicht zu wissen, von wem ... In diesem Stil folgen weitere sechs Fallbeispiele und einige dokumentarische Entbindungsszenen bis zum aufgesetzten Ende, das mit einem Verweis auf die Bevölkerungsexplosion in Indien eine Revision des Abtreibungsparagraphen fordert. Die *Frankfurter Rundschau* nennt die Rob-Houwer-Produktion am 25.8.1971 eine »moralistisch bemühte Ansammlung altgewordener Spiel- und Dokumentarszenen, die weit hinter den Stand der Diskussion zurückfallen«.

Nachdem Aufklärung in der Bundesrepublik zumindest im Kino bis dato reine Männersache gewesen ist, kann man Mitte 1972 hoffen, die Dinge einmal aus der weiblichen Perspektive zu sehen, als der Film *Ich – Das Abenteuer, heute eine Frau zu sein* in die Kinos kommt. Doch weit gefehlt. Auch die Damen Denise de Boer (Buch), Illustriertenautorin in Hamburg, und Roswitha vom Bruck (Regie), einstige Miss Krefeld, jetzt ebenfalls Journalistin und Leiterin der italienischen Dependence des Literaturagenten Ferenczy in Rom, bringen es nicht.

Dabei beginnt der Film mit einem Knalleffekt: Ein Mann verprügelt seine Frau, die nach Hause kommt, und schmeißt sie raus. Rückblende. »Es fing alles so schön an«, sagt Monika. In einer Disco. Sie ist verliebt in Kai und noch Jungfrau. Am Wochenende fahren sie weg und versuchen es. Aber Kai schafft es nicht. Dennoch freut sich Monika auf das zweite Mal. Nach vier Monaten heiraten sie. Sie sind glücklich. Das äußert sich in einer Schneeballschlacht. Nach einem Jahr ergreift Monika die Initiative, als sie mit Kai unter der Dusche steht. Doch bald kotzt sie alles an. Schon beim Frühstück gibt es Streit. Monika geht zu ihrem Hausarzt Dr. Hoffmann. Sie ist jetzt 24 Jahre alt. Der Arzt holt Cognac und fragt: »Wie oft?« Monika schweigt. Dann reden sie über die Orgasmen, die sie nicht gehabt hat. Dr. Hoffmann faßt Monika an. Sie geht. Zu Hause streichelt sie sich selbst. Sie hat ihren ersten Orgasmus und dann noch sechs weitere. Kai will sie nicht mehr anfassen, weil er es pervers findet, daß sie sich selbst befriedigt. In einer Vision sieht Monika nackte Bauarbeiter. Sie arbeitet in der Boutique ihrer Freundin An-

ich
Das Abenteuer
heute eine
Frau zu sein

Regisseurin Roswitha vom Bruck und die
Drehbuchautorin Denise de Boer

Constantin-Film

Zum erstenmal berichten Frauen über ihre geheimsten Wünsche!

Hätten sie's nur getan ...

na, obwohl Kai das nicht will. Aber sein Chef unterstützt Monika. Doktor Hoffmann bringt sie nach der Arbeit nach Hause, fährt dann aber in den Wald. Und da sinken sie hin ... Da ist der Film aber noch nicht einmal zur Hälfte vorbei, und ehe sich Monika am Ende ganz für ihren Hausarzt entscheidet, muß der Zuschauer noch einiges durchstehen.

Der Autor dieses Buches schreibt am 10.6.1972 im *Kölner Stadt-Anzeiger* über *Ich:* »Während für viele Frauen in Deutschland immer noch die drei großen ›K‹ (Küche, Kinder, Kirche) gelten, fand der deutsche Sexfilm die drei großen ›B‹: Busen, Becken, Bett. Daß Frauen auch so etwas wie ein Gehirn, daß sie das Recht auf ein nach eigenen Vorstellungen gestaltetes Leben und auf Spontaneität, Befriedigung und Lust haben, wollten die

Traumsequenz: ›Ich – Das Abenteuer, heute eine Frau zu sein‹

beiden Autorinnen Denise de Boer (Buch) und Roswitha vom Bruck (Regie) endlich einmal klarstellen. (...) So lobenswert die Absicht der beiden Autorinnen auch ist, sie müssen sich vorwerfen lassen, daß mit bloßen Feststellungen, mit bloßen Appellen konkret noch nichts für die Emanzipation der Frau getan ist. Denn solange Ursachen nicht kritisch analysiert werden (und ihr Film stellt die Frage nach dem ›Warum?‹ nie), kann sich nichts bessern.« Vielleicht liegt es auch daran, daß die Damen die Dinge etwas arg einfach sehen. In einem Gespräch mit der Münchner *Abendzeitung* vertritt Roswitha vom Bruck (am 28.3.1972) die Meinung, »daß heute jeder Frau die Möglichkeit gegeben ist, erfolgreich und glücklich zu sein. Daß viele Mädchen und Frauen es trotzdem nicht sind, liegt daran, daß sie von ihren Männern sexuell nicht befriedigt werden.« Und Denise de Boer fordert an gleicher Stelle »die Gleichberechtigung der Frau im Bett«. Okay, okay.

Das Abenteuer, eine Frau zu sein (oder ein Mann), findet in den siebziger Jahren hauptsächlich außerhalb des Kinos statt. Die Bundesbürger, so hat es den Anschein, sind der filmischen Aufklärung müde und bevorzugen »reine« Sexfilme, die ihnen auch massenweise geboten werden. Die mehr als fadenscheinigen »Reports« haben alles andere hinweggewischt. Außerdem zeigen auch »normale« Spielfilme jetzt mehr und mehr expliziten Sex. Man gibt sich tolerant. In speziellen Pornokinos (die zum

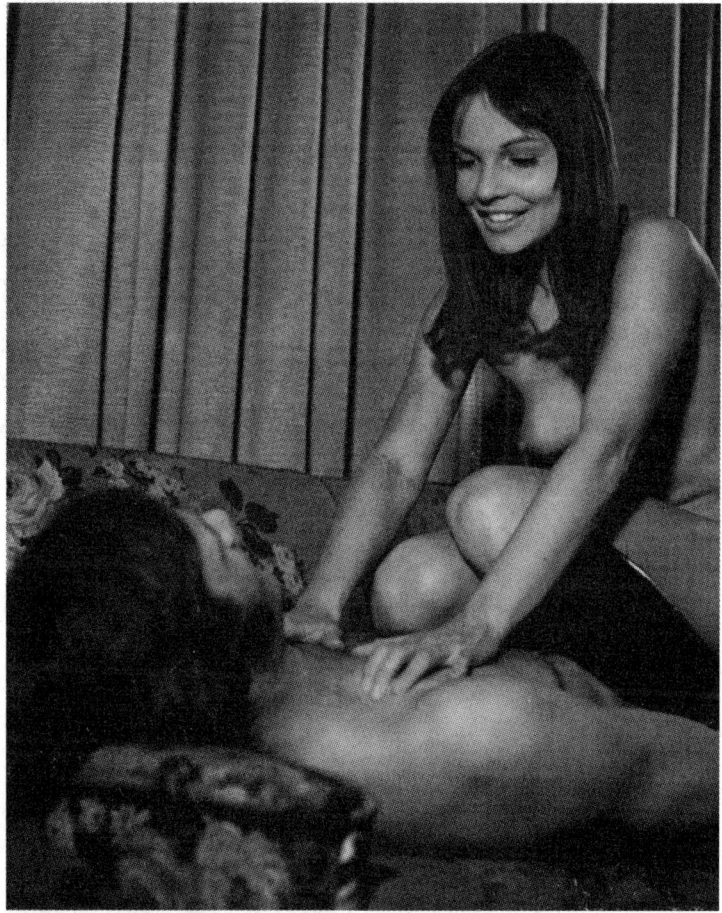

Für die Gleichberechtigung der Frau im Bett: ›Ich‹

273

Beispiel »PAM« heißen, weil sie »Pornographic American Movies« zeigen) geht es ohnehin total zur Sache.

1974 aber kommt in Sachen Aufklärung noch eine Art »Nachzügler« in die Kinos: *Sabine* von Reinhard Clausen und Frank Guarente. Fast 30 Jahre nach Kriegsende schließt er gewissermaßen einen Kreis, denn er beschäftigt sich mit dem gleichen Thema wie die ersten Aufklärungsfilme nach dem Zweiten Weltkrieg: mit den Geschlechtskrankheiten. Allerdings erscheinen sie jetzt nicht mehr so sehr als »Geißel der Menschheit«, sondern werden eher verharmlost – obwohl im Zuge der neuen Freizügigkeit wieder ein Ansteigen der Geschlechtserkrankungen festzustellen ist.

Der *Katholische Filmdienst* meint in seiner Ausgabe vom 29.10.1974: »Dieser Film, der medizinisches Bildmaterial mit den üblichen Spielszenen intimer Begegnungen mischt, plädiert für rechtzeitige ärztliche Behandlung bei den ersten Symptomen von Gonorrhöe (Tripper) und Syphilis und untermauert diese Forderung vor allem durch krasse Bilder des gefährlichen Sekundärstadiums der Syphilis. Er empfiehlt neben den Fachärzten auch den Besuch von kostenlosen Beratungsstellen und verweist auf das Gebot der diskreten Behandlung aller einschlägigen Fälle. Übel wird es jedoch dann, wenn das Faktum der Geschlechtskrankheiten und ihr gesellschaftlicher Stellenwert völlig bagatellisiert werden. Da ja der Intimverkehr das Natürlichste auf der Welt ist, sei auch die Ansteckung kein Malheur und eine Geschlechtskrankheit im Grunde nichts anderes als ein Schnupfen; jede rechtzeitig erkannte Geschlechtskrankheit sei überhaupt schneller heilbar als ein Schnupfen, und die Syphilis wird einfach als ein ›dummer Scherz vom lieben Gott‹ abgetan. Die Autoren fragen schließlich, wie denn ›die schönste Sache der Welt‹ auf einmal peinlich werden könne, und negieren die Schuldfrage bei Geschlechtskrankheiten total.«

Wir wollen den »lieben Gott« aus dem Spiel lassen und uns gleich in die achtziger Jahre begeben – in die Ära von AIDS. Da ist die Zeit der Scherze endgültig vorbei.

Nur noch eine kleine Fußnote. 1968, im Alter von 20 Jahren, hatte ich angefangen, unabhängig produzierte (experimentelle) 16-mm-Filme zu machen. Ich erinnere mich noch, daß am Ende eines dieser Werke, das ich als »Agitationsfilm« apostrophiert hatte, folgender Satz im Bild erschien: »Denn solange eine unterdrückte Sexualität Aggression und Gewalt produziert, wird sich nichts ändern.« Es hat sich viel geändert. Die Welt ist gewalttätiger geworden.

KAPITEL 9

Die achtziger Jahre, hüben und drüben: »Gefahr für die Liebe« und »Liebe ohne Angst«

»Wir alle ahnen es, mancher meint es zu wissen: Die achtziger Jahre werden furchtbar. Oder auch nicht. Der Anfang jedenfalls war vielversprechend genug. Immerhin hat sich die Gattung Homo sapiens als ausgesprochen zäh erwiesen. Auch wenn derzeit auf britischen Damentoiletten kursierende Graffiti meinen ›When God made man, she was only practising – Als Gott den Mann schuf, übte sie bloß.‹ Anmerkung eines Berlinale-Mitarbeiters: ›Beim zweiten Versuch war sie auch nicht besser.‹«

So fabulierte der Autor dieses Buches im Februar 1980 in seinem Leitartikel für den *berlinaletip,* das offizielle Bulletin der 30. Internationalen Filmfestspiele Berlin. Mal ganz abgesehen von dem koketten Kulturpessimismus, der sich hier äußert, und von der Frage, ob Graffiti »kursieren« können, bleibt auch offen, was der »vielversprechende« Anfang der Achtziger wohl war. Tschernobyl kommt erst später. Und AIDS ist noch kein Thema. (Im Sommer 1981 berichtet die *New York Times* zum ersten Mal über AIDS, aber kaum jemand kann etwas damit anfangen.) Aus der Rückschau erscheint es ohnehin so, als seien die achtziger Jahre »gar nicht so schlimm« gewesen – sieht man einmal davon ab, daß auch damals schon die Reichen reicher und die Armen ärmer wurden. Wie UNICEF, das Kinderhilfswerk der UNO, Anfang der neunziger Jahre mitteilt, kosten Kriege in den achtziger Jahren eineinhalb Millionen Kinder das Leben; vier Millionen werden verstümmelt, zwölf Millionen Kinder verlieren ihr Zuhause. Doch davon merkt man in Deutschland wenig.

Was Liebe und Sex anbetrifft, bietet der Film *Liebe 80,* dessen Regisseur Dietrich Krausser 1968 *Technik der körperlichen Liebe* für das Kino aufbereitet hat, trotz seines Titels keinerlei Anhaltspunkte. Denn dieser verspätete Irrläufer des Aufklärungsfilms verwurstet, so mutmaßt jedenfalls Lina Schneider am 20.6.1981 im *Kölner Stadt-Anzeiger,* Material aus vergangenen Zeiten: »Mit Schaubildern erklärt ein Wissenschaftler die einschlägigen Körperteile; die Positionen beim Liebesspiel werden, ordentlich nach Lage sortiert, vorwiegend aus männlicher Sicht erläutert. Dieser offenbar nur mit neuem Titel versehene Aufklärungsfilm aus der guten alten Kolle-Zeit muß schon damals peinlich verkrampft und betulich gewirkt haben.«

Als weitaus aufschlußreicher erweist sich da die von Robert Van Ackeren und Erwin Kneihsl zusammengetragene Sammlung von Super-8-Amateurfilmen, die 1980 in die Kinos kommt: *Deutschland privat.* Diese *Anthologie des Volksfilms,* so der Untertitel, kann man zwar nicht als Aufklärungsfilm im eigentlichen Sinne bezeichnen, aber man erfährt doch so allerlei über das Sexualverhalten des deutschen (Durchschnitts-)Bürgers. Denn der zweite Teil der Kompilation bringt ausschließlich erotische Filme, nachdem Ackeren und Kneihsl im ersten Teil Beispiele bestimmter Subgenres (»Der Partyfilm«, »Der Reisefilm«, »Der Weihnachtsfilm«) vorgestellt haben. Obwohl Ackeren und Kneihsl rund 200 Stunden Material gesichtet haben, kann dieses »bewegte Bilderbuch der deutschen Seele«, wie Thomas Hesterberg und Hans-Heinz Schwarz den Film am 17.1.1981 im *Kölner Stadt-Anzeiger* nennen, nicht (im wissenschaftlichen Sinne) repräsentativ sein; die Schlaglichter, die er wirft, aber enthüllen ganze Abgründe von Alltäglichkeit und Triumphe der Trivialität.

Hesterberg und Schwarz (a. a. O.): »Deutschland privat: Ausgelassen schunkeln sie bei Wein und Partygebäck, neckisch tummeln sie sich an südlichen Sonnenstränden, ergriffen singen sie unter dem Weihnachtsbaum, und ausführlich entblößen sie sich zu beflissenen Sex-Spielen. Die ›schönsten Augenblicke‹, die ›wichtigsten Ereignisse‹, die ›heimlichen Wünsche‹ – im Super-8-Film der Amateure sind sie millionenfach auf Zelluloid gebannt: Stimmungsbilder der schweigenden Mehrheit. Nirgendwo liegen Exhibitionismus und Voyeurismus näher beieinander als in diesen unzähligen kleinen Filmchen, die gewöhnlich nie ein ganz großes Publikum erreichen, die meist nur im Umfeld ihrer Macher zu bestaunen sind.«

Robert Van Ackeren, der 1983 den Hit *Die flambierte Frau* dreht, über die erotischen Aspekte in *Deutschland privat:* »Innerhalb dieses filmischen Terrains (des Amateurfilms, Anm. d. A.) gibt es Bezirke, die nur mit Mühe zugänglich sind. Filme, die vom Geheimnis umwittert sind, Filme über Realitätsbereiche, die man ebenfalls anerkennen muß. Dazu gehören die eroti-

Stimmungsbilder der schweigenden Mehrheit: ›Deutschland privat‹

schen Filme. Der komplementäre Bereich der alltäglich gedrehten Filme. Es ist eine Erfahrung bei diesem Projekt, daß unvermutet viele Amateure irgendwann einmal intime Aufnahmen
gemacht haben: ein Bereich, der in der Topographie der ›versteckten Bilder‹ eine besondere Position einnimmt, ›Filme im
Schatten‹. Filme, die die zur Kinobetrachtung gehörende voyeurhafte Beziehung zwischen Film und Betrachter am deutlichsten werden lassen. Als besonderes Merkmal zeigt sich hier die
›Abwesenheit der Männer‹. Bei den meisten Filmen ist deutlich,
daß die abgebildeten Personen, meistens Frauen, die Wünsche
des männlichen Filmamateurs ausführen. Die Art der meisten
Filme spiegelt das Repertoire männlichen Sexualverhaltens. Es
ist deutlich, wie die Kamera den (exhibitionistischen) Neigungen der Akteure und Filmemacher entgegenkommt, das Abgebildete zumindest potentiell öffentlich zu machen. Daraus er-

278

klärt sich auch die für uns überraschende Bereitschaft, uns das Material zum Zwecke der Veröffentlichung zugänglich zu machen. Die Intimität dieser Filme ist deshalb nicht heimlich, sondern privat.«

Wie das konkret aussieht, beschreibt Rainer Fabian im *Stern* (Ausgabe vom 9.10.1980): »Ihre sexuelle Gymnastik haben die Schmalfilmer in den Pam-Kinos gelernt. Ehefrauen gehen vorher zum Friseur, und frisch gefönt und schamponiert imitieren sie Gesten der Verführung. Sie lecken anzüglich an Bananen, schlürfen Austern mit hörbarem Schleck und sehen mit Blicken, die Verlangen vorgeben, tief in das Auge der Kamera. Nur ihre Wohnungen haben nichts gemein mit den schwülen Séparées der Pornofilmer. Eher mit Ausnüchterungszellen. Die Schlafzimmer der Deutschen sind so anonym wie ein Hotelzimmer, und die Zierkissen, auf denen die Beine breitgemacht werden, haben Kniff und Eselsohren. Vorbildlich benehmen sich die Deutschen bei diesen privaten Orgien. Alles muß seine Ordnung haben. Bevor der deutsche Mann, grimmig entschlossen, die Frau besteigt, steigt er aus der Unterhose und faltet sie, wie beim Barras, sorgfältig zusammen.«

Wirklichkeit, verklärt: ›Deutschland privat‹

»Mitleid und Einsicht erscheinen eher angebracht als jener Hohn, den zunächst diese Film-Zusammenstellung provoziert, der aber bald Betroffenheit Platz macht«, merkt Sebastian Feldmann zu Recht am 10.1.1981 in der *Rheinischen Post* an. Und was Feldmann über die Super-8-Technik sagt, das gilt sinngemäß auch für die Videotechnik, die in den achtziger Jahren das – vergleichsweise noch kompliziert zu handhabende – Zelluloid gänzlich im Amateurbereich ersetzt: »Als neues Massen-Medium ist die Schmalfilmkamera des deutschen Spießers Wunderhorn, ein Zauberspiegel geworden, der Wirklichkeit nicht ändern, nicht erklären, nur *verklären* kann.« (Hervorhebung durch den Autor.) Auf Video, mit dem die Pornographie (und wahlweise auch die Aufklärung) per Leih- oder Kaufkassette endgültig in deutschen Wohnzimmern heimelig wird, kommen wir noch zu sprechen.

Zunächst aber muß die Rede sein von jener neuen »Geißel der Menschheit«, die unter dem Kürzel AIDS in den Achtzigern mehr und mehr Schrecken verbreitet. Anfangs freilich beruhigt sich die Mehrheit der Menschen noch mit der Annahme, nur »Risikogruppen« wie Homosexuelle oder Fixer seien durch den HI-Virus, der das Immunsystem angreift und zu qualvollem Leiden und Sterben führt, wirklich gefährdet. In den Neunzigern steht unmißverständlich fest, daß in bezug auf AIDS von Risikogruppen nicht mehr die Rede sein kann: Homo- und Heterosexuelle, Männer und Frauen sind gleichermaßen betroffen, die »Durchseuchung«, wie die Mediziner das nennen, ist global, und die Anzahl der Erkrankten steigt stetig. Prognosen für das kommende neue Jahrtausend sehen grimmig aus.

Als AIDS ein Thema in den Massenmedien wird, ist anfangs nur schwer zu unterscheiden, was Angst- und Panikmache, Diffamierung von Randgruppen der Gesellschaft, was Hysterie und berechtigte Befürchtung ist. Sicher nutzen manche, denen die »permissive Gesellschaft« ohnehin ein Dorn im Auge ist, die Gelegenheit, einem neuen Puritanismus das Wort zu reden. Andererseits ist die Notwendigkeit zur Änderung des Sexualverhaltens nicht von der Hand zu weisen. Eine vom *Stern* am 17.10.1985 veröffentlichte Umfrage, »Was wir Deutsche über AIDS denken«, gibt Hinweise auf die Bewußtseinslage Mitte der achtziger Jahre. Auf die Frage »Glauben Sie, daß durch die Angst vor AIDS der sexuelle Umgang der Menschen miteinander künftig weniger frei sein wird?« antworten 59 Prozent der Gesamtbevölkerung mit Ja, 30 Prozent mit Nein.

Bei der Frage nach der Angst, sich mit AIDS anzustecken, ergibt sich folgendes Bild: Auf die Frage »Halten Sie es für möglich, daß Sie mit Menschen zusammenkommen, die sich mit AIDS angesteckt haben könnten?« antworten 52 Prozent mit Ja, 33 Prozent mit Nein; auf die Frage »Haben Sie sich schon einmal Sorgen gemacht, daß Sie selbst an AIDS erkranken könnten?« antworten 19 Prozent mit Ja, 80 Prozent mit Nein; bei der Frage »Glauben Sie, daß bei Ihnen die Gefahr besteht, daß Sie sich beim Geschlechtsverkehr anstecken?« halten sieben Prozent das für »möglich«, 91 Prozent es für »unwahrscheinlich«; bei der Frage »Hat sich Ihr Sexualleben wegen der Angst vor AIDS verändert, geben vier Prozent an: »Ich bin vorsichtiger geworden«, 96 Prozent sagen: »Ich lebe so wie bisher.«

1985 kommen zwei Filme in die deutschen Kinos, die sich auf sehr unterschiedliche Weise mit dem Thema AIDS befassen, die ganz unterschiedliche Ansatzpunkte und ganz unterschiedliche Zielsetzungen haben: *Gefahr für die Liebe – AIDS* von Hans Noever und *Ein Virus kennt keine Moral* von Rosa von Praunheim. Um es gleich zu erwähnen: Hans Noever, dessen Film *Der Preis fürs Überleben* 1980 die Berlinale eröffnet hatte, distanziert sich nach der Fertigstellung des Films von *Gefahr für die Liebe,* offensichtlich aufgrund massiver Eingriffe des Produzenten Artur »Atze« Brauner. Der Film war ein sogenannter Schnellschuß: Er sollte als erster deutscher Film das brandaktuelle Thema im Kino behandeln.

Kennt man Noevers andere Filme, kann man ihm schwerlich unlautere Absichten unterstellen. Glaubhaft sind auch seine Äußerungen, die Angie Dullinger am 22.8.1985 in der Münchner *Abendzeitung* zitiert: »›Ich verweigere Spekulationen, eine Weiterführung der aktuellen Hysterie‹, sagt Regisseur Hans Noever, der ab September in Berlin einen Kinofilm mit Titel ›AIDS‹ dreht. Der Kinostart der deutsch-französischen Koproduktion ist für November geplant. (...) Der Verantwortung über den Umgang mit dem brisanten Thema der erworbenen Immunschwäche AIDS ist sich Noever bewußt: ›Eine Krankheit, die wie die Pest, wie Krebs zur ›Geißel der Menschheit‹ geworden ist und Anlaß zu einer neuen Hexenjagd auf Randgruppen der Gesellschaft, auf Homosexuelle, Fixer und Prostituierte werden kann. Ich mache den Film, weil ich vorher ausgehandelt habe, mich nicht an Diskrimierungen zu beteiligen, weil die Geschichte ein Drama zwischen Menschen beschreibt.‹ (…) Noever: ›Das ist eine unheimliche Sozialgeschichte. Menschen wissen plötzlich nicht mehr, wie sie mit ihren Bindungen, ihrer Zärtlichkeit umgehen sollen. Sie werden Opfer, denunzieren einander aus Angst. Ein aktueller Liebes-Konflikt-Stoff der heutigen Zeit. Das ist für mich die Legitimation, das Thema anzufassen.‹«

Der Inhalt des Films, zitiert aus dem Presseheft: »Frank hat früher einmal an der Nadel gehangen, ist jetzt ›clean‹. Sein Taxi fährt er stolz wie ein Käpten sein Schiff. Als er noch Seemann war, ist er viel herumgekommen in der Welt und hat viele Menschen kennengelernt. Als Georg nachts in seinen Wagen steigt, weiß Frank eigentlich sofort, daß er es hier mit einem Homosexuellen zu tun hat, der auf Kontaktsuche ist. Sein Eindruck trifft den dunklen Punkt in Georgs Privatleben. Er ist zwar verheiratet, aber die Beziehung zu seiner Frau ist längst zu Ende. Die Liebe sucht er nachts in der Schwulenszene. An dem Abend, an dem sich die beiden erstmals begegnen, hat Frank den Kopf voller Sorgen. Sein kleiner Bruder Ritchie macht ihm Kummer. Er hat das gegenseitige Versprechen, kein Rauschgift mehr zu nehmen, gebrochen. Er steht wieder ständig unter Drogen und wird wegen seiner Schulden von den Dealern bedroht.

Während der Fahrt durch das Amüsierviertel rund um den Kurfürstendamm erzählt Frank seinem Fahrgast vertrauensvoll von seinen Problemen mit Ritchie. Georg bietet Frank sofort Geld als Hilfe an, in der Hoffnung, auf diesem Wege dem hübschen Burschen privat näherzukommen. Aber hier irrt Georg. Frank hat mit Männern nichts im Sinn. Aus diesem Grund zaubert Georg ein neues Angebot aus der Brieftasche: Er wird mit Frank das Geld, das er ihm gibt, im Taxi abfahren. Frank geht auf das scheinbar unverfängliche Geschäft ein. Aber Georg versucht bei jeder Gelegenheit, ihn zärtlich für sich einzustimmen. Da seine Versuche ohne Erfolg bleiben, verfällt er in rasende Eifersucht, als er einsehen muß, daß Frank jetzt ständig seine Tage mit Jessica, einem Fotomodell, verbringt. Zwischen ihnen ist es Liebe auf den ersten Blick. Georgs Eifersucht ist nicht zu bremsen. Er verfolgt das junge Liebespaar auf Schritt und Tritt. Sein Haß gilt Jessica.

In diesen Tagen und Wochen hat Frank immer häufiger uner-

Geraldine Danon und Fritz Cat in ›Gefahr für die Liebe – AIDS‹

klärliche Anfälle von Schwäche, Schweißausbrüchen und Fieber. Was die Dealer nicht vermögen, ihn nämlich krankenhausreif zu schlagen, das schafft auf ganz verteufelt leise Art die Krankheit, von der heutzutage alle sprechen, aber gegen die niemand ein Heilmittel kennt: AIDS! Im Hospital sprechen ihm die Ärzte und Schwestern Mut zu: ›Nicht jeder, der an AIDS erkrankt, muß sterben.‹ Frank flieht in die Einsamkeit. Er verkriecht sich in seinem alten Schlupfwinkel, dort, wo er früher als Drogensüchtiger den Entzug bis zur Heilung durchlitten hat. Hier finden ihn Jessica und Ritchie. Sie schleppen den Todkranken in Jessicas Wohnung. Aber die Mitbewohner des Hauses bestehen aus Angst darauf, daß Frank wieder verschwindet. In dieser Lage erweist sich Georg als Freund. Gemeinsam mit Jessica trägt er Frank in sein Taxi. Frank stirbt – und bei ihm sind die Menschen, die ihn, jeder auf seine Art, geliebt haben.« Der Film wird im Kino nicht der erhoffte Erfolg. Zu offensichtlich sind die Schwächen des Drehbuchs und wenig überzeugend die untalentierten Darsteller. Das US-Branchenblatt *Variety* bemängelt (am 6.12.1985) zusätzlich die »schwachen Dialoge« und die »irritierende Musik im Stil eines TV-Thrillers«. Daß Hauptdarsteller Fritz Cat, ein 24jähriger Wiener mit bürgerlichem Namen Friedrich Graner und Musiker bei der Band »Zigzag«, vor laufenden Fernsehkameras der NDR-Sendung »Kino-Werkstatt« Regisseur Hans Noever mit einer Sahnetorte bewirft, hilft der Sache auch nicht. Also Schwamm drüber.

Rosa von Praunheim nähert sich in *Ein Virus kennt keine Moral* dem Thema in Form einer schrägen Satire, setzt auf schrille Schocks. Der Regisseur selbst nennt den Film einen »Rundumschlag«, und in der Tat bleibt bei dieser »AIDS Horror Picture Show« (*Der Tagesspiegel)* kein Auge trocken. Das fängt an bei dem Kalauer »Wie heißt die Hauptstadt der AIDS-Kranken? – Darmstadt!« und hört auf mit der politikerseits beschlossenen Isolierung aller Infizierten auf der Insel Helgoland, die in »Hell-Gay-Land« umbenannt wird. Doch da greift die AOK (»Armee der Ohnmächtigen und Kranken«) ein und kidnappt den verlogenen Minister.

Praunheim selbst spielt den schwulen Saunabesitzer Rüdiger Kackinski, dessen Motto lautet: »Sex bedeutet für mich Freiheit mit vielen.« Er ist HIV-positiv und infiziert seinen Freund, der Kirchenmusik studiert und glaubt, die Erkrankung werde zu einer Besserung ihrer Beziehung beitragen. Das weitere Personal: eine sexfeindliche Ärztin namens Prof. Dr. Blut, die sich mit dem Satz einführt: »Krebs ernährt mehr Leute, als daran sterben, warum soll das mit AIDS anders sein?« und die später vom wilden Affen gebissen wird; eine rasende Reporterin namens Carola Schrecksch vom »Lila Blatt«, die sich schon mal als Mann verkleidet, um vor Ort im Männerpissoir zu »recherchieren«, und die dort ihren Sohn trifft, der auch »so einer« ist; die Therapeutin Frau Tomalik-Samenkorn, die unbedingt ein Kind von einem Schwulen will, »bevor sie aussterben«; Karl Kolle, »ein Revolutionär alter Schule«, von Beruf Krankenpfleger, der meint: »Aus den Hippies wurden Junkies, aus den Achtundsechzigern Terroristen, und aus der Schwulenbewegung AIDS«; und Hella von Sinnen als Krankenschwester, die markante Sprüche von sich gibt wie »Da könnte man glatt lesbisch werden« und »Ich glaube nicht an Sex nach dem Tod«.

Aufgelockert wird die von Elfi Mikeschs agiler Kamera im wahren Sinne des Wortes hautnah eingefangene Handlung durch das Gesangsquintett »Die Bermudaas« mit Klassikern wie »Du hast dein Schicksal in der Hand« und Neukompositionen wie »Hurra, wir leben noch!«. Höhepunkte auch die Sitzungen mit der Sextherapeutin, die fordert: »Wo AIDS ist, muß Ich werden«; in einer Gruppentherapie mit seiner (krebskranken) Mutter muß der (positive) Rüdiger skandieren: »AIDS-Tier, weiche, weiche, denn die Mutter ist die Leiche.« Am Ende sind alle krank, trotz der Virenabsaugmaschine »Aidsolator«, und die Krankenschwestern würfeln darum, wer als erster »den Löffel abgibt«.

Eines erreicht Praunheim mit diesem schwarz-bunten Panoptikum definitiv: *Ein Virus kennt keine Moral* wird (kontrovers)

Klamaukige Klamotte zum tragischen Thema: ›Ein Virus kennt keine Moral‹

diskutiert. So meint etwa Karsten Witte am 24.1.1986 in der *Zeit*: »Der Stil ist bunt, der Ton ist laut. Pausen, auch zum Umbau der Argumente, gibt es nicht. Dieser Film arbeitet an Problemen wie an Lösungen schlagartig. (...) Das Lazarett-Schiff dieser Unternehmung schlingert zu viel. Da kann es dem einen oder anderen Zuschauer schwarz vor Augen werden. Ein wenig Windstille hätte der Betrachtung nicht schaden können. So wird die Wahrnehmung für diesen Film zu schnell vereinfacht.«

Frauke Hanck in der Münchener *tz* (am 7.3.1986): »Grell bunt, schräg und schrill, zwischen Klamauk und Klamotte ist es Rosa von Praunheim verdammt ernst mit diesem Film zum tragischen Thema AIDS. Komik macht Tragik transparent, begreifbar, erträgbar. (...) Der Film sackt immer wieder durch mit Kalauer-Schwächen und Pennäler-Witz-Niveau, aber er hat auch die Kraft der bösen Wut und nervt treffsicher mit seinen Attacken auf eine verlogene Verdrängungsmoral.«

Lutz Ehrlich im Januar 1986: »Die Richtung ist klar: Wir lassen uns nicht unterkriegen – auch wenn ihr uns fertigmachen wollt. Der Film ist eine Demonstration der Präsenz, die auch die Schwächen noch als Stärke nach außen verkaufen will. Eure Moral ist nicht unsere, und für die unsere sorgen wir selbst, sagt Praunheim. Doch wo der äußere Feind wegfällt, geht die Binnen-Moral auf Zickzack-Kurs: Auf die Klappe schon, aber nur mit Kondom. Die Errungenschaften der Schwulenbewegung der letzten zehn Jahre sollen nicht aufgegeben werden, trotzdem soll eine Umkehr stattfinden. Wie sich das miteinander vereinbaren läßt, ist Praunheim nicht klar, aber darin ist der Film auch ganz ehrlich. Die bösen Geschäftemacher unter den Schwulen werden als solche angeprangert, der Rest macht ›safer sex‹, so stellt er es sich im Idealfall vor, doch so ist es nicht, und das weiß er und zeigt er. (...) Darin, wie der Film eine Solidargemeinschaft der Schwulen abfeiern will, ist er zwar gut gemeint, aber hoffnungslos veraltet, auch wenn diese Tatsache mit aktuellen Bezügen kaschiert werden soll. Die Szene mit ihrer Moral hat Praunheim längst überholt, der Virus ihn eingeholt. Was nach außen aussieht wie der Schlag obenauf, der Hysterie um AIDS die Krone aufzusetzen, bricht für die Schwulen keine Speerspitze mehr. Die schwarze Komödie, die Praunheim sich dachte, ist ihm angesichts der Problematik zu ernst geraten, nicht zuletzt aus eigener Betroffenheit. Einem Virus, der keine

Moral kennen soll, versucht Praunheim sie beizubringen, wenn auch anders, als viele sich das gedacht hatten.«

Ponkie in der *Abendzeitung*: »Als er (Praunheim) 1971 mit seinem Provokationsklassiker ›Nicht der Homosexuelle ist pervers, sondern die Situation, in der er lebt‹ einen Trampelpfad für die ›Schwulen‹ durchs Dickicht bürgerlicher Tabus schlug, traf er genau in eine Bewußtseinslücke: Mit seiner genüßlich exhibitionistischen Frechheit, seiner Lust am Kitsch und seinem ›Bettwurst‹-Charme pfefferte er sowohl den ›Normalen‹ ein paar Schocks in ihren Sexualmief – wie auch seinen Homo-Brüdern Mut in die Hose (›Raus aus den Toiletten – rein in die Straßen!‹). Er hat sich aber auch nie gescheut, den Homo-Brüdern ihre eigenen Verhaltensweisen radikal um die Ohren zu hauen. Und das tut er hier aufs neue nicht zu knapp: Den Attacken zur Schwulenbefreiung von einst folgt nun, unter dem Eindruck von AIDS, die bitterböse Rundum-Attacke gegen schwule Dummköpfe, die von sexueller Freiheit weiterhin selbstmörderisch Gebrauch machen; gegen die Pest-Ausbeuter in den Kloakenmedien; gegen zynische Mediziner; gegen Schicki-Partyschwätzer, Neo-Frömmler, Profit-Tunten und Nach-mir-die-Sintflut-›Ficker‹.«

Noch einmal, an der Schwelle zum neuen Jahrzehnt, beschäftigt sich Rosa von Praunheim mit dem Thema AIDS. 1989/90 dreht und veröffentlicht er die *AIDS-Trilogie*. Die Titel der drei Filme (*Positiv – Die Antwort schwuler Männer in New York auf AIDS, Schweigen = Tod – Künstler in New York kämpfen gegen AIDS* und *Feuer unterm Arsch – Vom Leben und Sterben schwuler Männer in Berlin*) machen schon unmißverständlich klar, worum es geht. Und ausschließlicher noch als in seinen vorangegangenen Filmen wendet sich Praunheim an die Zielgruppe der Homosexuellen.

Die Situation hat sich drastisch dramatisiert. 1989 sind in den USA über 100 000 AIDS-Kranke registriert, davon allein 22 000 in New York; 50 Prozent davon sind Farbige. Die Zahl der an AIDS gestorbenen Menschen kommt der Zahl der Opfer des Vietnam-Kriegs nahe: 50 000 AIDS-Tote haben die USA zu beklagen. »Safer Sex«, die Verwendung von Kondomen, ist zu einer Überlebensfrage geworden – ohne ein Allheilmittel zu sein. Die Zahl der Infizierten in New York wird auf 400 000 geschätzt; 10 000 Kranke und Infizierte vegetieren ohne Obdach.

›Ein Virus kennt keine Moral‹: Regisseur und Darsteller Rosa von Praunheim macht den Schwulen Feuer unterm Arsch

Ute Büsing würdigt im Berliner Stadtmagazin *Zitty* (Nr. 11/90) die Praunheimsche *AIDS-Trilogie:* »AIDS ist (in New York) Todesursache Nummer eins unter Männern *und* Frauen zwischen 25 und 40 Jahren. Gäbe es nicht Männer *und* Frauen, die sich politisch, polemisch, plakativ, in Wort und Bild mit Präventionsarbeit, Safer-Sex-Kampagnen, Selbsthilfeorganisationen und kommunalen Gesundheitsprojekten der epidemischen Ausbreitung entgegenstemmten, wären diese Zahlen noch krasser. In einem prallen bunten Bilderbogen präsentiert von Praunheim in *Positiv* den Selbsthilfekampf der New Yorker Gay Community und stellt Protagonisten der ersten Stunde vor: den Autor Larry Kramer, Mitbegründer von ›Gay Men's Health Crisis‹ (GMHC), Motor von ›Act Up‹, und Michael Cullen, ›einen der am längsten lebenden Menschen mit AIDS‹, Sänger

und Erstherausgeber von Safer-Sex-Richtlinien, Gründer der
›People with AIDS Coalition‹, Veranstalter von Tea Parties für
Positive. Sein schriller Song ›How to Have Sex in an Epidemic‹
wird zur *Positiv*-Titelhymne.
Rosa von Praunheims aufklärerischer Impetus ist deutlich. Er
will, daß wir hier aus Amerika (New York) den unverkrampft
offensiven Umgang mit der Krankheit lernen. *Positiv* liefert, in
mitunter verwirrender Vielfalt, die Basisinformationen. Mit
Schweigen = Tod ist dem Regisseur ein bedrückend-eindringli-
ches Dokument über den Kampf New Yorker Künstler gegen
AIDS gelungen. Die Dokumentation verdichtet sich zum
Kunstwerk, die schwule Wut wird in allegorischen Bildern und
voll lauter Lebenskraft herausgeschrienen Texten sinnlich er-
fahrbar. David Wojnarowicz' Performances ziehen sich wie ein
blutroter Faden durch den Film. Der nach Jahren in der Sub-
Szene relativ etablierte Künstler mit AIDS-Vollbild wünscht
seinen toten Körper vorm Weißen Haus plaziert, ›weil das die
Leute sind, die für meinen Tod verantwortlich sind – nicht
Schwanzlutschen und Arschfickerei!‹ Abgerundet wird das
Kunstwerk durch den überlebenden Altvater der Beat-Genera-
tion Allen Ginsberg. ›Till Death, Relax!‹ gibt der zum besten
und propagiert die verdammte globale Wahrheit weltweiter
Umweltzerstörung: ›Der Planet hat AIDS!‹
Günther von den ›Drei Tornados‹ nimmt diesen Faden im Ber-
lin-Film *Feuer unterm Arsch* wieder auf: ›Im Grunde ist das Immunsystem der ganzen Erde im Arsch.‹ Der Berlin-Teil gerät,
Günther sei Dank, humorvoll unterhaltend, wiewohl Rosa die
bitteren Kontroversen, die den Berliner Schwulen-Sub durch-
ziehen, aufs Kamera-Korn nimmt. Gegengeschnitten sehen wir
Safer-Sex-Orgien, nachgestellt in Rosas Wohnung, und kabaret-
tistische Schwuz-Aufklärung: ›Ganz Berlin rubbelt!‹ Hoppla,
das kommt hilflos. ›Despotisch‹ und ›entwürdigend‹ stellt sich
›die schwule Oberstudienrätin‹ Rosa von Praunheim vor ihre
›unaufgeklärte Klasse‹, mäkelt ein Protagonist im Film. Auch
Phil Zwickler, Kollaborateur der New-York-Filme, stellt Rosas
AIDS-Verhütungsanspruch vor laufender Kamera in Frage:
›Du willst wahrscheinlich, daß ich vor der Kamera sterbe. Von
Praunheim präsentiert ein totes AIDS-Opfer!!!‹ Sicher, wir sehen Tote und Tot-Gestellte. Wir sehen aber auch die ganz und
gar unbeschönigte Rettung von Menschenleben. Man mag Rosa

von Praunheim als Moralapostel denunzieren – seiner filmischen Aufklärungsarbeit tut es so leicht keiner nach.«
Während AIDS in den achtziger Jahren zu einem alltäglichen Thema wird, kommt gegen Ende des Jahrzehnts auch das Thema Aufklärung wieder auf den Tisch – will sagen: ins Kino. Man kennt das Phänomen von mehr oder weniger nostalgischen Erinnerungen an frühere Jahrzehnte, die in unregelmäßigen Abständen auftauchen: Urplötzlich, so scheint es, sind auf einmal Mode, Musik, Möbel und andere Zeiterscheinungen zum Beispiel der fünfziger Jahre wieder »in«, wobei man sich auch filmisch an das *Rendezvous unterm Nierentisch* erinnert (1986). Dann wieder sind es die »verrückten« Siebziger, dann die »wilden« Sechziger. Das belebt für so manche Branche das Geschäft.

1988 stellt der Film- und Fernsehjournalist Michael Strauven mit Unterstützung des Produktionsleiters Manfred Breuersbrock, der bei der *Nierentisch*-Dokumentation einschlägige Erfahrungen gesammelt hat, aus 31 Aufklärungsfilmen der späten sechziger und frühen siebziger Jahre sowie einigen wenigen Wochenschau-Ausschnitten einen Kompilationsfilm zusammen: *Als die Liebe laufen lernte.* Der mit dem Untertitel *Die Aufklärungsrolle* gestartete Film wird ein Bombenerfolg. Ein Jahr später bringt die Produktionsfirma – mit einem anderen Realisateur und weit weniger Erfolg – eine »Fortsetzung für Fortgeschrittene« heraus. Das sonst auf aktuelle Trends flugs reagierende Privatfernsehen braucht diesmal ein wenig länger: 1992 sendet RTL eine Reihe mit Oswalt-Kolle-Filmen – die allerdings auf 60 Minuten Länge »eingedampft« und mit neuen Kommentaren des Altaufklärers versehen werden. Der Konkurrenzsender SAT 1 setzt im gleichen Jahr auf die zwölf *Schulmädchen-Reports.*

Als die Liebe laufen lernte ist der erste Film, den ich protokolliere, als ich mich mit dem Thema Aufklärungsfilm ernsthaft zu beschäftigen beginne. Folgendes ist diesen Notizen zu entnehmen: Die ansehnliche Andrea Rau sagt etwas von »Sex verscheißern«. Nach den Filmtiteln sieht man sie dann nackt. Ein Dialog – Mann: »Na, war's schön?« Frau: »Nein.« Mann: »Du bist frigide.« Dann sieht man, daß er seine sexuellen Kräfte anderswo verbraucht. Ein Eheberater tritt auf. Zu Zarathustra-Musik sieht man Liebesspiele. Der Eheberater spricht über

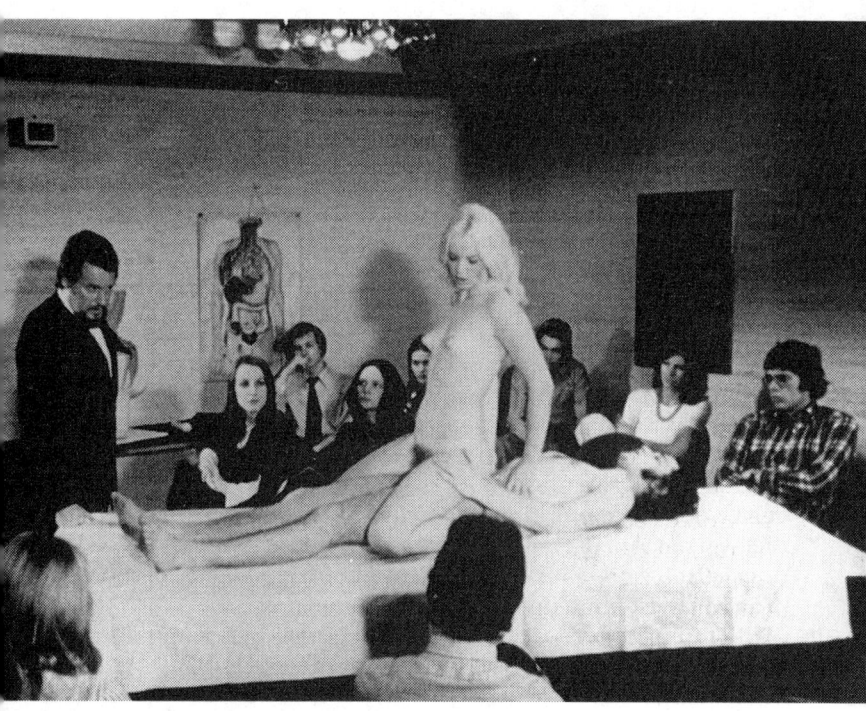

Lehrstunde mit lebenden Objekten: ›Als die Liebe laufen lernte – Die Fortsetzung‹

Tempo und Rhythmus. Oswalt Kolle im Gespräch mit Sexual-wissenschaftlern. Montage: junge Mädels, die noch »Kinder« sind. Ein Weißkittel sagt: »Dieser Film will vor dem negativen Ideal unserer Zeit warnen: dem Sex.« Man sieht einige Schüler. Die USA, so heißt es dann, bringen Kultur nach Europa zurück: Marihuana, Speed, Haschisch und Petting; küssen, kosen, strei-cheln – aber was dann? Beratung für Erwachsene, »Aufklärung für Eltern«, über Petting und Onanie. Ein Jüngling und eine El-ke haben noch nicht miteinander geschlafen. Heute hat Elke keine Ausrede, und sie machen es. Dann geht es bei ihm plötz-lich nicht mehr. Eine Frau sagt: »In den meisten Fällen ist die Schuld für das Versagen des Mannes bei der Frau zu suchen.« Ein Mann spricht über erogene Zonen, die auch gezeigt werden, und über Koitus und Klimax. Kolle und das Wunder der Liebe:

Wir sehen ein Pärchen, sie erzählt dazu. Dann er: »War's vielleicht nicht schön?« Sie: »Ich spür' nichts.« Es gibt Streit. Kolle spricht über mangelnde sexuelle Harmonie. Wir sehen eine gezeichnete Glied-Einführung, mit Pfeil und Schrift, dann einen Blaukittel mit einer nackten Frau. Geheimtechniken der Sexualität: Eine Frau ist aufreizend gekleidet, ihr Partner schimpft sie »nuttig«. Sie muß bei einer Gruppentherapie aufs Podest. Die Abstimmung: Acht halten sie für nur »sexbezogen« angezogen, vier für nuttig. Die Therapeutin bietet Pralinen in einer Schachtel und einer Tüte an; es sind dieselben: »Augen essen mit.« Montage von miniberockten Mädchen. Marlene Wiese und ihr »Intoleranz-Bekämpfungs-Club« in München. Passanten äußern sich zu Modefragen. Eine Demo gegen die Pille. Eine Schülerin will die Pille; sie spricht mit einer Beraterin. Ein Pärchen im Heu, Lübke im Radio, sie hat Angst. Ein Kegelclub: Damals im Dritten Reich herrschten Zucht und Ordnung, sagt einer der Herren. Ein nacktes Mädchen rennt vor Männern in schwarzen Anzügen davon. Schüler erfahren von der Bevölkerungsexplosion, ein Lehrer spricht über Empfängnisverhütung. Ein Mann ist für »Aufpassen«. Eine Schulklasse skandiert: »Ho-Ho-Hosen runter!« Peter Alexander singt. Bei einem älteren Ehepaar hat sie keine Lust. Über die These »Der Geschlechtstrieb ist beim Mann größer« wird diskutiert. Eine Frau beschwert sich: »Immer das gleiche, und dann noch im D-Zug-Tempo.« Ihr Partner will, daß sie nicht mehr onaniert. Rotfilm mit Off-Text zum Thema Onanie. Dann das glückliche Gesicht der Masturbantin. Ein Weißkittel sagt: »Wußten Sie, daß man von der Größe des Mundes einer Frau auf die Größe ihrer Vagina schließen kann?« Adam und Eva mit Off-Text über »Moral – Scham – Verklemmung«. Das Thema Emanzipation, die »Frau oben«-Stellung. Holzpuppen und Bolero-Musik. Und so weiter. Lassen wir es an dieser Stelle genug sein.

Verständlicherweise nutzt die Presse anläßlich der *Aufklärungsrolle* die Gelegenheit, den Zeitgeist der sechziger Jahre kritisch heraufzubeschwören. Über Strauvens Ausschnittsammlung selbst läßt sich ohnehin nicht viel sagen: Sie ist einerseits erschreckend, vor allem aber unterhaltsam, und kaum analytisch. Noch bevor der Film in die Kinos kommt, berichtet Wolfgang Röhl am 9.6.1988 ausführlich im *Stern:* »The times they are a changin'. Unbegreiflich muß für Jüngere eine Zeit wirken, in der es bereits als Akt der Befreiung galt, Worte wie Orgasmus oder Onanie in den Mund zu nehmen. Heute, da Hausfrauen über die Risiken des Analverkehrs diskutieren und Pennälern die Präserpackung aufgenötigt wird wie weiland das Schulbrot, erscheint der Schlachtenlärm der Sex-Revolte unendlich fern. Doch die Debatte um Leinwand-Aufklärung hat die Republik mindestens so erregt und gespalten wie die gleichzeitig anrollende Studentenbewegung.

Beide Phänome hatten die gleiche Ursache. Der Muff von tausend Jahren nistete anno '67 ja nicht bloß unter den Talaren der Uni-Ordinarien. Noch miefiger war das sexualmoralische Klima der ausgehenden Adenauer-Ära. Da durfte sich ein erzkatholischer ›Volkswartbund‹ zum Richter über ›Fragen der Volkssittlichkeit‹ aufschwingen, da sammelte eine ›Aktion Saubere Leinwand‹ Millionen von Unterschriften, um der Filmindustrie ihre Moralvorstellungen aufzuzwingen. Geistliche standen mit finsteren Mienen vor Kinos Spalier, um die Besucher von ›Schmutzfilmen‹ wie Ingmar Bergmans ›Das Schweigen‹ (der Renner des Jahres 1964) zu verunsichern. Kirchenvorstände beschlossen Glockengeläut-Boykotte, solange in ihrer Stadt das schwedische Sozialdrama ›491‹ lief. Gegen diesen Film, den Bundesbürger nur in völlig verstümmelter Form zu sehen kriegten, protestierte auch der ›Verein für Deutsche Schäferhunde‹, weil darin – Hasso tut so was nicht – ein Fall von Sodomie angedeutet wurde.

›Helga‹ trat eine Lawine los. Innerhalb von wenigen Jahren erlebte das fernsehkranke Kino einen Boom mit Aufklärungsfilmen, der kurzfristig sanierend wirkte. (…) Ironie der Filmgeschichte: Noch heute helfen die einstmals erbittert unkämpften, oft nur nach etlichen Schnittauflagen freigegebenen Sex-Schinken dem fernseh- und hollywoodgeschädigten deutschen Kino. Am 23. Juni läuft bei uns ein Lichtspiel an, das die Höhepunkte der Aufklärungswelle in einer Collage verbrät, die sich selbst kommentiert. (…) Ach, viele Filme, die damals so pikant schienen (vermutlich, weil man sie uns verbieten und vermiesen wollte), zeigen im Rückblick ihren wahren Charakter. Mogelpackungen waren es, die Spaß und Lust versprachen, aber nicht viel mehr boten als die Belehrsamkeit älterer, total unsexy dreinblickender Profis sowie undeutliche Bilder. In einer Koitus-Szene, ohnehin nur als Schattenriß gefilmt, mußte dem männlichen Darsteller der Penis nach oben gebunden werden, um die FSK zu besänftigen.

(...) Irgendwie glichen sie ihren Gegnern, die ollen Aufklärer. Immer wollten sie uns belehren, bequatschen, uns sagen, was wir zu tun hätten – Saubermänner auch sie. Insofern lagen die linken Studenten richtig, die zur selben Zeit in WGs und Kommunen ihre sexuelle Befreiung probten. Für sie, die Sexualität als politisch-subversive Sprengkraft (miß-)verstanden, war die ganze Kollerei ein Witz. ›Wer zweimal mit derselben pennt, gehört schon zum Establishment‹ lautete eine sexualterroristische Losung der 68er-Generation.«

Frauke Hanck schreibt am 23.6.1988 in der Münchner *tz*: »Nicht um Pornographie, sondern um Aufklärung ging und geht es. Michael Strauvens Montage aus Filmen der Pillen-, Kolle- und ›Helga‹-Ära der sechziger Jahre ist Erinnerungsarbeit mit durchaus gegenwärtigem Spiegelbild-Effekt. Man staunt und lacht – wieder, neu, anders – über die unfreiwillige Komik, die aus dem Krampf der Verklemmung im körperlichen, sinnlich-seelischen und folglich sprachlichen Umgang mit Sexualität und Erotik resultiert(e). Aber auch ein Hauch von Melancholie und Ernst zwischen der Komik: AIDS hat die Freiheit von damals überholt. Und so mancher Dialog bekommt einen höheren Sinn: ›Was hat Ihnen am Gruppensex am meisten Spaß gemacht? – Überhaupt nichts.‹«

Kritischer geht Bodo Fründt am 25.6.1988 die Sache in der *Süddeutschen Zeitung* an: »›Jede Frau braucht den liebenden Blick, unter dem sie erblühen kann.‹ Mit solchen und anderen Trivialitäten und Plattitüden machte sich das deutsche Kino Ende der sechziger Jahre und zu Anfang der 70er auf, den Bundesbürger sexuell ›aufzuklären‹. (...) Nach dem zur Zeit in Programmkinos sehr erfolgreichen Collagen-Prinzip (*Die Cannes-Rolle, Rendezvous unterm Nierentisch*) hat der Berliner Fernseh-Journalist und -Dokumentarist Michael Strauven jetzt seinen Film *Die Aufklärungsrolle* zusammengesetzt. (...) Das Ergebnis ist zunächst einmal unfreiwillige Komik, wenn deutsche Paare, zumeist von abgrundtief schlechten Schauspielern verkörpert, im Schlafzimmer oder unter dem Couchtisch zur Sexualakrobatik schreiten, mit verbissenem Ernst und hanebüchenen Dialogen. Wichtig war damals immer der ›wissenschaftliche‹ Anstrich, damit man sich an der Zensur vorbeilavierte – arme sechziger. Den

Produzenten kam es natürlich im allgemeinen mehr auf das Kassenergebnis an. Nackt zieht immer.

Strauven versucht, die verklemmte Sexualmoral, die auch einige der alten Filme – in der Sache richtig, in der Form untauglich – attackieren, noch einmal Revue passieren zu lassen. Eingestreut hat er ein wenig Dokumentarmaterial, um den Zeitgeist zu dokumentieren. Hier ein Schuß Peter Alexander, dort ein Hauch Studenten- und APO-Revolution. Das wirkt bei Strauven ebenso als vorgeschobenes Alibi wie die Herren im weißen Kittel in den alten Filmen. Vorwand fürs Unterhaltungsvergnügen. Zum zeitgeschichtlichen Zusammenhang ist es zu wenig. Und was den Unterhaltungswert anbelangt: Unfreiwillig komisch waren die Filme schon im Original, ohne den Collageneffekt Strauvens, der damit offene Türen einrennt. Aber er will wohl auch kaum mehr als leichtes Amüsement. Wir sind schließ-

Lustig ist die Lust im Wald – Aufklärung Anno 1972: ›Die dressierte Frau‹

lich in den pflegeleichten 80ern. Vor 25 Jahren durchaus notwendige Aussagen wie ›Sex ist kein Laster‹ könnten heutzutage durchaus neue Aktualität gewinnen. Doch diesen Aspekt vernachlässigt *Die Aufklärungsrolle*, die kaum an der Fassade des gesellschaftlichen Normen-Gebäudes kratzt.«

Mit einem Seitenblick auf die AIDS-Gefahr beschließt Mathias Schreiber am 6.7.1988 seine Betrachtungen in der *FAZ*: »Andererseits läßt sich nicht leugnen, daß die neue Lustseuche unseren Blick auf die durch diesen Film geretteten Dokumente des Aufbruchs in abenteuerliche Libido-Reiche eigentümlich verklärt. Insofern ist der Kino-Erfolg der ›Aufklärungsrolle‹ durchaus ambivalent, eine Mischung aus Sex-Jux und Sex-Nostalgie. Auch wenn die sexuellen Probleme, die der Film anspricht, teilweise durchaus noch aktuell sind, trennt uns von Helga & Co. eine Welt. Das liegt nicht nur an AIDS und an der hausbackenen Regie. Am dramatischsten haben sich die Deutschen, wie besonders die aufgeregt kleinbürgerlichen Wochenschau-Passagen belegen, in ihrer alltäglichen Redeweise, in ihren Träumen von ›Glück‹ und in ihrer Gestik verändert. Sie treten heute ungleich gelassener, weltläufiger, jugendlicher, adretter und anspruchsvoller auf als damals; und sie reden nicht mehr wie verhinderte Pastoren, sondern schneller, pointierter, auch zerstreuter, wie lauter kleine Werbebosse – gewiß ein ›Erziehungserfolg‹ der elektronischen Medien.«

Unter der Überschrift »Kolle-Koller« untersucht Wolfgang Brenner im *tip* (14/88) vor allem die politischen Hintergründe der Aufklärungswelle: »Es ist noch nicht lange her, da mokierte man sich im Westen über das universelle Staatsprogramm der DDR, die in allen Bereichen und mit allen gesellschaftlichen Kräften aus sächsischen Holzköpfen ›allseits entwickelte sozialistische Persönlichkeiten‹ machen wollte und das auch noch bei jeder passenden und unpassenden Gelegenheit vollmundig ausposaunte. Kein Grund zur Häme. Die im Osten haben es wenigstens bemerkt, als man sie auf ein kompatibles Maß heruntersäbeln wollte. Im freien Westen hat man sich solchen kollektiven Therapien immer mit wehenden Fahnen entzogen und hinterher auch noch damit renommiert, ganz allein und, wenn's sein mußte, auch gegen die Obrigkeit auf den richtigen Trichter gekommen zu sein.

In den Jahren 1967 bis 1968 hieß es in der Bundesrepublik

Deutschland: Wer im Bett genug zu tun hat, kommt nicht auf dumme Gedanken. Wie immer, wenn es um Zeitgeistkorrekturen geht, war für das epochale Umerziehungsprogramm weder ein Gesetz noch ein Generalstabsplan nötig – die totale Gleichschaltung der westdeutschen Presse vollzog sich von selbst und ohne Not. Die kleinen Gefechte am Rande waren Scheinmanöver obskurer Konservativer, die nicht *tough* genug waren, die tiefere Staatsräson in dem neuen Trend zu erkennen. (...) Die *amoral majority* wußte, was die Stunde geschlagen hatte: Die Zeiten des verklemmten Gefummels unter der Bettdecke waren vorbei; im Schlafzimmer gab es jetzt Flutlicht für die nationale Kampagne gegen Frigidität, Impotenz und Schlamperei. Jeder war gefordert, seit dem Zweiten Weltkrieg und dem Wiederaufbau hatte es keine ähnliche Aufgabe für den verantwortungsbewußten Patrioten mehr gegeben. Während sich die pummeligen Pausbäckchen in Pfeffer und Salz in aller Redlichkeit an die Reparatur genitaler Insubordination machten, bastelte Bonn in aller Seelenruhe und nur von (damals noch lustfeindlichen) Eierköpfen in hochgeschlossenen Rollkragenpullis und unerotischen Kassenbrillen behindert an den vermaledeiten Notstandsgesetzen. Die Aufklärungswelle wurde ein voller Erfolg. Zwar gab es weiterhin frostige Frauen und mäkelige Männer, aber die Nation hatte erst mal alle Hände voll zu tun. Und glaube keiner, auch nur ein einziger der neuen Sexapostel im Hobby-Bastler-Look hätte seinen Hosenladen aus Willfährigkeit geöffnet: Die koitale Volksbewegung hatte ein unwiderstehliches Flair, sie roch nach Verbotenem.«

Der nicht verbotene Versuch, das einmal erfolgreiche Rezept mit einer »Fortsetzung für Fortgeschrittene« erneut auszuschlachten, schlägt 1989 fehl. Dem von dem britischen Video- und Werbe-Clip-Macher Anthony Waller zusammengestellten zweiten Teil von *Als die Liebe laufen lernte* verleiht ein Kritiker den Kosenamen »Humpelfilm«; andere sprechen von »gähnender Langeweile« und einer »Montage ohne Sinn und Witz«. Es besteht wohl auch kein aktueller Bedarf mehr, weiterhin über Aufklärung aufgeklärt zu werden.

Mit einem Thema, das von Anfang an in Aufklärungsfilmen eine wichtige Rolle gespielt hat und das Anfang der neunziger Jahre durch einen Prozeß in Bayern unrühmliche Aktualität erlangt, befaßt sich der Rechtsanwalt und Filmemacher Norbert

Kückelmann in der ZDF-Produktion *Abgetrieben* (1992). Ein Abtreibungsprozeß, der einem Arzt in einer mittelgroßen bayerischen Stadt (Memmingen) gemacht wird, dient Kückelmann als Vorlage. Der Prozeß verursacht einen ziemlichen Wirbel, da die Methoden der Justiz fatal an mittelalterliche Hexenjagden erinnern: Vor allem die involvierten Frauen werden auf brutale Weise vor der Öffentlichkeit bloßgestellt. Kernpunkt des Prozesses und des Films ist die Frage, wann bei einer Schwangeren eine »Notlage« gegeben ist, die eine Abtreibung rechtlich erst möglich macht.

Der Stein kommt ins Rollen, als Steuerfahnder wegen des Verdachts der Steuerhinterziehung die Patientinnenkartei eines Arztes beschlagnahmen. Da es sich offenbar um Abtreibungsfälle handelt, gibt die Steuerbehörde die Kartei an die Staatsanwaltschaft weiter. Die ermittelt gegen die betroffenen Frauen und leitet Strafverfahren ein. Wenn sie sich schuldig bekennen, so versichert man den Frauen, brauchen sie nicht mehr vor Gericht zu erscheinen. Doch dann werden sie als Zeuginnen für das Verfahren geladen, das gegen den Arzt geführt wird.

Bodo Fründt hat (für das Presseheft zum Film) mit Norbert Kückelmann gesprochen und das Interview freundlicherweise zur Verfügung gestellt. Auf die Anmerkung, er beziehe sich in seinem Film auf lebende Personen und tatsächliche Vorgänge, sagt Kückelmann: »*Abgetrieben* basiert im wesentlichen auf den Tatsachen – zum Teil auf wörtlichen Zitaten. Unser Recht kennt ja einen sehr ausgeprägten Persönlichkeitsschutz. Aber wenn es um relative oder absolute Personen der Zeitgeschichte geht – das ist für alle Journalisten, Filmemacher oder Produzenten wirklich wichtig –, wenn also ein öffentliches Interesse an einer Berichterstattung besteht, dann kann man nicht nur, dann soll man sogar im Interesse der Öffentlichkeit berichten. Die Rechtsprechung macht hier einen kleinen Unterschied zwischen ›Unterhaltung‹ und ›Berichterstattung‹. Berichterstattung ist meines Erachtens auch mit einem Spielfilm dann gegeben, wenn sich der Film an die Wahrheit hält. Das ist für mich eine Berichterstattung, nur mit anderen Mitteln. Bei einem Massenmedium halte ich es für eine Obligation, zu Mitteln zu greifen wie Spannung, Akzeptanzerweiterung, Effektivität für ein Publikum – ohne die Dinge zu verraten, die man einbringen will, also ohne die Wahrhaftigkeit über Bord zu werfen. Wenn man es so macht, dann bleibt man im Rahmen des seriösen Berichterstattens, und dabei gibt es dann keine Grenzen dadurch, daß ein Prozeß noch nicht abgeschlossen ist.

Die Juristen in der Rechtsabteilung des Fernsehens müssen ja jedes zeitgeschichtliche Thema prüfen, das verfilmt wird. Durch diesen Schlauch sind wir hindurchgekommen. Wir haben also alles eingehalten, was zum Persönlichkeitsschutz gehört. Wir haben uns vom angeklagten Arzt die Genehmigung geben lassen, auch von einigen Zeugen, die möglicherweise erkennbar wären. Namen und persönliche Verhältnisse sind geändert worden. Aber der Ablauf des Prozesses, die wesentlichen Strukturen – also von der Beschlagnahme der Patientenkartei durch die Steuerbehörde, die Übergabe der Unterlagen an die Staatsanwaltschaft bis zu den Problemen, die daraus entstanden, und wie die Zeugen befragt wurden –, all das stimmt mit der Realität überein.«

Auf Fründts Feststellung, im Film und in der Realität sei der Begriff der »Notlage« Dreh- und Angelpunkt, erläutert Kückelmann: »Nach dem bisher geltenden Strafgesetz § 218 ist die Abtreibung strafbar. Dann gibt es den § 218 a, eine Liste verschiedener Indikationen, wovon eine eben die Notlagen-Indikation ist. Diese Notlage ist der Streitpunkt und immer der Streitpunkt gewesen. Wie legt man sie aus? Liberal oder restriktiv? Je nachdem, ob man im Norden oder Süden der Republik war, hat eine andere Praxis geherrscht. Darum geht der Streit. In Bayern wollte man ein Gesetz quasi zur Adoptionspflicht einführen, das gescheitert ist. Als Ausweichmöglichkeit zur Notlage wollte man per Gesetz die Adoption nahelegen. Das hätte bedeutet, daß die Notlagen-Indikation völlig ausgehebelt worden wäre. Denn im Gesetz steht: ›… wenn nicht durch andere Maßnahmen abgewendet werden kann.‹ Und die Abwendungsschiene wäre immer die Adoption gewesen. Man hätte die Frauen wirklich zu Leihmüttern per Gesetz gemacht. Es war also nun so, daß der Arzt zwar die Notlage bestimmt, aber prüfen muß, ob wirklich eine Notlage vorliegt. Der Notlagen-Begriff ist nach dem Bayerischen Obersten Landesgericht äußerst eingeschränkt. Demzufolge kommt diese meines Erachtens völlig hirnrissige Formulierung von einer für die Mutter ›einer Todesgefahr vergleichbaren Situation‹ dazu.

Das ist das geltende Recht. Und ich überlege jetzt, wie würde man als Jurist dem gerecht werden. Es geht also um die vernünftige Auslegung. Können wir in einem Fall einer Vielzahl von Schwangerschaftsunterbrechungen – denn die gibt der Arzt ja zu, mehr als 1000 Fälle – das Material, das hier auf den Tisch kommt, prüfen? Damit hängt ja schon die Frage zusammen, dürfen wir das Material beschlagnahmen? Dürfen wir das überhaupt verwenden als Beweismittel? Da liegt ja schon ein Problem. Natürlich ist in einzelnen Fällen Schindluder getrieben worden mit der Begründung ›Notlage‹, wie ja mit allen Dingen im Leben Schindluder getrieben werden kann. Damit – und das ist das nächste Problem – stehen die Ärzte unter dem Damoklesschwert einer juristischen Prüfung. Wo liegt da die Gefährlichkeit? Wenn Staatsanwälte, was auch immer wieder passiert, zu Ärzten sagen: ›Ich hätte gute Lust, Ihre ganze Praxis zu durchsuchen‹ und wenn es dann bei der Lust nicht bleibt, dann bedeutet das letztlich, daß die Freiheit der Entscheidung der Ärzte beseitigt wird. Ob nun von oben, von der Generalstaatsanwaltschaft oder Ministerien gewollt oder nicht – durch einen solchen Mammutprozeß wie in Memmingen, der dadurch eine Art Schauprozeß wird, zieht die Angst im Lande ein. Die Ärzte stehen unter der Angst, permanent kontrolliert zu werden, stehen unter dem Druck richterlicher, staatsanwaltlicher oder polizeilicher Kontrolle. Die Ärzte bekommen Angst, Schwangerschaftsunterbrechungen vorzunehmen, und die Frauen selber bekommen Angst, weil ja alles in öffentliche Verfahren münden kann. (…) Was war in diesem Fall ›Memmingen‹ die Rolle der Justiz? Man hat von einem ›Feldzug‹ gesprochen, von einem ›Kreuzzug‹, von ›unerbittlicher Härte‹. Dabei bin ich überzeugt davon, und das ist das Tragische, daß die Richter und die Staatsanwälte durchaus ihrer Rolle gerecht werden wollten, es aber nicht konnten.«

Erinnern wir uns: Letzteres ist auch schon der Fall gewesen in dem Film *Kreuzzug des Weibes* aus dem Jahr 1926. Dort freilich quittierte der Staatsanwalt am Ende aus Gewissensgründen den Dienst. Nicht wie damals in Form eines Melodrams, sondern sehr sachlich, distanziert und nüchtern nähert sich Norbert Kückelmann in *Abgetrieben* seinem Thema. Unterstützt durch eine bis in kleine Rollen hinein hervorragende Schauspielerriege gelingt es ihm so paradoxerweise, eine packende emotionale Intensität zu erreichen.

Am 26.9.1992 schreibt Herdis Pabst in der *Frankfurter Rundschau*: »Der Ort des realen Geschehens war Memmingen zwischen 1986 und 1989. Dort wurde der Frauenarzt Dr. Horst Theissen wegen unrechtmäßigen Schwangerschaftsabbruchs in 156 Fällen angeklagt und verurteilt. Über das Strafmaß wird noch verhandelt. Im Laufe der Ermittlungen erhielten 174 Frauen wegen illegaler Abtreibung einen Strafbefehl. Das Gericht hatte die gesetzlich gebotene Notlage im Gegensatz zum behandelnden Arzt als nicht gegeben angesehen. Bei den Debatten um die Novellierung des Paragraphen 218 in diesem Sommer wurde immer wieder auf Memmingen verwiesen. Während sich der Bundestag inzwischen mehrheitlich für eine Fristenregelung mit Beratungspflicht entschieden hat, steht die Überprüfung durch das Bundesverfassungsgericht noch aus.

Vor diesem Hintergrund hat das ZDF Norbert Kückelmanns Fernsehfilm ›Abgetrieben‹ mutig zur besten Sendezeit, Sonntag, 20.15 Uhr, plaziert. (…) Die Dokumentation über die psychische Brutalität der Juristen, die selbstherrlich über die Abtreibungsnöte von Frauen urteilen, ist weit entfernt von einem betulichen Fernsehgericht oder trockenem Prozeßfilm. Mit größter Sorgfalt hat Kückelmann, der als Anwalt etwas vom Metier versteht, den Inhalt der Prozeßakten filmgerecht umgearbeitet und dabei seinen Protagonisten Originalzitate in den Mund gelegt. Entsetzt mag man da so manches Mal seinen Ohren nicht trauen, mit welch verbohrten Fragen und hinterhältigen Unterstellungen Richter und Beisitzer die verängstigten Frauen in die Enge treiben und jede Menschlichkeit bei der Bewertung der Lebenssituationen fehlen lassen.«

Machen wir einen großen gedanklichen und geographischen Sprung in die DDR. Dort wird Aufklärung stets groß geschrieben – allerdings mehr im militärischen und politischen Sinn. Das Ministerium für Staatssicherheit ist dazu da, die Obersten des Staates über das aufzuklären, was das Volk im real existierenden Sozialismus denkt, fühlt und tut. Wie die Geschichte gezeigt hat, nützt auch diese Form von Aufklärung nichts. Und was das Geschlechtliche betrifft: Laut einer persönlichen Mitteilung einer DDR-Filmexpertin »ging man mit der sexuellen Aufklärung in der DDR sehr sparsam um«.

Es gibt nur zwei oder drei Aufklärungsbücher (wie *Mann und Frau intim* und *Jugendlexikon Ehe)*, die aber wegen geringer

Auflagenhöhe schwer zu beschaffen sind. In der Tageszeitung *Junge Welt* und der Monatszeitschrift *Neues Leben* erscheinen hin und wieder Artikel zu sexuellen Fragen, für den Biologie-Unterricht der achten Klasse steht das Thema »Menschliche Befruchtung« auf dem Lehrplan. Mit sexueller Aufklärung befaßt sich auch das »Institut für Jugendforschung« in Leipzig. Vorwiegend aber überläßt man die sexuelle Erziehung den Eltern. Themen wie Homosexualität oder Geschlechtskrankheiten werden eher schamhaft verschwiegen. Ebenso das Thema AIDS: Mitte der achtziger Jahre erfährt man in Vorlesungen an den Unis, daß es 18 (in Worten: achtzehn) AIDS-Kranke in der DDR gibt, die von der Ostberliner Charité betreut werden. 1987 erscheint im *VEB Verlag Volk und Gesundheit* die Broschüre *AIDS – Was muß ich wissen? Wie kann ich mich schützen?*

Mit einer gewissen Kontinuität und Intensität befaßt sich nur eine DDR-Institution mit dem Thema sexuelle Aufklärung – das Deutsche Hygiene Museum in Dresden. 1911 initiiert der Industrielle Karl August Lingner, Hersteller des Mundwassers *Odol*, in Dresden die »1. Internationale Hygiene-Ausstellung« – mit durchschlagendem Erfolg: Fünf Millionen Besucher in drei Monaten informieren sich über Gesundheitsfürsorge und gesunde Lebensführung. Lingner plant daraufhin den Bau eines einzigartigen Hygiene-Museums: 1927 errichtet der Architekt Wilhelm Kreis das (heute noch stehende) Jugendstil-Gebäude mit 10 000 Quadratmetern Ausstellungsfläche. In der Weimarer Zeit der Volksaufklärung verpflichtet, wird und ist das Deutsche Hygiene Museum berühmt für seine Wachsnachbildungen von Krankheitsbildern (»Moulagen«) und für seine lebensgroße »Gläserne Frau«. Heute ist das Museum eine Institution des neuen Bundeslandes Sachsen.

Bis zum Ende der DDR hat das Dresdner Museum auch immer wieder dokumentarische Aufklärungsfilme in Auftrag gegeben, in denen meistens auch Spielszenen vorkommen. Die Längen der Filme bewegen sich zwischen 13 und 40 Minuten; kommerziell in den Kinos reüssieren müssen sie nicht. Realisiert werden sie meist von der DEFA, gelegentlich auch in Koproduktion mit anderen sozialistischen Ländern. Obwohl stets dem Stil des »sozialistischen Realismus« und ideologisch den Idealen des Kommunismus verpflichtet, bringen die Filme, vor allem in jüngeren Jahren, auch viele sachliche Informationen – sogar zum Thema

AIDS. Im großen und ganzen aber bleiben die DDR-Filme so bieder wie manche aus der BRD.

In den sechziger Jahren entstehen vier Filme mit dem Untertitel *Beziehungen zwischen Jungen und Mädchen*. Der erste Film dieser Reihe, *Sagst du's deinem Kinde* (1963), wendet sich an Elf- bis Zwölfjährige. Am Anfang des Films weint ein junges Mädchen, und die Mutter weiß nicht, was los ist. Ein Kommentator bemängelt, daß nur vier Prozent aller Kinder von ihren Eltern aufgeklärt werden. Bei einer Diskussion an einem Elternabend treten viele veraltete Ansichten zutage. In der Schule klärt ein Junge die anderen auf, doch der O-Ton ist weggedreht. Das junge Mädchen fragt seine Oma nach der Periode, doch die Oma sagt: »Darüber spricht man nicht!« In der Schule bemerkt die Pionierleiterin das weinende Mädchen, das zum ersten Mal seine Periode hatte, tröstet es und spricht dann auch mit Mutter und Oma. Der Kommentator mahnt: Eltern sollen auch in alltäglichen Dingen Vorbild sein. Junge Pioniere singen ein Lied, veranstalten Gesellschaftsspiele, bei denen auch geküßt wird. Fallbeispiel Anita und Peter: Er will ihr morgen beim Wandertag den Rucksack tragen, schreibt ihr einen Zettel. Der Kommentator sagt: »Geschlechtserziehung ist Charakterbildung.« Zum Wandertag: »Im Spiel den Sinn der Arbeit und in der Arbeit den Sinn des Lebens entdecken.« Anitas Vater mault über ihre »ewige Kämmerei«. Die Mutter sagt, sie sehe es gar nicht gerne, daß Anita so viel mit Peter zusammen ist: »Das schickt sich nicht.« Der Vater findet einen »Liebesbrief«, und der Kommentator warnt davor, das Vertrauen zu den Kindern zu zerstören: »Wir müssen Kinder ernst nehmen wie Erwachsene.«

Der zweite Teil, *Weil ich kein Kind mehr bin* (1964), wendet sich, wieder mit einigen Spielepisoden, an die pubertierende Jugend. Der Kommentar erinnert daran, daß Jugendliche »im komplizierten Alter von 13 bis 16 reifer sind, als wir denken« und daß »ihr Bedürfnis nach Liebe stärker ist, als wir ahnen«. Die 14jährige Sylvia probiert ihre »weiblichen Waffen« aus, aber das bleibt alles ganz harmlos. Lilo und Bernd haben schon eine feste Freundschaft. Bernds Vater spricht von Verantwortung, bittet seinen Sohn, behutsam mit dem Mädchen umzugehen. Lilos Mutter dürfe aber nichts wissen, sagt Bernd, und dann werden drei Möglichkeiten durchgespielt: 1. Die Mutter verbietet den Umgang, Lilo und Bernd treffen sich heimlich. 2. Die

Mutter spricht mit dem Lehrer, der ihr sagt, ihre Befürchtungen seien grundlos, die Beziehung sei »sauber«. 3. Bernd besucht Lilos Mutter und bringt Blumen für sie mit. Ein anderer Junge erklärt einem Mädchen, er wolle nicht nach Hause gehen, weil es Knatsch gebe. Der Kommentar weist darauf hin, daß Härte genauso falsch sei wie Vertrauensseligkeit. Ein Mädchen und ein Junge fahren mit dem Motorrad in den Wald, aber dann will das Mädchen wieder nach Hause, und der Kommentar warnt vor übertriebener Eitelkeit. Am Ende tritt in einem Ferienlager ein Parteifunktionär als Berater auf und verweist auf »das Glück, das in der Leistung für die Gemeinschaft liegt«.

Der dritte Teil mit dem Titel *Partner* (1965) spricht 16- bis 20jährige an. In zwei Spielepisoden ohne Kommentar wird eine scheiternde Ehe gezeigt (der Mann trinkt und schlägt seine Frau) und eine scheiternde Freundschaft, weil beide nicht treu bleiben, während der Mann als Matrose seinen Wehrdienst leistet und die Frau sich im Beruf hocharbeitet. Ein Oberleutnant spricht einmal von »moralischer Kleinbürgerei«. Im vierten Teil (*Keine Scheu vor heiklen Fragen,* 1965) geht es wieder um die Jüngsten; allerdings wendet sich der Film eher an die Eltern, um ihnen zu zeigen, wie sie die Vorgänge um Zeugung und Geburt erklären können: Ein Lehrer macht Rollenspiele mit seinen Schülern, zeigt ihnen schematische Darstellungen auf Dias, eine Mutter spricht mit ihrer Tochter über die inneren weiblichen Organe und die Regelblutung, ein Vater mit seinem Sohn darüber, wie Kinder gemacht werden. Am Ende erklärt der Kommentar: »Es liegt an uns, Kinder mit ethischem Wertgefühl für die künftige Liebe auszustatten.«

Zweierlei fällt dem westlichen Betrachter dieser (Schwarzweiß-) Filme aus den sechziger Jahren auf: Zum einen finden sich sozialistische Propaganda und Indoktrination nur punktuell, und zum anderen erinnert die gelegentlich naive Betulichkeit stark an die Atmosphäre der fünfziger Jahre. Anfang der achtziger Jahre produziert das DHM eine Reihe von ganz sachlichen Kurzfilmen, bei denen die Titel schon unmißverständlich klarmachen, worum es geht: *Geschlechtskrankheiten* (1982), *Geschlechtsorgane* (1983) und *Schwangerschaft und Geburt* (1983). Diese Filme wiederum erinnern in Machart und Inhalt an das, was Bundesrepublikaner schon Ende der sechziger Jahre in den Kinos sehen konnten.

Sieht nach sozialistischem Realismus aus, stammt aber aus dem Westen: Szene aus ›Wie sag ich's meinem Kinde‹

Der »beliebteste« und am häufigsten angeforderte Film des DHM stammt ebenfalls aus dem Jahr 1983 und trägt den Titel *Mann und Frau intim.* Er zeigt Spielszenen mit einem Ehepaar, das seit zwei Jahren verheiratet ist; die Szenen werden von einem Ehe- und Sexualberater kommentiert. Offizieller Begleittext zum Film: »Anliegen des Films ist die Aufklärung über den hohen Wert ungetrübter sexueller Beziehungen für Gesundheit und Wohlbefinden. Viele der dabei möglichen Probleme – von den meisten Menschen noch als ›Tabu‹ betrachtet und behandelt – werden offen ausgesprochen; dabei bleibt die Bildsprache sauber und kann normal denkende und empfindende Menschen nicht verletzen.«

Im einzelnen sieht das so aus: Zu Überblendungen von Stand-
fotos hören wir die Stimmen der (noch jungen) Eheleute aus
dem Off, die berichten, daß sie anfangs nicht so gut harmoniert
hätten. »Irgend etwas stand zwischen uns«, sagt sie. »Ich war un-
konzentriert und unsicher im Betrieb«, sagt er. Ein Zwischentitel informiert, daß es um sexuelle Probleme geht, die in jeder
zweiten Ehe auftreten. Mutter, Tochter und Hund baden. Dann
gibt es Abendbrot. Sie redet mit sich selbst vor dem Spiegel,
denkt an OrgasMUSS, streichelt ihre Brüste. Am nächsten Morgen redet er mit sich selbst: »Jetzt müßte man Zeit haben ...
Wenn ich mir's vornehme, dann tut sich bei mir nichts.« Er halluziniert sie nackt hinter einer Scheibe. Der Berater sagt: Man
muß Übereinstimmung anstreben bei sexuellen Bedürfnissen.
Beim Renovieren der Wohnung fragt er seine Frau, ob sie sich
gleichberechtigt fühle. Ob jetzt das Thema »Der Orgasmus der
sozialistischen Frau« aufs Tapet komme, fragt sie zurück. Er
meint, etwas stimme nicht im Bett, und das läge am Rollenverhalten. Sie kontert, im Bett genüge sie ihrer ehelichen Pflicht. Er
regt sich über das Wort Pflicht auf; er will, daß es schön ist für
beide. Sie habe selten einen Orgasmus, sagt sie. Der Berater
spricht über das Rollenklischee der passiven Frau. Er (der Ehemann) tapeziert die Decke. »Was ist schön für dich?« fragt er.
»Deine Nähe, wenn du mich streichelst«, antwortet sie. »Und
mein Glied?« – »Eigentlich nicht.« Darüber ist er erstaunt. Die
Tapete fällt von der Decke.
Der Berater: Beide wollen Gefallen finden an bestimmten Vari-
anten des Sexuallebens. Die beiden rollen einen Teppich aus.
»Ich kuschel mich gern an dich«, sagt sie. Sie zeigt ihm ein Buch
über indische Kultur mit Abbildungen verschiedener Stellungen
beim Sexualakt. Dabei sprechen sie über Rollentausch. Der Berater erläutert, das Sexualverhalten sei einem starken kulturellen Wandel unterlegen. Frauen wollten heute mehr Zuwendung
und Zärtlichkeit. Ohne gegenseitige Achtung auch im Bett gebe
es kein Optimum an Beglückung. Männer wüßten oft nicht, daß
die Klitoris bei vielen Frauen wichtiger als die Scheide sei. Und
man müsse auch nicht unbedingt »in einem Arbeitsgang« zur
Befriedigung kommen. Das Ehepaar badet zusammen, und sie
sprechen über ihre jeweiligen Bedürfnisse. Dann gehen sie ins
Bett und spielen mit einer Pfauenfeder.
Also: Nichts Neues im Staate Ulbrichts und Honeckers. Jeden-

falls nicht in Sachen sexueller Aufklärung. Allerdings packt man Ende der achtziger Jahre hintereinander Themen an, die immer noch mit einem gewissen Tabu behaftet sind. *Mit 15 schwanger?* (1987), *Homosexualität – Die andere Liebe* (1988) und *L. o. A. – Liebe ohne Angst* (1989) heißen die drei Filme unterschiedlichen Inhalts, die sich aber stilistisch gleichen: Bevorzugt werden Befragungen unter Jugendlichen und Betroffenen sowie Diskussionen mit Experten. Das hat den Vorteil, den Anschein des »Authentischen« und »Realistischen« zu besitzen, und tatsächlich blitzt gelegentlich etwas durch von den Befindlichkeiten der sozialistischen Jugend.

Der Begleittext zum Film *Mit 15 schwanger?:* »Zielgruppe 13- bis 15jährige, Sexualerziehung. Im Mittelpunkt stehen Mittel und Methoden der Empfängnisverhütung (Pille, Kondome). Weiterer wichtiger Schwerpunkt sind die aus einer Frühschwangerschaft resultierenden Probleme. Die Aussage des Films paßt in die vom DHM vertretene Strategie ›Wissen, Können, Handeln‹; begrüßt wurde, daß Ratio und Gefühl gleichermaßen angesprochen sind und der spontane Charakter der Äußerungen Jugendlicher. Bei der Bewertung des Films seitens des DHM wurde auch auf den deutlich anklingenden Hinweis auf das Gefühl der Verantwortlichkeit der Partner füreinander verwiesen.«

Das Thema AIDS und Schutz durch Kondome, das in *Mit 15 schwanger?* schon einmal kurz angesprochen wird (»eine ernste Angelegenheit«), wird im Wendejahr 1989 in *L. o. A. – Liebe ohne Angst* ausführlich behandelt. Ein junges Mädchen führt durch den Film. Sie sei gebeten worden, an einem Film über AIDS mitzuwirken, erklärt sie, obwohl sie sich selbst nicht betroffen fühle. In einer Disco fragt sie Besucher, ob sie sich vor AIDS schützen: Die meisten halten das schlichtweg nicht für nötig. »Meine Olle ist sauber«, lautet die prägnanteste Äußerung eines Jünglings. Das Mädchen sagt: »Leben und lieben ohne Risiko kann ich mir nicht vorstellen.« In einem Krankenhaus spricht sie mit einem Dozenten, der auf Beratungsstellen verweist. Sie erklärt ihre Scheu vor Tests, der Dozent sichert Anonymität zu. Er betrachtet AIDS auch als Geschlechtskrankheit und stellt Verhaltensänderungen fest, zum Beispiel den verstärkten Gebrauch von Kondomen. In einer Apotheke kauft das Mädchen Kondome. Sie besucht den AIDS-Gesprächskreis

»Courage«. In einer Diskussion geht es um Ansteckung und Prävention. Man übt die Benutzung von Kondomen. Die Teilnehmer äußern sich zum Für und Wider. Das Mädchen denkt über die emotionalen Seiten der Sexualität nach und über sexuelle Verantwortung: Das müsse man erst lernen. Sie sagt, es sei schwer gewesen, einen Infizierten zu finden, der vor der Kamera reden wollte: aus Angst vor Diskriminierung. Ein Mann, der im Schatten sitzt, macht es, um zu warnen: Die Krankheit sei nichts Anstößiges, aber Schutz sei nötig. Und: Es sollte schon wahre Liebe sein, wenn man sich mit jemandem einläßt. Am Ende sitzt das Mädchen am Schneidetisch und fragt sich, was wirklich wichtig für sie sei. Liebe ohne Angst. Leben ohne Angst. Die Utopie der neunziger Jahre?

Nach der Wiedervereinigung von BRD und DDR entgeht das Deutsche Hygiene Museum zumindest einer Totalabwicklung und ist heute eine Institution des Bundeslandes Sachsen. Dennoch müssen viele Mitarbeiter gehen, und die Moulagen-Herstellung zum Beispiel wird ausgelagert. Geblieben ist die Beschäftigung mit dem Thema AIDS: zum einen in Form einer permanenten Ausstellung, zum anderen durch die Produktion eines zweiminütigen AIDS-Präventions-Spots Anfang 1993 mit dem Titel *Lust-Raum*. Der im April 1993 in Sachsen uraufgeführte Spot entsteht unter der Leitung von Wolfgang Kissel und C. Cay Wesnigk, die 1991 schon bei der Dokumentation *Kinder, Kader, Kommandeure* zusammengearbeitet haben – einer höchst informativen und aufschlußreichen Kompilation aus DDR-Propagandafilmen. Als Autor und Regisseur verpflichten die beiden Produzenten den Dresdner Filmemacher Matthias Runge.

Am 8.1.1993 berichtet Lutz Bittner in der *Dresdner Zeitung:* »Seit Anfang der Woche produziert die Wesnigk/Kissel Filmproduktion Hamburg/Dresden im Auftrag des Deutschen Hygiene Museums einen Kinospot zur AIDS-Prävention. ›Anknüpfend an die lange Tradition gesundheitlicher Aufklärung, die das Haus hat, betätigen wir uns damit erstmals nach der Wende wieder als Auftraggeber für Filme‹, kennzeichnete gestern Museumsdirektor Martin Roth das Ereignis als wichtigen Schritt in der Entwicklung seiner Einrichtung. Bezeichnenderweise sei eine der letzten Auftragsarbeiten im Wendejahr 1989 noch ein Dokumentarfilm über AIDS gewesen.

Die Initiative für das Vorhaben ging vom Projekt AIDS-Prävention Sachsen aus, das unter dem Dach des Hygienemuseums seine Büros hat. Sozialarbeiter Uwe Tüffers war bei der Sichtung der auf dem Markt befindlichen Spots zum Thema zu dem Schluß gekommen: ›Die sind oft zu plakativ und zu stark auf Zielgruppen und Milieus fixiert.‹ Ein breites Kinopublikum greife man damit nicht. ›Mit diesen Spots bleibt zu vielen Zuschauern die Möglichkeit offen, sich aus der Affäre zu ziehen und zu sagen, das betrifft mich nicht‹, meinte er. In Matthias Runge lernte Tüffers im Frühjahr vorigen Jahres einen jungen Dresdner Filmemacher kennen, von dem er sich ansprechende filmästhetische Formen versprechen durfte. Runge, Absolvent der Dresdner Kunsthochschule, hatte auf dem letzten Dresdner Filmfestival mit seinem Kurzfilm ›Die Lagerstatt‹ einiges Aufsehen erregt und war dafür mit dem begehrten Dresdner Publikumspreis geehrt worden. In diesem Streifen hatte er das blut-, sex- und machtträchtige Schlafzimmerdrama Richard III. ganz ohne handelnde Personen inszeniert. Statt deren agieren nichts als trickbewegte Gegenstände. ›Ein solches filmisches Herangehen schafft künstlerische Assoziationsräume, durch die der Zuschauer aktiviert wird, die er mit seinen Erfahrungen ausfüllen muß. So ohne weiteres kann er da nicht ausweichen‹, plädierte Runge für ähnliche ästhetische Formen auch im Fall des neuen AIDS-Spots.

›Die Alternative dazu‹, sind sich Tüffers und Runge einig, ›wäre nur ein richtig anmachender Kondom-Porno gewesen.‹ Aber den hätte man schließlich nicht in die Kinos bekommen. Von der Form, für die sie sich statt dessen entschieden, waren schließlich auch der Hamburger Dozent an der Dresdner Kunsthochschule Wolfgang Kissel und der Hamburger Filmemacher Cay Wesnigk so begeistert, daß sie sich bereit erklärten, den Film zu produzieren.

Gearbeitet wird nur im Atelier, in den Räumen des Hygiene Museums. Und das etwa mit einem Sechstel des Budgets, das sonst für andere Kinowerbespots in gleicher Länge beansprucht wird, wie die Produzenten versichern. Die 20 Akteure und Techniker sind voll bei der Sache. In den Produktionsräumen liegen Schlafsäcke, auch von Dresdnern, die zwischen Mitternacht und Arbeitsbeginn um acht Uhr morgens nicht mehr nach Hause wollen. Schon im Frühjahr soll der Spot in die sächsischen Kinos. Thüringen und Sachsen-Anhalt haben bereits ihr Interesse angemeldet.«

In *Lust-Raum* werden in sich durch Trickaufnahmen rapide verändernden Kulissen ganz kurze Szenen schlaglichtartig angerissen: Auf Freier wartende Prostituierte, zwei Männer und ein Mädchen am Strand, zwei Männer unter der Dusche, sich küssende Jugendliche (Mädchen und Jungen) signalisieren Austauschbarkeit von Räumen und Rollen. Am Ende »lieben sich« zwei animierte Bettdecken, und dann erscheint an einer Wand die Schrift »AIDS«.

Eine männliche Off-Stimme sagt: »Über Moral kann man streiten, zu Safer Sex gibt es keine Alternative.« Am Ende steht noch weiß auf schwarz: »Kondome schützen«.

Mit dem Ende der achtziger Jahre geht auch die filmische Aufklärung (mit Ausnahme der AIDS-Präventions-Spots) auf öffentlichen Leinwänden zu Ende. Von hier an übernimmt – wie in so vielen anderen Bereichen des (alltäglichen) Lebens – die Elektronik die Kommunikationsfunktion. Das wird im nächsten Kapitel thematisiert. Deshalb sei an dieser Stelle kurz der Bogen zum Anfang dieses Buches geschlagen.

Zweimal benutzt Poonjaji die Metapher der Leinwand, um das Unbeschreibbare zu beschreiben und das Unerklärbare zu erklären. Diese beiden Zitate sollen am Ende dieses vorletzten Kapitels stehen, mit dem die Betrachtung des deutschen Aufklärungsfilms vorläufig abgeschlossen ist. (Das nächste Kapitel beschäftigt sich, abgesehen von einem Exkurs in Sachen Video-Aufklärung, mit der Gegenwart.)

»Stadien (zum Beispiel von Bewußtheit und Schlaf, Anm. d. A.) laufen vor dir ab, wie Bilder auf einer Leinwand ablaufen. Die Leinwand ist inaktiv und verändert sich nicht. Wo immer es Bewegung gibt, muß es etwas geben, das sich nicht bewegt. Identifiziere dich mit der Leinwand selbst. Du bist die Leinwand oder das Substratum, auf denen diese Stadien erscheinen. Und die Leinwand bleibt ungesehen. Wenn du etwas siehst, bleibt die Leinwand ungesehen; wenn du die Leinwand siehst, wird nichts gesehen. Wenn man die Leinwand sieht, sieht man die Bilder nicht. Wenn du wach bist, siehst du die Projektionen von Name und Form nicht. Wo immer du Name und Form siehst, siehst du die Realität nicht.« (S. 34)

»Die ultimative Wahrheit ist, daß nichts geschehen ist und

Kein schlechtes Motto: Szene aus dem Film ›Libido‹

nichts jemals geschehen wird! Ob du das glaubst oder nicht glaubst, die Wahrheit ist nicht betroffen. Wenn du es aus Erfahrung kennst, wird es dir helfen, glücklich zu sein. Solange es Veränderung gibt, muß es etwas Unveränderliches geben, um die Veränderung zu beobachten. Ohne Leinwand kann es keine Bilder geben, die sich auf ihr bewegen. Die Leinwand ist unveränderlich, der Film ändert sich ewig. Wo immer es Veränderung gibt, muß es ein Substratum von Unveränderlichkeit geben. Das ist deine eigene Natur. Darauf werden Körper, Geist und alle Phänomene projiziert.« (S. 91)

KAPITEL 10

Heute (Es gibt keine Zukunft, es gibt nur diesen Moment): »Sex – Lust und Leben« oder »AIDSIDA«

Damit keine Mißverständnisse aufkommen: Es soll hier nicht der Frust der »Null Bock – No Future«-Generation wiederbelebt werden. Die Überschrift des Kapitels bezieht sich nur darauf, daß wir (wie schon gesagt) uns und anderen so viel Leiden schaffen, weil wir dauernd Erfahrungen aus der Vergangenheit in eine imaginäre Zukunft projizieren – statt unser Augenmerk auf den Augenblick zu richten, denn alles andere ist Energieverschwendung. Ein abschließendes Wort zu all diesem esoterischen »Quatsch« findet sich übrigens im Nachwort.

Auch wenn Aufklärung heute im Kino kein Thema mehr ist, so ist das letzte Wort darüber noch lange nicht gesprochen. Jede neue Generation muß die Geheimnisse des Sex und die Schönheit der Liebe (sowie vice versa die Schönheit des Sex und die Geheimnisse der Liebe) für sich neu entdecken. Schützenhilfe gibt es heute dazu von den elektronischen Medien: Aufklärung per Kauf- oder Leihkassette aus der Videothek. Da die Elektronik bis ins Schlaf-, Wohn- und Arbeitszimmer vordringen kann und vorgedrungen ist, hat die sexuelle Aufklärung per Video heute schon eine größere Bandbreite erreicht als seinerzeit die Aufklärung per Kino: Es finden sich nicht nur Programme, die gezielt Heterosexuelle und Homosexuelle ansprechen, sondern auch solche für Kinder. Wer sich als Mutter oder Vater für letztere entscheidet, kann schon seinem fünfjährigen Sohn oder seiner fünfjährigen Tochter »einschlägige« Videos zeigen.

Drei davon, jeweils 30 Minuten lange Trickfilm-Kassetten, bietet die Beratungsgesellschaft Profamilia an: *Wo komm' ich eigentlich her?* ist ein Aufklärungsfilm für Kinder ab fünf Jahren; *Was ist mit mir los?* behandelt für Kinder ab zehn Jahren die seelischen und körperlichen Veränderungen in der Pubertät; und in *Verliebt, verlobt, verheiratet – geschieden* geht es für Kinder ab fünf Jahren um das Thema Trennung und Scheidung der Eltern. Die aus Australien stammenden Animationsfilme sind sehr pfiffig gemacht und sorgfältig deutsch bearbeitet. Mit *Wo komm' ich eigentlich her?* habe ich mit meiner siebenjährigen Tochter die Probe aufs Exempel gemacht. Sie war begeistert – obwohl sie alles schon wußte, was im Film geschildert wird. Da erfährt man zum Beispiel auf witzige Weise, wo die Babys nicht herkommen: Papa hat es nicht in seinem Bierglas gefunden, Mama hat es im Krankenhaus nicht mit dem Mittagessen serviert bekommen, und es ist nicht an einem regnerischen Tag von der Katze gebracht worden. Der Befruchtungsvorgang wird als Schwimmwettbewerb der Spermien gezeigt, bei dem der »Gewinner« die freudig wartende Ei-Dame umarmen darf. Und den Geschlechtsakt (samt Orgasmus) stellen stellvertretend zwei Katzen dar, die sich heftig aneinander reiben. An diesem intelligent gemachten Zeichentrickfilm, der meilenweit entfernt ist von der drögen deutschen Art, hat man auch als Erwachsener noch seine Freude.

In *Was ist mit mir los?* dient unter anderem ein Flipper-Automat dazu, die Entwicklungen während der Pubertät zu visualisieren. Nach dem Motto »Ladies First« wird zuerst ein Mädchen und danach ein Junge in einer Kugel auf die Reise geschickt, während der Off-Kommentator die verschiedenen Stadien der Pubertät erläutert: »Erwachsene sagen jetzt oft zu dir: Du bist in der Pubertät. Auch wir haben diese Jahre als eine Zeit voller schwieriger Fragen in Erinnerung. Sicher wirst du wissen, daß du dich jetzt von einem Kind zu einem Erwachsenen entwickelst. Na klar. Jetzt verändert sich dein Körper so, daß du, wenn du willst, Kinder bekommen kannst. (...) Wenn du erst fünf oder sechs Jahre alt bist, kannst du noch keine Babys bekommen. In dem Alter kannst du noch gar nicht auf sie aufpassen und dich um sie kümmern. Der Wachstumsprozeß verteilt sich auf mehrere Jahre, eben die Jahre, in denen du dich jetzt gerade befindest – die Pubertätsjahre. Die Pubertät kann schon beginnen, wenn du acht oder neun Jahre alt bist, oder erst wenn du zwölf oder dreizehn bist. Das ist verschieden, denn wir alle wachsen unterschiedlich schnell. So mache dir also keine Sorgen, wenn du dich nicht zur gleichen Zeit veränderst wie deine gleichaltrigen Freunde oder Freundinnen, und erwarte nicht, daß alle Veränderungen auf einmal passieren. (...)

Die erste Phase der Pubertät: Deine Brüste und Brustwarzen verändern sich und beginnen zu wachsen. Und auch die Schamhaare, und deine Hüften werden etwas breiter. Während der zweiten Phase kann es sein, daß du nicht so schnell in die Höhe schießt, weil dein Körper noch vieles zu tun hat. Die Brüste sind jetzt größer, und die Schamhaare sind zahlreicher geworden. Jetzt ist mit deinen Gefühlen genauso viel los wie mit deinem Körper. Du interessierst dich für Jungen, und die interessieren sich vielleicht auch für dich. Körperlich bist du jetzt eine junge Frau und kein Mädchen mehr. Während sich deine Gefühle entwickeln und verändern, ist dein Körper dabei, erwachsen zu werden. Mädchen entwickeln sich meistens früher als Jungen, aber wie du gleich siehst, kommen Jungen auch dahin.«

Im Folgenden wird die Rolle, die weibliche und männliche Hormone bei der Entwicklung spielen, ebenso erläutert wie Regel und Stimmbruch sowie die Onanie, die hier – versteht sich – keineswegs verteufelt wird. »Down Under« ist man in Sachen (Kinder-)Aufklärung ganz obenauf.

An eine ganz andere, aber ebenso präzise definierte Zielgruppe wendet sich der Berliner Filmemacher Wieland Speck. Mit einer Reihe von auf Video produzierten Kurzfilmen (zwischen vier und 24 Minuten Länge) wendet er sich an Homosexuelle. Speck selbst definiert seine »Safer Sex Promotion Videos« so: »Schwule Porno-Beispiele, um sexuelle Verhaltensänderungen zu unterstützen, die zur Unterbrechung der Infektionskette mit HIV beitragen.« Damit die Filme ihre Adressaten auch erreichen, hat Speck Pornofilm-Produzenten überredet, die Kurzfilme *Mach Freunde mit Gummi I* und *II, Mehr als nur einen* und *Übung macht den Meister* als »Vorfilme« vor ihre Schwulen-Pornos zu hängen. Zwei längere Filme (*Gay TV* und *Porno 90*) sind zum Einsatz in Safer-Sex-Workshops, Beratungsgruppen und bei anderen Informationsanlässen gedacht. *Porno 90* liegt auch in einschlägigen Videotheken aus und kann kostenlos mitgenommen werden. Bezogen werden können die Filme über die Deutsche AIDS-Hilfe in Berlin, in deren Auftrag sie entstanden sind.

Hier Wieland Specks Erläuterungen zu den einzelnen Videos; *Mach Freunde mit Gummi I:* »Kann vor jeglicher Art Porno eingesetzt werden. Zeigt, daß es unwichtig ist, mit wem, wann oder wo man Sex macht: Was zählt ist, daß es safer passiert.« *Mach Freunde mit Gummi II:* »Langversion von I. Zeigt, wie man das Gummi drauf- und hinterher dann wieder runtermacht.« *Mehr*

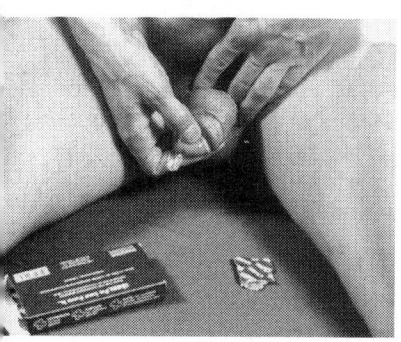
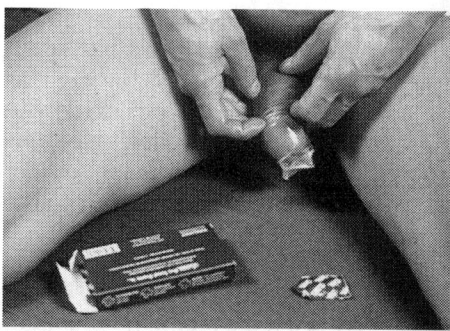
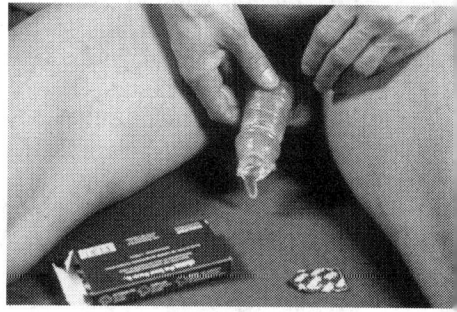

Nicht nur für Schwule wichtig: Safer Sex, denn Kondome schützen; im Aufklärungsvideo ›Sex – Lust und Leben‹ wird die Handhabung von Gummis demonstriert

als nur einen: »Zeigt, daß man ein Kondom erst *besorgen* muß, bevor man es benutzen kann – und daß es wichtig ist, *mehr als eines* dabeizuhaben. Zum Beispiel falls man es *mehr als einmal* machen will oder eines reißt (Bett-GAU)! Das mag vielleicht auch passiert sein, weil kein Gleitmittel benutzt wurde.« *Übung macht den Meister:* »Um den in Gesprächen oft beklagten Streß in der Anwendung von Präservativen zu mindern, ist es notwendig, seine Anwendung erst einmal alleine zu erlernen! Spiele damit, teste es, gewöhne dich daran ... (Gilt für alle Altersgruppen. Speziell vor französischen oder nordeuropäischen Pornos einzusetzen, da verspielter als die ›Amis‹.« *Gay TV:* »Ein Statement von vier Berliner Künstlern: DETLEV MEIER (Schriftsteller), ESCHI REHM (Komponist), MAX GOLDT (Dichter und Sänger) und ich, WIELAND SPECK (Filmemacher) zeigen mit Hilfe einiger Models alles Wissenswerte über Kondome! Wie man sie anwendet, was für Arten erhältlich sind, welches Kondom man für was benutzt, und Grundlegendes wie: niemals Öl oder

Fett mit dem Gummi zusammen benutzen, etc. Diesem Spot ist der *breiteste Einsatz* zu wünschen. Jeder lernt noch etwas dazu.«

Porno 90: »Dies ist ein ›richtiger‹ Porno, zum Einsatz, wo immer Porno öffentlich eingesetzt wird, um die Präsenz des ›Gummis‹ auf den Leinwänden zu erhöhen. Er zeigt wieder, daß es keine Rolle spielt, wo, mit wem oder mit wie vielen man Sex macht, sondern daß es einzig darauf ankommt, daß man es *safer* macht.«

Wie diese Beschreibungen schon ahnen lassen, kennt Wieland Speck keine Berührungsängste: Visuell geht es in den Videos unverzüglich unverblümt zur Sache. Zum Beispiel in *Mach Freunde mit Gummi:* Da fällt einem Mann auf der Straße die Einkaufstüte runter, aus der auch ein Kondom kullert; ein zweiter Mann kommt dazu und fragt: »Kann ich dir helfen?« Nach der Gegenfrage »Jetzt gleich?« wird schon in der nächsten Einstellung ein Kondom über einen Schwanz gezogen. In *Übung macht den Meister* demonstriert ein gutgebauter Mann in der Küche auf der Waschmaschine, was man mit Kondomen so alles anfangen kann. *Gay TV* ist die muntere Parodie einer TV-Info-Show: Da läßt ein korrekt gekleideter Moderator seine nackten männlichen Models verschiedene Arten von Kondomen in der praktischen Anwendung vorführen, und unter anderem lernt man auch die »blaue Mauritius unter den Kondomen« kennen, ein tschechisches Produkt, dessen Verpackung eine Biene ziert, die sich gerade auf dem Weg in eine Vagina befindet.

In *Gay TV* kann man auch dabei zuschauen, wie ein Mann einem anderen das Präservativ mit dem Mund über den Schwanz zieht: Wieland Speck nennt die Dinge beim Namen und zeigt sie her. Es hätte wohl auch wenig Sinn, wenn er seiner Klientel ein X für ein U vormachen wollte. Seine Videos sind ein gutes Beispiel dafür, wie heute konkrete Aufklärung für eine klar definierte Zielgruppe aussehen kann.

An die große Zielgruppe erwachsener heterosexueller Paare wendet sich das dreiteilige Video-Aufklärungsprogramm *Sex – Lust und Leben.* In dieser deutsch-holländischen Produktion fungieren die Psychologin und Sexualwissenschaftlerin Karin Désirat und der Sexualpädagoge Frank Herrath als Moderatoren, während ein holländisches Pärchen die angesprochenen Dinge in der Praxis zeigt. Die beiden Moderatoren sitzen zwar brav auf einem Sofa, aber sie nehmen kein Blatt vor den Mund.

Und wenn die beiden für die Praxis zuständigen Akteure auftreten, wird auf die Weichzeichner, Unschärfen, Schattenspiele und sonstigen Mätzchen, mit denen man in seligen Kolle-Zeiten verhüllte, was man nicht unverblümt zeigen durfte, gänzlich verzichtet. Hier stehen Schwanz und Brustwarze steif und unzensiert vor dem Betrachter, bieten sich ihm ungehinderte Blicke auch auf die primären weiblichen Geschlechtsorgane.

In den Beratungsprogrammen *Weibliche Sexualität* (68 Minuten), *Männliche Sexualität* (78 Minuten) und *Sexuelle Partnerschaft* (80 Minuten) sowie in einem Begleitbuch werden zahlreiche Themen, vom Kuß bis zum Kondom, von der Onanie über den Oralverkehr bis zum Orgasmus, offen angesprochen und ebenso gezeigt. *Weibliche Sexualität* zum Beispiel bietet folgende Kapitel: »Selbst-Bewußtsein und Selbstbefriedigung – Selbstentdeckung gegen falsche Scham«; »Körpergefühl und erotische Phantasien«; »Seelische und körperliche Ursachen für Orgasmusschwierigkeiten und die Möglichkeiten ihrer Überwindung«; »Sexuelle Vielfalt ist möglich – allein oder in der Partnerschaft: Stellungen, Kreativität und Sinnlichkeiten«.

Die Abteilung *Männliche Sexualität* beginnt, nachdem sich Karin Désirat (KD) und Frank Herrath (FH) vorgestellt haben, folgendermaßen: »KD: Sie schauen sich dieses Programm an, weil Sie neugierig sind, mehr über männliche Sexualität zu erfahren. Oder Sie haben eine spezielle Frage. Als Mann vielleicht, woher Ihre Erektionsschwierigkeiten kommen. Als Frau womöglich, ob das Zu-früh-Kommen Ihres Partners natürlich ist. FH: Dieses Programm ist für heterosexuelle Paare gedacht. Es gibt viele gute Gründe, diese Kassette anzusehen – als Mann. KD: Und als Frau. Natürlich können Sie sich das Programm auch gemeinsam ansehen oder es sich gegenseitig empfehlen. Sexualität ist eine Möglichkeit der Kommunikation. Was ein Mensch tut, beeinflußt die Reaktionen des anderen, auch bei Problemen. FH: Wenn ein Mann Erektionsschwierigkeiten hat, können die Reaktionen seiner Partnerin dazu beitragen, daß sich seine Schwierigkeiten verstärken oder verringern. Es kann gar nichts schaden, wenn Sie als Mann das Programm Ihrem besten Freund empfehlen und Sie gemeinsam darüber reden. (...) FH: Männliche Sexualität ist vielfältig. Sie besteht keineswegs nur aus einem schnellen heftigen Koitus und ein bißchen Masturbation mit gelegentlicher Unterstützung durch Sex-Hefte.

Das Bild des immer potenten, immer zur Sexualität bereiten Sexualroboters Mann ist belastend und unrealistisch. Daß Frauen im Laufe der letzten Jahre deutlicher aussprechen, was sie sexuell wollen und ablehnen, schafft für viele Männer neue, ungewohnte Schwierigkeiten, aber auch Chancen. KD: Nach anfänglicher Irritation freunden sich einige damit an, daß das sexuelle Zusammenspiel zwischen Frau und Mann weniger einseitig ist, spannender wird. Andere wünschen sich Zeiten zurück, in denen es in allen Belangen nur nach dem ging, was der Mann wollte. Viele haben Schwierigkeiten, mit den sich verändernden Bedingungen klarzukommen, und reagieren zum Beispiel mit Erektionsschwierigkeiten. FH: Sie können es nicht genießen, daß ihre Frau sexuell aktiv ist. Sie haben Angst, das Recht auf Bestimmen, was gemacht wird und was nicht, partnerschaftlich zu teilen. KD: Wir möchten Sie ermuntern, sexuelle Gleichberechtigung als Gewinn zu empfinden. Sexualität ist befriedigender, wenn Männer und Frauen ihre Stärke aus Selbstbewußtsein, Phantasie und gegenseitiger Achtung gewinnen. Aus Herrschaft, Angst und Beharren auf überkommenem Rollenverhalten erwächst nichts, was uns kräftigt. FH: Daß männliche und weibliche Sexualität verschieden sind, macht das Leben spannend – und manchmal schwierig.

KD: Von männlicher Sexualität ist in diesem Programm die Rede. Von dem Unterschied zwischen Impotenz und Erektionsproblemen, vom vorzeitigen Samenerguß, von Versagensangst, Masturbation und den Möglichkeiten, ein guter Liebhaber zu sein. Von sexuellen Wünschen, von den Wonnen der Hingabe, gerade auch als Mann. FH: Sie werden einem Paar zusehen können, das Sexualität lebt. So eine Gelegenheit ist nicht gerade alltäglich. Das, was Sie in Pornofilmen sehen können, hat mit diesen Szenen recht wenig zu tun. Durch diese Szenen werden Sie besser verstehen, was wir Ihnen sagen wollen. Auf keinen Fall ist das, was Sie von uns hören und was Sie sehen werden, als strenges Trainingsprogramm gedacht, an dessen Ende ein Sex-Diplom vergeben wird. KD: ›Sex – Lust und Leben‹ ist vielmehr ein Angebot zum Nachdenken und zur Übersetzung in das eigene Leben. Mit Patentrezepten würde dem sexuellen Erleben nur die Vielfalt ausgetrieben und manche Überraschung, die ja durchaus angenehm ausfallen kann.«

Unter anderem »von den Möglichkeiten, Sexualität lustvoller zu

Kein Blatt vor dem Mund und kein Weichzeichner auf der Linse:
Bei dem Video ›Sex – Lust und Leben‹ aus dem Jahr 1992, das ab
16 Jahren freigegeben ist, kann von einer Mogelpackung keine Rede
sein, wie diese Fotos belegen

gestalten« handelt der Titel *Sexuelle Partnerschaft*. Dort erfährt man Detailliertes zum Beispiel über den Gebrauch von Kondomen und Vibratoren, über oralen Sex, über manuelle Stimulation und über »Sex nach dem Orgasmus«. Es gibt auch den Ratschlag, »mal wieder einfach lustig zu sein«.

Von der FSK ist *Sex – Lust und Leben* übrigens für Menschen ab 16 Jahren freigegeben. Man muß also nicht die Porno-Abteilung der Videotheken aufsuchen, um die Kassetten zu erwerben. Auch wenn die Moderatoren noch immer etwas betulich wirken, auch wenn man manches vielleicht gerne anders formuliert sehen würde, auch wenn zwangsläufig einiges ausgeklammert bleibt, so läßt doch wenigstens der gebotene Anschauungsunterricht keine Unklarheiten, und die Darsteller agieren unverkrampft und ungezwungen. Von einer Mogelpackung kann hier nicht mehr die Rede sein.

Nur eines fehlt in *Sex – Lust und Leben*: der Humor. Das jedenfalls bemängelt Wiglaf Droste in *tip* (5/93): »Daß Ficken, jedenfalls das der erfreulichen Art, viel mit Humor zu tun hat, verschweigt das ›Lust und Leben‹-Video komplett; nette Dinge, wie sie etwa Prinz Charles am Telefon zu seiner Geliebten sagte, daß er nämlich am liebsten ein Tampon sei bzw. als Höschen wiedergeboren zu werden hoffe – schöne Albereien dieser Sorte bleiben bei Sexualwissenschaftler außen vor. Statt dessen pflegen sie einen Tonfall, der so enervierend auf sensibel gestrickt ist, daß man ihn schon sensirrrbel nennen muß.« Der Deutsche hat nun mal etwas Ernstes an sich.

Als ob wir mit unserer eigenen Realität nicht schon genug zu tun hätten, versprechen uns Kommunikationswissenschaftler und Unterhaltungselektronik-Spezialisten für die nahe Zukunft »interaktive Medien«, »virtuelle Realitäten«, »Cyberspace« und sonstige Scherze. Ob es was nützt, werden wir sehen. Zur Zeit liegen noch andere Probleme an. AIDS ist nach wie vor eines von ihnen. Wolfgang Kissel (Ko-Produzent des sächsischen AIDS-Spots *Lust-Raum*) hat sich Gedanken darüber gemacht, wie man neue Wege der Prävention gehen kann. Unter dem Titel *AIDSIDA* (»SIDA« ist die in frankophonen Ländern gebräuchliche Abkürzung für AIDS) hat er ein europaweites Konzept entwickelt: *Euro Prevention – AIDSIDA Prevention via Eurospots*. Mit freundlicher Genehmigung des Autors geben wir hier Wolfgang Kissels Beschreibung des Projekts wieder.

»Im Europa der fallenden Grenzen, nicht nur zwischen Ost und West, und des zunehmenden Reiseverkehrs breitet sich der AIDS-Virus weiterhin ungehindert aus.

Nur eine europaweit koordinierte AIDS-Prävention wird dieser Herausforderung begegnen können: eine einheitliche europäische AIDS-Kampagne, die in einigen EG-Ländern (und deren mittel- und osteuropäischen Anrainern) in Kino und Fernsehen gleichzeitig eingesetzt wird. Die bisherige AIDS-Prävention konzentriert sich auf die Aufforderung, Kondome zu benutzen, ohne aber das schlechte *Image des Kondoms* offensiv anzugehen. Kondome haben etwas Altmodisches, für die GIs des Zweiten Weltkriegs waren sie Vorschrift, ein notwendiges Übel als Bestandteil ihrer Ausrüstung. Die GIs machten Kondome in aller Welt bekannt. Spätestens nach der Einführung der ›Pille‹ als Verhütungsmittel hatten Kondome ausgedient und blieben nur als ein ungeliebtes Relikt der 50er Jahre im Bewußtsein. Was liegt also näher, als diese eher unangenehmen Assoziationen aufzugreifen und in einen positiven Kontext zu stellen, um sie dadurch umzudeuten und aufzuwerten.

Die Idee besteht darin, amerikanische und europäische Filme der vierziger und fünfziger Jahre auf ihre Liebesszenen hin zu untersuchen und das Ungesagte, damals sicher Unsagbare, Stars und Sternchen des klassischen Genrekinos via Synchronisation in den Mund zu legen. Es sind kleine, aber feine Spielfilmausschnitte berühmt-berüchtigter Filmklassiker: Liebesszenen, Bettgeflüster, Partygespräche …

Universelle Filmsequenzen, die jeder kennt oder zu kennen glaubt, die aber durch eine pfiffige Synchronisation in der jeweiligen Landessprache eine neue, unerwartete Wendung erhalten. Berühmten Traumpaaren der Filmgeschichte werden schlüpfrige Dialoge unterlegt, die in die zentrale Frage münden: ›*Hast du ein Kondom dabei?*‹

Flott, frech und frivol sollen sie sein, um das vielfach noch merkwürdige, unangenehme Image des Kondoms (des Gummis) aufzuwerten. *Kondome* werden in den Spots *als selbstverständliche, zeitgemäße* und *einzigartige Verhütungsmittel* propagiert: Schutz vor ungewollter Schwangerschaft, Schutz vor Geschlechtskrankheiten (AIDS etc.).

Das Vertraute, das international Bekannte wird neu gesehen, die Irritation des Zuschauers ist eine dreifache:

1. *Nanu, diesen Film wollte ich mir doch gar nicht anschauen!*
2. *So hatte ich den doch gar nicht in Erinnerung.*
3. *So ›cool‹ sollte ich in solch einer Situation auch mal darüber reden.*

Da die nationalen Eigenheiten und traditionellen Zielgruppen-
orientierungen bewußt ausgeklammert werden und die Spots
sich bekannter Filmstars, also internationaler Stereotypen
(Humphrey Bogart, Marlene Dietrich etc.) bedienen, ist für den
Zuschauer überall in Europa ein individuelles Miterleben und
eine persönliche Identifikation mit dem Gesehenen möglich.
Die Schlußtafel am Ende, z. B.: ›Eine Initiative der Europäischen Gemeinschaft‹ bzw. ›Die EG Gesundheitsminister‹,
könnte inhaltlich mit eingebunden werden. Für einen sinnvollen
ersten Einsatz in mehreren europäischen Ländern wären englische, deutsche, französische, italienische und spanische, aber
auch tschechische und polnische Fassungen des Spots wün-
schenswert.
Im Rahmen einer effektiven, europaweiten Kampagne erscheint es naheliegend, zusätzliche Anzeigen mit Ausschnittver-
größerungen (Stills) aus den Spots zu schalten, die die zentrale
Frage (›*Hast du ein Kondom dabei?*‹) nochmals herausstellen.
Zusätzlich sollte es einen immer wiederkehrenden Musik-Jingle
geben, der im Idealfall aus einer umgetexteten Popsongzeile besteht (z. B.: ›You never walk alone‹ wird zu ›You never walk
without it‹). Die jeweiligen Tonfassungen können so europaweit
auch als attraktive Radiospots eingesetzt werden.
Das Kondom wird als positiver Nostalgieträger begriffen und
zum Kultgegenstand einer aufregenden Epoche stilisiert (›Film
noir‹, Femmes fatales, Spione, Trenchcoats, Gangsterlimousi-
nen etc.). In unterstützenden Maßnahmen könnte dieser Aspekt
durch zusätzliche Werbemittel (*Merchandising:* T-Shirts, Auf-
kleber, Comics etc.), aber auch durch den Einsatz eines ›*Nostal-
gie-Kondoms*‹ (z. B. ein ungefärbtes Naturlatex-Kondom im
fünfmarkgroßen Blechdöschen mit beiliegender Bildgeschichte)
unterstützt werden.
Der Einsatz der Werbemaßnahmen sollte in mehreren europäischen Ländern gleichzeitig im Rahmen einer von Brüssel aus
unterstützten europäischen AIDS-Präventionskampagne erfolgen. Zusätzlich könnten die Spots in verschiedenen internatio-

nalen Funk- und Fernsehsendern (z. B. MTV, EuroNews, Euro-Sport, Super Channel, Arte etc.) und in anderen internationalen Rundfunkdiensten gesendet werden.

Für einen Reisenden innerhalb Europas könnte so die Kampagne überall gegenwärtig bleiben; selbst wenn er der jeweiligen Landessprache nicht mächtig ist, wird ein universelles Verstehen und Wiedererkennen möglich.«

Angesichts der Tatsache, daß die Zahl der HIV-Infizierten, wie am 1.12.1993, dem Welt-AIDS-Tag, bekannt wird, zu diesem Zeitpunkt bei fast 14 Millionen Menschen liegt, daß sich täglich 5000 neu anstecken und daß Studien für das Jahr 2000 bis dahin mit 40 Millionen Infizierten rechnen, scheint Aufklärung in Sachen AIDS nach wie vor dringend angebracht. In einigen anderen Bereichen auch. So vermeldet die Münchener *Abendzeitung* unter der Überschrift »Eine Sechs für Sexualkunde« am 26.4.1991: »Auch nach 15 Jahren Sexualkunde erfahren Schüler das Wichtigste zum Thema Sex nicht im Unterricht, sondern außerhalb der Schule. Dieses Armutszeugnis stellt die Uni Köln der deutschen Sexualerziehung aus. Nur ein Drittel der Schüler kommt überhaupt in den Genuß der kompletten Sexualkunde. Die Lehrer klagen wiederum, ihre Ausbildung zum Thema Sex sei unbefriedigend.«

Also: Das eine oder andere Aufklärerische wäre noch zu tun, ehe eine befriedigende Situation erreicht ist.

Was kann am Ende anderes stehen als am Anfang, was kann das Ende anderes sein als der Anfang? Also: Was kann sonst noch schiefgehen? Wir tun unser Bestes! Dabei brauchen wir doch nur die eine Antwort auf die eine Frage: »Wer bin ich?«

»*Wer bin Ich? Untersuche es*«, sagt Poonjaji. »Beginne mit der Frage selbst. Zuerst untersuche *Wer*. Als nächstes, untersuche *Bin*. Als nächstes, untersuche *Ich*. Wenn du zu dem *Ich* zurückkehrst, wird die Frage verschwinden, und keine Antwort wird dasein. Das ist deine Antwort. Daß keine Antwort die Antwort ist. Der Fluß kehrt an die Quelle zurück, von der er aufstieg – den Ozean –, und verschwindet. Keine weitere Nachforschung, um nach dem Fluß zu suchen, ist nötig. Der Fluß wird die Quelle. Wir alle sind dabei, zur Quelle zurückzukehren. Jeder Satz, den wir sprechen, kehrt zurück. Jede Aktivität ist dabei, sich auf sich selbst zuzubewegen. Du mußt nur aufmerksam sein, und deine Reise wird beendet. Wir sind in der Quelle selbst. Selbst wenn du es nicht versuchst, du bist bereits dort. Treffe diese Wahl. Wähle ›Ich bin frei‹, und du bist frei. Wähle ›Ich bin gebunden‹, und du bist gebunden. Es ist deine Wahl. Du wähltest, gebunden zu sein. Du wähltest zu leiden. Wenn du also die Wahl hast, wähle Glück und Freiheit. Laß es eine gute Wahl der Liebe sein. Wenn alle anderen Wahlen miserabel gescheitert sind und das Ergebnis Leiden ist, sind wir betrogen worden. Also laß uns den anderen Weg gehen. Nichts Bekanntes hat uns bis jetzt dauerndes Glück gebracht. Alles Bekannte ist nicht permanent. Alles, was Name und Form hat, ist nicht permanent. Laßt uns namenlose und formlose Leere versuchen diesmal, in dieser gesegneten Lebensspanne.« (S. 20)

PS: Am Ende seiner Unterweisungen sagt Poonjaji: »So wie ein Vogel keine Spur am Himmel hinterläßt, wenn er fliegt, so hinterläßt die wahre Lehre keine Spur im Gedächtnis. Die Lehre darf keinen Lehrer haben und keinen Studenten. Wenn die Lehre aus der Vergangenheit kommt oder aus dem Gedächtnis oder aus einem Konzept, dann ist es *predigen,* nicht lehren. Diese Lehre war nie. (*Er lächelt und schaut im Raum herum.*) Sie wird nie sein. (*Er macht eine Pause und lacht dann.*) Und sie ist nie.«

Nachwort:
Wir tun unser Bestes

Manchmal, wenn man – wider besseres Wissen – mal wieder eine richtig schwere Depression kultiviert, die definitiv zu nichts führt und die ganz einfach durch etwas Bewegung zu beheben wäre, dann fragt man sich, wozu man sich mit New-Age-Denken, esoterischen Erfolgsmethoden und spiritueller Entwicklung beschäftigt hat und ob man diesen ganzen Quatsch nicht besser schnell wieder vergessen sollte. Eines ist sicher: Solange man nur einen Set von Glaubenssätzen (»Die Erde ist ein Jammertal«) durch einen anderen Set von Glaubenssätzen ersetzt (»Nichts hat etwas zu bedeuten«), hilft das niemandem. So habe ich lange darüber nachgedacht, ob ich die Poonjaji-Zitate nicht wieder herausnehmen sollte aus dem Manuskript. Doch warum nicht auf das Prinzip Hoffnung setzen? Dem einen oder anderen mag es als Anstoß dienen.

Zudem: Wenn wir relativ radikal mit uns selbst umgehen, wenn wir uns nichts in die Tasche lügen, dann dürfen wir uns schon sagen: »Wir tun unser Bestes.« Dazu gehört auch, zu wissen, daß wir im Grunde nichts wissen. (Das sagt jedenfalls Gisela.) Wobei wir das, was wir nicht wissen, obendrein noch unseren Kindern vermitteln wollen und sollen.

Was die derzeitige Medienlandschaft anbetrifft, halte ich es mit dem gültigen Wort von Bruce Springsteen: »57 channels and nothing on«. Da ist die volle Verklärung im Gange. Wozu sonst arbeiten irgendwelche Irre auf virtuelle Realitäten hin? Und wie soll man in diesem Wust von Werbeinseln (so nennen die TV-Macher heutzutage das, was ihnen das Geld bringt) noch Aufklärung(s-Inseln) finden? Zappen zwecklos. Vor der Mattscheibe, diesem vermeintlichen Spiegel der Realität, kann man nur zum Zyniker werden. Außerdem: Es gibt ja auch wichtigere Dinge im Leben. Geld zum Beispiel. Ach ja, und Liebe.

Liebe. Ein großes Wort. In nahezu jedem Spielfilm geht es darum. In den Aufklärungsfilmen (zu) selten. Sie haben es mehr mit der Technik. Doch wir sind keine Sex-Maschinen – Sex ohne Liebe ist wie Laurel ohne Hardy oder wie Sauerbraten ohne Soße. Arbeit mit Liebe anzugehen und Menschen mit Liebe zu begegnen ist leicht – man braucht nur *zu geben*. Ich weiß, wovon

»No one here get's out alive« ... *(Lya de Putti in dem Ufa-Film*
›Varieté‹)

ich rede. Die Energie, die eine Fünf antreibt, heißt schließlich Geiz.

Es ist mir wichtig zu sagen, daß ich mit diesem Buch nicht alles habe leisten können, was ich mir zu Beginn der Arbeit vorgenommen hatte. (Zum Beispiel hätte ich gerne das Welträtsel gelöst oder zumindest gesellschaftliche Bezüge und Bedingungen stärker herausgearbeitet.) Dafür gibt es mehrere Entschuldigungen, die nicht wirklich welche sind, d. h., ich spreche frei: meine Familie, meinen Vermieter, meine Bank, meine Freundin und mein Ego. Sie alle stellen Forderungen an mich. Darauf zu reagieren, kostet Zeit und Energie. Viel Zeit und viel Energie. Wenn man glaubt, daß das alles wirklich ist. Was man, zugegebenermaßen, manchmal macht. Seltsamerweise auch dann, wenn man sich schon 25 Jahre in einer Branche betätigt hat, die unter anderem davon lebt, Illusionen profitabel zu vermarkten. Und für alle, die nach wie vor an Nummern glauben, noch ein allerletztes Zitat – von Jim Morrison (aus dem letzten Song des 68er *Doors*-Albums *Waiting for the Sun):* »Five to one, Baby, one in five/No one here get's out alive/Now, you get yours, I get mine/Gonna make it, Baby, if we try.« Also: KEINE ANGST!

R. T.

Deutsche Aufklärungsfilme
(chronologisch)

Abkürzungen: R = Regie; B = Buch; D = Darsteller; M = Mitarbeit;
P = Produktion; V = Verleih/Vertrieb; A = Anmerkungen

Sozialhygienische Filme

1917

Es werde Licht!
R: Richard Oswald
B: Richard Oswald, Lupu Pick
D: Bernd Aldor (Georg Mauthner, Arzt), Hugo Flink (Paul Mauthner,
Maler, sein Bruder), Nelly Lagarst (die Assistentin), Ernst Ludwig
(Stadtrat Kaufherr), Leontine Kühnberg (Else, dessen Tochter),
Lupu Pick (Dr. Franzius, ein annoncierender Arzt), Max Gülstorff
(ein Patient), Kurt Vespermann (Gert), Käte Oswald (Ingeborg)
P: Richard Oswald-Film GmbH, Berlin

1918

Es werde Licht! 2. Teil
R: Richard Oswald
B: Richard Oswald, E. A. Dupont
D: Bernd Aldor (Dr. Erich Mauthner), Theodor Loos (Wolfgang San-
dow, ein Gelehrter), Rita Clermont (Ellen, seine Schwester), Paul
Hartmann (Ernst Hartwig), Eva Speyer (Lilly Jensen)
M: Dr. Iwan Bloch
P: Richard Oswald-Film GmbH, Berlin

Es werde Licht! 3. Teil
R: Richard Oswald
B: E. A. Dupont, Richard Oswald
D: Werner Krauss (Waldemar Gorsky, Gutsbesitzer), Else Heims (Li-
sa, seine Frau), Heinrich Schroth (Peter Osten, Gutsbesitzer), Emil
Lind (ein alter Diener), Leo Connard (der Landarzt), Gertrud
Welcker (ein Bauernmädchen), Hugo Döblin (ein Bettler), Guido
Herzfeld (ein Arzt), Käte Oswald (Vilma), Theodor Loos (Hans)
M: Dr. Iwan Bloch
P: Richard Oswald-Film GmbH, Berlin

Das Tagebuch einer Verlorenen
R: Richard Oswald

D: Erna Morena, Werner Krauss, Reinhold Schünzel, Conrad Veidt

A: Nach dem Roman von Margarete Böhme

Es werde Licht! 4. Teil
(Sündige Mütter/Strafgesetz § 218)

R: Richard Oswald

B: E. A. Dupont, Richard Oswald

D: Alfred Abel (Buchhalter Spork), Reinhold Schünzel (Herr Kallenbach), Conrad Veidt (Herr Kramer), Auguste Pünkösdy (Frau Kramer)

M: Dr. Magnus Hirschfeld

P: Richard Oswald-Film GmbH, Berlin

1919

Anders als die anderen (§ 175)

R: Richard Oswald

M: Dr. Magnus Hirschfeld

D: Conrad Veidt (Paul Körner), Leo Connard (sein Vater), Alexandra Wiellegh (seine Mutter), Ilse von Tasso-Lind (seine Schwester), Ernst Pittschau (deren Mann), Fritz Schulz (Kurt Sivers), Wilhelm Diegelmann (sein Vater), Clementine Plessner (seine Mutter), Anita Berber (Else, seine Schwester), Reinhold Schünzel (Franz Bollek), Helga Molander (Frau Hellborn), Magnus Hirschfeld (ein Arzt)

P: Richard Oswald-Film GmbH, Berlin

Das Gelbe Haus / Die Prostitution (Im Sumpfe der Großstadt)

R und B: Richard Oswald

D: Fritz Beckmann, Anita Berber, Gussy Holl, Conrad Veidt, Rudolf Klein-Rhoden, Rita Clermont, Reinhold Schünzel, Werner Krauss

M: Dr. Magnus Hirschfeld

Die sich verkaufen (Die Prostitution 2. Teil)

R: Richard Oswald

B: Robert Liebermann, Richard Oswald

D: Conrad Veidt, Reinhold Schünzel, Trude Hoffmann, Eduard von Winterstein, Ilka Grüning, Preben J. Rist, Paul Morgan, Kissa von Sievers, Gussy Holl

Sittenfilme

1918

Der Weg, der zur Verdammnis führt
1. Teil: Das Schicksal der Aenne Wolter
R: Otto Rippert
B: Julius Sternheim
D: Charlotte Böcklin, Emil Albes, Klementine Plessner, Frieda Lemke, Guido Herzfeld
P: Decla-Film Ges., Berlin

1919

Der Weg, der zur Verdammnis führt
2. Teil: Hyänen der Lust
R: Otto Rippert
B: Julius Sternheim
D: Charlotte Böcklin, Grete Weixler, Emil Albes, Klementine Plessner, Albert Paul
P: Decla-Film Ges., Berlin
A: Von diesem zweiten Teil ist noch ein Fragment vorhanden; es ist aber so fragmentarisch, daß man nicht einmal einen Handlungsfaden erkennen kann.

Arme kleine Eva
R: Walter Creutz
B: Nach dem Roman von Paul Langenscheidt
D: Alice Dagny, Hans Wahlberg, Wilhelm Kleinoschegg
P: Creutz-Film-Ges., Dresden
A: Ein zweiter Teil entsteht 1921

Der Mädchenhirt
R: Karl Grune
B: Beate Schach und Karl Grune, nach dem Roman von Egon Erwin Kisch
D: Peter Arnolds, Magnus Stifter, Friedrich Kühne, Rose Liechtenstein, Roma Bahn
A: Melodram um einen Mädchenhirten (= Zuhälter), der der verschollene Sohn eines Polizeikommissars ist, diesen aber versehentlich tötet und am Ende mit seiner Geliebten ins Wasser geht. Ort der Handlung ist Prag.

Das Mädchen und die Männer (Das Bild eines Lebens)
R: Manfred Noa
A: Werbung: »... ein sehr pikanter Film aus dem Leben eines Mäd-

»Sittenfilm« aus den Siebzigern: ›Die dressierte Frau‹

chens, das sich seit seiner Jugend den Männern in die Arme wirft, der mit einem sehnsüchtigen Verlangen nach der Größe unerreichbarer Reinheit ausklingt.«

Gelübde der Keuschheit
A: In Düsseldorf zerreißen Zuschauer die Leinwand

Die Geschichte einer Gefallenen
D: Lya Mara

Prinz Kuckuck – Die Höllenfahrt eines Wollüstlings
A: Nach Otto Julius Bierbaum

Seelenverkäufer
R: Carl Boese

Seine Beichte (Bekenntnisse eines Lebemannes)
R: Hubert Moes

Die Verführten
R: Hans Hyan

Vom Rande des Sumpfes
D: Lu Synd

Am Weibe zerschellt

Asphaltschmetterlinge

Fräulein Mutter

Frauen, die der Abgrund verschlingt

Eine Frauenschönheit unter dem Seziermesser

Freie Liebe

Halbwelt

In den Krallen der Sünde

Der Kampf um die Ehe

Der Kelch der Keuschheit

Die Laune eines Lebemannes

Die Nackten

Das Paradies der Dirnen = Leichtsinn und Lebewelt

Polygamie

Saal der sieben Sünden

Sündiges Blut

Tragödie eines europäischen Rasseweibes

Verlorene Töchter

Warum das Weib am Manne und der Mann am Weibe leidet

Wenn ein Weib den Weg verliert

1921

Teufelchen
R: Otto Rippert

Tendenzfilme

1919

Opium
R: Robert Reinert
D: Eduard von Winterstein (Professor Gesellius), Sibyll Morel (die Chinesin Sin), Werner Krauss (Nung-Tschang), Friedrich Kühne, Hanna Ralph, Conrad Veidt
P: Monumental-Film-Werke, Berlin

Alkohol

Morphium

Kulturfilme 1920ff

1923

Hygiene der Ehe
P: Lloyd-Film A. G., Prag; bearbeitet und ergänzt von der Kultur-Film A. G., Berlin
A: 1925 beantragt die badische Regierung den Widerruf der Zulassung des Bildstreifens zu öffentlichen Vorführungen. Die Film-Oberprüfstelle weist den Antrag zurück.

1924

Die Geschlechtskrankheiten
P: Österreichische Bundesfilmhauptstelle
A: Wie einer Äußerung der Film-Oberprüfstelle vom März 1925 zu entnehmen ist, durfte der Film nur nach Geschlechtern getrennten Zuschauern vorgeführt werden.

1925

Wege zu Kraft und Schönheit
– Ein Film über moderne Körperkultur
R: Wilhelm Prager
B: Wilhelm Prager, Dr. med. Nicholas Kaufmann
P: Kulturabteilung der Ufa

A: Prädikat: Volksbildend. In einer Szene mit Damen der Tanzschule von Mary Wigmann wirkt auch Leni Riefenstahl mit. 1926 wird eine veränderte Ausgabe des Films aufgeführt.

1926

Falsche Scham – Vier Episoden aus dem Leben eines Arztes
R: Rudolf Biebrach
B: Dr. med. Curt Thomalla, Dr. med. Nicholas Kaufmann
D: Rudolf Biebrach (Sanitätsrat), Olaf Storm (der Student), Eric Cordell (der Vater), Niuta Helling (die Mutter), Karin Soedenborg (die Amme), Richard Wirth (der Bauer), Frieda Richard (die Bäuerin), Erra Bognar (die Nichte), Ulrich Bettac (der Stadtreisende)
P: Kulturabteilung der Ufa

Dürfen wir schweigen?
R und B: Richard Oswald
D: Walter Rilla (Dr. Georg Mauthner), Conrad Veidt (Paul Hartwig, Maler), Henry de Vries (Henry Pierson, Stadtrat), Mary Parker (Leonie, seine Tochter), Elga Brink (die Assistentin), Frieda Richard (die alte Frau), Fritz Kortner (der annoncierende Arzt), John Gottowt (sein Faktotum), Betty Astor (Inge), Ernst Verebes (Gerd), Bella Pollini (die Tänzerin)
P: Nero-Film G.m.b.H., Berlin
A: Remake von *Es werde Licht!*

Mädchenhandel – Eine internationale Gefahr
R: Jaap Speyer
B: Paul Rosenhayn
D: Rudolf Klein-Rogge (Simpat Karamanian, eine fragwürdige Existenz; Arut Akkunian, ein sympathischer Geschäftsmann; ein deutscher Professor; ein asiatischer Hausierer; Dr. Papamarkos), Erich Kaiser-Titz (der Polizeihauptmann von Budapest), Fritz Alberti (der Justizminister), Charles Lincoln (Geza Farkacz, Leutnant der Budapester Polizei), Vera Engels (Irene Wendtland), Frau Szlikay (Frau Generalin von Dingolstaedt), Aranka von Erdödyi (Mia Pankau), Trude Hesterberg (Meta Pohlmann), Mary Kid (Ida Schulz), Wilhelm Diegelmann (Vater Schulz), Sophie Pagay (Mutter Schulz), Paul Rehkopf (Varieté-Agent Sylviani), Mira Hildebrandt (Margarete), Kurt Gerron (Direktor des Purpur-Paradieses)
P: Liberty-Film

Kreuzzug des Weibes
R: Martin Berger
B: Martin Berger, Dosio Koffler

D: Conrad Veidt (der Staatsanwalt), Maly Delschaft (die Lehrerin), Harry Liedtke (der Arzt), Werner Krauss (der Idiot), Ernst Hofmann (der moderne Mann), Andja Zimowa (die moderne Frau), Fritz Alberti (der Arbeiter), Gertrud Arnold (die Arbeiterfrau), Simone Vaudry (die Tochter), Aribert Wäscher (der Hausarzt), Hedwig Wangel (die Portiersfrau), Philipp Manning (der Kriminalbeamte), Iwa Wanja (die Zofe), Hilde Gerdt (das Blumenmädchen)
P: Arthur Ziem, Berlin

1927

Gesetze der Liebe – Aus der Mappe eines Sexualforschers
R: Magnus Hirschfeld
A: Enthält ummontierte Teile aus Richard Oswalds *Anders als die Andern*

1928

Geschlecht in Fesseln
R: Wilhelm Dieterle
B: Herbert Juttke, Georg C. Klaren
D: Wilhelm Dieterle (Franz Sommer), Gunnar Toelnaes (Fabrikant Steinau), Mary Johnson (Helene, Sommers Frau), Paul Henckels (Helenes Vater), H. H. von Twardowski (Alfred), Hugo Werner Kahle (der Abgeordnete), Karl Goetz, Friedrich Kurth, Arthur Duark (Strafgefangene)
P: Essem-Produktion der Star-Film G.m.b.H., Berlin
A: Ein Titel am Anfang des Films informiert: »Nach der Uraufführung in Berlin hat die Deutsche Liga für Menschenrechte das Protektorat über diesen Film übernommen.«

1929

Frauennot – Frauenglück
R: E. Tisse
P: Praesens-Film A.-G., Zürich
A: Aufgenommen in der Universitäts-Frauenklinik in Zürich. In der Zeitschrift *Arbeiterbühne und Film* (Nr. 7/1930) heißt es: »Der Film hat keine Einzeldarsteller, die Darsteller sind Millionen von Frauen Deutschlands – Europas. Ein Film aus dem Leben, der durch seine rücksichtslose Offenheit einen Kampf für und wider entfachte, bis die bedeutendsten Zeitungen den ungemein hohen, sozialen Wert anerkannten. Der Film schildert populärwissenschaftlich die furchtbaren Gefahren der Abtreibung, und dem gegenüber stellt er im Bilde operative Eingriffe durch ärztliche Kapazitäten fest.« Der *Ki-*

nematograph (Nr. 133/1930) vermeldet: »Der Lampeausschuß hat den gynäkologischen Film ›Frauennot – Frauenglück. Das Hohelied der ärztlichen Kunst‹ als Lehrfilm auch für die Oberklassen der Schulen erklärt.«

Zwischen vierzehn und siebzehn – Sexualnot der Jugend
R: E. W. Emo
B: Dr. Herbert Nossen, Franz Roswalt
D: Ina von Elben, Rolant Varno, Rudolf Klein-Lörk (die Kinder), Ida Wüst, Fritz Alberti, Tamara, Jaro Fürth (die Eltern), Ilka Grüning (die Frau für diskrete Fälle)
P: Strauss-Film, Berlin

1931

Feind im Blut
R: Walter Ruttmann
D: R. Albu, G. Braxis, W. Gmür, H. Kraussbauer, M. Kupfer, I. Strobrawa, Walewskaja (die Damen), H. Berber, M. Bernhard, G. Bienert, W. Klein, H. Krauss, W. Kraussbauer, W. Lüdeke, P. Mette, H. Thum (die Herren)
P: Praesens-Film, Berlin und Zürich
A: Unter Mitwirkung der Deutschen und Schweizerischen Gesellschaft zur Bekämpfung der Geschlechtskrankheiten

NS- Propagandafilme

(ca.) 1935

Sünden der Väter
Abseits vom Wege
Erbkrank
P: Rassenpolitisches Amt

1937

Opfer der Vergangenheit
R: Gernot Bock-Stieber
B: Gernot Bock-Stieber, nach einem Entwurf von Dr. med. R. Frercks
D: Kurt Mühlhardt (der Arzt), Trude Haefelin (die Braut), Max Lohmann (der Mann von gestern)

Aufklärungsfilme 1945 bis heute

1946

Schleichendes Gift

R: Hermann Wallbrück

D: Ernst Neuhardt (vortragender Arzt), Kurt Reeding, Karl Delnert, Wolfgang Dauscher, Toto Mignone, Franz Stanzl, Josef Neller, Othmar Spiroch, Richard Marcell, Hans Horst, Marie Pitsch-Grohmann, Johanna Siebert, Erika Spandl, Trude Horak, Hannelore Reich, Lotte Jurenka, Stefanie Hübel, Edith Adametz

A: Die Oberleitung des Films hat Universitätsprofessor Dr. Leopold Arzt vom Vorstand der Uni-Klinik für Haut- und Geschlechtskrankheiten in Wien.

1948

Straßenbekanntschaft

D: Peter Pewas

B: Arthur Pohl

D: Gisela Trowe (Erika), Alice Treff (Annemie), Ursula Voss (Marion), Siegmar Schneider (Walter Helbig), Harry Hindemith (Herbert Petzold), Hans Klering (Peter), Ursula Friese (Else), Arno Paulsen (Freund von Else), Gertrud Boll (Olly Gebauer), Eduard Wandrey (Spitz), Ursula Kriegk (Frau Möbius), Herwart Grosse (Arzt im Gesundheitsamt), Agnes Windeck (Krankenschwester), Werner Pledath (praktischer Arzt), Marliese Ludwig (Erikas Mutter), Arthur Wiesner (Erikas Vater), Walter Werner (Redakteur), Karl Hannemann (Schieber), Monika Bode (Ärztin im Chefarztzimmer), Peter Elsholtz (Marions Freund), Ernst Rotmund (unangenehmer Zeitgenosse), Karin Evans (Ärztin im Gesundheitsamt), Eduard Wenck (Nachbar im Treppenhaus), Otto Matthies (nervöser Herr), Axel Triebe (ein alter Major)

P: DEFA-Studio für Spielfilme

1950

Vom Mädchen zur Frau

R: Fritz Renel

D: Steffie Hübel, Erika Spandl, Herta Balig

P: Vita

A: Österreichischer Film, von dem keine Kopie auffindbar war. Der *KFD* meinte:»Aufklärungsfilm, der junge Mädchen vor den Folgen leichtsinnigen Lebenswandels warnen möchte. Zu diesem Zweck kommentiert er seine dilettantische Spielhandlung durch einen populärwissenschaftlichen Vortrag, der an den für uns bedeutsamen Erkenntnissen der Sexualpädagogik ebenfalls vorbeizielt.«

1951

Eva und der Frauenarzt
R: Erich Kobler
B: Jobst Arndt
D: Albrecht Schönhals, Edith Prager, Till Kiwe, John Pauls-Harding, Alfons Teuber, Jeanette Wiegand
P: Willy Zeyn-Film GmbH und Crusade Productions
A: Von der Werbung als »Sexualfilm« angekündigter Aufklärungsfilm, der um drei amerikanische Kurzfilme eine deutsche Rahmenhandlung baute und bei dem nach einer Auflage der FSK Männlein und Weiblein im Kino getrennt sitzen mußten.

1952

Tödliche Liebe
R: Paul Pfeiffer
D: Rolf Moebius, Ruth Hambrock, Walter Janssen
P: Pfeiffer
A: »Völlig minderwertiger Aufklärungsfilm über die Gefahren der Abtreibung und der Geschlechtskrankheiten«, urteilte der *KFD*. Sogar das *Bayerische Ärzteblatt* sah sich gezwungen, Stellung zu nehmen – Auszüge aus dem Text siehe Kapitel 7.

1957

Anders als du und ich (§ 175)
R: Veit Harlan
B: Felix Lützkendorf
D: Paula Wessely (Christa Teichmann), Paul Dahlke (Dir. Werner Teichmann), Christian Wolff (Klaus Teichmann), Ingrid Stenn (Gerda Böttcher), Hans Nielsen (Max Mertens), Friedrich Joloff (Dr. Boris Winkler), Hilde Körber (Frau Glatz), Günter Theil (Manfred Glatz), Herbert Hübner (Verteidiger Dr. Schwarz), Siegfried Schürenberg (Staatsanwalt), Otto Graf (Gerichtspräsident), Paul Esser (Kommissar), Kurt Vespermann (Dr. Schmidt), Hans Schumm (Jugendpsychologe)
P: Arca-Film

Frauenarzt Dr. Bertram
R: Werner Klingler
B: J. A. Hübler-Kahla, nach dem Schauspiel »Der Frauenarzt« von Hans J. Rehfisch

D: Willy Birgel, Winnie Markus, Antje Geerk, Lucie Mannheim, Dietmar Schönherr, Franz Muxeneder, Helen Vita
P: J. A. Hübler-Kahla

Feind im Blut
R: Willy Sedler
B: Angelika Aurel, nach einer Idee von Ingeborg Zwicker
D: Jochen Porger, Ursula Lisson, Erik Hajo, Barbara Skrad, Beate Hasenau, Wolfgang Luther, Dodo van Doeren, Kurt-Heinz Welke, Maria Madlen Madsen
P: Sonderfilm Ingeborg Zwicker
A: Nicht zu verwechseln mit Walter Ruttmanns gleichnamigem Film aus dem Jahr 1931.

1963

Teufel im Fleisch
R und B: Hermann Wallbrück
D: Alexander Gavric (Professor Alexander), Ruth Gassmann (Dr. Esters), Peter Heim (Dr. Jensen), Manrik Schumacher (Dr. Beuron), Dunja Rajter (Jenny), Ingrid Boyer (ein blinder Passagier); als Gast: Gisela, Schwabing
P: Rewa-Film
A: Drehorte: Addis Abeba, Massawa, Asmara, Venedig, Genf, Marseille, München, Wien und Hamburg.

1966

Angeklagt nach § 218
R: Aleksander Ford
B: David Wechsler
D: Tadeusz Lomnicki (Dr. Maurer), René Deltgen (Dr. Diener), Margot Trooger (Frau Sidler), Dieter Borsche (Herr Sidler), Charles Regnier (Professor), Peter Oehme (Gerichtspräsident), Lutz Altschul (Verteidiger), Hermann Frick (Staatsanwalt), Sabine Bethmann (Frau Maurer)
P: Präsens-Film, Zürich/Fono/CCC-Film, Berlin
A: Schweizerisch-deutsche Koproduktion in Farbe und Schwarzweiß, inszeniert von einem polnischen Regisseur, gespielt hauptsächlich von deutschen Darstellern; mit drei Spielepisoden und Originalaufnahmen aus der Frauenklinik Zürich (u. a. einer Geburt und einem Kaiserschnitt) plädiert der Film vorsichtig für die Anti-Baby-Pille.

Der Preis einer Nacht
R: H. G. Schier

B: S. Leithen
D: Karin Kuschy, Rudolf Schulze, Walter Clemens
P: Kerstin

1967

Helga – Vom Werden des menschlichen Lebens
R und B: Erich F. Bender
D: Ruth Gassmann, Asgard Hummel, Ilse Zielstorff, Eberhard Mondry
P: Rinco-Film, München
A: Mit Unterstützung der Bundeszentrale für gesundheitliche Aufklärung, Köln; wissenschaftliche Beratung: Dr. Erwin Burcik, Prof. Dr. Gerhard Döring, Prof. Dr. Wolfgang Fritsche, Dr. Christel Schultze-Rhonhof, Dr. Christa Topfmeier, Dr. Fritz Zimmer.

Oswalt Kolle: Das Wunder der Liebe – Sexualität in der Ehe
R: F. J. Gottlieb
B: Oswalt Kolle
D: Biggi Freyer (Petra), Katarina Haertel (Claudia), Ortrud Gross (Andrea), Régis Vallée (Martin), Wilfried Gössler (Thomas), Manfred Tümmler (Klaus), Matthias Grimm (Jürgen)
M: Prof. Dr. Dr. Hans Giese, Leiter des Instituts für Sexualforschung an der Universität Hamburg; Prof. Dr. W. Hochheimer, Direktor des Instituts für Pädagogische Psychologie an der Pädagogischen Hochschule Berlin.
P: Arca-Film

Die goldene Pille
R und P: Horst Manfred Adloff
B: Horst Manfred Adloff, Peter Laregh
D: Claudia Butenuth, Inge Marschall, Petra Pauly (die Primanerinnen), Horst Naumann (der Biologielehrer), Angela Hillebrecht, Klaus Höhne, Peter Capell, Julius Dallmeyer, Thomas Astar, Marlies Schoenau, Horst Manfred Adloff (der verheiratete Verführer)
A: Die Presse spricht hauptsächlich hämisch von einer »bitteren Pille«.

Intim-Report
R: Joachim Mock, Peter Ehmke, Rubin Sharon
A: *Helga*-Nachahmer, der auch eine Geburt zeigt, dessen Beitrag zum Aufklärungsfilm-Genre aber ansonsten hauptsächlich darin besteht, daß er zahlreichen unsäglichen *Report*-Filmen die Titelidee liefert.

1968

Helga und Michael
R: Erich F. Bender

›Helga und Michael‹

B: Erich F. Bender, Dr. Roland Cämmerer, unter Mitarbeit von Klaus E. R. von Schwarze
D: Ruth Gassmann (Helga), Felix Franchy (Michael), Elfi Rüter (junge Mutter), Hildegard Linden (Ärztin), Christian Fredersdorf (Vater 1. Familie), Ursula Mellin (Mutter 1. Familie), Jochen Piel (Vater 2. Familie), Lisa Ravel (Mutter 2. Familie), Christian Marguliés (Christian), Sonja Lindorf (Bettina), Claus Hoeft (Charly), Elke Hart (sein Girl), Peter Bach (Peter), Sabine Dall (Doris)
P: Dr. Roland Cämmerer, München

Oswalt Kolle: Das Wunder der Liebe – 2. Teil: Sexuelle Partnerschaft
R: Alexis Neve
B: Oswalt Kolle
D: Petra Perry (Monika), Michael Maien (Michael), Soly Stübing (Petra)
P: Arca-Film, Berlin

Oswalt Kolle: Deine Frau – das unbekannte Wesen
R: Alexis Neve
B: Oswalt Kolle
D: Heidrun Kussin (Sabine), Sonja Lindorf (Susanne), Itta Schmah (Karin), Kathrin Kretschmer (Barbara), Bert Hochschwarzer (Wolfgang), Dieter Kaiser (Horst)
P: Arca-Winston Film Corp. GmbH, Berlin

Du – Zwischenzeichen der Sexualität
R: Gerhard Zenkel
B: Prof. Wolfgang Hochheimer, Gerhard Zenkel
M: Prof. Paul Gebhard, Prof. Hans Giese
P: Puhl/Euro-Television/Atlantik

Eva
R: Herbert Ballmann
B: Dr. Eberhard Schaetzing
D: Renate Larsen, Ulrike Teichmann, Arnold Marquis
P: Continental/Rinco

Kamasutra – Vollendung der Liebe
R: Kobi Jaeger
B: Kobi Jaeger, George Wilson
D: Bruno Dietrich (Mike), Barbara Schöne (Anke), Richard Abbott (Peter Blomeier), Franziska Bronnen (Helga Blomeier), Maren Kaehler (Carola), Persis Khambatta (Nanda), Faryal Karim (Asha)
M: Will Quadflieg (als Sprecher)
P: Conti, München

Libido – das große Lexikon der Lust
R: Sergio Bergonzelli
B: Werner Hauff
D: Hansi Linder, Brigitte Skay, Bernhard Devries
P: Regina/Cinesecolo
A: Deutsch-italienische Koproduktion, die laut *KFD* erst im Herbst 1971 in der Bundesrepublik gezeigt wurde: »Kommune junger Leute bastelt einen Dokumentarfilm über Sex und kehrt zur Zweisamkeit zurück. Sammelsurium aus Abfällen der Sex-Aufklärungswelle.«

Technik der körperlichen Liebe
R: Dietrich Krausser
D: Annelie Gebhardt, Eva Caroll, Tony Caroll, Werner Sippel
M: Dr. L. Meinhardt
P: Gemini-Film, Berlin
V: Focus-Film

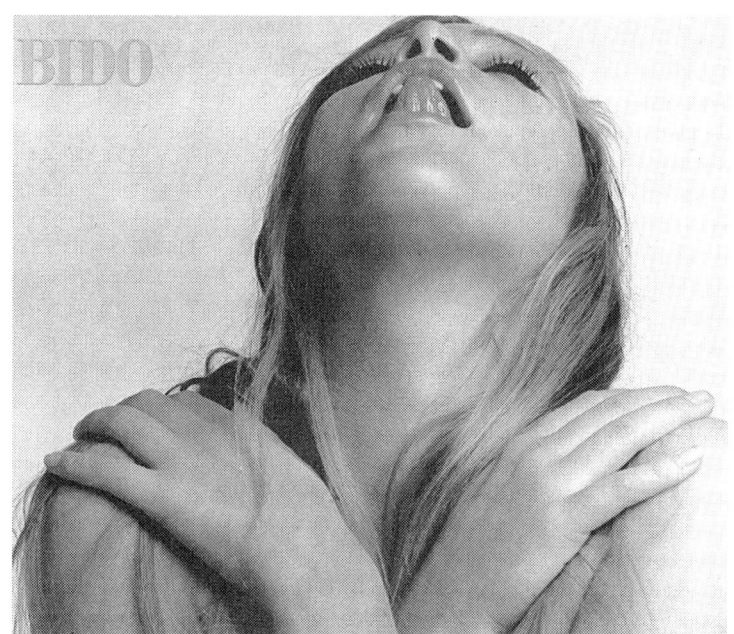

Sie war da, durfte aber nicht direkt dargestellt werden in den sittsamen Fünfzigern: Szene aus ›Libido‹ (1968)

Van de Velde – Die vollkommene Ehe
R: F. J. Gottlieb
B: Franz Seitz, unter Verwendung einer Studie von Dr. med. Theodor Hendrik van de Velde, ehemaliger Direktor der Frauenklinik in Haarlem (gestorben 1937)
D: Franz Nossack (Christian), Ingrit Back (Helga), Rainer Brandt (Martin Pechstein), Ruth Eder (Helga Pechstein), Harald Dietl (Heinz Schubert), Biggi Freyer (Helga Schubert), Hans Krull (Dr. Lessing), Günther Stoll (Gregor Bachmann), Eva Christian (Helga Bachmann)
M: Dr. med. Bernard Harnik, Zürich
P: Rialto Film Preben Philipsen, Berlin

1969

Anatomie des Liebesaktes
R und B: Hermann Schnell
P: Planet/Sam Waynberg
A: Ursprünglich sollte der Film »Anatomie des Orgasmus« heißen,

aber das ließ die FSK nicht zu. Sie verlangte auch, daß bestimmte Passagen des Films abgedunkelt werden mußten. Behandelt wurden in den Schattenbildern Techniken der körperlichen Vereinigung.

Ehepaar sucht gleichgesinntes
R: F. J. Gottlieb
B: Günther Heller
D: Vera Jesse, Günter Clemens, Til Kiwe, Harald Dietl, Brigitte Stein, Anke Syring, Michael Miller, Helmut Haupt, Inge Marschall, Rex Deval, Renate Kasché, Jochen Busse, Walter Buschhoff
M: Anwalt Dr. Rolf Bossi als juristischer Berater und Darsteller in einer Gerichtssequenz
P: Lisa Film, München

Freiheit für die Liebe
R und B: Phyllis und Eberhard Kronhausen
P: Reginald Puhl
A: Die FSK gab den Farbfilm für die Bundesrepublik nur in Schwarzweiß frei.

Helgalein
R: Herbert Ballmann
B: Peter Anton, Herbert Ballmann
D: Anita Kupsch, Ulli Koch, Dieter Augustin
P: Continental/Stella/Rinco
A: Versuch einer Parodie auf die Aufklärungsfilme

Helga und die Männer – Die sexuelle Revolution
R: Dr. Roland Cämmerer
B: Dr. Roland Cämmerer, Klaus E. R. von Schwarze
D: Ruth Gassmann (Helga), Felix Franchy (Michael), John Herbert (Carlos), Erich Fritze (Dr. Lehner), Manfred Spies (Chefredakteur), Ariane Calix (Barbara), Christian Engelmann (Roy)
P: Dr. Roland Cämmerer, München

Oswalt Kolle – zum Beispiel: Ehebruch
R: Alexis Neve
B: Oswalt Kolle
D: Heidrun Kussin, Kathrin Kretschmer, Anne-Marie Lebeau, Bert Hochschwarzer, Dieter Kaiser
P: Arca-Winston, Berlin

Rat mal, wer heute bei uns schläft
R: Alexis Neve
B: Hans Billian

›Ehepaar sucht gleichgesinntes‹

D: Ursula von Manescul (Baronin), Martin Jente (Butler Martin), Marianne Lebeau (Jennifer), Andrea Rau (Alexandra), Petra Schröder (Veronika), Heidrun Kussin (Madame Sybille), Frank Glaubrecht (Frank Haller), Peter Wesp (Robert), Wilfried Herbst (Signor Philoni)

P: Arca-Winston, Berlin

A: Kolle-Regisseur Neves Versuch, in einem »Sexical« Lust und Lustigkeit zu mixen. »Wie bei den Goldhamstern« gehe es zu, meinte der *Münchner Merkur,* und: »Wieso Kulenkampff-›Butler‹ Jente hier mitmischt, kann wohl nur sein Steuerberater erklären.« (Kritik vom 25.8.1969)

Van de Velde: Das Leben zu zweit – Die Sexualität in der Ehe

R: F. J. Gottlieb

B: Paul Hengge

D: Karl-Heinz Bauer, Barbara Klingered, Hans Hass jr., Ingrit Back, Matthias Grimm, Barbara Capell, Stephan Schwarz, Katrin Fehlhaber, Peter Strauss, Renate Heuer, Daria Damar, Inge Wolffberg, Horst Niendorf, René Schönenberger, Margot Trooger, Martina Grohn, Gerd Lohmeyer, Régis Vallée, Heidrun Hankammer, Renate Larsen, Corny Collins, Michel Chevalier, Kurt Waitzmann
M: Dr. med. Eberhard Schaetzing, Berlin
P: Rialto Film Preben Philipsen, Berlin

Der verlogene Akt
R: Rolf von Sydow
B: Rolf von Sydow, Horst Manfred Adloff, Hans-Jürgen Togel
D: Gabriele Buch, Horst Schramm, Elisabeth Fanti
P: Horst Manfred Adloff/Italian International
A: Deutsch-italienische Koproduktion; von der Kritik hoffnungslos verrissener Versuch Adloffs, nach *Die goldene Pille* erneut gegen Vorurteile anzurennen, diesmal rassistischer Art: Nie untreu gewesene Ehefrau bekommt schwarzes Baby, weil Ehemann vorher mit einer Frau geschlafen hat, die vorher mit einem Schwarzen geschlafen hatte. Was medizinisch möglich ist, wirkt in dieser anklagenden Aufklärung wie ein Kampf gegen Windmühlen. Auch der Einsatz von TV-Größen (Sydow, Schramm) brachte nicht den erhofften Erfolg.

1970
Abarten der körperlichen Liebe
R: Franz Marischka
B: Prof. Dr. Fritz Leist
D: Christine Schubert, Carmen Jäckel, Evelyn Döhring, Ursula Beck, Dithe Faul, Doris Arden, Beatrice Kotter, Elfi Jannik, Heinrich Kiefer, Guideon von Kettner, Joachim Reineke, Werner Cartano, Bernd Kessler, Werner Röglin, Günter Backes
P: Gopa-Film
A: Der *KFD* meinte: »Populärwissenschaftlicher Aufklärungsfilm über lesbische Liebe, Transvestitentum, Homosexualität, Sadomasochismus. Motto: ›Die Allgewalt der Liebe zeigt sich am stärksten in ihren Verirrungen.‹ Die (schlecht) inszenierten Fallbeispiele werden (seriös) kommentiert von Professor Fritz Leist, Universität München.«

Liebestechnik für Fortgeschrittene
R: Kurt Palm
B: K. H. Schwab

›Mädchen beim Frauenarzt‹

D: Ursula Dupera, Jennifer Monk, Brigitte Pilgrim, Vito Caesaro, Petra Larsen, Biggi Beck
P: Repa, Rüsselsheim

Mädchen beim Frauenarzt
R: Ernst Hofbauer
B: Dr. med. Wolf Romberg
D: Monika Dahlberg, Brigitte Harrer, Christine Schuberth, Ulrich Beiger, Jutta Speidel, Rolf Castell
P: Roxy, München (Luggi Waldleitner)

Nicht der Homosexuelle ist pervers, sondern die Situation, in der er lebt
R: Rosa von Praunheim
B: Rosa von Praunheim, Martin Dannecker, Sigurd Wurl

347

D: Bernd Feuerhelm, Berryt Bohlen, Ernst Kuchling
P: Bavaria (Werner Kließ)/WDR
A: Kameramann war Robert Van Ackeren.

Oswalt Kolle: Dein Mann – das unbekannte Wesen
R: Werner M. Lenz
B: Oswalt Kolle
D: Heidi und Michael Maien, Angelika und Volker Frey, Barbara Lankau, Walter Herbst, Christina Weber, Peter Wallrath, Ingrid Stengert
P: Arca-Winston, Berlin

Oswalt Kolle: Dein Kind – das unbekannte Wesen
R: Werner M. Lenz
B: Oswalt Kolle
D: Oswalt Kolle mit Familie
P: Arca-Winston, Berlin

Prostitution heute
R: Ernst Hofbauer
B: Günther Heller
D: Manfred Spiess, Claudia Gerstäcker, Marlene Rahn
P: Terra/Allianz

Die Psychologie des Orgasmus
R und B: Hermann Schnell
D: Angelika Baumgart-Frey, Volker Baumgart, Uta Bone
P: Planet/Sam Waynberg
A: Von einem deutschen Privat-TV-Sender wurde der Film Anfang 1993 unter dem Titel »Liebe wie du sie brauchst« ausgestrahlt.

Schulmädchen-Report
Was Eltern nicht für möglich halten
R: Ernst Hofbauer
B: Günther Heller, nach dem Buch von Günther Hunold
D: Laien
P: Rapid Film, München (Wolf C. Hartwig)
A: Es folgten zwölf weitere Teile.

Vollendung der Liebestechnik
R und B: Udo Neuschäfer
P: DGF, Berlin

Wie sag ich's meinem Kinde?
R: Dr. Roland Cämmerer, Klaus E. R. von Schwarze
B: Klaus E. R. von Schwarze, Friedrich K. Grund

M: Prof. Dr. med. Nico Goossens für »Pro Familia«
P: Dr. Cämmerer Filmproduktion, München

Wunderland der Liebe – der große deutsche Sexreport
P und R: Dieter Geissler
B: Joe Hembus, nach einer Idee von Peter Hajek
D: Sabine Clemens, Jürgen Drews
A: Der Film besteht hauptsächlich aus dokumentarischem Material.

1971

Astrologie und Sexualität
R: Dieter von Soden
B: Peter Boddin
D: Helga Kiene, Michael Conti, Klaus Krüger
P: Cine Team/Dieter Geissler
A: Nach *Wunderland der Liebe* Dieter Geisslers zweiter kurioser Ausflug in den Aufklärungsfilm. Rolf Wiest schreibt am 26.6.1971 im *Kölner Stadt-Anzeiger:* »Ein großer Teil der Leute glaubt, daß an Astrologie etwas dran ist. So erfährt man im Vorspann. Und der Film tritt dann den Beweis an: Fischefrau und Zwillingmann heiraten, passen aber nicht zusammen. Folge: Ehekrise. An mehreren Paaren demonstriert ein Astrologe der verzweifelten Frau, wer gut zusammenpaßt: Der Skorpion-Chef und die Jungfrau-Sekretärin, die Schützefrau und ihr Wassermann-Freund, die Löwefrau und der Waagemann. Dieter von Soden, einst Mitarbeiter bei ›Anatomie eines Liebesakts‹, hat den Sternbildfilm in glattem und unterhaltsamem Werbespotstil inszeniert.«

Das ehrliche Interview
R: Werner M. Lenz
B: Fred Denger
P: Arca-Winston, Berlin

Jungfrauenreport
R: Jess Frank (= Jess Franco)
B: Paul Alexander
D: Hans Hass jr., Diana Winter, Howard Vernon, Ingrid Steinbach, Eva Garden
P: Telecine
A: Vielfilmer Jess Franco, der unter mehr als 20 (!) verschiedenen Pseudonymen arbeitete, sprang mit diesem »Verschnitt aus Kulturfilm- und inszenierten Deflorations-Szenen« (*KFD*) flugs auf den lukrativen »Report«-Zug auf.

Oswalt Kolle: Was ist eigentlich Pornographie?
R und B: Oswalt Kolle
P: Arca-Winston, Berlin

§ 218 – Wir haben abgetrieben, Herr Staatsanwalt
R: Rob Houwer und Eberhard Schroeder
B: Günther Heller
D: Doris Arden, Sybill Danning, Astrid Frank, Petra Milchert, Renate Kasche, Christine Nel, Eva Berthold, Enzi Fuchs, Rosl Mayr, Michael Schreiner, Josef Fröhlich, Karl-Heinz Otto, Doug Parish, Karin Götz, Walter Kraus, Ursula Bode, Astrid Bauer, Olga von Togni, Wolf Ackva, Helmut Fürchtenicht, Hans Elmenspoek, Rolf Wanka, Wolf Harnisch, Wolfgang Petersen, Harry Kalenberg
P: Rob Houwer, München

1972

Die dressierte Frau
R: Ernst Hofbauer
B: Günther Heller
P: Rapid

Ich – Das Abenteuer, heute eine Frau zu sein
R: Roswitha vom Bruck
B: Roswitha vom Bruck, Denise de Boer
D: Renate Carol, Frank Glaubrecht, Ingo Baerow
P: Arca-Winston, Berlin

Oswalt Kolle – Liebe als Gesellschaftsspiel
R: Werner M. Lenz
B: Oswalt Kolle
D: Joey Krüger, Annemarie Lebeau, Angelika Wehbeck, Karin Böttcher, Michael Büttner
P: Centrum

Die sexuellen Wünsche der Deutschen
R: Reginald Puhl
P: Puhl-Film
A: »Verlogenes Produkt, das gegen die Kommerzialisierung der Sexualität wettert, selbst aber Profit daraus zieht«, meinte der *KFD*.

Verführerinnen-Report
R und B: Hans Billian
D: Britta Corvin, Kurt Meinicke, Gaby Borck
P: Repa

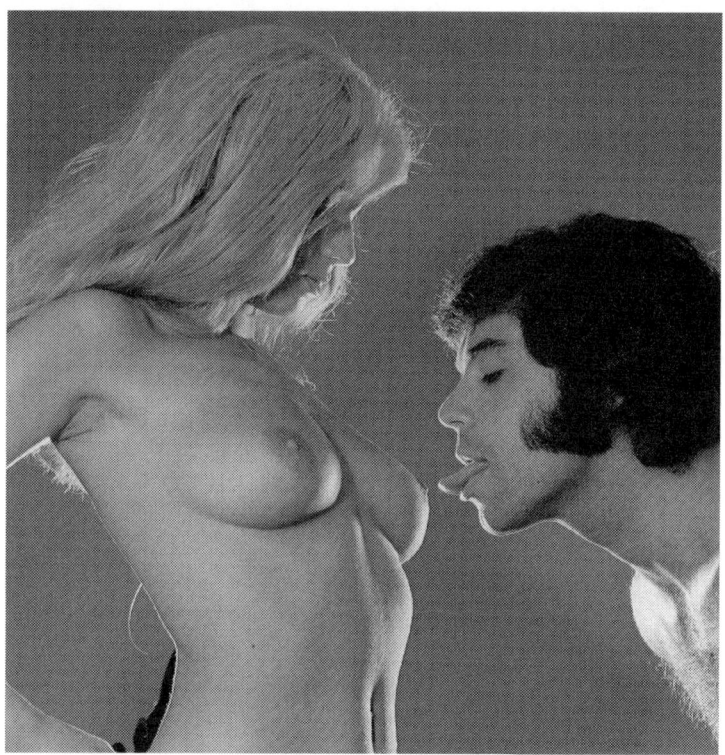

›Die sexuellen Wünsche der Deutschen‹

A: Ein junger Mann versucht, ein Mädchen zu verführen, das sich ziert, und so gibt es viele Entkleidungsszenen.

1973

Frühreifen-Report

R: Ernst Hofbauer
B: Günther Heller
P: Rapid-Film, München (Wolf C. Hartwig)
A: In München wird der Film, wie die *Frankfurter Rundschau* am 11.5.1973 meldet, beschlagnahmt, weil eine 14jährige Schülerin als Schauspielerin mitgewirkt hat. Es wird ermittelt, ob gegen das Jugendarbeitsschutzgesetz verstoßen wurde. Die Vermutung spricht dagegen, denn so viel Jungfleisch, wie der Titel vermuten läßt, zeigt der Film nicht.

Geheimtechniken der Sexualität
R und B: Robert Furch und Heinz Kuskopruski
D: Alexandra Bogojevic, Doris Delaas, Dieter Groest, Anke Syring
P: Modern (Richard R. Rimmel)
A: »An einer Sexualstudie arbeitender Wissenschaftler versucht, die Ursachen sexueller Schwierigkeiten und der Erotisierung der Öffentlichkeit aufzuzeigen. Pseudowissenschaftlicher Film, dessen ›Fall-Studien‹ sich durchaus auf dem Niveau der üblichen Sexfilme bewegen«, urteilt der *EFB* und hat völlig recht damit.

1974

Sabine
R: Reinhard Clausen, Frank Guarente
B: Reinhard Clausen, unter Mitwirkung von Fachärzten
D: Karl John (Dr. Gerd Hesse), Bente Nielsen (Sabine), Günter Clemens (Assistenzarzt Oliver), Ivetta Braszda (Petra), Dagobert Walter (Klaus), Marlies Petersen (Hilde Seiffert), Alexander Allersen (Direktor Seiffert), Claus Jurichs (Benno), Ronald Nietschke (Hans)
P: Arca-Winston, Berlin

(Von den zahllosen *Report*-Filmen sind hier nur einige Beispiele erwähnt, da sie mit Aufklärung kaum noch etwas zu tun haben.)

1980

Deutschland privat – Eine Anthologie des Volksfilms
R: Robert Van Ackeren, Erwin Kneihsl
P: Robert Van Ackeren, Reinald Nohal
A: Kompilation von Amateurfilmen

Liebe 80
R: Dietrich Krausser
D: Cora und Frank von dem Bottenberg, Eva und Tony Caroll
P: Gemini, Düsseldorf

1985

Gefahr für die Liebe – AIDS
R: Hans Noever
B: Paul Hengge
D: Fritz Cat (Frank), Geraldine Danon (Jessica), Piero von Arnim (Georg), Oliver Rohrbeck (Ritchie), Claudia Arnold (Tamara), Oliver Pascalin (Max)
P: CCC-Filmkunst, Berlin (Artur Brauner)/DFG KG, Berlin/S. N. Lira Films, Paris
V: CineVox/Euro-Video

Noch 'n Report: Die Schwester rechts ist Ingrid Steeger

Ein Virus kennt keine Moral
R: Rosa von Praunheim
D: Dieter Dicken (Angestellter in der Sauna), Maria Hasenäcker (Prof. Dr. Blut), Christian Kesten (Student der Kirchenmusik), Eva Kurz (Reporterin), Rosa von Praunheim (Saunabesitzer), Regina Rudnick (Therapeutin), Thilo von Trotha (Revolutionär), Die 3 Tornados, Craig Russell, Ellen Reichard und Die Bermudaas
P: Rosa von Praunheim Filmproduktion, Berlin
V: Filmwelt/VCL Video

1988

Als die Liebe laufen lernte – Die Aufklärungsrolle
R: Michael Strauven
P: Delta Film/BB-Film (Richard Claus)
V: Delta/Warner Home Video

A: Kompilationsfilm mit Szenen aus 31 Aufklärungsfilmen aus der Zeit von 1966 bis 1980

1989

Als die Liebe laufen lernte – Die Fortsetzung
R: Anthony Waller
P: Delta Film/BB-Film (Richard Claus)
V: Delta/Warner Home Video
A: »Lauwarmer Aufguß ... fantasielos zusammengeschnitten«, meinte der *tip*.

1990

Die AIDS-Trilogie
R: Rosa von Praunheim
(1) **Positiv – Die Antwort schwuler Männer in New York auf AIDS**
    P: Rosa von Praunheim/WDR
(2) **Schweigen = Tod – Künstler in New York kämpfen gegen AIDS**
    P: Rosa von Praunheim/SDR
(3) **Feuer unterm Arsch – Vom Leben und Sterben schwuler Männer in Berlin**
    P: Rosa von Praunheim/WDR

1992

Abgetrieben
R und B: Norbert Kückelmann
D: Hans Zischler (Dr. Friedrich Heß), Monika Schwarz (Frau Heß), Jörg Hube (Gerichtsvorsitzender), Dominik Raacke (Richter Fromm), Christine Neubauer (Frau Sommer), Doris Schade (Frau Kraus), Barbara Dickmann (Frau Reich), Saskia Vester (Frau Stein), Günter Gräwert (Oberstaatsanwalt), Bernd Herberger (Staatsanwalt Kranz)
P: Norbert Kückelmann/ZDF

1993

Anna Domina
R: Horst Schier
P: Oliver Hengst
A: Kameramann und Regisseur Horst Schier (der unter anderem Frank Ripplohs erfolgreiche Schwulen-Story *Taxi zum Klo* fotografierte und koproduzierte) bezeichnet diesen Film über eine Domina und ihre Kunden als eine »der Realität nachgestellte Dokumentation, die zum Teil aus spontan gedrehten Aufnahmen, zum Teil aus nachkonstruierten Szenen entsprechend den Berichten der Domina«

entstanden sei; der Film erhebt keinen Aufklärungsanspruch, liefert aber Informationen, die in ihrer Direktheit nicht zur gängigen Kinoware gehören. Die emotional intensivste Szene des Films, in der die Domina mit Stöckelschuhen einen am Boden liegenden nackten Mann traktiert, löst unweigerlich auch Denkprozesse über das (Rollen-)Verhalten der Geschlechter aus.

DEFA-Filme im Auftrag des Deutschen Hygiene Museums Dresden

1963

Sagst du's deinem Kinde
(Beziehungen zwischen Jungen und Mädchen 1. Teil)
R: Götz Oelschlägel
P: DEFA-Studio für populärwissenschaftliche Filme/Deutsches Hygiene-Museum (DHM)
A: Länge 23 Min.

›Astrologie und Sexualität‹: Ob sie denn helfen, die Sterne?

355

1964

Weil ich kein Kind mehr bin
(Beziehungen zwischen Jungen und Mädchen 2. Teil)
R: Götz Oelschlägel
P: DEFA-Studio für populärwissenschaftliche Filme/DHM
A: Länge 26 Min.

1965

Partner
(Beziehungen zwischen Jungen und Mädchen 3. Teil)
R: Götz Oelschlägel
P: DEFA-Studio für populärwissenschaftliche Filme/DHM
A: Länge 35 Min.

Keine Scheu vor heiklen Fragen
(Beziehungen zwischen Jungen und Mädchen 4. Teil)
R: Götz Oelschlägel
P: DEFA-Studio für populärwissenschaftliche Filme/DHM

1982

Geschlechtskrankheiten
P: DEFA-Studio für Dokumentarfilme, Kollektiv »Wegweiser Gesundheit«, Gruppe »Spektrum«/DHM
A: Länge 13 Min.

1983

Geschlechtsorgane
P: DHM/Institut für Gesundheitserziehung, Bulgarien
A: Aus der Reihe »Du und deine Gesundheit«; Länge 15 Min.

Schwangerschaft und Geburt
P: DHM/Bulgarien
A: Auch auf Video erhältlich; Länge 17 Min.

Mann und Frau intim
D: Barbara Drescher, Olaf Römer
M: Dr. sc. Siegfried Schnabl, Ehe- und Sexualberater
P: DEFA-Studio für Dokumentarfilme, Gruppe »Spektrum«/DHM
A: Länge 27 Min.

1987

Mit fünfzehn schwanger?
R und B: Günter Lippmann
P: DEFA-Studio für Dokumentarfilme, Gruppe »Spektrum«/DHM
A: Länge 22 Min.

1988

Homosexualität – Die andere Liebe
P: DEFA/DHM
A: Länge 35 Min.

Wenn der Richtige kommt
R: Günter Lippmann
P: DEFA/DHM
A: Zum Thema »Das erste Mal«; Länge 28 Min.

Zwei Herzen, ein Schlag
P: DEFA/DHM
A: Vier Paare sprechen über alternative Modelle von Partnerschaft; Länge 40 Min.

1989

Dann antworten sie mit Ja
P: DHM
A: Betroffene äußern sich zum Thema Ehe und Scheidung; Länge 26 Min.

L. o. A. – Liebe ohne Angst
P: DHM
A: Zum Thema AIDS; Länge 25 Min.

1993

Lust-Raum
R: Matthias Runge
P: C. Cay Wesnigk, Wolfgang Kissel/DHM
A: AIDS-Spot (2 Min.), der erste seiner Art in den neuen Bundesländern, wie die ehemalige DDR vorzugsweise offiziell genannt wird, entstanden in Zusammenarbeit mit dem DHM, uraufgeführt in Sachsen.

Video only

1986

Profamilia-Aufklärungsfilme
1. Wo komm' ich eigentlich her?
2. Was ist mit mir los?
3. Verliebt, verlobt, verheiratet – geschieden
R und B: Peter Mayle
M: Ute Jochem (Übersetzung), Rolf Idler (Sprecher), Renate Reddemann, Manfred Mohl, Martin Kessel (Bearbeitung)

P: Consolidated Productions, Australien
V: Profamilia/atlas-film/2001 (3 Kassetten; Animation)

1989

Mach Freunde mit Gummi I + II
R und B: Wieland Speck
V: Speck/Deutsche AIDS-Hilfe
A: Länge 3 Min. 37 Sek. bzw. 6 Min. 49 Sek.

Mehr als nur einen
R und B: Wieland Speck
V: Speck/Deutsche AIDS-Hilfe
A: Länge 4 Min. 7 Sek.

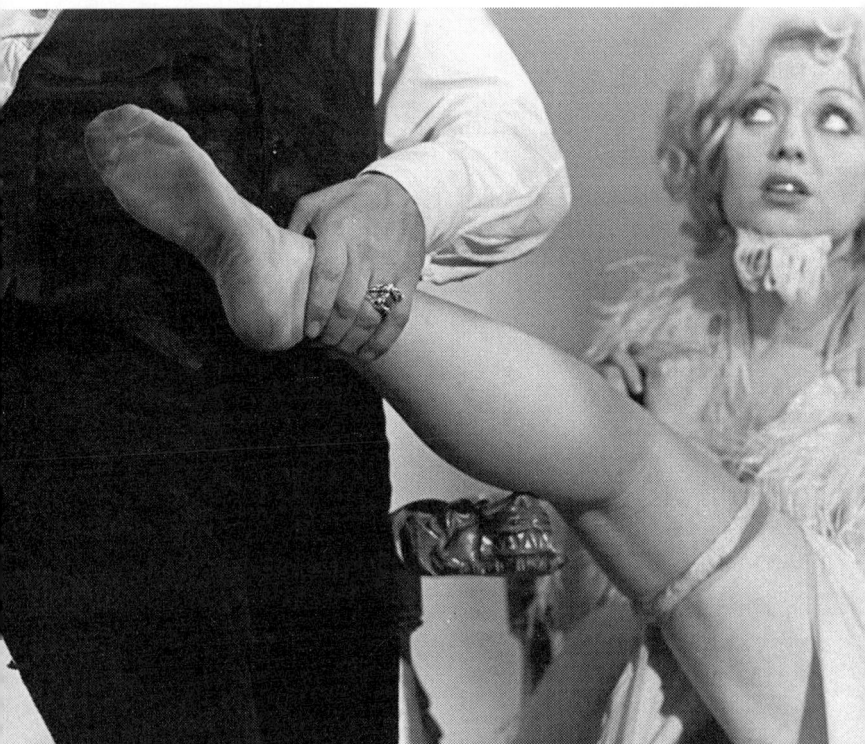

Der Mann ist kopflos, die Frau schaut skeptisch: das Fazit filmischer Aufklärung? (Szene aus ›Freiheit für die Liebe‹)

Übung macht den Meister – Discover Your Rubber
R und B: Wieland Speck
V: Speck/Deutsche AIDS-Hilfe
A: Länge 8 Min. 49 Sek.

Gay TV
R und B: Wieland Speck
V: Speck/Deutsche AIDS-Hilfe
A: Länge 11 Min. 49 Sek.

Porno 90
R und B: Wieland Speck
V: Speck/Deutsche AIDS-Hilfe
A: Länge 23 Min. 30 Sek.

1992

Sex – Lust und Leben
1. Weibliche Sexualität
2. Männliche Sexualität
3. Sexuelle Partnerschaft
R: Gil Hensen, Wil Koopmann
B: Jelto Drenth, Gil Hensen
D: Karin Désirat, Frank Herrath (Moderation)
M: Karin Désirat, Frank Herrath, Uwe Sielert (wissenschaftliche Bear-
    beitung des Drehbuchs)
P und V: atlas-film (3 Kassetten)
A: Längen 1. 68 Min., 2. 78 Min., 3. 80 Min.

Literaturhinweise

(Kein Autor genannt): *Wake Up and Roar – Satsang With H. W. L. Poonjaji Volume 1,* Kula 1992, Pacific Center Publishing (P. O. Box 818, Kula, Maui, Hawaii 96790)

Hans-Michael Bock, Wolfgang Jacobsen und Jörg Schöning (Hrsg.), Helga Belach und Wolfgang Jacobsen (Red.): *Richard Oswald – Regisseur und Produzent,* München 1990, CineGraph, edition text + kritik

Eli Jaxon-Bear: *Die neun Zahlen des Lebens/Das Enneagramm – Charakterfixierung und spirituelles Wachstum,* München 1989, Knaur

Cyrus Kube und Rüdiger von Scheven: *Spiritus Contra Spiritum – Selbsthilfe als Alternative zur professionellen Suchthilfe,* Aachen 1993 (Abschlußarbeit zur Diplomprüfung an der Katholischen Fachhochschule NW, Abt. Aachen, im Fachbereich Sozialpädagogik)

Curt Moreck: *Sittengeschichte des Kinos,* Dresden 1926, Paul Aretz Verlag

Helen Palmer: *Das Enneagramm – Sich selbst und andere verstehen lernen,* München 1991, Knaur

Udo Pini: *Leibeskult und Liebeskitsch – Erotik im Dritten Reich,* München 1992, Klinkhardt & Biermann

Klaus Sigl, Werner Schneider, Ingo Tornow: *Jede Menge Kohle? – Kunst und Kommerz auf dem deutschen Filmmarkt der Nachkriegszeit,* München 1986, Filmland Presse

Peter Swerdloff: *Mann und Frau,* Niederlande 1976, Time-Life International

Dr. Jos van Ussel: *Sexualunterdrückung – Geschichte der Sexualfeindschaft,* Reinbek bei Hamburg 1970, Reihe »rororo sexologie«

Register

BILDNACHWEIS

atlas-Film 8, 9, 31, 33, 315, 319; Bundesarchiv / Filmarchiv 51, 77, 83, 118, 121, 122, 127, 133, 137; Deutsches Institut für Filmkunde 15, 61, 67, 71, 115, 125, 149, 161, 171, 173, 175, 177, 185, 187, 189, 190, 196, 242, 261, 263, 269, 271, 272, 273, 305, 311, 345, 347; Robert Fischer 11, 22, 157, 213, 220, 235, 250, 278, 279, 285, 291, 295, 331, 339, 351; Lothar Just 19, 20, 183, 202, 205, 208, 223, 227, 229, 239, 243, 247, 253; Richard Oswald / CINEGRAPH 58, 69, 75, 87; Archiv Rolf Thissen 17, 21, 41, 43, 45, 48, 53, 57, 63, 91, 95, 96, 99, 101, 103, 105, 108, 109, 111, 112, 257, 288, 326, 353, 355; Archiv Zurhorst 155, 195, 201, 215, 219, 231, 241, 245, 259, 267, 283, 358